区域旅游生态系统可持续发展研究
——以漓江流域为例

Research on Sustainable Development of Regional Tourism Ecosystem
——A Case Study of Lijiang River

王金叶 黎志送 程道品 等著

广西科技攻关课题"桂林旅游开发与生态环境耦合关系研究"（桂科攻 0816003-1-2）
国家科技支撑计划课题"漓江流域生态旅游资源可持续利用技术模式及示范"（2012BAC16B04）
广西高校人才小高地创新团队旅游管理优势学科（2011）
教育部旅游管理特色专业建设点项目（2007） 资助
旅游管理广西高校重点学科（2009）
博士点建设支撑学科旅游管理学科（2010）
桂林理工大学专著出版基金

科学出版社
北京

内容简介

本书是广西科技攻关课题"桂林旅游开发与生态环境耦合关系研究"（桂科攻 0816003-1-2）的主要研究成果。研究基于旅游可持续发展研究前沿和横断科学理论，从生态系统良性发展的角度出发，论述了漓江流域旅游生态系统的结构与功能及其变化、旅游开发与生态环境耦合动态及影响因素、旅游生态系统可持续发展模糊物元评价与基于评价结果的可持续发展对策、流域旅游利益相关者博弈、流域内旅游景区竞合及旅游社区治理等问题。

本书可供旅游管理、环境保护、生态经济等领域的科技工作者、管理人员参考，也可作为旅游管理、生态经济等相关专业研究生的教学参考用书。

图书在版编目（CIP）数据

区域旅游生态系统可持续发展研究：以漓江流域为例／王金叶等著． —北京：科学出版社，2012

ISBN 978-7-03-034313-0

Ⅰ.区… Ⅱ.王… Ⅲ.漓江－流域－生态旅游－可持续发展－研究 Ⅳ.F592.767

中国版本图书馆 CIP 数据核字（2012）第 095167 号

责任编辑：张　震／责任校对：林青梅
责任印制：徐晓晨／封面设计：美光制版

科学出版社 出版
北京东黄城根北街 16 号
邮政编码：100717
http://www.sciencep.com

北京厚诚则铭印刷科技有限公司 印刷
科学出版社发行　各地新华书店经销
*

2012 年 5 月第 一 版　开本：B5（720×1000）
2017 年 4 月第二次印刷　印张：19 1/2
字数：390 000
定价：180.00元
（如有印装质量问题，我社负责调换）

本书主要著者

王金叶　黎志逸　程道品　魏　薇

岳晓娜　赵　云　程增建　邱玮玮

李海防

前　　言

　　随着经济社会的发展，旅游已成为全球新的经济增长极和现代社会重要的生活方式与经济活动，其迅速发展给旅游目的地及整个社会带来了巨大的经济影响，为世界经济发展作出了突出贡献，成为国际公认的最具潜力的产业之一。但由于旅游开发短视行为和管理粗放等因素的影响，伴随旅游业的快速发展出现了旅游资源再生性损害、旅游地环境污染等问题，严重威胁了旅游地生态安全和可持续发展。自1998年我国中央经济工作会议把旅游业定为国民经济新的增长点以来，旅游业在全国范围内得到飞速发展，成为区域性的主导或支柱产业。2009年，《国务院关于加快发展旅游业的意见》明确提出"把旅游业培育成为国民经济的战略性支柱产业和人民群众更加满意的现代服务业"，把发展旅游业从行业、部门、经济层面提升到国家发展的战略层面，旅游业迎来了再次腾飞的机遇。

　　漓江流域是我国最早发展旅游业的地区之一，其旅游发展最早始于南朝对独秀峰的开发，唐宋时漓江流域已成为著名的游览胜地。以漓江为载体的"桂林山水"发展成为国际知名的旅游品牌，桂林旅游被称为中国旅游业发展的缩影和"风向标"；保护、开发利用和建设"桂林山水"旅游品牌，对于促进漓江旅游乃至全国旅游发展都具有重要意义。但漓江流域生态环境的脆弱性，加上流域内经济社会发展带来的生态容量压力，使流域可持续发展受到严重影响。特别是生态环境问题的显性化，影响和制约了旅游的发展，同时，旅游发展的科学性问题也影响到流域生态系统的稳定与持续。在广西科技攻关课题"桂林旅游开发与生态环境耦合关系研究"（桂科攻0816003-1-2）等项目的支持下，本书对漓江流域旅游生态系统发展问题进行了深入研究。

　　本书基于旅游可持续发展研究前沿和横断科学理论，从生态系统良性发展的角度出发，论述了漓江流域旅游生态系统、旅游开发与生态环境耦合、生态系统可持续发展、流域旅游利益相关者博弈、景区竞合及流域旅游社区治理等问题。全书共七章，第1章对旅游生态系统研究进行了评述，介绍了旅游生态系统研究涉及的相关理论，主要由魏薇、赵云、岳晓娜、程增建、邱玮玮、王金叶、黎志逸、程道品等根据其他人的研究成果完成；第2章从研究漓江流域旅游发展入手，分析了漓江流域旅游生态系统结构与功能特点，由魏薇、王金叶等完成；第

3章基于耦合理论，通过模型建立、指标测度与评价分析，论述了漓江流域旅游生态系统中旅游开发与生态环境的耦合关系及动态变化特点，由赵云、黎志逸等完成；第4章基于模糊物元评价方法与技术，对漓江流域旅游生态系统可持续发展进行了评价，并提出了实现流域旅游生态系统可持续发展的对策建议，由魏薇、王金叶等完成；第5章对漓江流域旅游利益相关者之间的关系、博弈动态及参与机制进行了论述，由邱玮玮、程道品等完成；第6章基于竞合理论分析，论述了漓江流域旅游景区间的竞合关系、建立战略联盟现代竞合关系以及提升流域旅游景区竞争力等问题，由岳晓娜、王金叶等完成；第7章从如何实现旅游社区"善治"目标出发，介绍了旅游社区治理的相关概念，探讨了建立旅游社区治理水平评价的指标体系与方法，论述了具体旅游社区的治理评价，由程增建、王金叶等完成。本书出版得到了广西科技攻关课题"桂林旅游开发与生态环境耦合关系研究"（桂科攻0816003-1-2）、国家科技支撑计划课题"漓江流域生态旅游资源可持续利用技术模式及示范"（2012BAC16B04）、广西高校人才小高地创新团队旅游管理优势学科、教育部旅游管理特色专业、旅游管理广西高校重点学科、旅游管理博士点建设、桂林理工大学专著出版基金等项目资助。

  本书在完成过程中，参考和引用了国内外同行专家和学者的部分研究成果和观点，在书中已作了标注，在此深表感谢。同时，由于内容涉及旅游研究的前沿问题、生态系统本身的复杂性以及著者学术水平和能力等的限制，本书难免有不妥之处，敬请读者批评指正。本书的完成历时三年，部分研究分析使用了2008年以前的资料，特请读者注意。

作　者

2011年10月于桂林

目 录

前言

1 旅游生态系统研究进展 ··· 1
  1.1 研究背景 ··· 1
  1.2 旅游可持续发展评价研究 ··· 3
    1.2.1 国外研究 ··· 4
    1.2.2 国内研究 ··· 4
  1.3 旅游生态系统研究 ·· 6
    1.3.1 旅游开发与生态环境关系研究 ··· 6
    1.3.2 生态系统耦合研究 ·· 7
    1.3.3 旅游生态系统管理研究 ··· 10
  1.4 旅游利益相关者研究 ·· 10
    1.4.1 利益相关者理论及应用研究 ·· 10
    1.4.2 博弈论及应用研究 ··· 13
  1.5 旅游企业竞合研究 ··· 16
    1.5.1 竞合理论基础 ··· 16
    1.5.2 竞合理论应用研究 ··· 20
  1.6 旅游区公共治理评价研究 ··· 23
    1.6.1 公共治理理论 ··· 23
    1.6.2 公共治理理论应用研究 ··· 25
    1.6.3 公共治理绩效评价研究 ··· 25

2 漓江流域旅游生态系统结构与功能 ··· 29
  2.1 漓江流域概况 ··· 29
    2.1.1 漓江流域范围 ··· 29
    2.1.2 行政区域概况 ··· 30
    2.1.3 生态环境状况 ··· 30

2.2 漓江流域旅游发展历程 … 32
2.2.1 旅游发展演替与趋势 … 32
2.2.2 旅游发展格局与模式 … 35
2.2.3 旅游收入与旅游竞争力 … 36
2.2.4 旅游资源概况 … 38
2.2.5 旅游景区发展 … 38
2.3 旅游生态系统结构功能 … 43
2.3.1 旅游生态系统的概念 … 43
2.3.2 旅游生态系统的构成 … 44
2.3.3 旅游生态系统的功能 … 44
2.3.4 旅游生态系统的特征 … 45
2.4 旅游生态系统基本要素与要素关联 … 47
2.4.1 自然子系统 … 47
2.4.2 经济子系统 … 49
2.4.3 社会子系统 … 50
2.4.4 子系统之间的关系 … 50
2.5 漓江流域旅游生态系统结构与特点 … 52
2.5.1 漓江流域旅游生态系统结构 … 52
2.5.2 漓江流域旅游生态系统特点 … 53
2.5.3 漓江流域旅游开发存在的主要问题 … 56

3 漓江流域旅游与生态环境耦合研究 … 57
3.1 研究方法 … 58
3.1.1 研究思路确定 … 58
3.1.2 因子分析 … 58
3.1.3 耦合度模型 … 60
3.1.4 灰色分析 … 61
3.2 耦合评价指标选取与数据收集 … 65
3.2.1 耦合评价指标选取 … 65
3.2.2 数据收集与处理 … 67
3.3 耦合度计算与分析 … 73
3.3.1 指标相关性分析 … 73
3.3.2 耦合度计算 … 79

目 录

  3.4 耦合动态分析 ·· 82
    3.4.1 耦合因子分析 ·· 82
    3.4.2 耦合动态解析 ·· 87
  3.5 耦合主导因子分析与耦合度预测 ·· 89
    3.5.1 耦合主导因子分析 ··· 89
    3.5.2 耦合度预测分析 ·· 95
  3.6 小结与讨论 ·· 101

4 漓江流域旅游生态系统可持续发展评价 ··· 103

  4.1 可持续发展评价理论依据 ··· 104
    4.1.1 生态学原理 ··· 104
    4.1.2 生态系统管理理论 ··· 104
    4.1.3 可持续发展理论 ·· 105
  4.2 漓江流域旅游生态系统可持续发展的要求 ·· 107
  4.3 旅游生态系统可持续发展评价指标体系 ··· 108
    4.3.1 指标选取原则 ·· 108
    4.3.2 指标选择依据 ·· 109
    4.3.3 指标选取步骤 ·· 109
    4.3.4 指标体系构成及量化说明 ··· 111
  4.4 漓江流域评价指标数据收集 ·· 115
  4.5 可持续发展模糊物元评价 ··· 116
    4.5.1 模糊物元评价原理 ··· 117
    4.5.2 系统可持续发展模糊物元评价 ·· 121
    4.5.3 子系统模糊物元评价 ·· 127
    4.5.4 模糊物元评价结果 ··· 127
  4.6 可持续发展综合评价 ··· 128
    4.6.1 评价指标权重确定 ··· 128
    4.6.2 评价指标标准化 ·· 129
    4.6.3 综合评价结果 ·· 130
  4.7 可持续发展评价结果 ··· 130
  4.8 可持续发展的对策建议 ·· 131

5 漓江流域旅游利益相关者博弈研究 …………………………………… 134

5.1 漓江流域旅游利益相关者 ……………………………………………… 134
- 5.1.1 漓江流域旅游利益相关者构成 …………………………………… 134
- 5.1.2 漓江流域旅游利益相关者分类 …………………………………… 136
- 5.1.3 漓江流域核心利益相关者 ………………………………………… 137
- 5.1.4 核心利益相关者利益诉求分析 …………………………………… 138
- 5.1.5 核心利益相关者利益实现途径分析 ……………………………… 140

5.2 核心利益相关者的动态博弈 …………………………………………… 147
- 5.2.1 博弈论的基本分析框架 …………………………………………… 147
- 5.2.2 旅游开发利益相关者非合作博弈的具体分析 …………………… 148
- 5.2.3 旅游开发利益相关者的无限重复博弈 …………………………… 158

5.3 利益相关者的参与机制 ………………………………………………… 158
- 5.3.1 引导机制 …………………………………………………………… 158
- 5.3.2 决策机制 …………………………………………………………… 164
- 5.3.3 利益分配机制 ……………………………………………………… 165
- 5.3.4 监控机制 …………………………………………………………… 166
- 5.3.5 机制运行框架 ……………………………………………………… 168

5.4 小结 ……………………………………………………………………… 168

6 漓江流域景区间战略联盟形式的竞合研究 ………………………… 170

6.1 旅游景区概述 …………………………………………………………… 171
- 6.1.1 旅游景区的概念与内涵 …………………………………………… 171
- 6.1.2 旅游景区的经营特征 ……………………………………………… 173

6.2 漓江流域旅游景区经营管理存在的主要问题 ………………………… 174

6.3 漓江流域旅游景区的现代竞合关系建立 ……………………………… 179
- 6.3.1 建立现代竞合关系的背景 ………………………………………… 179
- 6.3.2 建立现代竞合关系的博弈分析 …………………………………… 181
- 6.3.3 建立现代竞合关系的动力机制 …………………………………… 183
- 6.3.4 桂林旅游景区建立现代竞合关系的实现条件 …………………… 186
- 6.3.5 桂林旅游景区建立现代竞合关系的具体措施 …………………… 190

6.4 漓江流域旅游景区战略联盟竞合模式 ………………………………… 193
- 6.4.1 竞合时代的战略联盟 ……………………………………………… 193

  6.4.2 旅游景区战略联盟 …………………………………… 196
  6.4.3 漓江流域旅游景区战略联盟建立思路 ………………… 199
  6.4.4 桂林旅游景区战略联盟竞合模式 ……………………… 201
  6.4.5 桂林旅游景区战略联盟竞合模式建立步骤 …………… 206
  6.4.6 桂林旅游景区战略联盟竞合模式的运行保障体系 …… 207
 6.5 小结 …………………………………………………………… 210

7 漓江流域旅游地农村社区治理评价研究 …………………………… 211
 7.1 农村社区治理的基本概念 …………………………………… 212
  7.1.1 社区与治理 ……………………………………………… 212
  7.1.2 乡村治理与农村社区 …………………………………… 213
 7.2 农村旅游社区治理评价指标体系构建 ……………………… 215
  7.2.1 依据和指导思想 ………………………………………… 215
  7.2.2 原则 ……………………………………………………… 216
  7.2.3 评价指标体系确定 ……………………………………… 216
  7.2.4 评价指标筛选 …………………………………………… 220
 7.3 评价指标权重确定及评价模型构建 ………………………… 226
  7.3.1 指标权重的判断 ………………………………………… 226
  7.3.2 权重计算结果 …………………………………………… 228
  7.3.3 指标排序一致性检验 …………………………………… 230
  7.3.4 指标测度方法选择 ……………………………………… 230
  7.3.5 旅游地农村社区治理模糊综合评价模型 ……………… 236
 7.4 社区治理综合评价实证研究——以阳朔县 A 村和 B 村为例 … 237
  7.4.1 A 村和 B 村概况 ………………………………………… 237
  7.4.2 指标数据的说明与赋值 ………………………………… 239
  7.4.3 综合评价结果及分析 …………………………………… 242
 7.5 旅游地农村社区治理的路径选择 …………………………… 246
  7.5.1 A 村和 B 村农村社区治理的启示 ……………………… 247
  7.5.2 旅游地农村社区提高治理水平的对策 ………………… 253
 7.6 小结 …………………………………………………………… 257

参考文献 ………………………………………………………………… 259

附录 ··· 273

    附录1　评价指标意见征询表 ································· 273

    附录2　漓江流域景区分类统计表 ····························· 275

    附录3　漓江流域旅游生态系统居民调查问卷 ················ 276

    附录4　漓江流域旅游生态系统游客调查问卷 ················ 278

    附录5　评价指标专家意见征询表（第一轮） ················ 280

    附录6　评价指标专家意见征询表（第二轮） ················ 283

    附录7　评价指标专家意见征询表（第三轮） ················ 286

    附录8　旅游地农村社区治理评价指标间的重要性专家评判 ···· 288

    附录9　社区居民调查问卷 ····································· 293

    附录10　游客调查问卷 ··· 296

    附录11　A村和B村的村官及地方官员访谈提纲 ············· 298

1

旅游生态系统研究进展[*]

1.1 研究背景

随着经济社会不断发展,"环境与发展"问题日益成为社会关注的焦点。政府、企业等各利益团体和公众都在思考和寻找一种既能促进经济高速发展,又不会对生态环境产生过度破坏的发展方式。旅游因其对资源消耗少、对生态环境影响小而进入人们的视野,世界各地都掀起了旅游发展的热潮。同时,随着居民收入的不断增加和生活水平的日益提高,旅游正逐渐成为现代社会重要的生活方式和经济活动,并且已成为国际公认的最具潜力的产业之一和全球新的经济增长极。

旅游伴随着人类经济社会的发展而出现,自有历史记载以来就有旅游。旅游在促进经济发展的同时,也对社会文化和生态环境保持等方面产生了多种影响。我国古代最著名的描写旅游的专著是《徐霞客游记》。旅游研究一直伴随着旅游发展,多数学者认为,1841 年由托马斯·库克(Thomas Cook)组织的第一次包价旅游是真正意义上的旅游业发展的标志。第二次世界大战以后,旅游业以更快的速度发展。20 世纪 50 年代以来,伴随国际政治稳定、经济发展的总体形势的出现,世界旅游业以前所未有的速度迅猛发展起来。在中国,以 1978 年 7 月 11~24 日国务院在京西宾馆召开的首次全国旅游工作会议为现代旅游业正式发展的起点,旅游业经历了从无到有、从单一式到复合式、从"外事接待型"到"经济产业型"的转变,走过了 30 多年的黄金发展期。30 多年来,我国旅游业以邓小平同志的"五次讲话"为指引,不断深化改革,加大开放力度,在产业规模、产业性质、产业功能、产业地位等方面都取得了新突破和新成就。三大市场齐头并进,产业要素全面发育,产业体系逐步完善,综合效益不断提高。特别

---

[*] 魏薇,赵云,岳晓娜,程增建,邱玮玮,王金叶,黎志逸,程道品

是1998年中央经济工作会议把旅游业定为国民经济新的增长点以来，许多省市将旅游业列为主导或支柱产业，优先发展旅游项目，加大了旅游开发力度。2009年，国家出台了《国务院关于加快发展旅游业的意见》，明确提出"把旅游业培育成为国民经济的战略性支柱产业和人民群众更加满意的现代服务业"，把发展旅游业从行业的、部门的、经济的层面提升到了国家发展的战略层面。

旅游业已成为国际公认的最具潜力的产业之一，生态旅游作为主要的发展方向已成为全世界的共识。旅游业的迅速发展给旅游目的地乃至整个社会都带来了巨大的经济影响，为世界经济发展作出了巨大贡献。一段时期内，旅游被誉为"无烟工业"、"区域振兴的龙头产业"、"无污染工业"等等。各个国家和地区都竞相发展旅游业，旅游项目遍地开花。但旅游业却不像人们所希望的那样是"无烟产业"。总结过去几十年走过的历程，一方面，旅游业的快速发展促进了区域经济发展，另一方面，也由于旅游开发的短视行为和旅游管理的粗放等因素，出现了旅游资源的可再生性损害、生态环境质量破坏、旅游地环境污染加剧、旅游景观衰退等一系列直接威胁区域旅游业可持续发展和区域生态安全的经济、社会和环境问题。随着对旅游发展相关问题的探讨，国际上提出了以保护生态环境、进行生态教育和实现当地经济发展为主要目标的旅游方式——生态旅游。在理论上，生态旅游作为使资源破坏最小化、经济效益和社会效益最大化的开发方式，在促进社会经济发展的同时强调生态保护，可实现旅游地经济、社会和生态的和谐统一，实现旅游目的地和旅游业的可持续发展。但在现实的旅游开发中，生态旅游并未能完全解决其与生态环境的协调统一问题。贴牌的生态旅游发展使本来保护得很好的环境和旅游资源受到了破坏，这使人们开始深入思考和研究旅游发展与环境保护的问题，思考如何实现旅游发展与生态环境保护的和谐统一和可持续发展。

旅游可持续发展势在必行。1990年，在加拿大温哥华召开的全球可持续发展大会上，旅游行动委员会在《旅游持续发展行动战略》草案中，明确地提出了"可持续旅游"的概念，旅游可持续发展的理论探讨与实践研究迅速发展，并掀起了一股全球性的研究热潮。随着生态系统理论的发展和1992年在巴西里约热内卢召开的第一次联合国环境与发展大会（简称"环发"大会）上可持续发展战略的提出，人们关注和研究的焦点集中到如何实现可持续发展上，并开始从生态系统的角度思考可持续发展的问题。对旅游可持续发展的研究随着科学技术，特别是科学理论和信息技术的发展呈现出由纯旅游开发研究向旅游生态系统可持续研究方向发展的趋势。研究主要集中在旅游可持续发展评价、旅游与环境协调发展以及旅游生态系统管理等方面，形成了百花齐放的局面。

1.2 旅游可持续发展评价研究

可持续发展的思想起源于生态环境领域，人们起初是从生态的可持续性来定义可持续发展的，强调维护和强化生态系统的生产和更新能力。1972年联合国第一次人类环境会议和罗马俱乐部关于人类困境的报告——《增长的极限》，首次提出了可持续发展的概念。此后，人们又从社会属性、经济属性和科技属性等方面去认识可持续发展的内涵。目前，国际上普遍认可的定义来自1987年世界环境与发展委员会（World Commission on Environment and Development，WCED）在《我们共同的未来》（Our Common Future）中所作的界定，指"既满足当代人的需要，又不损害后代人满足其需要能力的发展"。可持续发展要求实现长期稳定的经济增长，同时要考虑环境和资源的承受能力，人与自然之间的关系需要协调；再者就是追求资源利用与开发在同代人之间乃至代与代之间的公平，不能以牺牲后代人的利益为代价，盲目追求今世的发展与消费。可持续发展理论要求生态稳定和有控制的经济增长，以及保持社会公平。可以说，生态可持续性、经济可持续性和社会可持续性是可持续发展的三大基本属性。可持续发展是一种动态的过程，这一过程在不同阶段的发展程度与强度是不同的。

对旅游可持续发展的评价是可持续发展从理论到实践的前提，对可持续发展目标的实现具有重要意义。在将可持续发展从概念理论逐渐推向实践的过程中，一个亟待解决的核心问题就是如何评估可持续发展。可持续发展评价指标体系是对可持续发展进行科学评判和决策的重要参考。从旅游生态系统的角度评价区域旅游可持续发展是旅游管理探索的新途径，对旅游可持续发展进行科学评判具有理论和实践意义。在理论上，旅游生态系统层面上的可持续发展评价研究，不仅可以辨析旅游要素与生态要素之间相互竞争、互补、制约、共生的复杂关系和作用机制，而且有利于可持续发展理论向更深和更广的层面发展，丰富其研究内容和研究方法。在实践上，旅游生态系统可持续发展评价是旅游可持续战略实施的前提和依据。在可持续发展原则的指导下，目的地的旅游发展一方面要满足日益扩大的社会旅游需求，增加地方经济收入；另一方面要避免对自然环境造成无可挽回的破坏，保障旅游生态系统功能的稳定。一旦旅游活动发展过度，旅游地的居民和外来旅游者与其周围环境的关系便会出现不平衡，这种不平衡最突出的表现就是自然环境质量下降，进而引起旅游体验的质量下降，最终导致旅游地经济、社会状态的改变。所以，适时评价旅游发展现状，了解旅游生态系统内部各要素的变化规律，有利于人们掌握目的地旅游发展的轨迹，及时遏制旅游发展的不良倾向，保证旅游生态系统的功能稳定和良性发展。国内外学者都认识到对旅游可持续发展状态作出科学评价是推进旅游可持续发展实践的必要步骤，并对此进行了深入研究，取得了很大的进展。

1.2.1 国外研究

20世纪90年代以后，外国学者对旅游可持续发展定量评价进行了大量研究，提出了一些旅游可持续发展的测量模型、理论和评价体系，如环境容量理论、LAC理论、生态足迹模型和可持续发展评价指标体系等（林明太和黄火金，2007），其中，可持续发展评价指标体系一直是研究的热点。许多学者、学术机构和国际组织都致力于寻求旅游可持续发展方面的测量指标，国外相关组织和科研机构也提出了多种可持续发展评价指标体系和监测评价系统，对这些具有代表性区域的可持续发展评价指标体系进行系统的整理和总结，有助于进一步将可持续发展评价指标体系应用到政策制定、规划、项目开发和实施中去（张美英，2006）。联合国可持续发展委员会（United Nations Commission on Sustainable Development，UNCSD）依据《21世纪议程》中的相关章节，从可持续发展相关的社会、经济、环境和制度着手建立了由134个指标组成的评价体系，主要用于国家一级的测试。苏格兰从经济、生态、社会政治的角度出发，建立了"苏格兰可持续发展指标"（Scotland index on sustainable development，SISD），包括国民生产净值、弱可持续性测量法、净初级生产力和承载力、适当的生产力与生态立足域、可持续经济福利5个评价指标。由美国耶鲁大学和哥伦比亚大学合作开发的环境可持续性指标（environmental sustainability index，ESI），包括22个核心指标，每个指标结合了2~6个变量，共67个基础变量。ESI主要致力于环境可持续发展，比整个可持续发展内容要窄一些。环境可持续发展以环境系统的状态、环境系统承受的压力、人类对于环境变化的脆弱性、社会与法制在应对环境挑战方面的能力、全球环境合作需求的反应能力5种现象的功能为代表（李星群，2003）。就理论研究看，国外主要从可持续模型和可持续评价指标等方面进行研究。

1.2.2 国内研究

国内对旅游可持续发展的研究主要集中在以下三个方面：

一是旅游与生态旅游的关系。王富玉（1999）认为，生态旅游要考虑三个关键的要素：旅游质量、环境质量和生态自然资源及文化遗产的多样性、当地居民生态质量。牛亚菲（2002）提出评价可持续旅游和生态旅游的三个主要标准：旅游业能否对自然环境的保护和管理给予资金支持；当地居民能否从旅游业中获得经济利益和就业机会；旅游业的发展能否促进当地居民对自然环境保护的支持。高峻（2005）认为，生态旅游是区域可持续发展的重要战略，要从生态旅游认证、生态旅游规划、循环经济与生态工程等三个方面来发展生态旅游。周文丽（2007）对生态旅游、生态化旅游和可持续旅游的概念进行了分析，认为"生态旅游是一种旅游活动，生态化旅游是实现旅游可持续发展的一种工具或一种发展模式，而可持续旅游则更多地表现为一种旅游发展理念"。朱青晓（2008）基于政府、企业、公众三个主体层面，构建了生态旅游可持续发展环境伦理体系。

二是旅游可持续发展的实现途径。刘亭立等（2002，2008）研究认为，旅游生态和人文环境的恶化是旅游外部不经济性积聚的表现，建议政府要适当地介入，通过宏观调控对失灵的市场机制进行修正。吴净和李好好（2003）研究提出，将旅游资源的价值化和外部不经济的内部化作为实施旅游可持续发展的切入点。陈国生等（2004）研究认为，提高旅游产品的市场竞争力有利于旅游可持续发展，并提出成本、质量、时间、服务、产品环境特性五维复合的竞争新模式。

三是旅游可持续发展评价。国内对旅游可持续发展评价的研究尚处于起步阶段，研究内容侧重于环境容量测量和可持续发展评价指标体系的建立。国家统计局建立了15大类、1500项的社会统计指标体系。另外，中国社会科学院、中国生态研究会、武汉大学、北京大学等单位则从人类需求、人口素质、资源利用、发展效益与潜力、生活质量、社会结构等多方面，各自建立了一些区域水平的可持续发展评价指标体系（李星群等，2003，2004）。但这些都或多或少地带有片面性，还未得到广泛认可。唐新文和李义敢（1997）从人力资本、自然资本、经济发展及社会发展四要素出发，初步拟定了区域可持续发展的评价指标。王良健（2001）研究建立了综合评价的多目标线性加权函数模型。全华和杨竹莘（2002）研究提出了基于环境脆弱因子的建设规模容限值计量模型，并进行了实证分析。李星群和廖荣华（2004）研究提出的旅游可持续评价体系包括生态旅游企业、生态旅游经营者、生态旅游管理者、生态旅游者、生态旅游服务、生态旅游设施、生态旅游环境、财政状况及收益分配等八大类。余凤龙等（2005）研究提出了明确区域旅游特征、实施调查、选择指标、确定权重、制定标准、拟定并挑选最优方案、监督反馈、实现管理目标等八个方面的管理框架。万幼清（2006）研究构建了由系统环境对旅游的支撑指标、旅游业发展现状指标、旅游业发展趋势指标、旅游与区域协调指标等四个一级指标组成的旅游可持续发展评价指标体系。王昕和高彦淳（2008）从社会和经济利益群体协调角度，构建了包含旅游资源与环境、旅游市场影响、发展保障支持、社会与经济协调、辅助条件五个子系统的38个指标的区域旅游可持续发展评价指标体系。周海林（1999）研究提出采用离差法来计算可持续发展评价指标体系，并建议采用限制型指标、发展型指标、协调型指标来评价系统的可持续性。此外，还有许多学者进行了专项评价研究，包括各类生态旅游地、自然保护区以及中小城市的旅游可持续发展评价，等等。

虽然，国内目前还没有统一规范的旅游可持续评价指标体系，但对评价指标体系的指标构成和功能已经达成共识。指标选择一般都会涉及自然环境、经济以及社会三个方面，但根据研究目的和对象的差异各有侧重点。对于指标体系的功能，余丹林（1998）对其进行了总结，一是指标体系应该能够描述旅游地社会、经济、环境等各方面的现状；二是能够表示各个影响因素的变化趋势和变化率；三是可以体现各方面的协调程度。在评价方法上，专家法和层次分析相结合是最普遍的做法，也有少数采用生态足迹法和数据包络分析的方法。我国旅游可持续发展评价指标的选择依据还不够科学，权重确定偏于主观，研究方法比较单一。所以，如何增强指标选择的科学性，丰富评价方法的多样性，增加评价研究的多维度、多视角性，是未来旅游可持续发展研究的重点。目前，其他领域对可持续发展研究已经采用诸如模糊隶属度函数、多维灰色评价模型、递阶多层次综合评价法、环境库兹列茨曲线等多种方法（林明太和黄火金，2007），根据旅游生态系统的特点，将其他领域得到认证的可持续发展评价方法应用于旅游可持续发展评价是未来的研究方向之一。

1.3 旅游生态系统研究

1.3.1 旅游开发与生态环境关系研究

伴随社会经济的快速发展、产业政策的强力推动、旅游需求的深度驱动，旅游者数量剧烈膨胀，旅游开发行为对自然资源的索取日益加大，旅游开发活动对生态环境的破坏日益加重。不科学的开发观念、开发方式和无节制的资源索取、空间占有，已造成旅游目的地资源退化、景观破坏、生物多样性降低、生态环境恶化，旅游开发与生态环境保护之间的矛盾日益突出，引起了学术界的关注和重视。对旅游与生态环境关系的研究主要是基于旅游发展对生态环境产生的破坏作用的思考。

国外研究始于20世纪20年代，内容主要涉及两个方面：一是对环境影响因子的研究。Wall和Wright（1977）从定性的角度论证了旅游活动对环境要素的影响机制，阐述了旅游对生态环境的影响与环境要素间的内部联系；Cole（1981）研究了游径的环境影响；Ali和Murphy（1999）研究了船对水生植物生态系统的影响；Zabinski 等（1997，2000）研究认为，旅游干扰造成土壤微生物群落结构和功能的改变，对土壤种子库也有影响，等等。二是对旅游环境容量的研究。Wall 和 Wright（1977）认为旅游容纳量就是指一个地区在资源没有受到不可接受的破坏水平时所维持的旅游水平；Douglas（1983）指出旅游容量包括自然环境容量、经济容量和社会容量；Edward（1989）指出旅游区容量的两层含义：一层是旅游业的接待能力，一层则是环境的承受能力。

而国内研究则始于 20 世纪 80 年代，涉及的主要领域如下。一是旅游环境质量及评价研究，包括以下两个方面的内容：①旅游环境的概念研究。国内学者研究认为，旅游景观、自然生态和社会服务条件是构成旅游环境的三个主要因素。②旅游环境质量评价研究。郑光磊（1982）探讨了风景旅游区的环境质量评价方法；裴青（1991）结合承德市的实际情况，选取了景观质量、人口指数、绿化指数、污染指数四项指标，并用层次分析法确定其权重，建立了评价模式；杜炜（1994）从一般地区环境质量的诸要素、旅游地环境特色、旅游地环境容量与旅游者实际数量的冲突程度以及景观环境的协调性和环境气氛的舒适度等方面进行了评价研究。二是旅游环境容量研究，包括以下三个方面的内容：①旅游环境容量的概念研究。保继刚（1987）将其定义为，在满足游人的最低游览要求（心理感应气氛）和达到保护风景区的环境质量要求时，风景区所能容纳的游客量；崔凤军（1995）将旅游环境容量称为旅游环境承载力；楚义芳（1987）提出旅游环境的五种基本容量：旅游心理容量、旅游资源容量、旅游生态容量、旅游经济发展容量、旅游地地域社会容量。②旅游环境容量的评价研究。汪嘉熙（1986）对苏州园林风景区游人容量进行了研究。胡炳清（1995）提出了旅游环境容量的数学模型，定量地给出了旅游人数的评价方法。③旅游环境承载力研究。崔凤军（1995）认为旅游环境容量就是旅游环境承载力，由环境生态承纳量、资源空间承载量、心理承载量、经济承载量四项组成，等等。

1.3.2 生态系统耦合研究

系统耦合（coupling）一词源于物理学，是指两个或两个以上的体系通过各种相互作用而彼此影响的现象，如今已被广泛应用于农业、生物、生态等各种研究中。旅游开发与生态环境是旅游生态系统中相互依赖型强、关联度大的两个子系统，研究耦合关系有利于促进两个子系统健康运行。目前，系统耦合理论应用于旅游生态系统研究较为少见。国内外常见的研究均是从旅游可持续发展和生态系统（环境）良性循环两个方面出发，从各自所处的领域和视角提出旅游可持续发展的思路与对策、生态环境可持续发展理论等。国内外在旅游与生态环境耦合研究中最集中统一的成果是提出了生态旅游的概念及发展对策，把生态旅游作为实现旅游发展与生态环境保护耦合的重要措施，得到了世界各国的公认和推广。但在具体实践过程中，生态旅游发展却仍然未能很好地实现与生态环境的耦合，无论在理论上还是在具体实践中，同样存在着生态旅游如何与生态环境耦合的问题。在后来的研究中，学者们又提出了生态旅游可持续发展的观点，在理论上提出了实现生态旅游与生态环境耦合的途径。但这一理论观点在实际操作中往往被无意或有意忽视和误解，或由于对旅游生态系统的认识不够，在实践中无法真正实现可持续发展，相反却成了加速发展旅游、破坏生态环境的一种借口。因此，生态旅游与生态环境耦合关系研究，是目前和今后很长一段时间内国际国内旅游开发与生态环境研究的重点和主要的研究方向，耦合理论在旅游与生态环境协调发展上的研究具有广阔的市场需求和应用前景。运用系统耦合方法研究可持续发展问题已是近些年可持续发展的研究热点。但就其研究现状看，有关领域的实证研究较多，基础理论研究较少，涉及旅游生态系统耦合关系的研究几乎没有。其主要研究领域如下。

一是农业与生态系统耦合研究。任继周和万长贵（1994）在草地农业系统中率先引入系统耦合的概念，并研究界定了系统耦合的概念，运用能值法对农业生态经济系统进行了定量研究。吕拉昌（1997）给出了生态经济耦合的定义，把生态系统耦合划分为自然耦合和能动耦合；自然耦合有定向耦合、稳定耦合和分离耦合三种方式；能动耦合有适合性耦合、改造型耦合和控制性耦合三个层次。朱鹤健和何绍福（2003）研究提出农业系统耦合的空间、实践和生态位三个维度，并以此分析了农业系统的耦合效应。周立华（2004）提出了生态经济、系统耦合、发展模式三个层次，并对各层耦合的实现过程进行了研究。何绍福（2005）系统性地提出了农业耦合系统的结构、功能特性、驱动力、耦合度等内容，并应用地理信息系统（GIS）和 SD 方法进行了实证研究。王继军等（2009）通过构建农业经济－生态系统耦合度模型，实证分析了陕西纸坊沟流域 70 年来的农业生态经济系统耦合趋势，其模型如下：

农业经济系统与农业生态系统的演化方程

$$\frac{dx(t)}{dt} = f(x_1, x_2, \cdots, x_n) \qquad (1.1)$$

式中，f 为 x_i 的非线性函数，可近似表示为

$$\frac{dx(t)}{dt} = \sum_{i=1}^{n} a_i x_i \qquad (1.2)$$

据此，农业生态系统（el）与农业经济系统（en）的一般函数为

$$\mathrm{el} = \sum l_i x_i, \quad i = 1,2,\cdots,n \tag{1.3}$$
$$\mathrm{en} = \sum n_i y_i, \quad i = 1,2,\cdots,n$$

式中，x，y 为两系统的元素；l，n 为其权重。

其复合系统演化方程为

$$A = \frac{\mathrm{d(el)}}{\mathrm{d}t} = f_1(\mathrm{el},\ \mathrm{en}); \quad V_A = \frac{\mathrm{d}A}{\mathrm{d}t}$$
$$B = \frac{\mathrm{d(en)}}{\mathrm{d}t} = f_2(\mathrm{el},\ \mathrm{en}); \quad V_B = \frac{\mathrm{d}B}{\mathrm{d}t} \tag{1.4}$$

式中，A、B 为受自身与外界影响下农业生态系统与农业经济系统的演化趋势，V_A、V_B 分别为其演化速度，系统的演化速度 V 就可表示为 $V = f(V_A, V_B)$。通过分析 V 的变化便可研究整个系统及两个子系统间的耦合关系。

二是经济与生态系统耦合研究。较典型的是中国科学院黄金川和方创琳 (2003)、高群 (2003)、赵星 (2006) 等利用生态系统与经济系统间压力–承载–反馈的互动依赖关系，构建了压力–承载–反馈模型，对经济与生态系统耦合进行了定量研究。其模型为

$$\text{耦合指数 } I = (\text{承载指数 CI} - \text{压力指数 PI}) + \text{反馈指数 FI} \tag{1.5}$$

式中，承载指数 CI 反映生态系统对经济系统的支撑能力，包括资源支撑能力和环境支撑能力，可定义为

$$\mathrm{CI} = \sum C_i \times W_i \tag{1.6}$$

压力指数 PI 是用来衡量人口与经济活动等对生态系统的压力状态，可定义为

$$\mathrm{PI} = \sum P_i \times W_i \tag{1.7}$$

反馈指数 FI 是衡量经济系统对生态系统的耦合能动性，包括正反馈 FI_1 和负反馈 FI_2，是经济系统内部的正反馈和生态系统内部的负反馈、生态系统对经济系统的正负反馈和经济系统对生态系统的正负反馈的总和，可定义为

$$\mathrm{FI} = \sum F_i \times W_i \tag{1.8}$$

何谋军 (2003)、黄宗亮 (2006)、秦艳 (2008)、刘懿 (2008) 等通过构建生态系统和经济系统综合评价体系，借助主成分分析法、模糊隶属度函数、灰色关联度模型等方法对区域生态经济系统耦合关系进行了实证研究。封志明 (2004) 研究提出，从热力学耗散结构理论看，自然资源与经济发展系统都是开放的耗散结构，自然资源通过吸收太阳能积累负熵，负熵支持经济发展，经济发展消耗负熵，同时向自然输入正熵，自然资源和经济发展通过熵流交流，形成耦合系统。张云奇

(2005)实证分析了山区小流域自然资源与经济发展之间的空间耦合关系。

1.3.3 旅游生态系统管理研究

旅游生态系统是旅游生态学的主要研究对象。目前，已经有学者开始在理论上探讨旅游生态系统的基本内涵及系统要素的配置关系，并阐述系统优化组合的基本途径，但对于旅游生态系统的研究还存在许多争议。佟玉权（2000）认为，旅游生态系统的概念是针对生态旅游的特殊性提出的，旅游生态系统主要指在生态旅游地域内，旅游者、旅游业和当地居民与其所依赖的自然生态环境所构成的网络，揭示旅游生态系统同一般区域旅游系统和自然生态系统相比所具有的特殊性，并针对其特点提出适用于该系统研究的学科方法。耿庆汇（2005）将旅游目的地作为一类特殊的生态系统，根据开发程度将其分为自然型旅游生态系统和人工型旅游生态系统，并按照成因分析了旅游生态系统的原生态环境问题、次生生态环境问题和社会生态环境问题，提出平衡和调控旅游生态系统的措施。明庆忠和吴映梅（2008）分析了旅游循环经济生态系统的内涵、系统结构和基本空间形态，提出旅游循环经济生态系统包括内生系统、外生系统、共生系统三个子系统，表现为国家、区域、企业等基本空间形态。为了促进旅游循环经济生态系统的良性发育与运行，需要采取产业导向、环境管理、伦理与社会责任、利益协调、应用科学技术等策略，进行优化调控。吕君（2008）认为，旅游生态系统的构成中，自然生态系统是整个旅游生态系统的基础，以人为核心把旅游经济、社会和自然系统联系起来，旅游生态系统的基本功能是旅游生产、旅游消费和生态调节。同时，吕君（2007）还运用生态系统理论，分析了内蒙古草原旅游生态系统结构和生态系统内部功能关系。国内学者对于旅游生态系统的概念观点比较一致，但是研究的侧重点各有不同，而且一般理论阐述较多，实证研究较少。

1.4 旅游利益相关者研究

1.4.1 利益相关者理论及应用研究

1. 利益相关者理论简介

利益相关者（stakeholder）是一个来自管理学的概念，最早出现在20世纪60年代，确立于20世纪80年代，利益相关者的定义至今已有近30种。1963年，美国斯坦福研究学院的研究成果给出了利益相关者的最早概念，利益相关者是一个群体，没有它的支持，组织将不会存在。随着研究的深入，这一概念得以深入发展。最具有代表性的是爱德华·弗里曼（Edward Freeman）在1988年对利益相关者的界定，即利益相关者是指任何能够影响组织目标实现或受该目标影响的群体或个人，包括股东、债权人、雇员、供应商、消费者、政府部门、社会团体和社区等（李正欢和郑向敏，2006）。

组织是利益相关者相关关系的联结，它通过各种显形契约和隐形契约来规范其利益相关者的责任和义务，并将剩余索取权与剩余控制权在组织物质资本所有者和人力资本所有者之间进行非均衡的分散对称分布，进而为其利益相关者和社会有效地创造财富。具体体现在：①利益相关者参与组织治理使得组织在作决策时充分考虑利益相关者的利益，而这又反过来激发了利益相关者对组织利益的关注，减少机会主义行为和组织激励监督的成本。②遵循利益相关者合作逻辑的组织可以更着重于对长期目标的追求。③在利益相关者合作模式下，利益相关者的利益得到有效的维护，这一方面稳定了劳动力市场和地区的经济，另一方面使贫富差距得到有力的控制，经济公平更为显著。

依据不同的需要，可以选择不同的分类标准将利益相关者进行有效分类，根据利益相关者的社会性把企业的利益相关者分为社会利益相关者和非社会利益相关者；按照企业对利益相关者的责任把企业的利益相关者分为支持性的利益相关者、边缘的利益相关者、不支持的利益相关者和混合型的利益相关者四类；根据与企业是否存在有效契约把利益相关者分为两大类，第一类是由契约规定双方权利和义务的利益相关者，第二大类利益相关者是没有契约关系，但其利益受公司经营影响的群体和个人（李正欢和郑向敏，2006）。利益相关者分类强调利益相关者的主次地位，并力求全面和根据组织变换、时间的推移等调整利益相关者的主次地位。

利益相关者理论是在对传统的企业"股东中心论"反思的基础上产生的，它的出现给传统"股东至上"的理念带来了极大的冲击。利益相关者理论强调包括股东在内的所有利益相关者都对企业的生存和发展注入一定的专用性投资，同时也要分担企业的一定经营风险。企业的发展离不开各种利益相关者的投入或参与，企业追求的是利益相关者的整体利益，而不仅仅是某个主体的利益。利益相关者理论以利益公平和协调为宗旨，在旅游开发中强调旅游开发、运作、保护等过程中要综合平衡考虑各利益相关者的经济、政治、社会、文化利益需求，达到各利益方的动态均衡，实现旅游综合效益的最大化。旅游活动的正常开展和旅游目标的实现，离不开各种利益相关者的投入、参与和支持，这一观点与旅游地可持续发展思想相统一。

2. 利益相关者理论应用研究

利益相关者理论研究起步于 20 世纪 60 年代。理论发展初期，学者们的注意力主要集中在企业。20 世纪 90 年代以后，研究主体才逐步扩展到政府、社会等各个方面。利益相关者理论在旅游领域研究运用的缘起是与可持续旅游的发展结合在一起的。早在 1987 年，《我们共同的未来》便指出在可持续旅游的过程中有必要理解利益相关者，可持续旅游发展是个困难的过程，在让部分人受益的同时，势必影响到部分群体的利益。因此，世界环境发展委员会明确指出，引入利益相关者理论是可持续发展过程中必不可少的要求之一。利益相关者理论对旅游区利益冲突的解决十分必要。一是因为旅游产品的生产和供给决定了旅游业的强关联性，它涉及卫生、工商、税务、金融、通信等多个行业和部门，这些行为主体有着各自不同的目标和利益指向。很多时候，这些目标和利益指向是相互冲突、动态变化和难以协调的。二是因为随着旅游开发的不断成熟，各利益相关者参与意识逐渐增强，他们不仅希望寻求和创造出更多的个人利益，而且还开始关注利益的分配和维护以及对公共利益的享用。三是因为尽管旅游业的相关行业和部门较为繁杂和分散，但旅游区在日益激烈的竞争环境下必须整合各方力量，使之产生协同效应，共同提升市场竞争力。企业一直是利益相关者理论研究初期的绝对研究主体，直到 20 世纪 80 年代中后期，旅游研究中开始涉及利益相关者理论。国内利益相关者理论在旅游研究方面的应用集中在利益相关者角度的旅游开发和社区参与研究，少量涉及旅游业管理和生态旅游等方向。

旅游规划方面主要是利用利益相关者理论，通过实证研究，分析得出旅游开发地旅游开发机制、社区参与机制、公共管理机制等方面的内容。保继刚和钟新民（2002）在桂林市旅游发展总体规划中，讨论了旅游地的游客、政府、商业部门、本地居民、景点开发商等利益相关者，对他们的利益表现、决策过程与行为、相互制约和相互影响关系进行了初步分析，并结合系统动力学，分析、寻找和认识主要利益群体在桂林市旅游业发展中的促进和限制作用，剖析了桂林市旅游业发展的内部结构和深层制约机制。冯淑华（2003）以江西三百山旅游风景区为研究对象，从流域利益相关者关系的角度探讨了流域内资源共享的各方的权利、利益和义务关系，并在此基础上提出了协调各利益相关者关系的措施。刘静艳（2006）在这个基础上，从系统动力学著名的"内生"理论角度出发，将政府、社区、保护区、旅游企业和生态旅游者五个主要利益相关者作为生态旅游系统中的内生变量，分析协调利益获取和分配、权利和义务、生态耗损和补偿等问题，初步构建了各利益相关者之间的结构关系。王德刚和贾衍菊（2008）以利益相关者理论为基础，分析了现代旅游开发中利益相关者的构成体系以及各利益相关者承担的风险和预期，倡导在均衡利益的原则下建立旅游开发的利益分配机制，并提出了实现成本和利益均衡分配的途径，构建起了以利益相关者理论为基础的旅游开发成本、利益均衡分配的基本理论框架。

旅游管理研究方面主要是对旅行社和酒店等旅游业核心产业的管理应用探讨。夏赞才（2003）利用利益相关者理论建立了旅行社利益相关者基本图谱，将旅行社利益相关者分为核心层、战略层及外围层三个基本层次，探讨三个层次的相关者之间的复杂关系。邓小艳（2004）利用利益相关理论构筑了旅游意外保险的利益主体谱系图，将其分为中心利益主体和外围利益主体，并探讨了各利益主体之间的互动关系，提出了加强各利益主体良性互动的对策。

在生态旅游管理方面。宋瑞（2005）从利益相关者视角分析了我国生态旅游的利益相关者、各自的参与动机及其之间的关系，提出通过建立合理的机制来培育合格的利益相关者。刘雪梅（2005）则从利益相关者角度对生态旅游实践中存在或潜在的各种问题进行了剖析，探索那些伪生态旅游所存在的问题的根源。程励（2006）针对西南山地生态旅游脆弱区中广泛存在的利益冲突和矛盾，以利益相关者的视角研究区域生态旅游的和谐发展；通过对相关利益主体的公平利益均衡与和谐因子的揭示，讨论生态旅游脆弱区和谐发展的途径与模式。

从目前的研究情况来看，旅游领域中利益相关者理论的相关研究还远远不够系统与深入，主要的研究方法仍然是定性研究，定量研究较少，方法也较为简单。国内研究中缺乏详细的实证分析，也没有提出系统的分析模型与分析方法。在理论应用方面，利益相关者理论在旅游领域的运用已经取得了初步的成果，相对于国外研究，国内的研究还处于理论的引入阶段，主要集中在对利益相关者之间的复杂关系的探讨上，但是对具体的根源和对策探讨还不够系统和深入。随着利益相关者研究角度的日益多元化，从利益相关者视角综合考虑旅游对旅游地的经济、社会和环境等各方面的相互影响，并协调好各个利益相关者之间的关系，必将成为今后研究的重点。

1.4.2 博弈论及应用研究

1. 博弈论

博弈论（game theory）是分析利益关联或冲突中主体行为对局的理论。研究在给定信息参数的条件下，决策主体行为之间发生直接相互作用时的决策以及这种决策的均衡问题。博弈论作为一门学科，确立的标志是1944年美国数学家冯·诺依曼（von Neumann）与奥斯卡·摩根斯坦恩（Oskar Morgenstern）的奠基性经典著作——《博弈论与经济行为》一书的出版，之后博弈论得到了飞速发展，几乎指导了绝大多数领域的研究。

博弈即个人、团体或其他组织，面对一定的环境条件，在一定的规则约束下，依据所掌握的信息，同时或先后，一次或多次，从各自允许选择的行为或策略中进行选择并加以实施，并从中各自取得相应成果或收益的过程。博弈论是研究决策者在各方相互作用的条件下如何进行决策，即有关这种决策的均衡问题的理论。博弈的要素包括参与者（或局中人）、策略、信息、支付和均衡等，其中，参与者、策略和支付是完整地描述一个博弈所需要的最基本的要素。参与者即参加博弈的直接当事人，它是独立的决策主体，且假定是理性的人，通过选择策略使自己的效用或得益最大化。策略是指参与博弈的各个参与者在进行决策时可以选择的方法、做法或经济活动的水平、量值等。简单来说，也就是参与者的决策内容。人可以选择的所有策略所构成的集合称为策略集。所谓支付，是指每局博弈中获得的利益，它体现每个参与博弈的局中人的追求，也是他们行为和决策的根据（鲁明勇和彭延炼，2006）。

博弈有很多种类型，可按不同的标准从不同的角度进行分类。按照支付特性的不同，可将博弈分为零和博弈与非零和博弈；按照参与者能否达成一个有约束力的协议，博弈可分为合作博弈与非合作博弈；按照博弈各方是否同时决策，分为静态博弈与动态博弈；按照发生博弈的具体条件，分为完全信息博弈与不完全信息博弈。其中，合作博弈与非合作博弈是比较常见的分类，合作博弈与非合作博弈之间的区别主要在于人们的行为相互作用时，当事人能否达成一个具有约束力的协议。合作博弈强调的是团体理性，即整体最优，强调的是效率（efficiency）、公正（fairness）、公平（equality）。非合作博弈强调的是个人理性、个人最优决策，其结果可能是个人理性行为导致集体的非理性。1950年，美国数学家、经济学家约翰·纳什（John Nash）提出了博弈论中最为重要的概念——纳什均衡（Nash equilibrium），开辟了非合作博弈这一全新的研究领域。其后，莱茵哈德·泽尔腾（Reinhard Selten）、约翰·C. 海萨尼（John C. Harsanyi）等把博弈论的研究推向高潮，使博弈论在20世纪70年代从基本概念到理论推演均形成了一个完整而内容丰富的体系，并逐渐成为主流经济学的一部分（李光久，2005）。博弈论中的"纳什均衡"又称为非合作博弈均衡，在一个博弈过程中，无论对方的策略选择如何，当事人一方都会选择某个确定的策略，则该策略被称做支配性策略。如果两个博弈的当事人的策略组合分别构成各自的支配性策略，那么这个组合就被定义为纳什均衡，指在没有外在强约束的情况下，局中人按照制度安排而各自进行最优化决策所构成的战略组合，本质就是每个局中人的策略选择都是对于其他局中人策略选择的最佳策略选择，没有局中人愿意单独偏离或改变该策略组合，这是博弈模型的假定条件。

2. 博弈论应用研究

20世纪90年代，张维迎（1996）将博弈论引入中国，博弈论在中国的研究取得了较大进展，其中，在旅游研究方面的应用在近几年才取得了突破性的进展。博弈论在旅游研究上应用的发展可分为两个阶段：引入阶段和发展阶段。2002年以前，是博弈论引入旅游应用研究阶段，这段时期旅游研究运用博弈论的著作较少，博弈论只作为新方法、新概念被引入和介绍。吴长文（1997）通过对饭店做广告及旅游企业、旅行消费者和政府管理部门关系的例子进行博弈分析来介绍博弈论在市场营销上的运用。从2003年开始，不同领域的研究者运用博弈论来研究旅游现象和问题，博弈经济模型的方法也被引入了旅游研究中。从最初简单的博弈经济模型，到由有限博弈向重复博弈发展，同时由原来的纯策略博弈向混合策略博弈发展。例如，田喜洲（2004）通过对旅游市场监督人员与旅行社运用在完全信息条件下的静态博弈分析后，得出混合战略纳什均衡策略，来解决旅游市场效率低的问题。博弈论在国内旅游研究中的应用主要集中在旅游市场、旅游业、旅游景区、旅游企业和旅游生态五个方向；主要集中于以旅游企业作为参与人的研究、以旅游企业与政府作为参与人的研究、以政府与旅游开发社区作为参与人的研究三个方面。

以旅游企业作为参与人的研究方面，徐洋等（2004）认为在旅游企业的整合过程中，以战略联盟的形式来实现企业的规模经营是中国旅游企业生存和发展的有效措施之一，并以动态博弈的方法，在不完全信息条件下对合资旅行社企业的联盟作出分析，提出旅游企业在联盟中的更优策略，力争获得最大的经济效益，避免负效应等问题。齐子鹏和黄昆（2003）则从需求函数出发，利用边际概念分析了两个旅行社之间的非合作博弈，解释了旅游价格联盟的非承诺性和差别产品价格竞争现象。阳宁东和黄昆（2005）从旅游市场管理的角度，发现旅行社与消费者博弈具有"混合策略的纳什均衡"。以旅游企业与政府作为参与人的研究方面，旅游企业与政府博弈过程的焦点集中在生态旅游和旅游可持续发展方面。陈国生等（2004）分析了我国某一区域旅游企业与政府对于旅游开发和环境保护的博弈与西方环境保护的相异之处，提出"政府调节为主，市场调节为辅"的措施。王云龙（2004）运用博弈论知识，通过对旅游地形象联合促销的不同主体的行为进行分析，得出跨区域联合促销属于非零和合作博弈，同一区域内旅游行业大企业和小企业之间存在"智猪博弈"（boxed pig game），政府既不能完全脱离也不能完全包办旅游地形象促销。阎友兵（1999）研究认为旅游经营权转让是政府与企业进行的"重复博弈"。以政府与旅游开发社区作为参与人的研究方面，郭华（2007）以博弈论为指导，对乡村旅游社区利益相关者的利益诉求进行了研究。

从研究的趋势来看，旅游研究中的博弈分析方法正由简单矩阵型博弈分析转向博弈经济模型的应用发展（模型化发展）。由于经济模型能更为全面、更为系统地反映研究对象的特性，这样就能解决相同条件下，具体研究对象（参与者）的具体决策策略选择，即输入研究对象的数据即可得到决策方案。从研究的模型上来看，应用的博弈论由有限博弈向重复博弈发展，由静态博弈向有先后顺序的决策发展，由一般的纯策略均衡博弈向混合策略均衡博弈发展；并且新的博弈理论和方法，如学习博弈、合作进化博弈及进化博弈的定量模拟平台，以后也会作为旅游研究的重要方法得到广泛应用。从研究的领域和方向上来看，一方面从研究方向和对建立模型中的参与者的分析中可以发现，组成旅游业的三大行业中，博弈论在旅游饭店上的应用还较少，具有研究的巨大潜力。另一方面，早期的研究方向主要集中在政府与企业之间、消费者与企业之间和企业之间的博弈上，现行研究主要倾向于旅游地、旅游政策等方面，更加侧重选择对实践有重要意义的内容加以深入探讨。

1.5 旅游企业竞合研究

1.5.1 竞合理论基础

1. 竞争理论

迈克尔·波特（Michael Porter）于1997年提出了竞争理论——"五力模型"（图1.1）。他认为，企业在拟定竞争战略时，要深入了解竞争法则。竞争法则可以用五种竞争力来具体分析，这五种竞争力包括新加入者的威胁、客户的议价能力、替代品或服务的威胁、供货商的议价能力及既有竞争者。根据波特的"五力模型"，企业不仅仅要面对同行企业之间的竞争，同时，在产业外一方面受供货方、买方讨价还价能力的影响，另一方面又有替代品生产商以及潜在的市场进入者的威胁，形成了企业整体的竞争格局。

在"五力模型"基础上，迈克尔·波特提出了让企业获得较好竞争位置的三大竞争战略，即"总成本领先战略"、"差异化战略"及"专一化战略"。"总

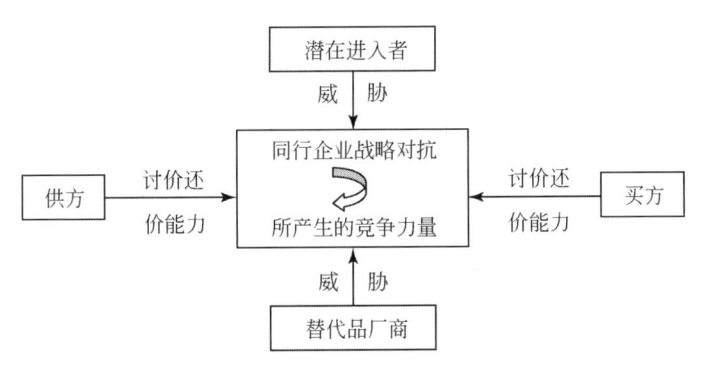

图 1.1 波特的五力模型

"成本领先战略"要求企业必须建立起高效、规模化的生产设施，全力以赴地降低成本，严格控制成本、管理费用及研发、服务、推销、广告等方面的成本费用。为了达到这些目标，企业需要在管理方面对成本给予高度的重视，确保总成本低于竞争对手。"差异化战略"是将公司提供的产品或服务差异化，树立起一些全行业范围中具有独特性的东西。实现差异化战略可以有许多方式，如设计名牌形象，保持技术、性能特点和顾客服务、商业网络及其他方面的独特性等，最理想的状况是公司在几个方面都具有差异化的特点。"专一化战略"是主攻某个特殊的顾客群、某产品线的一个细分区段或某一地区市场。

2. 共生理论

20 世纪 50 年代以后，共生思想渗透到社会诸多领域。从一般意义上讲，共生指共生单元之间，在一定的共生环境中按某种共生模式形成的关系。它由共生单元、共生模式和共生环境三要素构成。共生既具有自组织过程的一般特征，又具有共生过程的独特个性，它不是共生单元之间的相互排斥，而是在相互激励中共同合作进化。这种合作进化不仅可能产生新的单元形态，而且可能产生共生能量和新的物质结构，表现为共生个体或共生组织的生存能力和增殖能力的提高，体现了共生关系的协同作用和创新活力。共存共荣是共生的深刻本质，但共生并不排除竞争，它不是对自身性质和状态的摒弃，而是通过合作性竞争实现单元之间的相互合作和相互促进（袁纯清，1998）。

共生单元是指构成共生体或共生关系的基本能量生产和交换单位，它是形成共生体的基本物质条件。例如，在菌类与植物的共生体中，真核植物和原核植物与菌类（细菌和真菌）是共生单元。在企业共生体中，每一个企业员工都是共生单元。

共生模式也称共生关系，是指共生单元相互作用的方式或相互结合的形式。它既反映共生单元之间作用的方式，也反映作用的强度；既反映共生单元之间的物质信息交流关系，也反映共生单元之间的能量互换关系。共生系统的状态主要有两个变化方向：横向上，共生组织的组织化程度自左向右增强，即从点共生状态向一体化的组织状态演进。纵向上，共生行为方式所导致的能量分配对称性自上而下提高。共生过程产生新能量是共生的重要本质特征之一，在经济系统中，共生新能量的产生表现为微观经济主体资源配置效率的改进和可持续发展能力的提高。寄生方式下，新能量不会产生，能量单向流动，即一方无偿为另一方提供能量；偏利共生方式下，新能量能够产生，但完全被一方独占；互惠共生行为方式下，新能量能够产生，只不过非对称情形表现为共生单元的投入与能量获得的比例不对等，而对称情形表现为各共生单元的投入与能量获得的比例相对应。袁纯清（1998）认为，不产生共生能量的系统是不能增殖和发展的，共生能量与全要素共生具有一定的对应关系。偏利共生也由于利益完全被一方独占而导致共生系统不会有较大的发展。所以，共生系统多表现出互惠共生的行为方式，共生系统的能量分配也由非对称向对称方向演化。

共生环境是指共生关系，即共生模式存在发展的外生条件，共生单元以外的所有因素的总和构成共生环境。与植物共生的菌类存在的土壤环境或水环境、大气环境及相关环境一样，和企业的共生体对应的有市场环境和社会环境。

3. 空间结构理论

空间结构理论包括核心－边缘理论、网格开发理论、距离缩减理论、地域分异规律基础理论等。依据核心－边缘理论进行旅游资源的区域整合、景区土地利用功能配置与都会城市旅游圈层的构造，可以促进区域旅游联动的发展。网格开发理论是指旅游个体之间通过各种通道发生联系，随着联系的深度和广度增加，相互间的连线逐渐密集，最后形成网络式空间结构。距离缩减法则认为，如果地理现象之间是相互作用的，则其作用力随着距离的增加而降低。地域分异规律是指自然地理要素各组成成分及其构成的自然综合体在地表沿一定方向分异，因而导致人文要素在地表上也有一定的空间分异。

4. 商业生态系统理论

美国学者詹姆士·F. 穆尔（James F. Moore）1999 年出版的《竞争的衰亡》标志着战略理论的指导思想发生了重大突破。作者以生物学中的生态系统这一独特视角来描述当今市场中的企业活动，主要是通过类比、隐喻等方法将生物生态学理论的基本知识运用、嫁接到商业理论当中，指导企业实践。商业生态系统理论的基本思想是，随着经济的发展，产业的专业化水平逐渐提高，任何一个产业都不可能仅仅由一家企业构成、主宰，而是由上下游厂商、互补产品提供商、竞争对手以及最终消费者等多个利益相关主体有机集成的一个商业生态圈。在这个生态圈内，各个利益主体的关系不仅有竞争，也有合作，在一个或几个中央公司的领导下共同演化（co-evolution），它们寻求相互的支持，向着一个共同的前景一起进步。从广义来讲，这种生态系统其实就是战略联盟。生态系统理论认为，任何组织都处于一个生态系统中，竞争不仅在个体公司之间发生，而且还在各个集群（constellation）之间发生。

穆尔认为，当传统产业衰落时，唯一明智的竞争方式是建立和维持企业生态系统，其边界仅仅被松散地界定。在某个商业生态系统中，公司的盈利能力主要取决于三个方面：①公司管理生态系统中的关系的能力；②公司在生态系统中趋于中央位置的程度；③公司所在生态系统与其他类似集群有效竞争的能力。从生态系统的视角来看，哪些特定的生态系统还继续存活并不重要，唯一重要的是它们之间的竞争是激烈和公平的；每一个商业生态系统的发展都会经历产生、扩张、领导和自我更新这四个阶段，每个阶段都有不同的任务。①产生阶段：找到一项可能引起产品革命的萌芽创新，发现恰当的顾客价值特征，设计一项能服务于潜在市场的业务；②扩张阶段：与其他生态系统竞争以控制战略性的市场，刺激所提供产品或服务的需求，用足够的供给满足需求；③领导阶段：引导生态系统的投资方向和技术标准，确保生态系统具有一个强有力的供应商群体，通过控制关键的价值要素以维持砍价能力；④自我更新阶段：追踪那些可能毁灭生态系统的新趋势，建立一个能开始一个新的生态系统的管理团队，通过吸收新的创新使稳定和变化保持平衡。

5. 价值链理论

价值链理论最初由美国哈佛大学教授迈克尔·波特于1985年在其所著的《竞争优势》中提出。波特教授认为，企业的生产经营是由一系列相互联系的价值活动构成，这些价值活动分布在从最初的原材料采购到向消费者提供最终产品之间的每一个环节上，这些环节相互关联，形成了企业的价值链（张凌云，2003）。企业把设计、生产、销售、送货和支持其产品的各个部门看做创造价值的各个环节，把为公司创造价值和生产的成本分解到各部门，竞争就不会发生在企业与企业之间，而是发生在企业各自的价值链之间。波特认为，企业获取竞争优势的关键是抓住价值链的战略性环节并有效地整合价值链。

价值链有三个含义：其一，企业各项活动之间都有密切联系，如原料供应的计划性、及时性和协调一致性与企业的生产制造有密切联系；其二，每项活动都能够给企业带来有形或无形的价值，必须分析企业在行业中的地位，抓住价值链中的战略性环节，进而控制整条价值链；其三，价值链各项业务活动不仅存在于企业内部价值链，更重要的是还存在于企业外部价值链之间，如与供应商、销售渠道的价值链之间建立起相互依赖的关系，公司通过优化或协调与外界价值链的联系，能够支持企业在相关产业竞争中获取竞争优势，而这种联系常常要求信息系统的协调与支持。对此，波特提出联盟的形式，即通过横向联盟或纵向联盟与结盟伙伴相互协调或者共同分享价值链。

企业价值活动分为基本活动和辅助活动两大类，波特提出的价值链包括内部后勤、外部后勤、市场营销、服务、企业基础设施（企业运营中的各种保证措施）、人力资源管理、技术开发、采购等活动，每类活动都包括直接活动、间接活动和质量保证三部分。价值链各环节之间相互关联、相互影响，每一环节在实现最终产品价值中的重要性不同，决定了价值链各环节所信赖的生产要素也不同，任何企业都只能在价值链的某些环节上拥有比较优势，并基于该环节发展自己的核心竞争力，以促使彼此的核心专长得到互补，以实现整个价值链的最大效益，这也是企业建立战略联盟的原动力。

1.5.2 竞合理论应用研究

1. 合作研究

1) 国外区域旅游企业合作研究

王雷亭等于 2003 年发表了《国内外区域旅游合作研究进展综述》一文，对国外区域旅游合作研究进展进行了评述，主要观点如下。在理论方面，国外区域旅游合作研究大多集中在两个方面：一方面是旅游区域内旅游企业及其内部的旅游企业的组织结构及各部门之间的协调；另一方面是旅游区域内企业与其环境（即与其他行业、整个社会）之间的互动。在实践方面，国外学者研究主要集中在从旅游市场及市场营销角度对旅游目的地市场战略、市场划分以及市场选择进行研究。从旅游管理的角度探索对旅游资源的管理，并结合实证进行研究。从旅游系统的角度对旅游企业组织管理、投资者（或者参与者）之间权利分配等进行研究。从信息系统角度对企业合作组织模式与资金的运作模式等进行研究。此外，部分学者从经济学角度对区域旅游合作或协调进行了研究。近年，随着经济全球化进程加快，旅游全球化与加强区域合作成为一个发展趋势，区域旅游合作研究成为了一个新的研究热点。

2）国内区域旅游企业合作研究

我国很多地区都实行了区域旅游合作，一些学者也对旅游合作理论进行了探讨。王衍用（1991）研究区域旅游合作提出了"阴影区"理论，认为近距离的旅游资源雷同，导致了旅游资源的"减值效应"，提出区域通过联合开发，对重点资源、空间格局、市场方向、产品功能、最终目的等进行统一设计，可以避免"减值效应"的发生。保继刚（1994）在对大型主题公园布局的研究中，对"不同类型的旅游资源（项目）在一定地域上相对集中，以增加这一地区的总体吸引力"进行了论证。郑耀星（1999）认为旅游业发展到一定阶段，各地闭关自守的发展模式必然行不通，必须打破地方局限性，突破行政区域，走区域旅游合作发展之路，向协作要效益。阎友兵（1999）对"旅游圈"概念进行了界定，并分析了旅游圈的特征、功能。刘文波和丁力（2001）认为，专业化分工是旅游业发展的必然选择，专业化分工可以避免重复建设，避免旅游企业在同一平台或同一产品市场上竞争，还可以加强企业间的合作。薛莹（2002）探讨了区域旅游企业合作研究时所使用的区域概念的特征，分析了区域旅游合作产生的背景和旅游合作存在的现实问题。从已有的研究来看，国内对于旅游企业合作的理论研究，主要是在分析以往旅游开发中存在的问题的基础上，探讨进行旅游合作的必要性和可能性，难以发挥对实践的指导作用。

2. 竞争研究

窦文章（2000）回顾了国外区域旅游竞争研究的进展，总结出不同阶段旅游企业竞争研究的内容、特点和走向，并简要介绍了国内旅游企业竞争研究的一些代表性观点，在此基础上提出了决定区域旅游竞争优势的图式。杨英宝等（2002）根据旅游竞争的发展过程对国内外有关旅游竞争的研究进行总结，提出目前旅游竞争存在的问题以及对未来的展望。我国学者对旅游企业的竞争研究基本上始于20世纪90年代初期。张凌云曾于1989年发表了一篇介绍亚桑利那州大型水库研究的文章。保继刚和彭华（1994）对不同类型的旅游景点的空间竞争问题进行了探讨，认为旅游地的空间竞争是由于多个旅游地在同一地域内出现引起的。当多个旅游地在同一地域出现时，由于相互的作用往往会出现此长彼消，或同步增长的动态变化和地域旅游市场结构的再组织。不同类型的旅游地，影响其空间竞争的主导因素和结果是不一样的。郭来喜等（2000）研究认为，旅游业具有消费与生产兼容的特性，提出要建设旅游生产力工程，以加强旅游业的空间竞争力。其他的一些学者还对滨海沙滩、喀斯特石林、名山、同名名胜的空间竞争及竞争弹性进行了探讨。李君轶（2001）指出，旅游空间竞争是由多个旅游地处于同一区域内而引起的，主要是同类旅游地之间的竞争，不同类型的旅游地处在同一区域会产生互补作用。另外，旅游者的空间行为，也可产生竞争。总的说来，近些年我国关于区域旅游竞争问题的研究，主要以资源供求导向型和市场需求导向型研究为主。

国外学者对旅游空间相互作用的研究则着重于旅游的国际合作、旅游区域企业竞争对一个国家或一个社区旅游发展的影响、旅游企业和旅游目的地之间的竞争策略等方面。20世纪60年代，区域旅游企业竞争研究开始出现。最初，研究的焦点是旅游资源的禀赋和品质。20世纪70年代以来，是世界旅游业大发展的阶段，由于世界旅游国家旅游资料可得性大大增强，区域旅游企业竞争研究得到长足进步。首先，研究内容从单一走向综合、多样化，研究者开始关注旅游者与旅游目的地之间的社会文化价值差异、旅游地环境容量限制、旅游管理与政策等对旅游地竞争力的影响，同时，有些学者运用经济学方法，分析不同竞争地之间的客源市场，讨论旅游市场经济行为和利润最大化等。其次，研究的地域范围从单一景点走向区域整体，跨地区旅游竞争成为研究的热点。最后，开始系统应用行为理论解释旅游者消费行为。

3. 竞合研究

竞合的概念最初是由亚当·布兰顿伯格（A. Brandenburger）和巴里·纳尔布夫（B. Nalebuff）在《哈佛商业评论》上发表的一篇论文中提出的（黄艳蓉和叶宏伟，2006），其把 cooperation（合作）和 competition（竞争）组合成一个单词"co-opetition"，这就是"竞合"一词的由来。后来逐渐为很多研究博弈理论的学者所接受，其实质是实现企业的优势要素互补，增强企业的竞争实力，即为竞争而合作，靠合作来竞争。竞合模式是针对主导旅游资源相似的临近地域提出的一种旅游发展模式（the co-operation-competing model，简称 C-C 模式）（陶伟和戴光全，2002）。在这里，竞合是指基于竞争前提下的有机合作，其实质是推动和实现区域旅游的一体化。在市场经济条件下，竞合模式是以区域旅游的整体发展为背景，以相关地方的利益为基础，以市场交易为基本方式，以政府协作为补充，在塑造和发挥各相关地方及景区特色的基础上，最终建设富有吸引力的旅游目的地。竞合模式对协调旅游空间竞争和空间合作的关系可以起到显著的协调作用，最终实现"双赢"（win-win）甚至"多赢"（multi-win）的区域旅游发展格局。

国内文献中研究区域旅游竞合的较多。王滔等（2000）通过对比分析洛阳、郑州、开封、西安之间的竞争与合作的比较优势，建立了一个以古都旅游为依托的区域旅游网。陶伟和戴光全（2002）以苏南三镇为例，对区域旅游发展的"竞合模式"进行探索。尹贻梅（2002，2003a，2003b）在总结以往的研究与实践的基础上，构建了旅游空间竞争合作模型，并提出了竞合分析中有待进一步研究的若干问题。吴泓和顾朝林（2004）从共生概念和内涵着手，研究基于共生理论的区域旅游竞合。在此基础上，以淮海经济区为例，分析了该区的旅游竞合条件，区域旅游竞合模式和机制。梁艺桦和杨新军（2005）以博弈研究为切入点，对区域旅游竞合博弈进行了分析，提出了区域旅游活动竞合博弈战略。吕军和刘承良（2005）以国家风景名胜区大洪山为例，对近域旅游区空间整合－竞合模式进行研究。史春云（2005）通过区域旅游竞合研究进展分析，回顾了区域旅游的研究热点，提出研究中旅游区域之间竞合的模式。黄继元（2006）从旅游企业在旅游产业价值链中的竞争与合作入手探讨了旅游企业的价值链理论，并创建了旅游价值链模型，分析了旅游企业在具体场景下的竞合关系。

总体认为，对旅游竞合的研究有以下几个特点：

（1）国外对旅游竞合的研究主要集中于旅游的国际合作、旅游地竞争对一个国家和一个社区旅游发展的影响，以及旅游企业的竞争策略。

（2）国内以旅游地、旅游资源的空间竞争和区域旅游竞合为研究对象的文献较多，而且研究成果也最为成熟。

（3）以旅游企业之间的相互关系为对象来研究竞合的文献较少，国内学者虽然有的对竞合模式进行了探讨，但都是从区域旅游的宏观角度出发，具体到旅游企业之间的合作性竞争的研究比较少，而对区域内景区的竞合研究几乎没有。

1.6　旅游区公共治理评价研究

1.6.1　公共治理理论

公共治理理论是当前社会科学的前沿理论之一，被广泛地运用于政治发展和行政改革的研究与实践领域。公共治理理论发源于公共管理基础理论，是公共选择理论的发展。20世纪60年代初，詹姆斯·布坎南（James Buchanan）和戈登·图洛克（Gordon Tullock）两人合写了《允诺的微积分：宪政民主的逻辑基础》，提出了公共选择理论。后来出现的新公共管理、新公共行政（服务）以及治理等前沿理论都与公共选择理论有着密切的关系，是公共选择理论的发展，或是在批判公共选择学派的过程中形成的理论（蓝志勇等，2007）。公共治理理论的发展，主要是因为公共管理改革中的一些方法存在缺陷。在公共治理得以运用之前，公共管理中主要采用两种方式，一种是层级制的集权式政府管理方式；另一种是市场化的管理方式。但是在实践中，这两种方式都存在缺陷。在社会资源的配置中既存在市场失灵，又存在政府失灵。市场失灵是指仅运用市场的手段，无法达到经济学中的帕累托最优，市场在限制垄断、提供公共物品、约束个人的极端自私行为、克服生产的无政府状态等方面，存在着内在的局限性，单纯的市场手段不可能实现社会资源的最佳配置。同样，仅仅依靠政府的层层计划和行政命令等手段，也无法达到资源配置的最优化，最终不能保障和促进公民的政治利益和经济利益（任声策，2009）。公共治理理论在综合两者的基础上，加入第三部门，这样，公共治理理论实际上是由政府、市场和第三部门共同治理国家和社会的一种理论。可以说，公共治理理论既是对福利经济学关于市场失灵论的超越，也是对公共选择理论关于政府失灵论的超越。公共治理是在各相关学科对政府理论研究发展到一定阶段时相互渗透、相互融合、综合发展的产物（滕世华，2003）。

公共治理理论经过十余年的快速发展，研究内容非常丰富，观点众多。公共治理理论专家格里·斯托克（Gerry Stoker）认为，各国学者对治理理论已经提出了五种主要的观点，分别是：①治理意味着一系列来自政府但又不限于政府的社会公共机构和行为者；②治理意味着在为社会和经济问题寻求解决方案的过程中存在着界限和责任方面的模糊性；③治理明确肯定了在涉及集体行为的各个社会公共机构之间存在着权力依赖；④治理意味着参与者最终将形成一个自主的网络；⑤治理意味着办好事情的能力并不仅限于政府的权力，不限于政府的发号施令或运用权威。一般而言，公共治理体系包括治理的主体，如政府、公共组织、非营利组织、私人组织、社会个人等；治理的对象或客体，当前已应用到各个领域；治理的方式，如强调各种机构、团体之间的自愿和平等合作。公共治理理论的主要内容包括五个方面：①公共治理是由多元的公共管理主体组成的公共行动体系。这些公共管理主体不仅包括几乎长期垄断公共管理主体地位的政府部门，而且还包括诸如私营部门和第三部门等非政府部门的参与者。②公共管理的责任边界具有相当的模糊性。传统上法律和制度规定由政府承担的公共管理责任呈现出由非政府组织和个人来承担的趋势。③多元化的公共管理主体之间存在着权力依赖和互动的伙伴关系。④公共管理语境下的公共治理是多元化的公共管理主体基于伙伴关系进行合作的一种自主自治的网络管理。⑤公共治理语境下的政府在社会公共网络管理中扮演着"元治理"角色。

公共治理研究非常关注不同治理主体针对某一治理对象采取的治理方式所产生的绩效。关于公共治理的研究，主要分为两大类内容：第一类是关于各种公共治理模式的研究，第二类是关于公共治理绩效评价的研究（任声策，2009）。公共治理以及公共治理评价理论在全球的广泛传播一定程度上归因于国际组织的努力。国际组织在向发展中国家提供援助的过程中，经常会受到非市场因素，特别是政局不稳定的干扰，而不能有效地开展活动。因此，它们需要寻找新的方式和途径。公共治理正好满足了它们的要求，公共治理追求政府、市场和公民社会的合作管理，可以绕开援助国的政治问题与意识形态范畴内的争端。基于公共治理理论，国际组织不预设合作对象，而是通过评价援助国的公共治理现状，寻找能够解决问题的组织与其合作来解决问题。这就是国际组织推广公共治理理论和研究公共治理评价的原因所在。正是它们的推动使得公共治理理论蓬勃发展，成为社会科学最热门的前沿理论问题之一。

1.6.2 公共治理理论应用研究

早期，公共治理理论主要研究主要地区和部分国家在治理中形成的一些经验（任声策，2009）。郁序忠和高德毅（2008）总结了欧盟的治理经验，认为西欧国家在推进欧洲一体化建设的发展道路中，逐步建成了一套多层次综合治理的体系，即超国家治理（欧盟层次）、国家治理（成员国层次）、地方治理（成员国地方当局层次）和社会治理（民间团体、行业组织层次），并确立了诸如分权原则、欧盟法优先等指导处理多层次治理内部关系的基本原则，取得了一体化建设的历史性进展。严双伍和喻锋（2008）也对欧盟区域公共治理模式进行了分析。随着公共治理理论研究的活跃，研究内容逐渐从单个国家或者地区的经验研究、少数国家的比较研究，慢慢深入到关于公共治理与治理绩效的一般性研究，研究结果也逐渐克服了早期的个案研究中缺乏一般性的不足（任声策，2009）。国内，我国学者对公共治理的分支方向、公共治理行动体系的责任结构和政府与第三部门的合作伙伴关系、公共治理中的信息可追溯机制和公共决策专家咨询制度、政策网络治理途径和行政规则制定过程、公共政策议程设置的模式等进行了研究（韩志明，2006；党秀云，2007；刘圣中，2010；王锡锌，2007；孙柏瑛，2008；王锡锌等，2003；王绍光，2006），并将公共治理理论运用到公共管理的各个领域，如环境、水、交通、图书馆、反贫困问题等（任志宏，2006；程真等，2006；张成福和王耀武，2008）。党国英（2008）对我国乡村治理改革进行了回顾与展望分析。

1.6.3 公共治理绩效评价研究

公共治理评价是公共治理理论体系的重要内容和组成部分，确立一套治理评估体系是正确而客观地认识国家治理状况的前提，国外的各种组织和相关学者都对治理绩效评价体系进行了广泛的研究（周云飞等，2009）。在中国，地方治理与实践的核心是农村的社区治理，即乡村治理。社区治理是公民社会的微观基础（李友梅，2007），一直是当今学术界研究的热点。国内外诸多学者对农村地区社区治理评价进行了理论和实证研究，人们借助于一系列的治理评估标准的科学工具，测定治理效果、比较治理优劣、辨别治理成败，从而明确治理改革方向，推动和引导国家的民主治理改革（俞可平，2008）。但是，旅游开发中农村社区治理评价实证研究相对较少，旅游开发中的农村社区治理评价还有待完善，其中，构建旅游开发中的农村社区治理评价因子体系方面仍处于理论探讨阶段。

1. 国外治理绩效评价研究

20世纪90年代，随着治理理论的兴起，对治理评估的理论研究和实际应用也受到普遍关注。据世界银行有关部门统计，目前经常使用的治理评估指标体系大概有140种。国际上，影响较大的有世界银行的"世界治理指标"（world governance indicator，WGI）、联合国人类发展中心的"人文治理指标"（human governance indicator，HGI）、联合国奥斯陆治理研究中心的"民主治理测评体系"（measuring democratic governance）等。世界银行的WGI体系研发较早，应用也比较广泛，这套评估指标体系包括发言权与责任性、政治稳定与无暴力、政府效益、管制质量、法治和遏制腐败（俞可平，2008）。在国际治理评估领域，关于治理和善治概念并没有达成一致认识，更没有形成治理和善治评估的统一标准。

2. 国内治理绩效评价研究

国内公共治理研究开始于20世纪末期，经过十几年的探索，已经取得一些成果。其中，在最近几年，至少发展了数十套政府绩效、和谐社会、小康社会、科学发展或公共治理的评价指标体系，在推动治理评估的科学化和合理化方面取得了明显的成绩（俞可平，2008）。俞可平（2008）提出了包括公民参与、人权与公民权、党内民主、法治、合法性、社会公正、社会稳定、政务公开、行政效益、政府责任、公共服务、廉洁等12个基本内容的中国治理评估框架。何增科（2002）从善治的十条标准——合法性、法治、透明性、责任性、回应性、参与、有效、稳定、廉洁、公平或包容性出发，评价了改革开放以来中国在迈向善治目标的过程中所取得的成就。现阶段，国内有关治理的宏观评价体系主要包括现代化评价指标体系、全面建设小康社会进程统计监测评价体系、和谐社会评价指标体系、全国文明城市测评体系等。微观评价体系包括城市法治环境评价体系、妇女参政指标体系、性别平等指标体系、社会稳定指标体系、政府绩效评价指标体系、党政领导干部政绩考核评价体系、公共部门或政府服务公众满意度评价指标体系（王锡锌，2007）。其中，全面建设小康社会进程统计监测评价体系、和谐社会评价指标体系等与农村社区治理绩效评价最为密切。

3. 我国公共治理绩效评价研究发展趋势

我国公共治理评估研究在推动治理评估的科学化和合理化方面取得了明显的成绩，但建立的评价指标体系仍有不完善之处。一是评估指标体系的内容十分庞杂，主题和重点不突出，以至于即使成功取得了相关数据，仍然难以客观地反映社会的治理状况；二是多数评估指标体系的操作性和可行性较低；三是指标和标准设置不够科学；四是相关数据资料缺乏可靠性。例如，中国社会科学院提出的指标体系中没有对农村社会发展、民主法治及可持续发展作出反映；国家统计局设计的指标体系没有对农村产业结构优化、农村市场化程度、城乡统筹发展及农村科技进步等进行反映；浙江大学提出的指标体系中缺少反映农民居住质量和资源可持续利用的指标（吴晓锋，2006；王锡锌，2007；刘圣中，2008；马成文和包研平，2006）。俞可平（2008）提出的中国治理评估框架与公共治理绩效的评价还有一些区别，还不能算完全意义上的公共治理评价指标（周云飞等，2009）。

目前，我国农村治理评价研究仍处于起步阶段，大批学者从各自专业领域出发进行研究，研究的范围涵盖农村经济发展能力、政治民主进展、社会发展能力、自身发展潜力、内外部影响因素等层面，研究结果对村级治理能力的完善具有现实的指导价值。其中，对新农村建设评价研究较集中（李立清和李明贤，2007；徐学荣和林雪娇，2007；刘婧和傅金鹏，2008；周亚莉，2006；李树德和李瑾，2006；郭翔宇等，2008；邱晓华，2006；李广海等，2007；曾国平和石磊，2006；朱孔来，2007；王颜齐和刘宏曼，2009；李秀霞和刘雁，2006）。但新农村建设评价指标体系由于存在着指标过多且复杂、涉及村级的指标体系很少、指标体系内容不全面等问题，不能全面反映不同地区的新农村建设水平。例如，在生产发展方面，普遍缺少金融指标；在生活宽裕方面，缺少农民消费能力指标；在乡风文明方面，缺少农民文明程度和信息化指标；在管理民主方面，缺少村干部素质指标等（张磊，2009）。郭正林（2004）从制度绩效方面对农村社区治理绩效进行衡量，但如何量化没有详述。吴雪芬（2007）建立了村级治理评价指标体系，该指标的代表性与社会主义新农村、小康社会等指标衔接不够，侧重考察村级治理能力，无法全面考察农村社区治理水平。新农村建设评价存在的问题集中表现为：一是虽然国家对乡村基层组织的考核指标繁杂细致，但是现实情况往往是片面重视经济增长指标，忽视协调发展和长期发展需求。二是偏重上级考核，无视群众评价；偏重过程控制和指标罗列，忽视真实绩效。三是关系农民切身利益的医疗、教育、就业和社会保障，关系农村可持续发展的农村基础设施建设，关系农业发展所急需的科技和营销服务等"三农"发展所亟待解决的公共物品与公共服务等，从来没有被纳入绩效考核的重要指标而被有效执行（李秀义等，2005）。四是定性研究多而定量分析少，等等。根据国际研究发展的趋势，今后乡村公共治理绩效评价研究将由定性研究向定量研究发展，治理评价内容将更加完善和全面，将从单一视角到多学科、多方法融合与跨学科、多角度评价。

4. 旅游区乡村治理研究

国内外从事旅游研究的学者也对旅游区乡村治理给予了较多关注，基于利益相关者等理论，主要从社区旅游、旅游扶贫、居民感知等角度进行研究。明确以乡村治理角度进行研究的文献数量较少，但是如乡村旅游、社区旅游、可持续旅游、生态旅游等及其应用等，都隐含着乡村治理理念。例如，郭凌（2008）研究认为，乡村旅游推动了乡村从封闭走向开放，增强了村民的民主参与要求，促进了乡村治理的重构，最终推动了中国乡村从传统的村民治理向现代公民治理发展，实现了乡村治理与乡村旅游的良性互动；谌莉等（2009）运用灰色评价法，构建了旅游对喀纳斯村图瓦社区影响的评价指标体系，并进行了实证分析；唐克敏和袁本华（2008）初步构建了乡村旅游与新农村建设协同发展的指标体系，等等。

2

漓江流域旅游生态系统结构与功能[*]

2.1 漓江流域概况

2.1.1 漓江流域范围

漓江属珠江水系桂江上游段，位于广西壮族自治区东北部，湘桂走廊西南端，南岭山地西部。地理坐标为110°10′~110°40′，北纬24°40′~25°80′。漓江全长227公里，干流长164公里，主要支流有小溶江、甘棠江、桃花江、良丰江、黄沙河、西河、潮田河、兴坪河、金宝河及遇龙河等。流域发源于兴安县华江乡猫儿山、海洋山、青狮潭水库区等三个自然保护区，主源乌龟江在南流中西接龙塘江，东纳黑洞江，三江汇合后称为六峒河，又叫华江；南流至兴安县司门前附近，东纳黄柏江，西汇川江，三江相汇后合称大溶江，至溶江镇汇灵河，始称漓江；再往南流经灵川县、临桂县、桂林市区、阳朔县，至平乐县平乐镇北恭城河口汇入桂江。按照河流水道的自然走向，可以把漓江流域划分为上游、中游和下游。流域上游为花岗岩和碎屑岩组成的中山山区；中游为兴安区，有灵渠、古严关、石马平墓群等人文古迹；下游为喀斯特岩溶地貌发育区。漓江沿着石灰岩山峰穿行，形成了世界上特有的漓江山水景观（黄家诚等，2003）。

传统意义上的漓江流域是指河流的干流和支流所流经的整个区域，以漓江为轴线，呈南北向带状分布，属于桂林行政区划管辖范围，流域面积6050平方公里，阳朔县以上流域面积5660平方公里。按照行政区划，主要包括桂林主城五区以及兴安、灵川、临桂、阳朔等四县的全部或部分，具体包括了上游源头区兴安县的高尚镇、白石乡、华江瑶族乡、金石乡、溶江镇、严关镇、兴安镇、崔家

---

[*] 魏薇，王金叶

乡等乡镇，中游的灵川县包括除了大镜瑶族乡内的西岭河流面积以外的灵川镇、大圩镇、三街镇、潭下镇、定江镇、九屋镇、潮田乡、海洋乡、灵田乡、公平乡、青狮潭乡、兰田瑶族乡等全部地区，桂林市的秀峰、象山、叠彩、七星、雁山五城区，临桂县的五通镇、南边山乡、会仙乡、四塘乡、庙岭乡、六塘镇和临桂镇，下游的阳朔县全区。

基于旅游辐射和经济辐射以及地理范畴影响的漓江流域是指"泛漓江流域"，从地理区划看，是以桂林市为中心，包括与漓江源头、干流和支流的生态圈密切关系的区域，具体包括桂林市区以及资源、兴安、灵川、临桂、阳朔、龙胜、永福、恭城、平乐、荔浦等十一个行政区划（陈宪忠，1998）。从旅游辐射范围看，漓江流域实际可分为三个旅游圈层：桂林城区及市郊为核心层即第一圈层；阳朔、兴安、龙胜、资源、荔浦、恭城依次开发逐渐成熟，与桂林市中心形成紧密联系为腹地层，属第二圈层；第三圈层则包括旅游发展较迟的临桂、灵川、平乐、永福、全州、灌阳等六县（阳国亮，2005）。2006年，中国城市规划研究院的《漓江风景名胜区总体规划》界定桂林漓江风景名胜区的主体部分位于桂林至阳朔地域，以漓江及其两岸峰丛洼地、遇龙河及其周边峰林平原为基础，包括桂林城区、桂林至阳朔段漓江及遇龙河部分和灵渠部分，总规划面积1159.4平方公里。

根据相关研究及本项目研究要求，确定漓江流域是指桂林市5城区和12县，即大桂林市是漓江流域旅游辐射的范围，与基于流域水文特征而确定的漓江流域有一定的区别，因为在桂林行政区域范围内有不属于漓江流域的区域。

2.1.2 行政区域概况

桂林地处广西壮族自治区东北部，总面积2.78万平方公里，城区面积560平方公里，是进出广西的北大门，地理位置十分重要。桂林的北面和东面与湖南省交界，西部、东南部分别同柳州、梧州、贺州为邻，管辖12个县和5个城区，其中包括叠彩、秀峰、象山、七星、雁山5个城区，阳朔、临桂、灵川、兴安、全州、资源、龙胜、永福、荔浦、恭城、平乐、灌阳12个县。桂林是中南、华南、西南三大区域接壤边界的唯一中心城市，处于长江洞庭湖水系中湘江、资江和珠江西江水系中的漓江、浔江、洛清江源头和上游，是桂东北地区的政治、经济、文化、科技中心。

2.1.3 生态环境状况

桂林地处南岭山系的西南部，属典型的喀斯特岩溶地貌，位于中亚热带湿润季风气候带，气候温和，四季分明，气候条件十分优越。漓江发源于越城岭，水资源丰富，受中亚热带湿润季风气候影响，植被繁茂，自然生态环境良好，与经亿万年风化侵蚀的石灰岩地貌形成了千峰环立、一水抱城、洞奇石美的独特景观，自古至今是人们旅游的胜地，游客纷至沓来，络绎不绝。"江作青罗带，山如碧玉簪"咏叹出了漓江山水组合的生态美，王正功用"桂林山水甲天下"高度总结了桂林（漓江流域）的山水特色与价值，让世人羡慕、憧憬。为了满足游客的旅游需求，在流域范围内相继开发形成了以山水观光为特色的系列景点或景区，其中，在城区最具有代表性的景点有象鼻山、伏波山、南溪山、尧山、独秀峰、七星岩、芦笛岩、甑皮岩、冠岩、明代王城、榕湖、杉湖等；漓江成为了最具旅游价值的黄金水道，龙脊梯田、兴安灵渠、资江漂流、五排河漂流、八角寨、宝鼎瀑布等多样化的旅游景点或景区遍布整个流域。

随着旅游空间的不断拓展和国内外游客人数的节节攀升，流域宁静、优美的自然环境受到干扰，局部地方受到破坏。同时，为了发展地方经济，在流域内进行了大规模的生产建设特别是工业建设，给流域生态环境带来了严重影响，流域很早以前的清澈水质、优美的自然景致受到了威胁，"桂林山水甲天下"的美誉受到了挑战，引起了政府、社会团体、民间组织和当地居民、游客的关注与重视。自20世纪70年代以来，通过不断探索和完善，确立了漓江流域生态环境保护利用的指导思想："以提高人民群众和中外旅游者生活质量、环境质量为目的，正确处理好发展生产、发展旅游、城乡建设与环境保护的关系，综合利用经济的、行政的、法律的手段，全面搞好漓江流域生态环境和水资源保护利用，实现经济、社会、环境的协调和可持续发展。"为了完善对漓江流域生态环境利用保护的规章制度，政府制定和出台了多个规范性文件，如《桂林市漓江饮用水源保护区污染防治管理暂行规定》、《关于综合治理漓江河道的通告》等；积极开展了漓江流域生态环境综合治理工作。1979~1996年，为解决漓江水质污染问题投入2160万元，先后关、停、并、转、迁了49个严重污染的工厂和车间，市区建成了四个污水处理厂和十几个垃圾转运和处理站，对漓江游船进行改造，增设粪便集装设施，建造粪便处理船，每天将游船上的粪便收回岸上的粪便无害化处理站处理；1989~1992年，为解决漓江枯水问题，市政府组织进行了漓江补水性质的综合整治；1998~2004年，市政府再次对漓江进行综合整治，项目包括补水、截污及城市固废处理、植树及水土保持等，通过生态环境治理与保护，漓江流域生态环境有了大的改善，特别是保持了漓江水质清澈，沿岸植被繁茂、四季常青，季节性枯水问题有所缓解。

虽然生态环境建设取得了明显成效，但由于需求压力的不断增长，漓江流域生态环境状况仍不容乐观。蔡德所等（2008）根据20世纪70年代以来对漓江流域开展的系列调查和研究资料，将漓江流域分为上游非岩溶森林生态分区和中下游岩溶生态分区两个生态分区进行研究，结论指出：①上游分区虽生态良好，旱涝灾害与石漠化现象很少，但自20世纪80年代以来，受人类经济活动影响，森林结构不合理，水源林中人工林和次生林比例增加，导致水源涵养功能减弱，对漓江水资源调蓄能力下降。②中下游分区存在水土流失与石漠化、水域面积减少与湿地退化、洪涝灾害与岩溶干旱、水质恶化和岩溶坍塌等主要问题。除此之外，流域生态环境还存在其他问题，如由于地方经济发展相对滞后，漓江流域生态建设工程投入不足或无法保障；区域内生态环境保护与工业经济发展之间的矛盾突出；水质污染增加，水体出现富营养化，等等。

2.2 漓江流域旅游发展历程

2.2.1 旅游发展演替与趋势

1. 发展阶段

桂林旅游资源丰富，品位较高，以漓江为标志的桂林旅游享誉世界。漓江流域是我国发展旅游业最早的地区之一，旅游开发最早始于南朝对独秀峰的开发，唐宋时其已成为闻名的游览胜地。20世纪40年代末期，中国旅行社在桂林设立分社，标志着桂林专业化旅游服务的开始。新中国成立至改革开放前，桂林城市规划逐步明确了风景游览城市的性质，并对七星岩等景点进行了整修，开辟了芦笛岩、榕湖、杉湖等景区。1973年，国务院将桂林列为中国首批24个对外开放的旅游城市之一，标志着桂林现代旅游业从外事接待开始重新起步。37年来，桂林旅游业被称为中国旅游业发展的缩影和"风向标"，为全国旅游业改革发展创造和积累了众多经验和模式，在全国各地广泛推广后，推动了中国旅游业的发展。可以说，对桂林旅游业可持续发展的探讨将对国内旅游业发展具有深远的影响。从1973年至今，桂林旅游发展可以划分为四个阶段。

（1）初创期（1973~1977年）：桂林的旅游以政治接待为主，主要接待国家公费邀请的各国外交人员、专家和留学生，属外事接待型。当时全市仅有榕湖饭店一家涉外饭店，248张床位，大小旅游客车10辆，漓江游览木船三艘，直接从事旅游服务的人员不足200人，住宿、通信、交通和接待能力严重不足，但旅游人数稳步攀升。

（2）发展期（1978~1987年）：1978年十一届三中全会后，国家及各级政府对桂林给予了很大支持，桂林旅游业投入加大，在漓江保护、基础设施改善、服务设施跟进等方面加大了政策、资金、人力投入。1978年，漓江被列为国家重点保护的13条河流之一。1979年，桂林成立了专业性外事车船队。1981年，桂林被国务院确定为风景旅游城市。1982年，桂林成为全国首批历史文化名城之一，漓江成为我国第一批国家级风景名胜区之一，国际游客量突增，10年间增加了33倍。1984年，《自治区党委、自治区人民政府关于开创广西旅游事业新局面的若干规定》提出，以发展桂林旅游区为重点，逐步带动全区旅游事业的发展。1986年，国务院将桂林列为"七五"计划期间全国7个旅游重点建设城市之一。在这一阶段，桂林服务供给条件得到改善，桂林机场扩建，火车站重建，旅游交通体系初具规模，桂林旅游业由接待型为主向经济产业型转化。

（3）停滞巩固期（1988~1996年）：1988年开始，受政治经济大环境的影响，特别是1989年的"八九风波"和1992年的桂林空难，使桂林旅游业陷入低谷，之后随着国家政治形势的稳定，一系列旅游刺激政策出台，包括五天工作制和带薪休假制度的实施，桂林国内旅游市场才逐渐稳定。

（4）二次发展期（1996年至今）：1998年桂林与周边12个县合并为大桂林市，进入大桂林市旅游资源的整体开发阶段，随着旅游服务质量的进一步完善，老景点的改造包装、新景点的建成，规模空前的城市改造，桂林旅游实现了第二次飞跃，并成为世界著名的旅游胜地，1998年桂林被国家旅游局评为首批"中国优秀旅游城市"之一。进入新世纪，随着建设"现代化国际旅游城市"目标的确立，桂林旅游进入了高速发展期。两江四湖环城水系、"印象·刘三姐"、乐满地度假世界、愚自乐园、阳朔乡村旅游休闲等一批大体量、高品位、个性化的旅游产品先后诞生，极大丰富了桂林旅游内涵，促进了桂林旅游的综合化发展；桂林与国际旅游接轨速度加快。目前，漓江旅游管理已通过ISO9001国际质量管理体系、ISO14001环境保护管理体系、OHSAS18001职业健康安全三项国际管理体系认证，漓江游览景区被国家旅游局评定为"国家5A级旅游景区点"。2009年11月在桂林召开的第三届联合国世界旅游组织、亚太旅游协会旅游趋势与展望国际论坛上，国内外旅游界权威人士提出，中国可在广西桂林率先开展与国际充分接轨的旅游综合改革试验，继而将改革试验成果向全国推广。2009年12月，国务院在《关于进一步促进广西经济社会发展的若干意见》中明确提出，"建设桂林国家旅游综合改革试验区"。桂林成为中国首个获得国务院层面确定建设的旅游综合改革试验区，也是中国首个以城市为单位建设的国家旅游综合改革试验区。

2. 发展趋势

从发展过程上看，漓江流域旅游开发经历了一个从无序到有序、从不规范到规范的过程。1988 年以前，旅游客运市场实行粗放管理，游船运力发展失衡，83 公里的漓江航道上，水运市场混乱，17 家水运单位为争夺客源，竞相压价，大量票款和国家税费流入"野马"手中。水运企业连年亏损，经营困难，企业和业主只顾眼前的经济利益，无暇顾及环境保护和服务质量，以至于过度而又无序的旅游活动带来大量的污染物，破坏了自然景观，江面上一片狼藉，使游客兴致全无，也给漓江蒙上了阴影。1988 年，桂林市政府作出决定，由市交通局组建桂林市水路客运管理中心，漓江旅游客运实行"统一票证、统一售票、统一调度、统一结算"的"四统一"管理。这一管理模式加强了对旅游船只的宏观调控，避免了重复投资，使旅游客运业从此摆脱了以回扣、降价等手段揽客的恶性、无序竞争状态，提高了水运效益。1997 年，所辖客运企业做到了家家盈利，同时，漓江沿途的环境卫生也得到局部改善。此后，随着旅游市场秩序的不断规范，旅游服务质量的进一步完善，老景点的改造包装、新景点的建成，以及规模空前的城市改造，桂林旅游实现了第二次飞跃。

改革开放的 30 年是桂林旅游大发展的 30 年，旅游历经发展、停滞、巩固、提升的四个阶段，走过从小到大、从弱到强、从单一到复合、从外事接待到支柱产业的历程，在规模、效益、品质、地位等方面都取得了质的突破，已形成多功能、多层次的产业格局和全方位、高品质的旅游服务体系，一批高档涉外饭店陆续建成，两江机场、高速公路以及交通网络等先后投入使用，旅游开发进程明显加快，旅游开发水平不断提升，桂林旅游在接待能力、产业规模、服务水平、基础设施、配套条件、联动能力上有了质的飞跃，成为国内外著名的旅游目的地。当前，伴随国家"建设桂林国家旅游综合改革试验区"和"将旅游业培育成国民经济的战略性支柱产业和人民群众更加满意的现代服务业"决策的实施，桂林旅游必将迎来又一个黄金发展期。桂林国家旅游综合改革试验区的建设，将对桂林旅游业的转型升级、旅游要素市场的构建、旅游发展功能创新、旅游生态环境保护补偿机制建立、旅游资源有效配置、人力资源改革等产生深远影响，从而促使桂林旅游业实现"二次创业"，由单一观光型向多元复合型转变；由粗放型向集约型转变；由规模型向规模质量效益并重型转变；由满足游客基本需求向满足游客多层次需求转变；由旅游目的地城市向旅游目的地和旅游集散地城市转变。桂林旅游将依然是"中国旅游的缩影"和"中国旅游发展探索的先行者"（桂林市旅游局和中山大学旅游发展与规划研究中心，2009）。作为桂林核心旅游资源的漓江风景名胜区也必将成为改革的"先头兵"。如何充分利用漓江风景名胜区高品位旅游资源，开发精品旅游产品，实现旅游经济效益、环境效益、社会效益的可持续发展，成为桂林国家旅游综合改革试验区的重要试验内容。

2.2.2 旅游发展格局与模式

桂林围绕建设"国际旅游之都"，对全市（漓江流域）旅游核心要素进行了整合，开发建设了一批高水平的旅游景区，如乐满地、秦城水街、愚自乐园、"印象·刘三姐"、两江四湖景区等，景区的开发建设和完善以及大规模的城市建设，极大地丰富了旅游产品的内容，突破了以市区旅游为主的格局，形成了桂林旅游"三大板块、一个旅游圈"，众星拱月的发展格局，即阳朔、恭城、荔浦、平乐四县以休闲度假、生态旅游为特色的板块，兴安、龙胜、资源、全州、灌阳以历史文化、民俗风情、红色旅游为特色的板块，市区（包括灵川、临桂、永福）以环城水系公园、传统优势景点、美食、工业旅游为特色的城市旅游板块，形成了一个旅游圈和一条要素完整、相互带动的旅游产业链，"众星拱月"的旅游新格局已呈现在世人面前。

桂林旅游发展的主要模式如下。

（1）增长极模式：区域旅游发展首先出现在一些增长点和增长极上，它们可以是旅游中心城市，也可以是高等级的旅游景区。在桂林旅游发展初期，形成了以桂林市区为桂林旅游中心的发展格局，即增长极模式，通过中心发展带动了周边地区旅游发展。

（2）点轴模式：由于旅游中心的带动和辐射作用，桂林周边旅游得到了迅速发展，形成了以桂林城区为中心点，桂林至阳朔、冠岩、荔浦丰鱼岩、兴安灵渠、龙胜、恭城孔庙、八角寨等一线为轴的点轴格局，使旅游发展的带动和辐射作用影响范围进一步扩大。

（3）网络模式：随着桂林旅游中心和"点轴"发展，位于轴线上的旅游景点不断壮大，逐渐成长为区域次一级的旅游发展中心，出现了多中心的局面。而且随着社会经济发展，建立区域和谐旅游发展格局成为必然的选择；这些低一级的旅游中心之间的交通联系也逐渐得到发展，进而连成环线，形成桂林旅游多点网状格局，即网络模式。桂林旅游业不再仅仅是桂林市区的旅游，大桂林旅游圈内包含了很多国家级、自治区级和市级的著名旅游区，大桂林旅游网络系统逐渐形成。

2.2.3 旅游收入与旅游竞争力

1. 旅游收入

统计资料显示，桂林旅游业呈现迅速发展势头，游客人数和旅游收入都在稳步增加。1998年接待旅游者804万人次，旅游总收入达31.93亿元。1999年共接待旅游者898.53万人次，比上年增长11.76%，旅游总收入达36.59亿元，增长14.59%，其中，接待入境游客60.53万人次，突破1992年入境游客51.38万人次的历史最高纪录，结束了多年来入境游客数量徘徊的局面；2000年全年接待旅游者963.37万人次，旅游总收入45.12亿元，同比增长23.31%，其中，接待入境旅游者95.02万人次，接待量位于北京、上海、广州、深圳、珠海之后，居全国第六位。2001年接待旅游者突破千万人次大关，达1009.22万人次，同比增长4.76%。2007年，桂林全年接待国内外游客人数1530.64万人次，比上年增长14.4%。其中，国内游客1402.04万人次，增长14.2%；海外旅游人数128.60万人次，增长16.3%。旅游总收入85.51亿元，增长24.4%；其中，国内旅游收入58.38亿元，增长22.2%，海外旅游收入27.14亿元，增长29.4%。2007年，漓江旅游收入45 917万元，成为名副其实的黄金水道。2008年，桂林全年接待国内外旅游者人数1626.90万人次，增长6.3%。其中，国内游客1501.88万人次，增长7.1%；海外游客125.02万人次，下降2.8%。旅游总收入100.26亿元，增长17.2%；其中，国内旅游收入73.78亿元，增长26.4%，海外旅游收入26.48亿元，下降2.4%。同时，阳朔、兴安、荔浦、资源、龙胜等重点旅游县游客接待量和旅游总收入均创历史最高水平，而且增长速度快于市区旅游，旅游对财政的贡献逐年增长。经过30多年的发展，旅游业规模不断扩大（表2.1），旅游业已成为桂林国民经济的主导产业，在国民经济中的地位日益重要。

表2.1 桂林旅游业的经济规模

年份	入境游客接待量 /万人	旅行社数量 /家	星级酒店数量 /家	旅游总收入 /亿元	收入增长率 /%
1980~1985	125.88	—	—	3.65	—
1986~1990	212.8	44	27	18.63	410.4
1991~1995	208.22	69	29	42.13	126.10
1996~2000	285.54	83	35	63.08	49.73

2. 旅游竞争力

根据世界旅游组织预测，到 2020 年，中国将成为世界第一大旅游目的地国家和第四大客源输出国，中国旅游地的竞争也日趋激烈。随着国内旅游地竞争加剧，桂林旅游整体竞争力在下降。国家旅游局发起的"中国最佳旅游城市"评选活动，是目前中国顶级的旅游地品牌竞争力的官方较量，成都、杭州、大连等城市已经获得这项桂冠，桂林目前已经处于劣势。在瑞士闭幕的"2005 欧中旅游论坛"上，珠海、西安、杭州、拉萨、北京、丽江、昆明、成都、洛阳、威海等城市荣获"欧洲人最喜爱的中国旅游城市"称号，桂林落榜突显了桂林旅游品牌竞争力的危机。桂林旅游整体竞争力下降不仅体现在主观的品牌评选活动上，而且从中国主要旅游城市外国游客接待人数排名表的变化上也得到了证明。从表 2.2 看出，桂林的入境旅游接待人数在 20 世纪 90 年代在全国第六名左右徘徊，处于十大城市的中间水平；最近三年的排名显示，桂林入境旅游接待人数排名已跌至中国主要旅游城市中的第十名。而西安、杭州等老牌旅游城市却在稳步上升，苏州、青岛、天津和大连等新兴旅游城市开始赶上或超过了桂林的排名，说明桂林旅游的相对竞争力正在下降。

表 2.2 我国部分城市入境游客接待人数排名表

城市	排名					
	1990 年	1995 年	1999 年	2005 年	2006 年	2007 年
北京	1	1	2	2	2	2
上海	2	2	4	1	1	1
广州	3	3	1	3	3	3
深圳	5	5	3	4	4	4
珠海	25	10	5	17	14	15
桂林	4	7	6	10	10	10
昆明	11	6	9	13	16	16
杭州	6	8	7	5	5	5
西安	10	4	8	8	9	9
厦门	13	9	12	16	17	18
天津				7	7	7
大连				11	12	12
青岛				9	8	8
苏州				6	6	6

资料来源：保继刚和钟新民，2002

2.2.4 旅游资源概况

漓江流域以独特的山水旅游资源而闻名于世界，典型的喀斯特地貌和丹霞地貌赋予漓江流域"山青、水秀、洞奇、石美"的山水风光，是中国自然风光的典型代表和经典品牌。"千峰环野立，一水抱城流"，景在城中，城在景中，是其独具魅力的特色。1998年9月桂林与周边的12个县合并为大桂林市后，扩展了以桂林山水为核心的旅游资源的内涵与空间。桂林旅游资源实体为1099处，其中，地文景观类231处、生物景观类112处、水文景观类78处、历史遗产类364处、现代人文与抽象人文景观类164处、旅游服务景观类150处（保继刚和钟新民，2002），各类资源所占比例如图2.1所示。

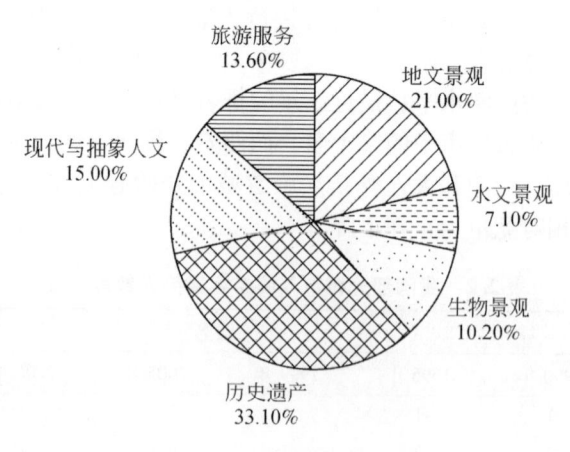

图 2.1 桂林旅游资源组成

2.2.5 旅游景区发展

1. 旅游景区规模

新中国成立之后，国家重视对以桂林为核心的漓江流域的开发。1978年漓江被列为国家重点保护的13条江河之一，1981年桂林市被国务院确定为风景旅游城市，1982年漓江成为我国第一批4A国家级风景名胜区之一，2007年通过国家考核验收，漓江风景名胜区荣获国家5A级旅游景区称号。漓江流域旅游产业经过多年发展，产业体系已具有一定规模，旅行社、饭店、景区建设、旅游交通、旅游教育以及购物娱乐等各业不断发展壮大，形成了较为完备、相互衔接的产业体系和经营运作机制。在国家旅游局对2006年度各地创建4A景区工作的通报中，全国有82家景区正式被评为国家4A级景区。其中，桂林靖江王城景区、桂林古东瀑布景区、兴安灵渠景区3家景区正式被评为国家4A级景区，桂林蝴蝶泉景区已正式步入国家3A级景区行列。

到2008年，漓江流域已开发了常年接待海内外旅游者的主要景点200余处，拥有桂林漓江景区和乐满地度假世界景区两处国家5A级旅游景区，拥有芦笛景区、象山景区、冠岩景区、世外桃源景区、独秀峰·王城景区、七星公园、愚自乐园、两江四湖景区、漓江古东景区、穿山公园、尧山景区、灵渠景区等12处国家4A级旅游景区，蝴蝶泉景区、荔浦丰鱼岩旅游度假区、尧山景区、龙胜温泉旅游度假区、资江景区、刘三姐景观园、碧莲峰景区、聚龙潭景区等8处国家3A级旅游区（2008年）。有花坪、猫儿山两个国家级自然保护区，有龙胜温泉、资源八角寨两个国家森林公园，有12家国家工农业旅游示范点，所拥有的国家高A级景区和全国工农业旅游示范点数量为全国同类之冠。

2. 旅游景区分布格局

桂林旅游景区分布格局受旅游资源空间格局的影响。桂林旅游资源空间分布受自然、历史、人文等因素综合影响，总体上呈现出"沿江（河）、沿线"的带状特征（图2.2）。最有名的是漓江沿岸风光；其次是资江-八角寨景区，沿江著名景点有30余处；全州湘江及支流灌江、洛清江、清江、茶河、荔浦河也是旅游资源比较集中的分布带；湘桂铁路沿线有桂林、兴安、全州、永福等城市和城镇，是人文景观资源最集中的地带。

与大桂林旅游资源空间格局相适应，旅游景区在空间上形成了"一城、两带、三线、五区域组团"的结构模式，具体资源分区与景区、景点格局如表2.3所示。该结构突出了桂林山水资源的垄断地位，构建了与桂林山水风景资源区互补的区域旅游资源优势，形成了以"桂林山水"风景为主导的旅游网络，兼顾了一些已经开发并具有一定旅游市场影响的风景旅游区的完整性。同时，桂林与其周边旅游城市联动，参与构建中国精品旅游线路网络，并与国外旅游城市发生联系，将自身置于区域这个大系统之中，兼顾了系统的整体性、层次性、相关性和结构性。

3. 景区主要经营单位组织结构

目前，桂林传统旅游景区主要由桂林发展总公司管理，一些新开发的具有资源垄断性的景区则被桂林旅游股份公司控股，而桂林旅游发展总公司又是桂林旅游股份公司的第一大股东，具有一定的决策权。因此，这些传统精华的景区之间通过公司统一管理、内部整合，容易形成战略联盟，协作发展。

图 2.2　大桂林旅游景区图
资料来源：桂林旅游网

表 2.3　大桂林旅游区空间格局

资源区名	景点名称
桂林城市旅游资源区	靖江王陵、芦笛景区、虞山公园、叠彩景区、西山公园、靖江王城、伏波山景区、榕湖、雁山、七星公园、象山景区、南溪公园、穿山公园、桃花江旅游度假、灵川美食城等
漓江风光旅游资源区	龙门古榕、奇峰林立、九牛三州、大圩古镇、草坪冠岩、杨堤风光、兴坪佳境、渔村、书童山、福利工艺、普益
阳朔田园旅游资源区	山水园、阳朔公园、月亮山风景区、遇龙河风景区、西街
灵渠与乐满地旅游资源区	灵渠风景区、乐满地休闲世界、古严关、秦城、红军长城、突破湘江纪念园
兴安猫儿山旅游资源区	十里大峡谷、高山公园、铁杉公园、老山界
龙胜矮岭温泉旅游资源区	矮岭温泉、白面瑶寨、岩门峡漂流
龙胜龙脊梯田旅游资源区	龙脊梯田、金竹壮寨、龙胜、银水侗寨
资源资江旅游资源区	宝鼎瀑布、资江漂流、八角寨、百卉谷、五排河漂流
荔浦丰鱼岩旅游资源区	丰鱼岩洞、八卦山庄、鹅翎寺、荔浦
全州湘江旅游资源区	湘山寺、镇湘塔、三江口、全州
全州天湖旅游资源区	天湖、天湖水库、茶田电站、海洋坪水库
灌阳古民居及民族文化旅游资源区	月岭古民居、千家洞瑶族发祥地遗址、灌江三峡风景区、黑芝田园风光风景区、灌阳
恭城儒家文化及生态旅游资源区	文庙、武庙、周渭祠、湖南会馆、社山生态园区、烈士陵园、恭城
临桂资源区	李宗仁故居、红滩瀑布、九滩瀑布、瑶族风情、花坪自然保护区
永福寿城风景区	永宁州古城、百寿岩、板峡水库、永福
平乐榕津	榕津古榕、榕津古街、粤东会馆

　　桂林旅游发展总公司成立于 1994 年，1998 年 1 月 1 日正式挂牌，注册资金为 1.36 亿元，由交通、旅游、城建、园林四大行业的 11 家企业组建而成，业务涉及车船客运、旅行社、酒店、园林、景区开发、房地产等领域，是广西区内实力较强的国有大型旅游集团企业。总公司所辖全资企业有桂林漓江大瀑布饭店、

桂林榕湖饭店、桂林旅游发展投资有限责任公司、桂林旅游实业开发公司；分公司有桂林旅游发展总公司营销分公司、芦笛景区管理处、七星景区管理处、象山景区管理处、滨江景区管理处；控股企业有桂林旅游股份有限公司、桂林五洲旅游股份有限公司；参股企业有桂林市商业银行、桂林中国国际旅行有限责任公司；代管企业有桂林海外旅游总公司（图2.3）。桂林旅游发展总公司所辖的四大精华景区、六个精华景点（包括芦笛岩、七星园区、七星岩、伏波山、叠彩山、象鼻山等）组成的"三山两洞"，是桂林市历史最悠久、最经典的旅游精品，在桂林旅游景点市场中占有重要份额，每年游客接待量达1000万人次。四大景区于2000年被评为首批全国4A级景区，并于2002年通过了ISO9001、ISO14001国际质量和环境管理体系认证。

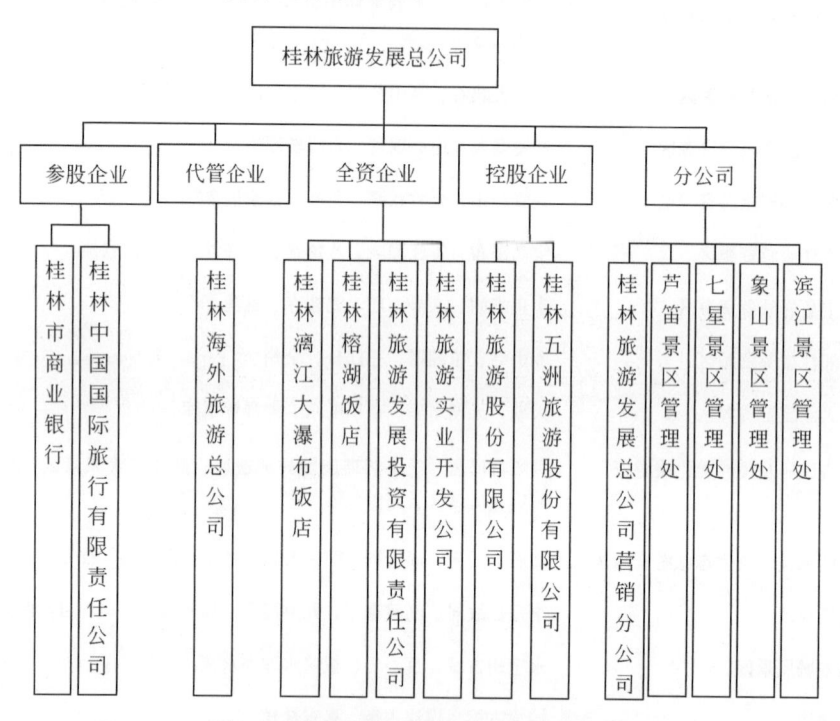

图2.3　桂林旅游发展总公司组织结构图

桂林旅游股份有限公司是由桂林旅游发展总公司联合桂林五洲旅游股份有限公司、桂林三花股份有限公司、桂林中国国际旅行社、桂林集琦集团有限公司五家发起人，以发起方式设立的股份有限公司。目前公司拥有两个分公司、一个全资附属企业、七个控股子公司和四个参股子公司（图2.4）。

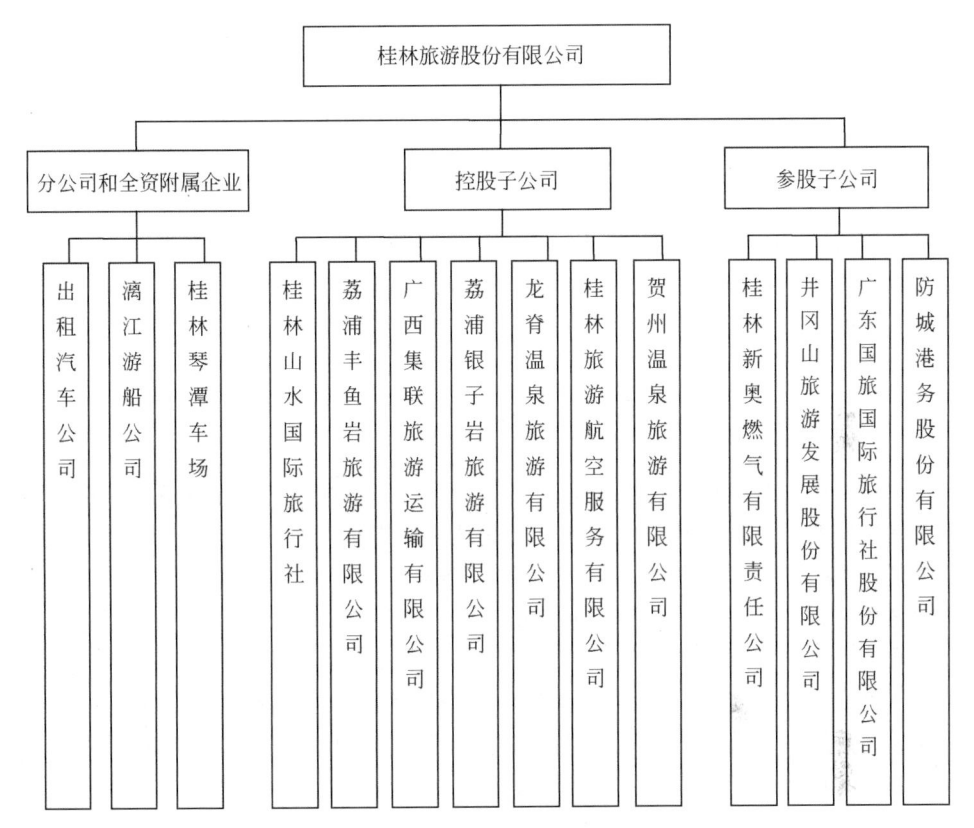

图 2.4　桂林旅游股份有限公司组织结构图

2.3　旅游生态系统结构功能

2.3.1　旅游生态系统的概念

根据佟玉权（2000）、吕君（2008）、袁国宏（2008）的研究，在系统生态学中，生态系统是由生命有机体及各类非生物环境因素通过错综复杂的能量流动和物质循环作用而形成的相对稳定的自然体，包括自然界中的岩石圈、大气圈、水圈以及生物圈。人类活动产生后，改变了生态系统的原有结构，各种社会、经济要素不断引入，生态系统所在的自然地理圈层与人类社会圈层相互结合，从而形成复杂综合的"巨系统"，其中，由旅游所引起的社会、经济活动与生态系统之间相互依赖、相互联系、相互作用所形成的综合系统就是旅游生态系统，是属于"巨系统"的一部分。因此，从宏观尺度上讲，旅游生态系统是自然地理圈层与旅游活动圈层相互结合而成的，但由于人类旅游活动在空间上的不连续性，旅游生态系统也受到地域范围的限制，从而使每个旅游生态系统具备了相对独立的地域空间和地域特征。所以在中小尺度范围内，旅游生态系统主要特指在一定旅游地域内，旅游者、旅游业和当地居民与其所依赖的自然生态环境所构成的网络，是由旅游地域内的自然生态环境与旅游经济和社会系统相互作用、相互依存所共同构成的具有特定结构、特定功能的自然、经济与社会复合系统。从系统的发育过程来看，旅游生态系统是在自然生态系统基础上，通过人类旅游活动对自然生态环境的适应与改造而建立起来的自然生态、旅游经济产业和地域社会文化的复合体系。

2.3.2 旅游生态系统的构成

旅游生态系统是一个整体概念，包括社会、经济和自然三个子系统，这三个子系统性质各异，都有各自的结构、功能及发展规律，但它们各自的存在和发展又受其他系统结构和功能的制约（吕君，2008）。其中，自然子系统被生物地球化学循环过程和以太阳能为基础的能量转换过程所主导；社会子系统由社会的科技、政治、文化等要素耦合构成，由政治体制和信息流所主导；经济子系统由生产者、流通者、消费者、还原者和调控者耦合而成，由商品流和价值流所主导。旅游生态系统中，自然生态系统是整个复合系统的基础，社会和经济因素都是由人类的旅游活动引起的，所以人类是旅游生态系统的核心和调控者，对旅游生态系统的形成、演变和发展具有决定性影响。旅游生态系统中的人主要包括旅游者、旅游从业人员以及当地居民，从人的角度讲，旅游生态系统在地域上可分为旅游景观区、旅游接待区和旅游地社区，它们将系统内部的自然要素、社会要素和经济要素统一起来，形成具有完整功能的地域结构。旅游生态系统不仅包括生活条件，也包括生产条件；不仅有物质、能量因子，还有文化、信息因子；不仅有空间概念，还有时间概念。

2.3.3 旅游生态系统的功能

（1）从系统的构成方面讲，旅游生态系统是由自然生态系统和社会、经济生态系统复合而成的，这种复合的结构和组成也决定了旅游生态系统具备复合的功能，即以自然子系统为主导的生态功能和以社会、经济子系统为主导的旅游功能。生态功能指提供生态产品、保持水土、净化空气、维持地域生物多样性、减缓环境污染等，以保证旅游生态系统内部各种资源的持续利用和旅游生态环境的稳定平衡；旅游功能包括观赏、游憩、度假、娱乐、康体、疗养、科学考察和科普教育等，以确保旅游活动的顺利实现以及旅游产业的优化高效和社会文化的和谐进步。生态功能的维持和发展是实现旅游功能的前提和保障，旅游功能的完善和健康为生态功能的实现提供强有力的经济支持（佟玉权，2000）。旅游功能和生态功能正常发挥作用，从而实现旅游生态系统的可持续发展。

（2）从系统运行方面，旅游活动是系统运动的核心，人类的各种物质、能量和信息进入自然生态系统，并由此实现各种物质生产、信息生产和流通服务，经过多重物质循环和能量转化过程而实现自然生态系统与社会、经济生态系统之间的相互作用。可见，要实现旅游生态系统正常的发展和演化，物质和能量必不可少。这里的物质和能量特指生物与无机环境、生物与生物以及社会与经济系统之间所进行的传递、转化与循环过程，也就是旅游生态系统内部的生产、消费、调节三大功能（吕君，2008）。旅游生产功能不仅包括景区建设、娱乐项目等有形旅游产品及文化类精神产品的生产，也包括各类废弃物的生产，如旅游者的生活垃圾、建筑废料、大巴车尾气排放等；旅游消费功能可分为旅游商品的消费、基础设施和旅游设施的占用以及资源的消耗和环境退化；旅游生态系统的调节功能主要是指协调系统内部的物质流动和能量循环，如自然子系统的环境净化和生态恢复，社会治安和伦理道德的稳定以及经济运作和市场平衡的保持等。

2.3.4 旅游生态系统的特征

1. 系统的层次性与复杂性

旅游生态系统是一个多级、多要素的复杂系统，整个系统由自然、社会、经济三个子系统构成，每个子系统又可分为更小的亚系统，如自然生态系统中含有动植物、大气、土壤等子系统，动植物子系统中又包括各种的纲目科属种类。旅游生态系统就是由不同层次的子系统、亚系统有序地组合而成，同时，各级子系统之间、系统内部要素之间又存在着错综复杂的联系，有单向的和双向的，也有稳定的和不稳定的，它们共同遵循生态经济规律形成旅游生态系统。整个系统的协调发展虽有别于各子系统内部的协调发展，但也要以它们内部的协调发展为基础。

2. 时空尺度上的可变性

旅游生态系统是一个动态的开放系统，表现为其随着时间和空间的转变而发展变化。自然生态系统在一定时空内是相对稳定的，为实现旅游功能，旅游生态系统内部各子系统之间、系统与外部环境之间随时随地地进行着物质、能量、信息等各种输入输出，使系统内部不断发生高度的人流和物流，如旅游交通、旅游通信等。强烈的能量流动也对旅游生态系统内部各要素产生影响，从而使系统产生各种变化，如旅游景观的变化、动植物群落的移动，包括绿化用地、居住用地、交通用地、游览用地等土地格局的调整以及人们生产生活方式的转变等。所以，旅游生态系统会随着旅游活动不同发展阶段的特征的不断改变而表现出时空尺度上的变化。

3. 社会经济的外部共生性

旅游生态系统虽然是一个相对独立的系统，但却以外部经济发展和传统文化为依托，随着其发展演变与外部环境呈现出越来越强的共生性（陈绍友，2004），特别表现在旅游经济和旅游文化方面。旅游经济的发展与旅游目的地整体经济发展水平密切相关，因为区域社会经济条件和经济发展状况通过向旅游业提供人力、物力和财力从而决定了旅游业发展的规模、速度和档次，经济发达地区的旅游业相对发展成熟，旅游生态系统也较为完善，而经济和文化落后地区的旅游生态系统功能则相对较弱。旅游文化更是与目的地社会文化相吻合，地方传统文化保存越完好、特色越鲜明，受旅游者青睐的程度越高。

4. 系统演变的不平衡性

系统演变的不平衡性表现在：同一旅游生态系统内部的各个组成部分的变化速度不同，有些因素变化较为迅速，有些因素的演变过程则相对缓慢（佟玉权和宿春丽，2008）。在旅游生态系统发展初期，旅游产业结构及与之相关联的技术条件会随着旅游的兴起而迅速发生变化，随后是居民的传统文化、价值观念等受到旅游活动的影响而逐渐被同化，生产生活方式也随之改变，而系统内的地质地貌、气候气象、土壤水文以及动植物生存条件等因素的演变过程则相对缓慢，当这些因素发生根本质变时，旅游生态系统也就不再稳定了。

5. 自我调节性

旅游生态系统平衡是指系统结构与功能在一定时间内的相对稳定状态，并能够在外来干扰下，通过自我调节保持这种稳定状态。调节控制是旅游生态系统的一个重要特点。系统演化过程中，会受到外界及内部各种能量信息的干扰，自我调节性可以使系统内部子系统和要素及时对不利干扰作出反馈，从而优化系统功能。这种优化原理主要有两条：第一是高效，即物质能量高效利用，使旅游生态系统效益达到最高；第二是和谐，即各组分之间关系的平衡融洽，使旅游生态系统演替的机会最大而风险最小。虽然自我调节性对旅游生态系统的发展具有重要意义，但它只有在系统承载力范围内才会发生作用，而且不同子系统和要素的自我调节周期长短不一。

2.4 旅游生态系统基本要素与要素关联

2.4.1 自然子系统

1. 内部要素

自然生态系统是指在一定的空间范围内，生物与其所处环境之间由于不断地进行物质循环和能量流动而形成的统一整体，一般包括多种生物因素和环境因素。自然生态系统是现代旅游活动的基础，但并不是所有自然生态要素都属于旅游生态系统。自然子系统就是专指人类周围的自然界，特别是与旅游者、旅游业有直接关系的自然生态范畴。旅游生态系统中，自然子系统是旅游活动存在和发展的物质基础和空间条件，又可分为自然生态环境和自然旅游资源两个亚系统，分别涵盖了可以直接或间接影响到人类生活、生产和发展的一切自然要素的总体。其中，自然生态环境亚系统是由大气、水体、土壤、地质地貌、植物、动物、微生物等因子互相联系、互相依存构成的，这些因子伴随着旅游活动的始终，主要实现旅游生态系统的各种生态功能，旅游活动对自然生态的影响也主要通过这些因子的变化体现出来。当自然生态环境中的各种因子被开发利用、赋予旅游功能之后，便成为自然旅游资源亚系统的一部分，包括土地资源、气候资源、水资源、生物资源、矿产资源和旅游景观资源等，它们是主要的旅游吸引物，也是旅游资源子系统的重要组成部分。

2. 要素关联

自然子系统各要素之间的关系，总是通过基本的生态过程来表达和体现。在自然生态系统中，物质从物理环境开始，经生产者、消费者和分解者，又回到物理环境，完成一个由简单无机物到各种高能有机化合物，最终又还原为简单无机物的生态循环，如图 2.5 所示（徐发煌，2001）。通过该循环，生物得以生存和繁衍，物理环境得到更新并变得越来越适合生物生存的需要。

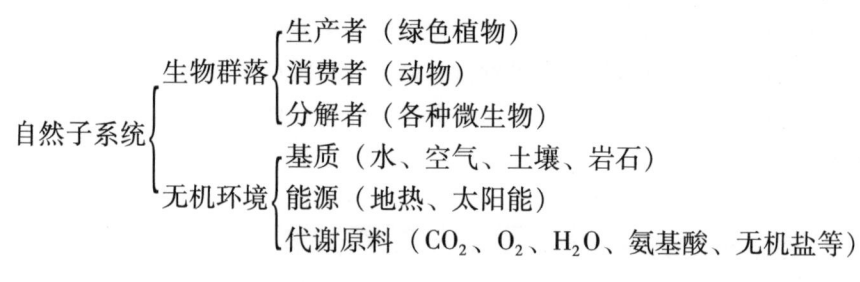

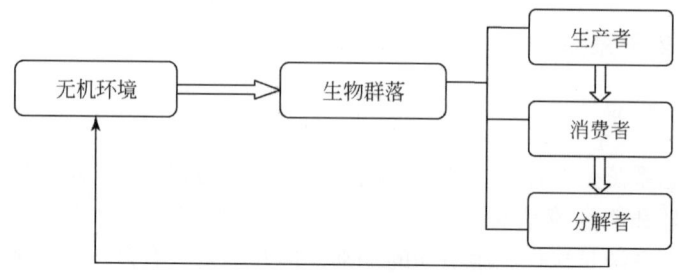

$$\text{自然子系统}\begin{cases}\text{生物群落}\begin{cases}\text{生产者（绿色植物）}\\\text{消费者（动物）}\\\text{分解者（各种微生物）}\end{cases}\\\text{无机环境}\begin{cases}\text{基质（水、空气、土壤、岩石）}\\\text{能源（地热、太阳能）}\\\text{代谢原料（}CO_2\text{、}O_2\text{、}H_2O\text{、氨基酸、无机盐等）}\end{cases}\end{cases}$$

图 2.5　自然生态循环示意图

在没有旅游活动的情况下，生产者的生物量和个体均比消费者的生物量和个体多，因为自然生态系统的主体是各种动物，它们完全依靠生产者也就是植物所生产的有机物生活，因此，其数量也受到生产者的制约，自然生态系统依靠内部的能量和物质传递就可以维持各种生物的生活。旅游者进入后，系统内部的消费者数量猛增，生产者所占比例减小，为弥补两者之间的差距，大量的物质能量由系统外输入，旅游产生的废弃物也随之增加，由此加重了系统内部分解者（微生物）的负担，正常的生态过程受到干扰，主要表现在以下方面。

（1）大气：人们外出旅游，都希望能呼吸到新鲜的空气，大气的质量等级成为评定旅游感受的标准之一。随着酒店旅馆等旅游接待设施的大量增加，废弃物的排放量也大大增加，还有景区燃料及汽车尾气所引起的景区空气中 SO_2、CO_2 等的增加，导致旅游地空气质量下降。

（2）水体：水是旅游观赏的对象和水上旅游活动的载体，人们在旅游区的活动与水息息相关。旅游相关的各类生活污水直排或超标排放所引起的水体中氨氮、总磷、有机质、类大肠菌等的超标，都会引起水体污染。

（3）地质地貌和土壤：地质地貌是旅游景区景观形成的基础，许多著名的风景名胜区均因其独特的地质地貌闻名于世。在旅游开发及经营管理过程中，开山炸石、修路筑桥、修建接待设施及游客游览等都可能对景区地质地貌及土壤产生影响。而由于旅游者踩踏所引起的水土流失、地被物消失、土壤板结等，都会对旅游区土壤造成破坏。

（4）动植物：动植物是旅游景区具有生命活力的元素，也是旅游景区良好环境的构成因素和缔造者。旅游活动的开展对动物的不利影响主要包括动物种群数量减少、结构改变、习性改变、生理机能下降、繁殖率下降、迁移等；对植物的不利影响则主要包括对植被的砍伐、踩踏、刻伤以及植物代谢改变、花期改变、结实率降低、体内成分改变等。

（5）旅游景观：景观是构成旅游景区审美吸引的源泉，旅游开发的重要任务之一就是营造优美的景观。然而，不当的旅游开发经营活动往往造成景观的破坏，如植被、山体的破坏，建筑与环境的不协调等，使景观吸引力下降。

2.4.2 经济子系统

经济的基本概念是供给和需求的矛盾运动及由此产生的诸多现象和关系的总和。旅游是一种经济活动，凡是与旅游者相关的行业和部门都是旅游经济的范畴，各种旅游经济利益相关者构成了经济子系统的主要因素，也是旅游生态系统的重要组成部分。经济子系统的运行目的是实现旅游供给和旅游消费，追求内部经济要素之间联系的科学化和结构的合理化，从而实现旅游经济利益的最大化（陈绍友，2004）。

（1）旅游者：旅游者是旅游活动的主体，旅游者的需求是旅游业形成和发展的最基本动力，旅游需要的数量、质量、结构和变化趋势决定了旅游业的发生、数量、质量、结构、层次和变化趋势。旅游者的功能主要是消费各种旅游产品和旅游商品，因此，旅游者的消费偏好对旅游产品的提供有重要影响，由旅游人数所决定的市场规模和消费水平也是旅游收入的决定因素之一。此外，与旅游者相关的因素还包括市场结构和市场满意度。其中，市场结构影响着旅游企业的营销策略，同时市场的远近还间接影响着旅游交通的发展；市场满意度表明了旅游体验的价值，也成为口碑宣传的基础。

（2）旅游业及其服务体系：旅游业的功能是生产旅游产品和旅游商品，另外还有旅游投资等，因此也是各种能量和信息最集中的组成部分。旅游业部门又包括三个层面：第一是传统的旅游六要素——吃、住、行、游、购、娱，其中，旅游住宿、旅游交通以及景区景点的承载量等都在一定程度上限制了旅游者的数量，也影响到旅游收入，旅游购物和旅游娱乐增加了旅游目的地的吸引力；第二是旅游六要素的延伸服务，包括旅游咨询、旅游医疗等基础设施和服务，这是针对日益旺盛的散客需求，为自助游客提供便利；第三是更多的旅游相关部门，是旅游产业带动作用的表现，如建筑业，包含范围有商业娱乐设施、旅游景区施工及道路建设等。旅游接待能力除了与旅游企业的数量有关之外，还与产业结构密切相关。产业结构是在市场规律和宏观调控下形成的，合理的产业结构有利于资源的优化配置和旅游行业的协调发展。

（3）社区居民：社区居民作为重要的旅游利益相关者，已经越来越受到重视。社区居民不但是旅游活动的服务者，也是旅游目的地环境的一部分。与社区居民相关的经济因素包括生产方式和旅游就业。生产方式改变和旅游就业都是由旅游活动的兴起而引发的，靠山吃山，靠水吃水，人们利用自然条件决定当地的生产方式，当自然资源被赋予旅游功能后，当地居民便在新的经济利益的驱使下改变传统的生活方式，转而参与旅游接待和服务。旅游就业也是当地社区参与旅游发展的衡量标准之一，是社区受益的主要方式。

2.4.3 社会子系统

社会是人的社会，社会子系统的构成包括人、人群和组织以及各种经济关系、政治关系和文化关系。从旅游活动中的角色和功能来看，社会子系统的相关要素由旅游者、当地居民、政府以及各种协会所承载。社会子系统和经济子系统在构成上有一定的相似性，但两者的侧重点各有不同。经济子系统侧重旅游经济的运行和旅游产业的增长，而社会子系统的功能主要表现在生活和文化方面。社会子系统中，旅游者和当地居民所承载的社会因子主要是文化，既包括外来文化的渗透，也包括当地文化的传播，旅游地内外不同文化的潜移默化，最终导致文化的融合或是文化的同化，因其旅游地居民社会思想的改变。政府所承载的社会因子有政策、政治和科技，政府通过制定旅游法令法规，对旅游业实行法制化管理，强化对旅游资源和环境的保护，抓好基础设施建设，为旅游发展提供基本条件；通过国家职能的实现维持社会稳定，抵制不良文化的入侵；培养教育旅游专业人才，提高国民素质，等等（图2.6）。

2.4.4 子系统之间的关系

旅游生态系统以自然生态要素为基础，包含自然、经济、社会等多方面要素。虽然三个子系统性质各不相同，且都有各自的结构、功能及发展规律，但它们各自的存在和发展又受其他系统结构、功能的制约。旅游生态系统这一复杂系统能否良性运转就取决于三大子系统之间的相互联系和相互制约关系，每个子系统的变化都将影响到整体的变化。自然子系统所决定的资源环境是维持和发展旅游生态系统的基础和前提，是旅游者旅游的主要对象物，也是当地旅游业赖以生存和发展的根本保障，因此，成为旅游生态系统的主导因素（吕君，2008）。自

2 漓江流域旅游生态系统结构与功能

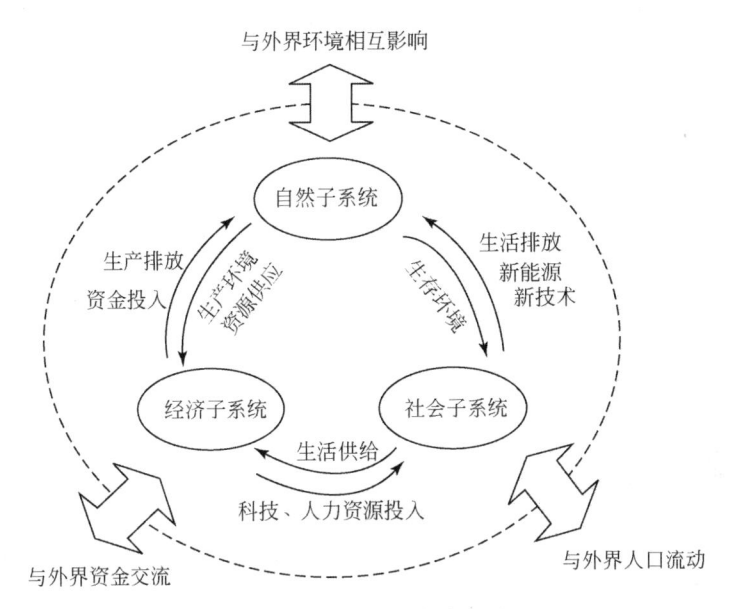

图 2.6 三大子系统关系图

然子系统不但为经济子系统提供生产环境和旅游资源,为人类社会提供生存环境,还通过物质循环和能量转换分解处理酒店、景区以及旅游交通等因为经济发展而造成的多余的废弃物以及社会子系统所排放的生活废弃物。但是,自然的分解和自净能力是有限的,所以,自然子系统又通过自身环境容量限制了整个旅游生态系统的发展规模、系统结构和发展水平。旅游发展以市场需求为导向,以当地居民的生活就业为依托,可见,经济子系统和社会子系统是旅游生态系统的重要支持和动力系统。社会和经济子系统不断向自然子系统输入各种人力、物力和财力,从而促进旅游产品生产、分配、消费的各个环节,通过自身的旅游需求和科技水平来影响旅游生态系统的整体面貌和开发进程。

旅游生态系统发展的过程是内部各种要素相互促进、相互影响的过程。这个过程有循环上升或循环下降两种表现:①自然生态景观—市场需求—经济、智力的投入—旅游设施的完善—接待人数增加—旅游收入增加—社区建设—参与者思想意识提高—改善生态环境;②需求增加—开发过度—生态破坏—景观破坏—旅游者减少—经济效益下降—社区沦落。第一个过程表现了旅游生态系统可持续发展的状态,保持了自然的合理性、经济的利润性以及社会的效益性。第二个过程则体现了旅游生态系统的基本矛盾,即旅游需求快速增长与自然生态环境供给相对不足的矛盾。人类旅游活动发展过快可能导致生态资源过度消耗,造成生态系

| 51 |

统结构简化、功能下降，经济发展过程中所排放的各种废弃物超过生态环境的自净能力，生态平衡被打破。

在三大子系统的相互作用中，人承担核心要素的功能，既是生产者，又是消费者，是系统的内在动力（吕君，2008）。人的需求启动了旅游的发展，但是人的消费压力也成为旅游生态系统可持续的最大威胁，旅游生态系统可持续状态最易被破坏的两个环节也都与人类活动有关。一是自然景观形成自然旅游资源并提供给旅游者的生产过程，即在资源的开发利用过程中，由于规划不科学、浪费以及过度改造而引起的环境破坏；二是旅游者对自然景观的消费过程，该类不可持续因素可通过提前教育和各种规定约束旅游者的不文明行为，或者实行游览时段限制等方法避免旅游活动超出旅游承载力的限度。

2.5　漓江流域旅游生态系统结构与特点

2.5.1　漓江流域旅游生态系统结构

根据旅游生态系统的概念、内涵及结构研究，旅游生态系统包括社会、经济和自然三个子系统，其中，自然生态系统是基础，人类是旅游生态系统的核心和调控者，对旅游生态系统的形成、演变和发展具有决定性的影响。旅游生态系统既具有地域结构，如在空间上可以分为旅游景观区、旅游接待区和旅游地社区；又受多因素影响而具有复杂的内部结构。旅游生态系统不仅包括生活条件，也包括生产条件；不仅有物质、能量因子，还有文化、信息因子；不仅有空间概念，还有时间概念。

漓江流域随着旅游活动的开展，已逐渐演化为一个结构复杂、因素众多、作用方式错综复杂的旅游生态系统，该系统是由社会、经济和自然子系统构成的复合巨系统。根据旅游生态系统的一般结构特点，漓江流域旅游生态系统的自然子系统是指流域内对旅游者有吸引力的一切自然环境的整体，主要包括漓江流域的喀斯特岩溶地貌、漓江水系、气候条件、空气质量环境、多样的植被类型和生物物种等，以及通过人类活动加工形成的自然旅游资源，如漓江山水、三山两洞等。自然子系统是漓江流域人类旅游活动的基础，一方面提供山、水、洞、林等各种类型的旅游资源，发挥其旅游供给的作用；另一方面分解处理旅游活动产生的废弃物和各种生态干扰，发挥自然子系统的生态平衡功能，保证流域整体自然旅游环境的吸引力。

经济子系统是指漓江旅游活动中所涉及的各种行业和部门，以及各个行业部门之间的相互关系。漓江流域旅游活动所涉及的主要部门包括餐饮住宿服务业、陆路和水路交通部门、旅游发展公司、旅行社、漓江风景名胜区和其他旅游景区、旅游购物商店、漓江的各个管理部门、旅游协会，以及漓江流域内自主从事旅游经营的家庭旅馆、农家排档、漓江竹筏等。经济子系统将原始的山水文化资源加工形成旅游商品和旅游景区，并不断寻找更多、更合适的游览体验方式以保证旅游活动的连贯。漓江流域的主要旅游商品都围绕山水观光和民族体验来设计，这是由流域旅游生态系统的自然和社会子系统所提供的旅游资源决定的，因此，传统的旅游六要素所包含的部门和行业中，漓江流域旅游生态系统的经济子系统需要特别强调的是家庭旅馆住宿、旅游特色商品、区内水运交通等。

漓江流域旅游生态系统的社会子系统指与旅游者和旅游活动直接相关的文化、政治、科技等要素，这些要素分别由漓江流域的政府、社区和旅游者承担，包括旅游就业率、环境保护意识、社区满意度、游客满意度、生产生活方式、社会治安、文化融合、旅游政策法规、旅游人才的培养，等等。漓江流域内旅游日益成为主导产业，因此，社会子系统的构成要素也成为旅游生态系统中较为活跃的因子群，它们的发展变化与漓江旅游活动有密切的关系。其中，民族文化、生产生活方式是旅游资源的构成部分，社会治安、政策法规、科技水平又是旅游环境的组成要素，因此，社会子系统要素中的旅游吸引力要素又受到旅游活动的影响。

2.5.2 漓江流域旅游生态系统特点

漓江流域旅游生态系统除旅游生态系统的层次性与复杂性、时空尺度上的可变性、社会经济的外部共生性、系统演变的不平衡性、自我调节性等一般特点外，其在发展演变过程中也表现出许多个性化特点。

1. 自然旅游资源丰富，河道旅游功能良好

漓江流域的岩溶峰林地貌是世界上最典型、发育最完美的湿润热带亚热带岩溶峰林地貌，是极为珍贵的、不可再生的具有世界意义的自然遗产，具有极高的科学价值和观赏价值。漓江两岸的喀斯特地形峰峦叠嶂，造就了多样的生态环境，形成了流域内独特的动植物系统。在地壳活动、水流侵蚀、温热气候以及生物繁衍的共同作用下，出现了"罗带玉簪"的山水画廊漓江，并为旅游业的发展提供了最坚实的基础——山水自然景观。漓江属于雨源型补给的山区河流，其功能包括城镇供水、农业灌溉用水、通航用水和生态环境用水。枯水期的通航补水与流域的生态环境用水息息相关，如果补水量超过流域的水资源承载能力，便

会对补水地区的生态环境造成不良影响。根据自然生态的限制要求，并随着陆路交通运输的迅速发展和城市功能定位的转变，目前漓江河道的货运功能已不复存在，最大限度地满足国内外游人的旅游通航需求，已成为当前以及未来漓江航运的主要功能。从气候适宜性看，漓江流域在3~11月，气候宜人，气温适中，均可进行旅游活动，以5~9月为最佳；从水文特征看，漓江流域总体的水体质量良好，但部分河段出现污染，3~9月漓江处于丰水期，适宜开展游轮游览和漂流等水上娱乐项目；漓江流域的空气质量较好，达到了国家《环境空气质量标准》（GB3095—1996）一级，为旅游活动提供了良好的自然环境。

2. 旅游经济地位不断提升，由单一外事接待发展为支柱产业

漓江流域是桂林旅游的典型代表，是我国最早发展旅游业的地区之一。20世纪50~70年代初期，主要接待国家公费邀请的各国外交人员、专家和留学生，属外事接待型。1973年，国家批准桂林正式对外开放，当时全市仅有榕湖饭店一家涉外饭店，248张床位，大小旅游客车10辆，漓江游览木船三艘，直接从事旅游服务的人员不足200人。发展到2009年，桂林全年接待国内外旅游人数1860.08万人次，其中，国内旅游人数1731.05万人次；海外旅游人数129.03万人次。在海外旅游人数中，台湾同胞33.43万人次；东盟十国19.69万人次。全年旅游总收入126.92亿元，其中，国内旅游收入98.08亿元；海外旅游收入28.84亿元。2010年，全年旅游接待人数2246.33万人次，旅游总收入168.30亿元。经过多年发展，旅游业规模不断扩大，旅游业已成为桂林国民经济的主导产业，在国民经济中的地位日益重要。2008年，桂林拥有上百家旅行社、上万名导游员、54家三星级以上饭店、80余家旅游车船企业、1128辆旅游车，其中，五家旅行社进入全国"百强"，旅游直接从业人员约有4万人。

3. 旅游管理日趋规范，交通设施逐步完善

漓江流域旅游开发经历了一个从无序到有序、从不规范到规范的过程。1988年以前，旅游业快速发展，客运市场实行粗放管理，游船运力发展失衡，水运市场混乱。1988年，漓江旅游客运实行"四统一"管理，加强了对旅游船只的宏观调控，提高了水运效益。目前，在漓江风景名胜区管理局的基础上组建的桂林漓江流域管理委员会，全面统筹协调桂林漓江流域保护管理、规划建设、执法督查等工作。漓江流域旅游管理正在走向规范、走向科学。有效管理能够最大限度发挥系统旅游功能的作用，产生总体大于个体之和的管理效益，也是使旅游系统实现可持续运行的主要手段和措施。在加强对旅游系统内各要素科学管理的同

时，从提高旅游品牌影响力、旅游竞争力以及服务水平与质量等多目标的角度出发，加强了流域范围内旅游基础设施的建设。其中，交通作为旅游发展的动脉，是最重要的旅游基础设施，其建设和发展直接影响旅游发展。

桂林地处桂、粤、湘、黔四省区中心位置，是中原腹地联结岭南的重要通道和物资集散地。经过60年的建设，形成了航道、公路、铁路、航空组成的立体化的交通网络，特别是公路网络四通八达。先后建成了桂柳高速公路、灵川绕城高速公路以及穿过桂林的连通衡（阳）昆（明）、包（头）茂（名）、泉（州）南（宁）、厦（门）蓉（成都）等的高速公路，使桂林拥有横贯东西、纵通南北、四通八达的高速公路网络，构筑了桂北乃至湖南、贵州融入粤、港、澳乃至东盟最便捷的公路通道。截至2008年，全市共有公路10 976公里，高速公路里程达到349公里。全市12个县，县县通了二级公路，133个乡镇，个个通了柏油路，1655个行政村中有97.4%通了公路。现在市区到绝大多数县城的车程都缩短到了一两个小时之内。通过新建铁路和改造升级，先后开通了桂林—北京、桂林—深圳、桂林至上海、昆明、成都、茂名等地的始发客运列车，桂林—北京全程压缩为一天到达，桂林—南宁已上升为快速城际列车并实现公交化运输，全程运行时间压缩到5个小时以内，每天对开列车达到3对，桂林始发或经停的列车达到28对。目前正在进行贵广高铁、湘桂铁路扩建等工程，到2014年将形成以桂林为中心，到南宁、贵阳、长沙、广州2小时的经济圈。对桂林机场进行扩大、改造，其已拥有国际、国内航线50多条，可以通达30个国内城市和数个国际城市和地区，拥有广西唯一、全国为数不多的能保障A380等同类机型飞机起降的机场。桂林是广西首个直航台湾的城市，两江国际机场也成为桂林乃至广西联系国内主要城市以及东亚、东盟主要国家和地区的航空门户。桂林交通建设也发生了大的变化，1984年以前只有"南北一条路（中山路），东西一座桥（解放桥）"。现在市区已新建桥梁20多座，建成了东西外环路，对38条城市主次干道、264条市区小街小巷进行了立体改造，现在全市已拥有公交线路63条，线路长度659公里，公交营运车辆789辆。桂林正在建成以陆路为主，水、陆、空同时发展的立体交通网，交通建设为桂林旅游跨越式发展奠定了坚实的基础。

4. 旅游历史悠久，城市性质演变缓慢

特殊的山川地貌赋予了漓江流域在文化上的诗意和创造性，这不仅为后世留下了文学诗篇和文化遗迹等人文旅游资源，也为桂林城市的建设和发展奠定了基础。秦代灵渠建成后，沟通湘江和漓江，使桂林成为南通海域、北达中原的重镇。宋代以后，桂林成为广西政治、经济、文化中心，号称"西南会府"。虽然旅游活动自古有之，但是近代之前的旅游都是个别文人墨客的偶然行为，对流域内的自然和社会经济影响不大。近半个世纪以来，随着客观形势的变化，根据流域内的社会、经济等综合目标的转变，桂林的城市性质从历史上的军事重镇、地方政治中心，逐步向生活性的风景旅游城市、历史文化名城转变。1953年版的《桂林市城市建设初步规划》受计划经济的影响，仅仅把桂林作为一个完整的社会经济单元来考虑，流域内自然资源的旅游功能尚未得到肯定；1970年版的《桂林市总体规划》将城市性质确定为风景优美，具有现代工业、现代农业和现代科学文化的社会主义风景城市，可见，桂林虽然还是以工农业为主的综合型城市，但其自然景观价值及其作为旅游城市的特殊性已经受到重视；经过十几年的发展，越来越多的国内外游客被漓江吸引，旅游逐渐成为一项产业，桂林的城市性质也演变为风景游览城市和历史文化名城。目前，"再造一个新桂林"政策已经开始实施，临桂会越来越多地分担桂林市区旅游之外的功能，成为新的政治、经济、文化、商务中心和工业、商贸物流基地。

2.5.3 漓江流域旅游开发存在的主要问题

漓江流域旅游开发对推动漓江流域经济社会发展方面起到了积极的促进作用，在经济社会发展的过程中，旅游开发给漓江流域生态环境保护带来了新的压力。一方面，旅游开发没有真正实现经济与生态环境保护的统一。近年来，漓江流域水生态与水环境遭到严重破坏，每年的枯水期一到，漓江许多地段河床裸露，几近断流。因漓江水位降至极限，漓江市区段停止通航，旅游线路被迫调整。有分析指出，若不加以整治，知名奇景"象山水月"很可能消失；有的专家通过研究提出，漓江流域旅游开发是旅游发展的反例。实际上，漓江枯水期径流减少的问题不仅影响到了旅游的发展，对流域的生态安全也带来了极大的危害。而且，近年桂林城市SO_2浓度和酸雨频率呈快速上升态势。另一方面，漓江沿岸旅游开发对社区产生消极影响。过度重视旅游的产业化而忽略了当地居民的意愿和利益，或多或少地影响了区域社会、经济和环境的协调发展，在有些区域甚至开始对当地悠久的历史文化传统和丰富多彩的民族风情产生某种程度的损害。与此同时，社区的消极态度必然会阻碍旅游开发的顺利进行，如无照私营竹筏充塞航道，导致游轮无法正常航行，造成重大的安全隐患；由于利益分配不均造成居民与景区矛盾升级等问题。这些问题已经影响漓江流域旅游整体形象，阻碍漓江流域旅游业的健康快速发展。

3

漓江流域旅游与生态环境耦合研究[*]

　　旅游业已成为国际公认的最具潜力的产业之一，生态旅游作为主要的发展方向已成为全世界的共识，但要实现旅游发展与生态环境保护的和谐统一和可持续发展需要从理论、实际操作等多个层面上有所发展和创新。漓江流域依托良好的生态环境和丰富的旅游资源，以及世界旅游大发展的环境，使旅游得到了迅速发展。但由于认识上的不一致和研究上的滞后，漓江流域旅游发展没有真正实现经济与生态环境保护的统一。近年，漓江流域生态破坏、环境污染问题凸显，枯水期逐年延长，水土流失不断加剧，自然景观破坏严重，水质有进一步污染的趋势等。漓江流域的山青、水秀、石美、洞奇是旅游开发的基础，是旅游产品生产的价值依托，同时也是制约旅游开发活动的临界点。旅游规模的不经济性、旅游空间的不断拓展、旅游产业的结构水平等都对漓江流域的生态系统产生胁迫和影响，而山、水、植被、生物等生态要素则会使这种胁迫和影响反作用于旅游系统。这种影响与反馈、作用与反作用、胁迫与反胁迫的过程正是旅游生态系统熵流的非线性动态过程，表现为在一定时间序列上系统间协调、不协调的状态。根据耗散结构理论，系统在正熵持续输入的情况下，将会走向无序、混乱直至崩溃消亡。作为以旅游为支柱产业的区域，如何通过理论研究和实践，协调旅游发展与生态环境建设之间的关系，已成为目前桂林实现旅游业跨越式发展的关键；也成为进一步提升桂林旅游知名度，带动区域经济发展必须解决的问题。如何从技术手段度量旅游生态系统的熵流变化，准确把握耦合关系的状态和动态，是研究漓江流域旅游生态系统可持续发展的首要任务。

---

[*] 赵云，黎志逸

3.1 研究方法

3.1.1 研究思路确定

"耦合"（coupling）一词源于物理学，是指两个或两个以上的体系通过各种相互作用而彼此影响的现象，是表征两种或两种以上的系统或系统要素之间通过相互作用形成协调一致状况的概念，用耦合度表示。现在，"耦合"已拓展成为描述两种或两种以上系统或系统要素之间通过相互作用形成协调一致状况的概念，而耦合度正是对这种协调一致状况的定量化测度，反映了系统在临界状态时向何种序和结构发展的态势。从协同学的角度看，耦合正是一种协同作用，它通过耦合度测度系统内的序参量间的协同作用程度，左右系统相变规律，从而决定系统选择何种序和结构、走向何种发展态势。目前，耦合研究已广泛应用到农业、生物、生态等研究中，对系统各要素间的协调发展产生了重要的指导作用。

旅游生态系统是由旅游地域内的自然生态环境与旅游经济和社会系统相互作用、相互依存所共同构成的具有特定结构、特定功能的自然、经济与社会复合系统；由一定旅游地域内旅游者、旅游业和当地居民与其所依赖的自然生态环境所构成。系统的形成受到人类活动和自然变化的影响，是在自然生态系统基础上，通过人类旅游活动对自然生态环境的适应与改造而建立起来的自然生态、旅游经济产业和地域社会文化的复杂系统。在旅游生态系统中，旅游开发与生态环境是相互依赖性强、关联度大的两个子系统。旅游开发实际上就是不断利用和改造生态环境的过程，对生态环境产生胁迫作用；生态环境则对旅游开发行为构成约束作用，两者相互影响、相互作用，构成彼此耦合的交互体。研究旅游开发与生态环境的耦合关系要通过考察旅游开发水平与生态环境质量之间的协调状况，用耦合度来表征旅游与生态环境的整体水平。旅游生态系统耦合关系研究就是要从各个子系统之间的相互关系入手，在揭示其关系的基础上提出实现耦合的对策与建议。

3.1.2 因子分析

因子分析（factor analysis）是一种用简化的综合变量来反映复杂的多个观测变量的多元统计方法，即用少数几个因子 F_1，F_2，…，F_m 去描述许多变量间的关系，被描述的变量 X_1，X_2，…，X_p 是显性变量，而这些因子则是不可观测的潜在变量（柯惠新和沈浩，2007；林强，2008）。因子分析的基本思想在于依据相关性对观测变量进行分类,将联系紧密的一类变量综合成一个本质因子,形成一个变量维数小于原始变量维数的子集,用此子集基本上可涵盖原始变量信息含量。它能在抓住问题主要矛盾的基础上,不失真地保留原有信息,这在耦合关系研究中是一种集科学性、准确性和操作性于一体的分析方法。其操作步骤如下:

一是,根据研究问题选取原始变量 $X' = (X_1, X_2, \cdots, X_p)$。

二是,将原始变量标准化后求其相关矩阵 R,并分析变量之间的相关性。

第一,标准化原始变量。

用 Z-score 法将原始变量 $X' = (X_1, X_2, \cdots, X_p)$ 转化为均值为 0、方差为 1 的标准化无量纲数据。其公式为

$$Z = \frac{x_i - \bar{x}}{s}$$

式中,$\bar{x} = \frac{1}{n}\sum_{i=1}^{n} x_i$,为样本均值;$s = \sqrt{\frac{1}{n-1}\sum_{i=1}^{n}(x_i - \bar{x})^2}$ 为均方差。

第二,求解相关矩阵 R。

$$r_{jk} = \frac{1}{n-1}\sum_{i=1}^{n}\frac{(x_{ij} - \bar{x}_j)(x_{jk} - \bar{x}_k)}{s_j s_k} \text{ 或 } r_{jk} = \frac{1}{n-1}\sum_{i=1}^{n} Z_{jk} Z_{jk}$$

$$\Rightarrow R = (r_{jk}), \begin{cases} j = 1, 2, \cdots, p \\ k = 1, 2, \cdots, p \end{cases} \tag{3.1}$$

三是,求解初始公因子及因子载荷矩阵,即求解因子模型 $X = AF$。

第一,求相关矩阵 R_{jk} 的特征值 λ_k ($k = 1, 2, \cdots, p$) 和特征向量 e_k ($e = 1, 2, \cdots, p$),即根据 R 矩阵的特征方程 $|R - \lambda I| = 0$ 计算特征值 λ_k 和特征向量 e_k。

第二,计算贡献率 h_k 和累计贡献率 T_k,即

$$h_k = \frac{\lambda_k}{\sum_{j=1}^{p}\lambda_j}; \quad T_k = \sum_{j=1}^{k} h_j$$

并选取 $T_k \geq 85\%$ 的特征值 λ_k 作为初始公因子 F。

第三,求解初始因子载荷矩阵 A。将特征向量 e_k 正规化为 $V_k = \frac{1}{|e_k|}e_k$,再将 V_k 与 $\sqrt{\lambda_k}$ 相乘得到初始因子载荷矩阵 $A = V_k \times \sqrt{\lambda_k}$,从而写出因子模型表达式:

$$\begin{aligned} Z_1 &= a_{11}F_1 + a_{12}F_2 + \cdots + a_{1m}F_m + \varepsilon_1 \\ Z_2 &= a_{21}F_1 + a_{22}F_2 + \cdots + a_{2m}F_m + \varepsilon_2 \\ &\vdots \\ Z_p &= a_{p1}F_1 + a_{p2}F_2 + \cdots + a_{pm}F_m + \varepsilon_P \end{aligned} \tag{3.2}$$

四是，对公因子的性质作出说明。为对公因子的性质作出适当说明，需进行因子载荷矩阵旋转即 $X = A * F$，以便根据因子在变量上的载荷值高低、正负确定因子的含义。

五是，计算因子综合得分。

第一，根据 $F_k = a_{k1}^* Z_1 + a_{k2}^* Z_2 + \cdots + a_{kp}^* Z_p$ 计算因子得分，其中，F_k 为公因子得分；a_{kp}^* 为旋转后因子的载荷；Z_p 为指标原始数据经过量化后的值。

第二，把公因子累计贡献率 T_k 定为 1，算出 h_k 对应新的各公因子指标的权重 $W_j = h_k^*$，则根据综合评价模型 $F_j = \sum W_j \times F_{ij}(i = 1, 2, \cdots, n; j = 1, 2, \cdots, p)$，计算出因子综合得分。

3.1.3 耦合度模型

社会经济系统与生态环境系统是两个相互依赖、相互作用的系统。社会经济发展活动会不同程度地影响生态环境，受影响的生态环境又在制约着社会经济发展，从而形成两系统间相互作用、相互抑制的运动变化。如果一味顾及单方面系统的发展，而不考虑其与另一个系统的协调关系，其整体功能优势难以发挥，单方面系统的良性、持续发展必然难以实现。生态掠夺式的经济发展模式或经济停滞型的生态保护方式都是社会经济系统与生态系统的不协调发展。社会经济系统与生态环境系统协调发展，才是最理想的发展方式。但当社会经济发展对生态的破坏尚不至于造成整体系统结构紊乱时，整体系统仍会保持正向发展。基于这样的思想，国内外许多学者将物理学中的耦合概念引入区域可持续发展的研究中，建立了评价社会经济系统与生态环境系统耦合关系的耦合度模型：

$$\delta = \frac{f_1(x) + f_2(y)}{\sqrt{f_1^2(x) + f_2^2(y)}} \tag{3.3}$$

式中，$f_1(x) = \sum_{i=1}^{m} \alpha_i x_i$、$f_2(y) = \sum_{j=1}^{n} \beta_j y_j$ 分别是社会经济水平（设 X_1, X_2, $\cdots$, X_m 为反映社会经济水平的 m 个指标）、生态环境质量（设 Y_1, Y_2, $\cdots$, Y_n 为反映生态环境质量的 n 个指标）综合评价函数；δ 为旅游开发水平与生态环境质量的耦合度，其取值范围为 $-1.414 \leq \delta \leq 1.414$。

根据耦合度定义，由 $f_1(x)$ 和 $f_2(y)$ 的变化决定，当 $f_1(x)$ 和 $f_2(y)$ 均为正值且相等时，δ 的值最大，为 1.414；反之，若 $f_1(x)$ 和 $f_2(y)$ 均为负值且相等时，则 δ 值最小，其他任何情况介于二者之间。根据 $f_1(x)$ 和 $f_2(y)$ 值的变化，社会经济与生态环境的耦合度可以分为六种类型（表 3.1）。

表 3.1　旅游开发与生态环境耦合关系

δ 取值范围	$f_1(x)$ 与 $f_2(y)$ 的关系	耦合类型
$1.2 \leq \delta < 1.414$	$f_1(x) \approx f_2(y) > 0$	协调
$1.0 \leq \delta < 1.2$	$f_1(x) > f_2(y) > 0$	基本协调
$0.8 \leq \delta < 1.0$	$f_1(x) > 0, f_2(y) > 0$ 或 $f_2(y) < 0$	调和
$0.5 \leq \delta < 0.8$	$f_1(x) > 0, f_2(y) > 0$ 或 $f_2(y) < 0$	基本调和
$0 \leq \delta < 0.5$	$f_1(x) > 0$ 或 $f_1(x) < 0, f_2(y) > 0$ 或 $f_2(y) < 0$	勉强调和
$-1.414 \leq \delta < 0$	$f_1(x) > 0$ 或 $f_1(x) < 0, f_2(y) > 0$ 或 $f_2(y) < 0$	不协调

3.1.4　灰色分析

1. 灰色关联度分析

灰色关联度分析是灰色系统论的一个重要应用。其目的在于通过采用一定手段，寻求系统子系统或因素之间的数值关系，从而为系统发展变化态势提供一种量度。其基本思想在于，根据序列曲线几何形状的相似程度来判断系统发展过程中各因素或子系统之间同步变化程度。曲线越接近，相应序列之间同步变化程度越高，关联度就越大，反之就越小。因此，灰色关联度分析能很好地研究耦合关系的非线性动态过程。其基本思路是将研究对象分别设为参考数列和被比较数列，参考数列为 x_0（母因素数列），即 $x_0 = \{x_0(1), x_0(2), \cdots, x_0(n)\}$；被比较数列为 x_i（子因素数列），即 $x_i = \{x_i(1), x_i(2), \cdots, x_i(n)\}$（$i = 1, 2, \cdots, m$）。那么，被比较数列与参考数列在 k 点的关联系数为

$$\xi[x_0(k), x_i(k)] = \frac{\min\limits_{i}\min\limits_{k}|x_0(k) - x_i(k)| + \zeta \max\limits_{i}\max\limits_{k}|x_0(k) - x_i(k)|}{|x_0(k) - x_i(x)| + \zeta \max\limits_{i}\max\limits_{k}|x_0(k) - x_i(x)|} \tag{3.4}$$

式中，$\xi[x_0(k), x_i(k)]$ 是 k 点比较曲线 x_i 与参考曲线 x_0 的相对差值，称为 x_i 对 x_0 在 k 点的关联系数。ζ 为分辨系数，可减少极值对计算的影响，其取值为 $0 \leq \zeta \leq 1$。实际应用中，一般取 $\zeta \leq 0.5$。

若记 $\Delta\min = \min\limits_{i}\min\limits_{k}|x_0(k) - x_i(k)|$，$\Delta\max = \max\limits_{i}\max\limits_{k}|x_0(k) - x_i(k)|$，则 $\Delta\min$ 与 $\Delta\max$ 分别为各 k 点 x_0 与 x_i 的最小绝对差值与最大绝对差值。从而有

$$\xi[x_0(k), x_i(k)] = \frac{\Delta\min + \zeta\Delta\max}{|x_0(k) - x_i(x)| + \zeta\max} \tag{3.5}$$

鉴于 $\xi[x_0(k), x_i(k)]$ 只表示各 k 点数据间的关联程度，数值过多，信息过于分散，不便于比较。为此，有必要将各 k 点的关联系数集中为一个值，而求

其平均值就是将这种信息集中处理的一种方法。其公式为

$$\xi(X_0, X_i) = \frac{1}{n}\sum_{k=1}^{n}\xi[x_0(k), x_i(k)] \tag{3.6}$$

式中，$\xi(X_0, X_i)$ 为绝对关联度，称为 x_i 对 x_0 的绝对关联度。

由于旅游生态系统是一个由多因子组成的复合系统，为准确揭示旅游开发与生态环境的耦合主因，需要引入灰色关联矩阵，建立灰色综合关联度模型。设旅游开发水平序列为 $X_i = [x_i(1), x_i(2), \cdots, x_i(10)]$，生态环境质量序列为 $Y_j = [y_j(1), y_j(2), \cdots, y_j(10)]$，其中，$i = 1, 2, \cdots, 13$；$j = 1, 2, \cdots, 15$，那么 X_i 与 Y_j 的综合关联度 ρ_{ij} 的求解过程如下。

(1) 求解绝对关联矩阵 A。采用始点零化算子 D 将旅游开发水平序列和生态环境序列始点零像化为

$$X'_i = X_i D = [x_i(1)d, x_i(2)d, \cdots, x_i(10)d] \tag{3.7}$$

式中，

$$x_i(k)d = x_i(k) - x_i(1); \quad k = 1, 2, \cdots, 10$$

$$Y'_j = Y_j D = [y_j(1)d, y_j(2)d, \cdots, y_j(10)d] \tag{3.8}$$

式中，

$$y_j(k)d = y_j(k) - y_j(1); \quad k = 1, 2, \cdots, 10$$

根据绝对关联度公式

$$\varepsilon_{ij} = \frac{1 + |s_i| + |s_j|}{1 + |s_i| + |s_j| + |s_j - s_i|} \tag{3.9}$$

式中，

$$|s_i| = \left|\sum_{k=2}^{9} x'_i(k) + \frac{1}{2}x'_i(10)\right|$$

$$|s_j| = \left|\sum_{k=2}^{9} y'_j(k) + \frac{1}{2}y'_j(10)\right|$$

$$|s_j - s_i| = \left|\sum_{k=2}^{9}[y'_j(k) - x'_i(k)] + \frac{1}{2}[y'_j(10) - x'_i(10)]\right|$$

求出绝对关联矩阵 A，即

$$A = (\xi_{ij}) = \begin{bmatrix} \xi_{11} & \xi_{12} & \cdots & \xi_{115} \\ \xi_{21} & \xi_{22} & \cdots & \xi_{215} \\ \vdots & \vdots & & \vdots \\ \xi_{131} & \xi_{132} & \cdots & \xi_{1315} \end{bmatrix} \tag{3.10}$$

(2) 求解相对关联矩阵 B。采用初值化算子 D 将旅游开发水平序列和生态环

境序列转化为
$$X'_i = X_i D = [x_i(1)d, x_i(2)d, \cdots, x_i(10)d] \tag{3.11}$$
式中,
$$x_i(k)d = \frac{x_i(k)}{x_i(1)}; \quad x_i(1) \neq 0; \quad k = 1, 2, \cdots, 10$$
$$Y'_j = Y_j D = [y_j(1)d, y_j(2)d, \cdots, y_j(10)d] \tag{3.12}$$
其中,
$$y_j(k)d = \frac{y_j(k)}{y_j(1)}; \quad y_i(1) \neq 0; \quad k = 1, 2, \cdots, 10$$

依据灰色系统论,X'_i、Y'_j 分别作为数据序列 X_i、Y_j 的初值像,其灰色绝对关联度即为 X_i、Y_j 的相对关联度。据此,可得相对关联度矩阵 B。即

$$B = (\gamma_{ij}) = \begin{bmatrix} \gamma_{11} & \gamma_{12} & \cdots & \gamma_{115} \\ \gamma_{21} & \gamma_{22} & \cdots & \gamma_{215} \\ \vdots & \vdots & & \vdots \\ \gamma_{131} & \gamma_{132} & \cdots & \gamma_{1315} \end{bmatrix} \tag{3.13}$$

(3)求解综合关联矩阵 C。依据公式:

$$C = \theta A + (1-\theta)B = \rho_{ij} = \begin{bmatrix} \rho_{11} & \rho_{12} & \cdots & \rho_{115} \\ \rho_{21} & \rho_{22} & \cdots & \rho_{215} \\ \vdots & \vdots & & \vdots \\ \rho_{131} & \rho_{132} & \cdots & \rho_{1315} \end{bmatrix} \tag{3.14}$$

式中,$\theta \in [0, 1]$。根据需要,选择 $\theta = 0.3$ 侧重考察旅游开发序列与生态环境序列的耦合变化速率。

在综合关联矩阵基础上分别按行或列求其平均值,则可遴选出旅游开发与生态环境的耦合主因。其公式可表达为

$$\rho_i = \frac{1}{15} \sum_{j=1}^{15} \rho_{ij}; \quad i = 1, 2, \cdots, 13; \quad j = 1, 2, \cdots, 15 \tag{3.15}$$

$$\rho_j = \frac{1}{13} \sum_{i=1}^{13} \rho_{ij}; \quad i = 1, 2, \cdots, 13; \quad j = 1, 2, \cdots, 15 \tag{3.16}$$

2. 灰色单因建模

灰色单因建模即通过构建一个 1 阶、1 个变量的微分方程 CM(1, 1)模型,寻找因素之间及因素本身的动态规律,对因素的变化动态进行预测,进而对因素的动态关系进行协调性分析。

若设
$$X^{(0)} = [x^{(0)}(1), x^{(0)}(2), \cdots, x^{(0)}(n)] \quad (3.17)$$

式中，
$$x^{(0)}(k) \geq 0; k = 1, 2, \cdots, n$$
$$X^{(1)} = [x^{(1)}(1), x^{(1)}(2), \cdots, x^{(1)}(n)] \quad (3.18)$$

式中，
$$x^{(1)}(k) = \sum_{i=1}^{k} x^{(0)}(i); \quad k = 1, 2, \cdots, n$$
$$Z^{(1)} = [z^{(1)}(1), z^{(1)}(2), \cdots, z^{(1)}(n)] \quad (3.19)$$

式中，
$$z^{(1)}(k) = \frac{1}{2}[x^{(1)}(k) + x^{(1)}(k-1)]; k = 2, 3, \cdots, n$$

则 $X^{(1)}$ 为 $X^{(0)}$ 的 1-AGO 序列，$Z^{(1)}$ 为 $X^{(1)}$ 的紧邻均值生成序列。那么称
$$x^{(0)}(k) + ax^{(1)}(k) = b \quad (3.20)$$
为 GM（1，1）模型的原始形式，称
$$x^{(0)}(k) + az^{(1)}(k) = b \quad (3.21)$$
为 GM（1，1）模型的基本形式。

若 $\hat{a} = [a, b]^T$ 为参数列且
$$Y = \begin{bmatrix} x^{(0)}(2) \\ x^{(0)}(3) \\ \vdots \\ x^{(0)}(n) \end{bmatrix} \quad (3.22)$$

$$B = \begin{bmatrix} -z^{(1)}(2) & 1 \\ -z^{(1)}(3) & 1 \\ \vdots & \vdots \\ -z^{(1)}(n) & 1 \end{bmatrix} \quad (3.23)$$

则 GM（1，1）模型 $x^{(0)}(k) + az^{(1)}(k) = b$ 的最小二乘参数列满足
$$\hat{a} = (B^T B)^{-1} B^T Y \quad (3.24)$$
则 GM（1，1）模型 $x^{(0)}(k) + az^{(1)}(k) = b$ 的白化方程为
$$\frac{dx^{(1)}}{dt} + ax(1) = b \quad (3.25)$$

该方程的解即为时间响应函数

$$x^{(1)}(t) = \left(x^{(1)}(1) - \frac{b}{a}\right)e^{-at} + \frac{b}{a} \quad (3.26)$$

GM (1, 1) 模型 $x^{(0)}(k) + az^{(1)}(k) = b$ 的时间响应序列为

$$\hat{x}^{(1)}(k+1) = \left(x^{(0)}(1) - \frac{b}{a}\right)e^{-ak} + \frac{b}{a}; \quad k = 1, 2, \cdots, n \quad (3.27)$$

还原值为

$$\hat{x}^{(0)}(k+1) = a^{(1)}\hat{x}^{(1)}(k+1) = \hat{x}^{(1)}(k+1) - \hat{x}^{(1)}(k)$$

$$= (1 - e^a)\left(x^{(0)}(1) - \frac{b}{a}\right)e^{-ak}; \quad k = 1, 2, \cdots, n \quad (3.28)$$

式中，$-a$ 为发展系数，反映了 $\hat{x}^{(1)}$、$\hat{x}^{(0)}$ 的发展态势；b 为灰色作用量。

3.2 耦合评价指标选取与数据收集

3.2.1 耦合评价指标选取

在参考相关文献资料的基础上，结合旅游开发系统、生态环境系统的内涵和结构特征，确定漓江流域旅游与生态环境耦合关系评价指标选取原则：①选取的指标应最能准确、全面地反映旅游开发与生态环境的发展特征及状态，即要遵循科学性、完备性和动态性原则；②旅游开发水平指标的选取应以相关理论研究模型为指南，使指标的选取既具有科学性，又要立足于实践基础，以便于分析、评价和预测；③生态环境质量指标的选取既要考虑区域所处的自然生态背景，又要考虑旅游活动对自然生态的影响和变化；④评价指标的选取应充分考虑其可衡量性和数据的可获取性。

基于以上原则，根据漓江流域旅游生态系统结构特征，从旅游开发水平和生态环境质量两个方面选取评价指标，建立旅游开发水平与生态环境质量耦合关系的评价指标体系。对于反映区域旅游开发水平的指标体系，国内已有很多学者进行了研究，研究普遍认为，旅游开发水平作为一个综合性概念，反映了一定时期区域旅游产业开发活动的进程及绩效状况。旅游竞争力则是基于资源禀赋、企业经营、市场规模等方面对区域旅游开发绩效水平的综合反映。研究将区域旅游竞争力评价指标体系构成集中在业绩、因素、性质等视角。因此，参考学者们的研究，漓江流域旅游开发水平评价选取资源开发、人力开发、行业规模、市场开发、产业收益等方面，确定旅游总收入、海外旅游收入、旅游接待总人数等 13 个指标。关于反映旅游区生态环境质量评价的指标体系研究较多且比较成熟，主要从生态环境水平、压力和保护三个方面选取。根据漓江流域旅游生态系统及生

态环境特点，选取环保投入资金、森林覆盖率、固废综合利用率等15个指标。

选取反映旅游开发水平和生态环境质量两个方面的指标，构成漓江流域旅游与生态环境耦合关系评价指标体系（表3.2）。

表3.2　旅游开发与生态环境评价指标体系

评价领域	参选指标	单位	编号	数据来源	备注
旅游开发水平	旅游总收入	亿元	X_1	旅游局或统计年鉴	
	海外旅游收入	亿元	X_2	旅游局或统计年鉴	
	旅游接待总人数	万人次	X_3	旅游局或统计年鉴	
	主要旅游景区数	个	X_4	旅游局或统计年鉴	
	旅行社数	家	X_5	旅游局或统计年鉴	
	涉外饭店数量	座	X_6	旅游局或统计年鉴	
	床位数	张	X_7	旅游局或统计年鉴	
	旅游从业人数	人	X_8	旅游局或统计年鉴	$X_8 = X_1/X_3$
	人均旅游消费	元/人次	X_9	根据资料换算	$X_9 = X_1/X_7$
	人均旅游产值	万元/人	X_{10}	根据资料换算	$X_{10} = X_2/X_1$
	国际竞争力	%	X_{11}	根据资料换算	$X_{11} = X_1/GDP$
	旅游对GDP的依存度	%	X_{12}	根据资料换算	$X_{12} = X_1/$三产产值
	旅游对三产的依存度	%	X_{13}	根据资料换算	
生态环境质量	年均降水量	毫米	Y_1	气象局或统计年鉴	
	年均气温	摄氏度	Y_2	气象局或统计年鉴	
	年均降尘量	吨/(月·平方公里)	Y_3	桂林市环保局	
	酸雨频率	%	Y_4	桂林市环保局	
	二氧化硫年日均值	毫克/立方米	Y_5	桂林市或辖县环保局	
	氮氧化物年日均值	毫克/立方米	Y_6	桂林市或辖县环保局	
	总悬浮颗粒物浓度	毫克/立方米	Y_7	桂林市或辖县环保局	
	人均耕地面积	亩/人	Y_8	《桂林市统计年鉴》	
	森林覆盖率	%	Y_9	林业局或统计年鉴	
	汇总单位环保人员数	人	Y_{10}	《桂林市统计年鉴》	
	工业废水排放量	吨/万元	Y_{11}	《桂林市统计年鉴》	$Y_{11} = $工业废水排放量/工业产值
	工业废水排放达标率	%	Y_{12}	《桂林市统计年鉴》	
	固体废弃物排放量	吨/万元	Y_{13}	《桂林市统计年鉴》	$Y_{13} = $固废排放量/工业产值
	固废综合利用率	%	Y_{14}	《桂林市统计年鉴》	
	环保投入资金	万元	Y_{15}	桂林市或辖县环保局	

3.2.2 数据收集与处理

1. 数据收集

为评价漓江流域旅游开发与生态环境的耦合状态，选取桂林的阳朔、荔浦、永福、临桂、灵川、资源、龙胜、兴安8个县为评价样本县，以1999年和2008年为两个时间点，收集反映旅游开发水平和生态环境质量的评价指标；为评价旅游开发与生态环境耦合动态变化及趋势预测，选取桂林市1999~2008年的数据为评价样本。以《广西统计年鉴》（2000~2008年）、《桂林市经济社会统计年鉴》（2000~2008年）、《桂林年鉴》（2009年）为主要的数据收集源，同时广泛参考桂林政府网、旅游局、环保局，阳朔、荔浦县的政府网有关统计数据的说明与报告；以桂林市旅游局、环保局和统计局，阳朔、荔浦等八县旅游局、环保局和林业局等相关部门的数据为重要参考，补充政府统计报表没有反映的调查指标。经过收集与统计计算，得到了进行研究的原始数据（表3.3~表3.5）。

表3.3 桂林市8个样本县旅游开发和生态环境各指标原始数据（1999年）

指标	阳朔县	临桂县	灵川县	兴安县	永福县	龙胜县	资源县	荔浦县
$X1$	1.61	0.05	0.15	0.35	0.01	0.26	0.25	0.63
$X2$	0.37	0.00	0.05	0.06	0.00	0.01	0.03	0.09
$X3$	151.00	14.26	23.40	81.61	1.15	33.20	19.30	70.75
$X4$	6.00	3.00	2.00	3.00	4.00	4.00	1.00	2.00
$X5$	1.00	0.00	0.00	0.00	0.00	2.00	0.00	2.00
$X6$	3.00	0.00	1.00	1.00	0.00	1.00	0.00	1.00
$X7$	4 321.00	631.00	630.00	1 302.00	251.00	153.00	683.00	2 570.00
$X8$	2 358.00	240.00	213.00	623.00	124.00	360.00	451.00	812.00
$X9$	106.62	35.71	64.26	42.89	63.50	78.31	130.00	89.05
$X10$	6.83	2.12	7.06	5.62	0.59	7.22	5.56	7.76
$X11$	22.98	0.00	34.02	17.71	0.00	3.85	11.96	14.29
$X12$	15.62	0.28	0.75	1.51	0.06	3.77	3.82	2.88
$X13$	41.81	0.71	2.43	4.25	0.26	12.15	7.79	9.60

续表

指标	阳朔县	临桂县	灵川县	兴安县	永福县	龙胜县	资源县	荔浦县
Y1	1 460.40	2 341.40	2 057.32	1 934.50	2 168.50	1 599.60	1 734.70	1 140.20
Y2	19.60	19.70	19.40	18.40	19.90	20.10	17.50	20.20
Y3	7.32	8.36	8.32	3.01	4.20	5.43	5.01	7.61
Y4	14.20	24.10	28.50	12.60	19.50	17.60	16.20	30.40
Y5	0.00	0.04	0.02	0.01	0.03	0.01	0.01	0.02
Y6	0.01	0.02	0.01	0.03	0.01	0.02	0.01	0.02
Y7	0.05	0.15	0.08	0.12	0.05	0.07	0.11	0.19
Y8	0.66	0.79	0.67	0.63	0.86	0.79	0.50	0.60
Y9	44.10	56.10	67.00	67.00	72.40	66.30	71.30	66.24
Y10	9.00	4.00	33.00	35.00	3.00	18.00	17.00	17.00
Y11	85.70	70.79	392.11	43.73	17.16	47.77	10.36	50.64
Y12	0.80	21.46	69.23	83.15	58.58	23.98	25.09	0.70
Y13	3.55	8.13	4.57	4.10	1.23	16.35	0.78	0.48
Y14	41.33	76.85	91.37	86.10	64.23	22.74	40.32	44.94
Y15	520.00	57.00	230.00	430.00	490.00	370.00	140.00	156.00

表 3.4　桂林市 8 个样本县旅游开发和生态环境各指标原始数据（2008 年）

指标	阳朔县	临桂县	灵川县	兴安县	永福县	龙胜县	资源县	荔浦县
X1	17.90	0.49	1.45	12.12	0.39	5.50	1.80	5.31
X2	9.21	0.02	0.29	2.18	0.00	3.60	0.20	0.24
X3	559.10	35.28	119.16	249.60	10.12	93.86	51.20	150.20
X4	18.00	12.00	8.00	10.00	7.00	14.00	6.00	9.00
X5	3.00	0.00	0.00	2.00	0.00	3.00	4.00	3.00
X6	6.00	4.00	6.00	5.00	2.00	4.00	2.00	4.00
X7	18 000.00	2 889.00	1 836.00	7 326.00	1 034.00	4 170.00	4 000.00	4 570.00
X8	50 000.00	870.00	1 530.00	4 196.00	739.00	1 045.00	2 532.00	1 300.00
X9	320.16	138.86	121.69	485.59	385.38	585.98	351.56	353.53
X10	3.58	5.63	9.48	28.88	5.28	52.63	7.11	40.85
X11	51.45	3.80	20.00	17.99	0.00	65.45	11.11	4.52
X12	46.46	0.68	2.36	16.74	0.79	22.14	9.99	9.21
X13	95.81	3.24	8.42	61.21	4.09	90.02	29.08	29.62

续表

指标	阳朔县	临桂县	灵川县	兴安县	永福县	龙胜县	资源县	荔浦县
Y1	1 632.10	1 573.40	1 649.00	2 000.00	1 647.20	1 544.00	1 574.30	1 428.40
Y2	19.80	20.30	19.40	17.00	20.40	18.10	18.50	19.00
Y3	3.56	6.15	5.14	3.01	4.71	4.85	6.20	5.46
Y4	37.20	43.90	44.10	30.40	28.70	19.80	27.50	46.60
Y5	0.05	0.02	0.02	0.01	0.01	0.01	0.01	0.04
Y6	0.02	0.02	0.01	0.03	0.04	0.01	0.01	0.03
Y7	0.06	0.13	0.05	0.12	0.02	0.11	0.05	0.11
Y8	0.53	0.70	0.61	0.58	0.79	0.71	0.41	0.58
Y9	44.40	56.10	53.70	78.20	74.10	74.30	78.40	66.40
Y10	21.00	32.00	9.00	28.00	32.00	18.00	12.00	16.00
Y11	1.31	0.64	1.31	18.91	4.30	7.74	16.07	159.36
Y12	98.38	93.71	99.36	96.23	95.30	97.40	97.50	91.50
Y13	0.22	0.78	0.58	0.18	2.13	0.16	1.71	0.77
Y14	12.71	98.60	91.20	100.00	100.00	90.40	97.40	95.37
Y15	960.00	583.00	9 800.00	17 722.00	18 401.00	0.00	500.00	3 050.00

表 3.5　桂林市旅游开发与生态环境各指标原始数据（1999~2008 年）

指标	1999 年	2000 年	2001 年	2002 年	2003 年	2004 年	2005 年	2006 年	2007 年	2008 年
X1	36.59	45.07	45.87	49.33	34.32	50.14	57.95	68.75	85.52	100.26
X2	12.29	18.87	17.41	18.52	8.94	15.62	19.19	20.97	27.14	26.47
X3	898.53	963.37	1 009.20	1 095.80	854.30	1 111.43	1 205.08	1 337.92	1 530.64	1 626.90
X4	81.00	87.00	90.00	98.00	99.00	103.00	106.00	107.00	107.00	110.00
X5	82.00	83.00	84.00	87.00	90.00	95.00	95.00	100.00	110.00	104.00
X6	30.00	39.00	61.00	57.00	60.00	56.00	67.00	72.00	70.00	72.00
X7	12 556	16 192	17 909	17 135	18 249	17 680	20 109	21 044	22 108	22 365
X8	16 372	17 241	16 122	18 992	19 671	21 870	24 536	24 814	22 812	25 361
X9	407.22	467.84	454.52	450.17	401.73	451.13	480.52	513.86	558.72	616.26
X10	22.35	26.14	28.45	25.97	17.48	22.93	23.62	27.71	37.49	49.53
X11	33.59	41.87	37.96	37.54	26.05	31.15	8.80	30.50	31.74	26.40
X12	13.15	14.90	13.79	13.67	8.77	10.92	10.90	11.33	11.49	11.35
X13	37.83	41.19	36.36	35.03	23.50	29.43	29.73	30.78	31.75	32.13

续表

指标	1999年	2000年	2001年	2002年	2003年	2004年	2005年	2006年	2007年	2008年
Y1	2 018.00	1 684.31	1 419.10	2 807.00	1 554.70	1 842.90	1 877.40	1 719.00	1 522.70	1 648.40
Y2	19.60	18.60	19.30	19.40	19.60	19.70	19.20	19.30	19.20	19.80
Y3	8.36	10.03	10.03	6.58	8.41	8.20	5.98	4.14	4.35	6.15
Y4	25.30	30.30	18.30	32.00	17.60	10.70	24.30	30.90	42.40	43.90
Y5	0.02	0.01	0.01	0.03	0.04	0.04	0.04	0.05	0.04	0.04
Y6	0.02	0.02	0.02	0.03	0.03	0.03	0.03	0.03	0.03	0.03
Y7	0.15	0.14	0.11	0.04	0.05	0.05	0.05	0.03	0.04	0.03
Y8	0.62	0.58	0.57	0.56	0.53	0.53	0.53	0.53	0.52	0.52
Y9	67.00	56.68	63.00	66.46	66.50	66.70	67.60	66.50	66.50	66.50
Y10	376.00	325.00	254.00	239.00	271.00	364.00	286.00	292.00	408.00	217.00
Y11	67.69	60.40	56.13	50.45	42.83	29.04	26.23	21.51	17.67	1.43
Y12	62.82	63.04	91.47	97.70	96.20	97.03	95.71	97.13	91.89	91.85
Y13	133.28	117.74	133.54	124.70	120.69	117.94	120.89	130.38	158.14	175.09
Y14	39.15	40.04	41.82	75.00	83.47	85.36	93.08	93.03	93.42	96.18
Y15	2 344.00	1 727.00	2 561.20	1 912.40	3 350.00	8 798.00	4 520.00	22 626.00	2 576.00	1 396.75

2. 数据标准化处理

由于选取的用来评价旅游开发水平和生态环境质量耦合关系的各项指标单位不同、属性不一，在进行耦合关系评价前，首先用 Z-score 法将原始数据转化为均值为 0、方差为 1 的标准化无量纲数据，得到各评价指标的标准数据（表 3.6～表 3.8）。

表 3.6 桂林市 8 个样本县旅游开发和生态环境各指标标准化数据（1999 年）

指标	阳朔县	临桂县	灵川县	兴安县	永福县	龙胜县	资源县	荔浦县
$X1'$	2.2972	-0.6978	-0.5052	-0.1218	-0.7797	-0.2946	-0.3138	0.4157
$X2'$	2.3900	-0.6244	-0.2081	-0.1193	-0.6244	-0.5429	-0.3800	0.1089
$X3'$	2.0496	-0.7071	-0.5228	0.6506	-0.9713	-0.3253	-0.6055	0.4318
$X4'$	1.8517	-0.0805	-0.7246	-0.0805	0.5636	0.5636	-1.3686	-0.7246
$X5'$	0.4093	-0.6822	-0.6822	-0.6822	-0.6822	1.5009	-0.6822	1.5009

续表

指标	阳朔县	临桂县	灵川县	兴安县	永福县	龙胜县	资源县	荔浦县
$X6'$	2.1442	-0.8829	0.1261	0.1261	-0.8829	0.1261	-0.8829	0.1261
$X7'$	2.0918	-0.4782	-0.4789	-0.0109	-0.7429	-0.8112	-0.4420	0.8723
$X8'$	2.3514	-0.5604	-0.5975	-0.0339	-0.7199	-0.3954	-0.2703	0.2260
$X9'$	0.9562	-1.2795	-0.3793	-1.0532	-0.4033	0.0636	1.6932	0.4022
$X10'$	0.5689	-1.2365	0.6572	0.1049	-1.8228	0.7192	0.0827	0.9263
$X11'$	0.8317	-1.1028	1.7605	0.3883	-1.1028	-0.7788	-0.0961	0.1001
$X12'$	2.3658	-0.6499	-0.5573	-0.4080	-0.6936	0.0360	0.0459	-0.1389
$X13'$	2.3497	-0.6743	-0.5479	-0.4140	-0.7076	0.1675	-0.1533	-0.0201
$Y1'$	-0.8650	1.3492	0.6352	0.3265	0.9147	-0.5152	-0.1756	-1.6698
$Y2'$	0.2678	0.3749	0.0536	-1.0177	0.5892	0.8034	-1.9818	0.9106
$Y3'$	0.5754	1.0902	1.0704	-1.5579	-0.9689	-0.3601	-0.5680	0.7189
$Y4'$	-0.9376	0.5626	1.2293	-1.1800	-0.1345	-0.4224	-0.6345	1.5172
$Y5'$	-1.2589	1.8764	-0.1188	-0.3088	0.8313	-0.5938	-0.7838	0.3563
$Y6'$	-0.6889	0.8611	-0.6889	1.5500	-1.3778	0.5167	-0.6889	0.5167
$Y7'$	-1.0332	0.9104	-0.4399	0.2762	-1.0536	-0.6445	0.1739	1.8106
$Y8'$	-0.2357	0.9003	-0.1885	-0.4550	1.4451	0.8606	-1.5851	-0.7417
$Y9'$	-2.1104	-0.8252	0.3422	0.3422	0.9205	0.2672	0.8027	0.2608
$Y10'$	-0.6660	-1.0823	1.3320	1.4985	-1.1655	0.0833	0.0000	0.0000
$Y11'$	-0.0327	-0.1524	2.4252	-0.3694	-0.5826	-0.3370	-0.6371	-0.3140
$Y12'$	-1.1098	-0.4466	1.0867	1.5335	0.7449	-0.3657	-0.3301	-1.1130
$Y13'$	-0.2569	0.6138	-0.0627	-0.1515	-0.6965	2.1748	-0.7820	-0.8390
$Y14'$	-0.6922	0.7410	1.3269	1.1142	0.2318	-1.4423	-0.7329	-0.5465
$Y15'$	1.2557	-1.3765	-0.3930	0.7440	1.0852	0.4029	-0.9047	-0.8137

表3.7 桂林市8个样本县旅游开发和生态环境各指标标准化数据（2008年）

指标	阳朔县	临桂县	灵川县	兴安县	永福县	龙胜县	资源县	荔浦县
$X1'$	1.9458	-0.8129	-0.6607	1.0299	-0.8287	-0.0190	-0.6053	-0.0491
$X2'$	2.2621	-0.6087	-0.5239	0.0664	-0.6145	0.5099	-0.5520	-0.5395
$X3'$	2.2426	-0.6903	-0.2206	0.5097	-0.8312	-0.3623	-0.6012	-0.0468
$X4'$	1.8750	0.3750	-0.6250	-0.1250	-0.8750	0.8750	-1.1250	-0.3750

续表

指标	阳朔县	临桂县	灵川县	兴安县	永福县	龙胜县	资源县	荔浦县
X5′	0.6851	-1.1418	-1.1418	0.0761	-1.1418	0.6851	1.2941	0.6851
X6′	1.2076	-0.0805	1.2076	0.5636	-1.3686	-0.0805	-1.3686	-0.0805
X7′	2.3159	-0.4788	-0.6736	0.3418	-0.8219	-0.2419	-0.2734	-0.1680
X8′	2.4693	-0.4039	-0.3653	-0.2094	-0.4116	-0.3937	-0.3067	-0.3788
X9′	-0.1445	-1.2993	-1.4087	0.9093	0.2709	1.5487	0.0555	0.0681
X10′	-0.8185	-0.7109	-0.5091	0.5090	-0.7294	1.7551	-0.6333	1.1371
X11′	1.2387	-0.7512	-0.0748	-0.1588	-0.9099	1.8231	-0.4460	-0.7212
X12′	2.1423	-0.8374	-0.7284	0.2080	-0.8303	0.5595	-0.2314	-0.2822
X13′	1.4768	-0.9808	-0.8434	0.5581	-0.9583	1.3230	-0.2948	-0.2805
Y1′	0.0063	-0.3482	0.1084	2.2283	0.0975	-0.5258	-0.3428	-1.2239
Y2′	0.6338	1.0635	0.2900	-1.7724	1.1494	-0.8271	-0.4834	-0.0537
Y3′	-1.1667	1.1139	0.2245	-1.6510	-0.1541	-0.0308	1.1579	0.5063
Y4′	0.2518	0.9476	0.9683	-0.4543	-0.6308	-1.5550	-0.7555	1.2279
Y5′	1.8484	0.1232	-0.3081	-0.7394	-0.9242	-0.6777	-0.4929	1.1706
Y6′	-0.0121	-0.1091	-1.0785	0.4726	1.7328	-1.1754	-0.6907	0.8604
Y7′	-0.5758	1.2432	-0.7884	0.9597	-1.4971	0.6053	-0.6703	0.7235
Y8′	-0.6926	0.7442	-0.0456	-0.2919	1.4955	0.7934	-1.7111	-0.2919
Y9′	-1.6601	-0.7482	-0.9353	0.9742	0.6547	0.6703	0.9898	0.0546
Y10′	0.0000	1.2410	-1.3538	0.7897	1.2410	-0.3385	-1.0153	-0.5641
Y11′	-0.4590	-0.4712	-0.4589	-0.1345	-0.4038	-0.3404	-0.1868	2.4546
Y12′	0.8523	-0.9507	1.2306	0.0222	-0.3369	0.4739	0.5125	-1.8039
Y13′	-0.8092	-0.0513	-0.3178	-0.8665	1.7897	-0.8965	1.2165	-0.0649
Y14′	-2.4557	0.4336	0.1847	0.4807	0.4807	0.1578	0.3933	0.3250
Y15′	-0.6878	-0.7357	0.4346	1.4405	1.5267	-0.8097	-0.7462	-0.4224

表 3.8　桂林市旅游开发与生态环境各指标标准化数据（1999~2008 年）

指标	1999 年	2000 年	2001 年	2002 年	2003 年	2004 年	2005 年	2006 年	2007 年	2008 年
X1′	-0.9711	-0.5750	-0.5376	-0.3760	-1.0771	-0.3382	0.0266	0.5311	1.3144	2.0028
X2′	-1.1124	0.0584	-0.2014	-0.0039	-1.7084	-0.5199	0.1153	0.4320	1.5298	1.4106
X3′	-1.0099	-0.7626	-0.5878	-0.2575	-1.1786	-0.1979	0.1593	0.6660	1.4010	1.7682
X4′	-1.8171	-1.2046	-0.8984	-0.0817	0.0204	0.4288	0.7350	0.8371	0.8371	1.1434
X5′	-1.1567	-1.0515	-0.9464	-0.6309	-0.3155	0.2103	0.2103	0.7361	1.7876	1.1567
X6′	-2.0203	-1.3801	0.1850	-0.0996	0.1138	-0.1707	0.6118	0.9675	0.8252	0.9675

续表

指标	1999年	2000年	2001年	2002年	2003年	2004年	2005年	2006年	2007年	2008年
$X7'$	-1.9977	-0.7828	-0.2091	-0.4677	-0.0955	-0.2856	0.5260	0.8385	1.1940	1.2799
$X8'$	-1.2342	-0.9908	-1.3042	-0.5005	-0.3103	0.3055	1.0521	1.1299	0.5693	1.2831
$X9'$	-1.0967	-0.1857	-0.3859	-0.4512	-1.1792	-0.4368	0.0049	0.5059	1.1800	2.0447
$X10'$	-0.6378	-0.2222	0.0310	-0.2409	-1.1717	-0.5742	-0.4985	-0.0501	1.0222	2.3423
$X11'$	0.3312	1.2361	0.8088	0.7629	-0.4929	0.0645	-2.3782	-0.0066	0.1290	-0.4547
$X12'$	0.6186	1.5826	0.9712	0.9051	-1.7942	-0.6098	-0.6208	-0.3840	-0.2958	-0.3729
$X13'$	1.0086	1.6788	0.7154	0.4502	-1.8495	-0.6668	-0.6069	-0.3975	-0.2040	-0.1283
$Y1'$	0.5302	-0.3178	-0.9917	2.5353	-0.6471	0.0853	0.1729	-0.2296	-0.7285	-0.4090
$Y2'$	0.6699	-2.2426	-0.2039	0.0874	0.6699	0.9611	-0.4951	-0.2039	-0.4951	1.2524
$Y3'$	0.5374	1.3268	1.3268	-0.3039	0.5611	0.4618	-0.5875	-1.4572	-1.3580	-0.5072
$Y4'$	-0.2142	0.2576	-0.8748	0.4181	-0.9409	-1.5921	-0.3086	0.3143	1.3995	1.5411
$Y5'$	-0.8581	-1.5732	-1.5732	-0.1430	0.5721	0.5721	0.5721	1.2872	0.5721	0.5721
$Y6'$	-1.4491	-1.4491	-1.4491	0.6211	0.6211	0.6211	0.6211	0.6211	0.6211	0.6211
$Y7'$	1.7493	1.5435	0.9261	-0.5145	-0.7203	-0.3087	-0.7203	-0.7203	-0.5145	-0.7203
$Y8'$	2.1638	0.9448	0.6400	0.3352	-0.5791	-0.5791	-0.5791	-0.5791	-0.8838	-0.8838
$Y9'$	0.5049	-2.6415	-0.7147	0.3403	0.3525	0.4134	0.6878	0.3525	0.3525	0.3525
$Y10'$	1.1529	0.3452	-0.7792	-1.0167	-0.5099	0.9629	-0.2724	-0.1774	1.6597	-1.3651
$Y11'$	1.4173	1.0769	0.8775	0.6123	0.2565	-0.3875	-0.5187	-0.7391	-0.9184	-1.6768
$Y12'$	-1.8771	-1.8610	0.2184	0.6741	0.5644	0.6251	0.5285	0.6324	0.2491	0.2462
$Y13'$	0.0022	-0.8173	0.0159	-0.4503	-0.6617	-0.8067	-0.6512	-0.1508	1.3130	2.2068
$Y14'$	-1.4496	-1.4126	-1.3387	0.0393	0.3910	0.4695	0.7901	0.7880	0.8042	0.9188
$Y15'$	-0.4367	-0.5317	-0.4033	-0.5032	-0.2819	0.5568	-0.1018	2.6853	-0.4010	-0.5825

3.3 耦合度计算与分析

3.3.1 指标相关性分析

根据标准化数据计算评价指标相关矩阵 R，并分析变量之间的相关性。

1. 公因子选取与解读

方法操作步骤如下：

（1）求解相关矩阵 R，利用式（3.1）。

（2）求解初始公因子及因子载荷矩阵，即求解因子模型 $X=AF$。①求相关矩阵 R_{jk} 的特征值 λ_k （$k=1, 2, \cdots, p$）和特征向量 e_k （$e=1, 2, \cdots, p$），即根据矩阵 R 的特征方程 $|R-\lambda I|=0$ 计算特征值 λ_k 和特征向量 e_k。②计算贡献率 h_k 和累计贡献率 T_k，即

$$h_k = \frac{\lambda_k}{\sum_{j=1}^{p}\lambda_j}; T_k = \sum_{j=1}^{k}h_j$$

选取 $T_k \geq 85\%$ 的特征值 λ_k 作为初始公因子 F。③求解初始因子载荷矩阵 A。将特征向量 e_k 正规化为 $V_k = \frac{1}{|e_k|}e_k$，再将 V_k 与 $\sqrt{\lambda_k}$ 相乘得到初始因子载荷矩阵 $A = V_k \times \sqrt{\lambda_k}$，从而写出因子模型表达式，式（3.2）。

（3）进行因子载荷矩阵旋转，即 $X=A^*F$。以便根据因子在变量上的载荷值高低、正负，确定公因子的含义，并对公因子的性质作出适当说明。

根据求解因子模型 $X=AF$ 计算的反映旅游开发水平和生态环境质量各指标的特征值和贡献率，采用主成分法提取特征值大于1的因子作为公因子。其中，反映旅游开发水平的13个评价指标的各因子有3个因子特征值大于1，且涵盖了原始数据大部分信息，累计解释比例达到90.822%（表3.9）；反映生态环境质量的15个评价指标的各因子有5个因子特征值大于1，且涵盖了原始数据大部分信息，累计解释比例达到90.257%（表3.10）。因此，确定3个反映旅游开发水平的公因子和5个反映生态环境质量的公因子。

表3.9　旅游开发水平的特征值和贡献率（2008年）

因子	初始特征值			提取因子平方和			旋转因子平方和		
	特征值	解释/%	累计/%	特征值	解释/%	累计/%	特征值	解释/%	累计/%
1	8.209	63.144	63.144	8.209	63.144	63.144	7.420	57.077	57.077
2	2.520	19.387	82.531	2.520	19.387	82.531	2.996	23.044	80.121
3	1.078	8.291	90.822	1.078	8.291	90.822	1.391	10.701	90.822
4	0.568	4.368	95.190						
5	0.372	2.864	98.053						
6	0.202	1.557	99.610						
7	0.051	0.390	100.000						

表 3.10　生态环境质量的特征值和贡献率（2008 年）

因子	初始特征值 特征值	初始特征值 解释/%	初始特征值 累计/%	提取因子平方和 特征值	提取因子平方和 解释/%	提取因子平方和 累计/%	旋转因子平方和 特征值	旋转因子平方和 解释/%	旋转因子平方和 累计/%
1	3.933	26.219	26.219	3.933	26.219	26.219	3.356	22.371	22.371
2	3.242	21.614	47.833	3.242	21.614	47.833	2.828	18.852	41.223
3	2.562	17.078	64.911	2.562	17.078	64.911	2.691	17.938	59.161
4	2.384	15.892	80.802	2.384	15.892	80.802	2.423	16.157	75.318
5	1.418	9.455	90.257	1.418	9.455	90.257	2.241	14.939	90.257
6	0.888	5.921	96.178						
7	0.573	3.822	100.000						

为了确定公因子性质，进一步突出各公因子在各指标变量上的差异分布情况，采用方差极大旋转法计算旋转因子载荷矩阵（表 3.11 和表 3.12）。根据表 3.11 旅游开发水平旋转因子载荷矩阵分析，公因子 1 在床位数、旅游从业人员、旅游接待总人数、海外旅游收入、旅游对 GDP 的依存度、旅游总收入等 6 个指标上有很高的载荷，可定义为实力因子；公因子 2 在人均旅游产值、人均旅游消费、旅游对三产的依存度等 3 个指标上有较高的载荷，这反映了旅游产业收益情况，可定义为效益因子；公因子 3 主要由星级（涉外）饭店数量、旅行社数量、主要景区景点数量 3 个指标表征，概括了旅游产业规模情况，可定义为规模因子。

表 3.11　旅游开发水平旋转因子载荷矩阵（2008 年）

指标	因子载荷 公因子 1	因子载荷 公因子 2	因子载荷 公因子 3
床位数（$X7$）/张	0.992	0.028	0.023
旅游从业人数（$X8$）/人	0.973	-0.160	0.054
旅游接待总人数（$X3$）/万人次	0.956	0.005	0.171
海外旅游收入（$X2$）/亿元	0.948	0.206	0.159
旅游对 GDP 的依存度（$X12$）/%	0.946	0.317	0.023
旅游总收入（$X1$）/亿元	0.906	0.231	0.094
主要景区景点数（$X4$）/个	0.762	0.251	0.426
旅游对三产的依存度（$X13$）/%	0.497	0.657	0.060
人均旅游产值（$X10$）/(万元/人)	-0.186	0.919	0.142

续表

指标	因子载荷		
	公因子1	公因子2	公因子3
人均旅游消费（X9）/(元/人)	0.120	0.859	-0.342
国际竞争力（X11）/%	0.568	0.624	0.315
旅行社数量（X5）/家	0.450	0.554	-0.537
星级（涉外）饭店数量（X6）/座	0.504	-0.022	0.784

注：经过9次迭代收敛

表3.12　生态环境质量旋转因子载荷矩阵（2008年）

指标	因子载荷				
	公因子1	公因子2	公因子3	公因子4	公因子5
森林覆盖率（Y9）/%	0.937	0.161	0.156	-0.094	0.058
SO_2年日均值（Y5）/(毫克/立方米)	-0.879	-0.081	0.346	-0.229	-0.121
固废综合利用率（Y14）/%	0.851	-0.217	0.251	0.206	-0.018
酸雨频率（Y4）/%	-0.579	-0.225	0.480	0.058	-0.042
年均气温（Y2）/摄氏度	-0.525	-0.436	0.008	0.057	0.523
年均降尘量（Y3）/[吨/(月·平方公里)]	0.211	-0.932	0.124	-0.006	0.154
年均降水量（Y1）/毫米	0.223	0.855	-0.241	0.092	-0.143
环保投入资金（Y15）/万元	0.330	0.712	0.077	0.317	0.365
工业废水排放量（Y11）/(吨/万元)	-0.021	-0.141	0.905	-0.290	-0.103
工业废水排放达标率（Y12）/%	-0.104	0.204	-0.887	-0.359	0.125
氮氧化物年日均值（Y6）/(毫克/立方米)	-0.007	0.406	0.644	0.441	0.447
人均耕地面积（Y8）/(亩/人)	0.121	-0.030	-0.044	0.878	0.027
汇总单位环保人员数（Y10）/人	0.044	0.334	0.141	0.852	-0.023
总悬浮颗粒物浓度（Y7）/(毫克/立方米)	0.103	-0.068	0.331	0.152	-0.910
固废排放量（Y13）/(吨/万元)	0.356	-0.244	0.152	0.149	0.846

注：经过8次迭代收敛

　　根据表3.12生态环境质量旋转因子载荷矩阵分析，公因子1在森林覆盖率、二氧化硫年日均值、固废综合利用率、酸雨频率、年均气温等5个指标上具有较高载荷，这概括反映了生态环境的总体情况，可定义为水平因子；公因子2在年均降尘量、年均降水量、环保投入资金等3个指标上具有较高载荷，这反映了自然环境和管理背景情况，可定义为背景因子；公因子3在工业废水排放量、工业废水排放达标率等2个指标上具有较高载荷，可定义为水环境因子；公因子4在人均耕地面积、单位环保人员数等 2 个指标上具有较高载荷，概括反映了人口与环境的矛盾关系，可定义为影响因子；公因子 5 在总悬浮颗粒物浓度、固废排放量上具有较高载荷，可定义为压力因子。

2. 公因子表达式建立

（1）根据 $F_k = a_{k1}^* Z_1 + a_{k2}^* Z_2 + \cdots + a_{kp}^* Z_p$ 计算公因子得分，其中，F_k 为公因子得分；a_{kp}^* 为旋转后因子的载荷；Z_p 为指标原始数据经过量化后的值。建立公因子得分系数矩阵（表 3.13 和表 3.14）。

表 3.13　旅游开发水平因子得分系数矩阵（2008 年）

指标	实力因子（F1）	效益因子（F2）	规模因子（F3）
旅游总收入（X1）/亿元	0.128	0.000	-0.036
海外旅游收入（X2）/亿元	0.128	-0.007	0.010
旅游接待总人数（X3）/万人次	0.151	-0.088	-0.005
主要景区景点数（X4）/个	0.046	0.064	0.273
旅行社数量（X5）/家	0.105	0.110	-0.465
星级（涉外）饭店数量（X6）/座	-0.028	0.025	0.587
床位数（X7）/张	0.178	-0.101	-0.134
旅游从业人数（X8）/人	0.192	-0.171	-0.127
人均旅游消费（X9）/（元/人）	-0.023	0.294	-0.210
人均旅游产值（X10）/（万元/人）	-0.163	0.411	0.258
国际竞争力（X11）/%	-0.016	0.225	0.252
旅游对 GDP 的依存度（X12）/%	0.136	0.022	-0.093
旅游对三产的依存度（X13）/%	0.053	0.188	0.011

表 3.14　生态环境质量因子得分系数矩阵（2008 年）

指标	水平因子（K1）	背景因子（K2）	水环境因子（K3）	影响因子（K4）	压力因子（K5）
年均降水量（Y1）/毫米	0.023	0.288	-0.039	0.008	-0.052
年均气温（Y2）/摄氏度	-0.170	-0.158	-0.068	0.233	0.180
年均降尘量（Y3）/[吨/(月·平方公里)]	0.112	-0.358	-0.023	0.037	0.027
酸雨频率（Y4）/%	-0.167	-0.023	0.166	0.021	-0.004

续表

指标	水平因子（K1）	背景因子（K2）	水环境因子（K3）	影响因子（K4）	压力因子（K5）
二氧化硫年日均值（Y5）/（毫克/立方米）	-0.258	0.058	0.150	-0.096	0.002
氮氧化物年日均值（Y6）/（毫克/立方米）	-0.047	0.202	0.271	0.054	0.210
总悬浮颗粒物浓度（Y7）/（毫克/立方米）	0.054	-0.064	0.074	0.154	-0.451
人均耕地面积（Y8）/（亩/人）	0.009	-0.095	-0.112	0.422	-0.103
森林覆盖率（Y9）/%	0.286	0.038	0.094	-0.114	0.032
汇总单位环保人员数（Y10）/人	-0.032	0.067	-0.005	0.368	-0.095
工业废水排放量（Y11）/（吨/万元）	0.017	0.044	0.383	-0.210	0.018
工业废水排放达标率（Y12）/%	-0.038	0.045	-0.301	-0.108	0.080
固废排放量（Y13）/（吨/万元）	0.099	-0.070	0.062	-0.041	0.376
固废综合利用率（Y14）/%	0.271	-0.127	0.064	0.064	-0.055
环保投入资金（Y15）/万元	0.046	0.261	0.077	0.027	0.169

（2）根据公因子得分系数矩阵，可得到旋转后的旅游开发水平和生态环境质量公因子表达式：

$$F_1 = 0.128X_1 + 0.128X_2 + 0.151X_3 + 0.178X_7 + 0.192X_8 + 0.136X_{12}$$
$$F_2 = 0.194X_9 + 0.411X_{10} + 0.188X_{13}$$
$$F_3 = 0.173X_4 - 0.465X_5 + 0.587X_6$$
$$K_1 = -0.17Y_2 - 0.167Y_4 - 0.258Y_5 + 0.286Y_9 + 0.271Y_{14}$$
$$K_2 = 0.288Y_1 - 0.358Y_3 0.261Y_{15} \qquad (3.29)$$
$$K_3 = 0.383Y_{11} - 0.301Y_{12}$$
$$K_4 = 0.422Y_8 + 0.368Y_{10}$$
$$K_5 = -0.451Y_7 + 0.376Y_{13}$$

3. 公因子综合得分计算

在根据 $F_k = a_{k1}^* Z_1 + a_{k2}^* Z_2 + \cdots + a_{kp}^* Z_p$ 计算公因子得分的基础上，把公因子累计贡献率 T_k 定为1，计算出 h_k 对应新的各公因子指标的权重 $W_j = h_k^*$，根据综合评价模型 $F_j = \sum W_j \times F_{ij}$（$i = 1, 2, \cdots, n; j = 1, 2, \cdots, p$），计算评价公因子综合得分（表3.15和表3.16）。

表 3.15 2008 年桂林市八县旅游开发和生态环境因子得分

样本县	旅游开发公因子				生态环境公因子					
	F1	F2	F3	得分	K1	K2	K3	K4	K5	得分
阳朔县	2.3744	-0.4198	0.1682	1.2800	-2.0862	0.6672	-0.5147	-0.3991	0.1344	-0.4800
临桂县	-0.5583	-0.9672	0.6959	-0.4700	-0.3212	-1.1059	0.0681	1.5476	-0.8189	-0.1400
灵川县	-0.5849	-0.7975	1.4307	-0.3600	-0.3364	-0.2771	-0.8618	-0.4637	0.3136	-0.3100
兴安县	0.1814	0.5211	0.0898	0.2300	0.8220	2.0027	0.2337	-0.0341	-0.9349	0.4600
永福县	-0.6943	-0.6070	-0.7291	-0.6100	0.5160	0.4513	0.1302	1.3361	1.8585	0.7200
龙胜县	-0.1996	2.0964	0.5120	0.4200	0.7508	-0.5247	-0.9611	0.0436	-1.1158	-0.2600
资源县	-0.1619	-0.2310	-1.8868	-0.3500	0.9240	-0.7276	-0.3077	-1.4516	0.7724	-0.1000
荔浦县	-0.3568	0.4051	-0.2808	-0.1400	-0.2690	-0.4858	2.2131	-0.5788	-0.2092	0.1200

表 3.16 1999 年桂林市八县旅游开发和生态环境因子得分

样本县	旅游开发公因子				生态环境公因子					
	F1	F2	F3	得分	K1	K2	K3	K4	K5	得分
阳朔县	2.4024	0.1330	0.1469	1.4400	-1.398	-1.31927	-0.11253	0.52802	-0.30004	-0.5300
临桂县	-0.3209	-1.0077	-0.8918	-0.4800	0.3215	1.2266	1.4084	0.2327	0.5207	0.6700
灵川县	-0.5759	-0.5468	1.6962	-0.1900	1.1952	-0.2554	-0.6944	1.9488	-0.2533	0.3700
兴安县	0.0685	-0.8932	0.5764	-0.0300	1.1430	-0.0939	-1.0942	-1.1128	1.0003	-0.0500
永福县	-0.2844	-0.9547	-1.2869	-0.5100	0.7603	-0.8024	1.4680	-0.6871	-1.1268	0.0400
龙胜县	-0.3586	1.3340	-0.9973	-0.1200	-0.6991	-0.6983	0.2837	-0.2249	1.6192	-0.0900
资源县	-0.7358	0.5764	0.5139	-0.2600	-0.2973	0.3956	-1.0142	-1.0034	-1.2853	-0.4800
荔浦县	-0.1954	1.3591	0.2426	0.1500	-1.0257	1.5469	-0.2449	0.3187	-0.1747	0.0700

3.3.2 耦合度计算

根据耦合度模型，分别计算出1999年、2008年桂林市8个样本县（区）旅游开发水平与生态环境质量的耦合度（表3.17）。根据表 3.17 绘制桂林市 8 个样本县（区）1999 年和 2008 年旅游开发与生态环境耦合坐标图，如图 3.1 和图 3.2 所示。

表 3.17 桂林市八县旅游开发与生态环境耦合状态

样本县	1999 年 旅游因子 F	生态因子 K	耦合度 δ	耦合状态	2008 年 旅游因子 F	生态因子 K	耦合度 δ	耦合状态
阳朔县	1.4400	-0.5300	0.5931	基本调和	1.2800	-0.4800	0.5852	基本调和
临桂县	-0.4800	0.6700	0.2305	勉强调和	-0.4700	-0.1400	-1.2493	不协调
灵川县	-0.1900	0.3700	0.4328	勉强调和	-0.3600	-0.3100	-1.4102	不协调
兴安县	-0.0300	-0.0500	-1.3722	不协调	0.2300	0.4600	1.3416	协调
永福县	-0.5100	0.0400	-0.9187	不协调	-0.6100	0.7200	0.1166	勉强协调
龙胜县	-0.1200	-0.0900	-1.4000	不协调	0.4200	-0.2600	0.3239	勉强协调
资源县	-0.2600	-0.4800	-1.3556	不协调	-0.3500	-0.1000	-1.2363	不协调
荔浦县	0.1500	0.0700	1.3293	协调	-0.1400	0.1200	-0.1085	不协调

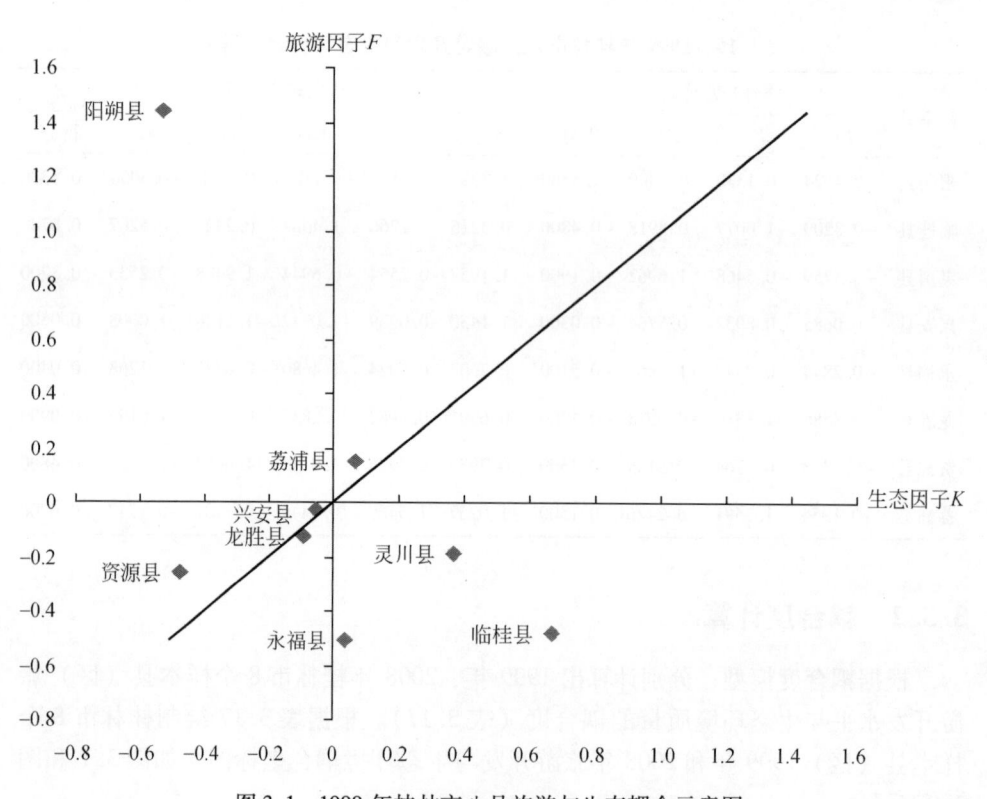

图 3.1 1999 年桂林市八县旅游与生态耦合示意图

图 3.2　2008 年桂林市八县旅游与生态耦合示意图

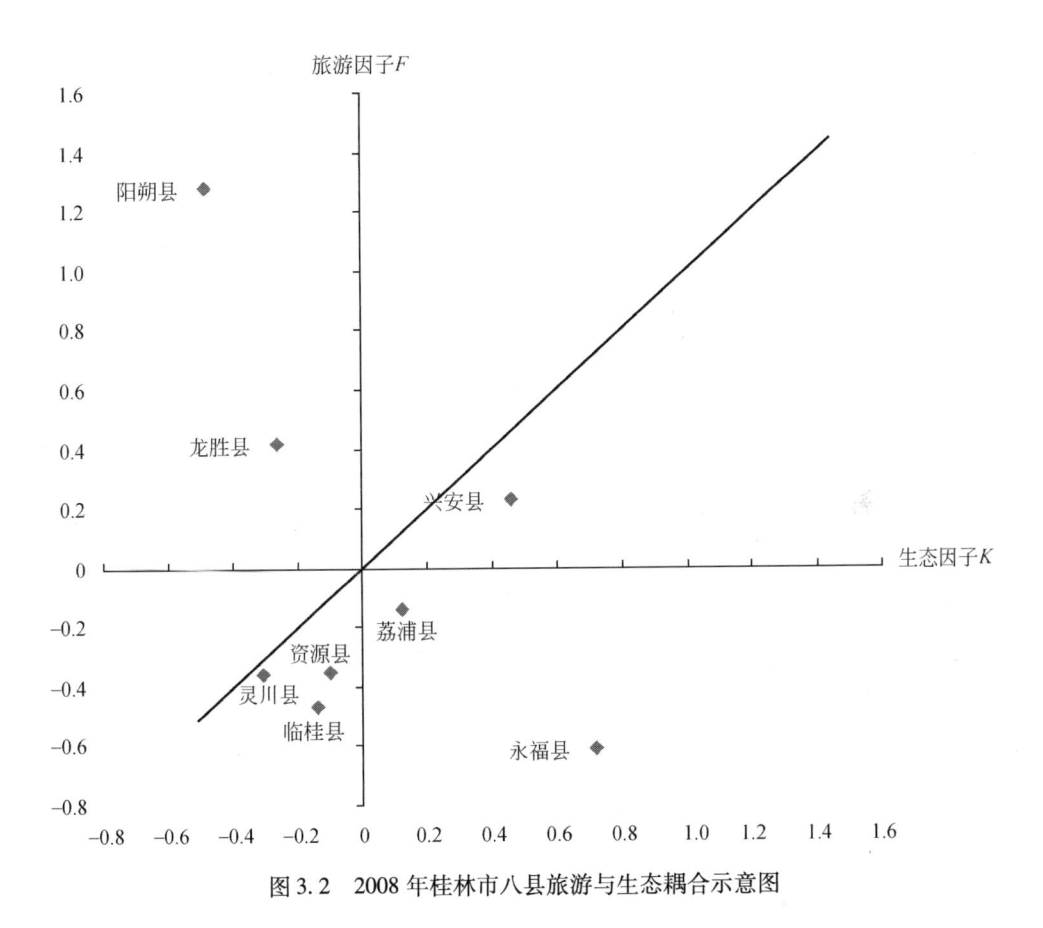

根据耦合度模型，在 $Y=-X$ 线以上区位，样本县坐标点越靠近 $Y=X$ 线，耦合程度越高，在 $Y=X$ 线上时最大，即 $\delta=1.414$；在 $Y=-X$ 线以下区位，样本县坐标点越靠近 $Y=X$ 线，耦合程度越低，在 $Y=X$ 线上时最小，即 $\delta=-1.414$。图 3.1 将耦合状态分为四个梯度。$Y=-X$ 线以上区位，荔浦县旅游开发和生态环境综合得分均为正，耦合度达到 1.3293，旅游开发与生态环境发展协调均衡，处于第一梯度状态；阳朔县生态发展虽滞后旅游，但尚在承载力范围内，旅游开发与生态环境发展基本调和，处于第二梯度状态；灵川县和临桂县旅游发展滞后，生态环境勉强维持在承载力内，处于一种勉强调和状态，属第三梯度。$Y=-X$ 线以下区位分布有龙胜、兴安、资源和临桂四县，旅游与生态不协调，处于第四梯度状态。

图 3.2 中，$Y=-X$ 线以上区位仅有兴安、龙胜、永福和阳朔四县，其中，兴安由 1999 年第四梯度跃升至 2008 年第一梯度，旅游与生态处于均衡协调状

态；阳朔仍处在第二梯度，呈现基本调和状态；龙胜、永福则分居 $Y = X$ 两侧，分属于环境滞后发展型和旅游滞后发展型，处于第三梯度，呈现勉强调和状态。在 $Y = -X$ 线以下区位分布有灵川、临桂、资源和荔浦四县，旅游与生态不协调，处于第四梯度状态。

3.4 耦合动态分析

为深入了解漓江流域旅游开发与生态环境的耦合状态演变，以桂林市1999~2008年反映旅游开发和生态环境质量的各指标数据（表3.5）和标准化数据（表3.8）为基础，同样采用因子分析、耦合度模型对其耦合动态进行研究。

3.4.1 耦合因子分析

1. 求解因子

通过计算反映旅游开发水平和生态环境质量各指标的特征值和贡献率，采用主成分法提取特征值大于1的因子作为公因子。根据表3.18，旅游开发水平的前两个公因子的特征值均大于1，且涵盖了原始数据信息的90.06%，符合因子选取原则；表3.19中，生态环境质量的前五个因子的特征值均大于1，且涵盖了原始数据信息的92.36%，符合因子选取原则。

表3.18 旅游开发水平的特征值和贡献率

因子	初始特征值			提取因子平方和			旋转因子平方和		
	特征值	解释/%	累计/%	特征值	解释/%	累计/%	特征值	解释/%	累计/%
1	8.592	66.089	66.089	8.592	66.089	66.089	7.162	55.089	55.089
2	3.116	23.971	90.060	3.116	23.971	90.060	4.546	34.971	90.060
3	0.536	4.122	94.183						
4	0.357	2.745	96.927						
5	0.223	1.715	98.642						
6	0.104	0.798	99.440						
7	0.047	0.358	99.798						
8	0.025	0.194	99.991						
9	0.001	0.009	100.000						

表 3.19　生态环境质量的特征值和贡献率

因子	初始特征值 特征值	初始特征值 解释/%	初始特征值 累计/%	提取因子平方和 特征值	提取因子平方和 解释/%	提取因子平方和 累计/%	旋转因子平方和 特征值	旋转因子平方和 解释/%	旋转因子平方和 累计/%
1	7.756	51.706	51.706	7.756	51.706	51.706	6.900	45.999	45.999
2	2.086	13.906	65.612	2.086	13.906	65.612	2.300	15.334	61.333
3	1.533	10.223	75.836	1.533	10.223	75.836	1.950	12.998	74.331
4	1.297	8.650	84.485	1.297	8.650	84.485	1.353	9.020	83.351
5	1.182	7.879	92.364	1.182	7.879	92.364	1.352	9.013	92.364
6	0.689	4.591	96.955						
7	0.238	1.587	98.542						
8	0.152	1.011	99.553						
9	0.067	0.447	100.000						

为进一步突出各公因子在各指标变量上的差异分布情况，采用方差极大旋转法计算旋转因子载荷矩阵（表3.20和表3.21）。根据表3.20旋转因子载荷矩阵，公因子1在人均旅游消费、海外旅游收入、旅游总收入、旅游接待总人数、人均旅游产值、床位数、旅行社数量等7个指标上具有较高载荷，这反映了旅游市场收益、规模及实力情况，可定义为竞争力因子；公因子2在旅游对三产的依存度、旅游对GDP的依存度、国际竞争力、主要景区景点数、旅游从业人员等5个指标上具有较高载荷，这主要反映了旅游经济对社会的支持力，可定义为支持力因子。根据表3.21旋转因子载荷矩阵分析，公因子1在总悬浮颗粒物浓度、固废综合利用率、氮氧化物年日均值、人均耕地面积、二氧化氮年日均值、工业废水排放达标率、工业废水排放量、年均降尘量等8个指标上具有极高载荷，这主要反映了空气质量、水质和人地关系，可定为质量因子；公因子2在酸雨频率、固废排放量上具有较高载荷，这反映了环境污染状况，可定义为污染因子；公因子3在年均气温、森林覆盖率上具有较高载荷，这反映了生态背景，可定义为背景因子；公因子4在汇总单位环保人员数上具有较高载荷，这反映了生态保护情况，可定义为保护因子；公因子5在年均降水量指标上具有较高载荷，这反映了地区雨量丰沛状况，可定义为雨量因子。

表 3.20 旅游开发水平旋转因子载荷矩阵

指标	公因子 1	公因子 2
人均旅游消费（X9）/（元/人）	0.986	0.083
海外旅游收入（X2）/亿元	0.975	-0.092
旅游总收入（X1）/亿元	0.974	0.177
旅游接待总人数（X3）/（万人次）	0.963	0.228
人均旅游产值（X10）/（万元/人）	0.931	-0.124
床位数（X7）/张	0.787	0.452
旅行社数量（X5）/家	0.786	0.431
旅游对三产的依存度（X13）/%	0.063	-0.968
旅游对 GDP 的依存度（X12）/%	0.024	-0.955
国际竞争力（X11）/%	-0.074	-0.784
主要景区景点数（X4）/个	0.465	0.722
旅游从业人数（X8）/人	0.425	0.681
星级（涉外）饭店数量（X6）/座	0.428	0.640

注：经过 3 次迭代收敛。

表 3.21 生态环境质量旋转因子载荷矩阵

指标	1	2	3	4	5
总悬浮颗粒物浓度（Y7）/（毫克/立方米）	-0.945	-0.080	-0.194	0.206	-0.061
固废综合利用率（Y14）/%	0.942	0.207	0.205	-0.001	-0.009
氮氧化物年日均值（Y6）/（毫克/立方米）	0.922	0.091	0.236	-0.067	0.162
人均耕地面积（Y8）/（亩/人）	-0.911	-0.126	-0.030	0.162	0.296
二氧化硫年日均值（Y5）/（毫克/立方米）	0.909	0.083	0.288	0.211	0.044
工业废水排放达标率（Y12）/%	0.832	-0.160	0.249	-0.324	-0.003
工业废水排放量（Y11）/（吨/万元）	-0.806	-0.442	-0.155	0.019	0.273
年均降尘量（Y3）/[吨/（月·平方公里）]	-0.758	-0.467	-0.061	-0.326	-0.240
环保投入资金（Y15）/万元	0.565	-0.306	-0.153	0.445	0.003
酸雨频率（Y4）/%	0.154	0.947	-0.216	0.004	0.140
固废排放量（Y13）/（吨/万元）	0.115	0.886	0.288	-0.081	-0.277
年均气温（Y2）/摄氏度	0.207	0.008	0.941	-0.117	-0.010
森林覆盖率（Y9）/%	0.510	0.049	0.770	0.157	0.239
汇总单位环保人员数（Y10）/人	-0.184	-0.005	0.007	0.875	-0.119
年均降水量（Y1）/毫米	-0.026	-0.052	0.101	-0.124	0.966

注：经过 7 次迭代收敛。

2. 因子得分

（1）求解因子得分系数矩阵。见表3.22和表3.23。

表3.22 旅游开发水平因子得分系数矩阵

指标	竞争力因子（F1）	支持力因子（F2）
旅游总收入（X1）/亿元	0.149	−0.040
海外旅游收入（X2）/亿元	0.174	−0.112
旅游接待总人数（X3）/万人次	0.143	−0.026
主要景区景点数（X4）/个	0.045	0.135
旅行社数量（X5）/家	0.086	0.071
星级（涉外）饭店数量（X6）/座	0.050	0.114
床位数（X7）/张	0.085	0.074
旅游从业人数（X8）/人	0.049	0.124
人均旅游消费（X9）/(元/人)	0.160	−0.066
人均旅游产值（X10）/(万元/人)	0.169	−0.117
国际竞争力（X11）/%	0.058	−0.203
旅游对GDP的依存度（X12）/%	0.090	−0.258
旅游对三产的依存度（X13）/%	0.098	−0.265

表3.23 生态环境质量因子得分系数矩阵

指标	质量因子（K1）	污染因子（K2）	背景因子（K3）	保护因子（K4）	雨量因子（K5）
年均降水量（Y1）/毫米	−0.011	0.040	−0.018	−0.071	0.720
年均气温（Y2）/摄氏度	−0.119	−0.019	0.599	−0.032	−0.090
年均降尘量（Y3）/[吨/(月·平方公里)]	−0.104	−0.179	0.092	−0.249	−0.218
酸雨频率（Y4）/%	−0.012	0.457	−0.189	−0.005	0.189
二氧化硫年日均值（Y5）/(毫克/立方米)	0.128	−0.035	0.048	0.172	0.023
氮氧化物年日均值（Y6）/(毫克/立方米)	0.141	−0.025	−0.016	−0.037	0.114
总悬浮颗粒物浓度（Y7）/(毫克/立方米)	−0.154	0.040	0.048	0.144	−0.038
人均耕地面积（Y8）/(亩/人)	−0.168	0.037	0.120	0.127	0.216

续表

指标	公因子				
	质量因子 (K1)	污染因子 (K2)	背景因子 (K3)	保护因子 (K4)	雨量因子 (K5)
森林覆盖率 (Y9) /%	-0.031	-0.006	0.425	0.165	0.124
汇总单位环保人员数 (Y10) /人	-0.043	0.009	0.099	0.652	-0.079
工业废水排放量 (Y11) /(吨/万元)	-0.098	-0.127	0.012	0.011	0.187
工业废水排放达标率 (Y12) /%	0.142	-0.152	0.008	-0.231	-0.034
固废排放量 (Y13) /(吨/万元)	-0.103	0.401	0.192	-0.045	-0.178
固废综合利用率 (Y14) /%	0.139	0.019	-0.022	0.008	-0.005
环保投入资金 (Y15) /万元	0.166	-0.194	-0.173	0.320	0.006

(2) 求解公因子表达式。根据因子得分系数矩阵，可得到旋转后的旅游开发水平和生态环境质量公因子表达式

$$F_1 = 0.149X_1 + 0.174X_2 + 0.143X_3 + 0.086X_5 + 0.085X_7 + 0.16X_9 + 0.168X_{10}$$

$$F_2 = 0.135X_4 + 0.124X_8 - 0.203X_{11} - 0.258X_{12} - 0.265X_{13}$$

$$K_1 = -0.104Y_3 + 0.128Y_5 + 0.141Y_6 - 0.154Y_7 - 0.168Y_8 - 0.098Y_{11} + 0.142Y_{12} + 0.139Y_{14}$$

$$K_2 = 0.457Y_4 + 0.401Y_{13} \quad (3.30)$$

$$K_3 = 0.599Y_2 + 0.425Y_9$$

$$K_4 = 0.652Y_{10}$$

$$K_5 = 0.72Y_1$$

(3) 求解因子综合得分，结果见表3.24。

表 3.24 1999~2008 年桂林市旅游开发和生态环境因子得分

年份	旅游开发公因子			生态环境公因子					
	竞争力 (F1)	支持力 (F2)	得分	质量因子 (K1)	污染因子 (K2)	背景因子 (K3)	保护因子 (K4)	雨量因子 (K5)	得分
1999	-1.1072	-1.0157	-0.9700	-1.8318	0.2008	1.2454	1.3734	0.6824	-0.4600
2000	-0.2043	-1.6039	-0.6700	-1.1745	0.0120	-2.2561	-0.0252	-0.2669	-0.8600
2001	-0.2469	-0.86662	-0.4400	-1.0031	-0.6081	-0.0150	-1.0584	-1.1183	-0.7500

续表

年份	旅游开发公因子			生态环境公因子					
	竞争力 (F1)	支持力 (F2)	得分	质量因子 (K1)	污染因子 (K2)	背景因子 (K3)	保护因子 (K4)	雨量因子 (K5)	得分
2002	-0.1645	-0.59090	-0.3000	0.1170	0.0540	-0.0442	-1.0850	2.4131	0.1800
2003	-1.4277	1.47922	-0.2700	0.3907	-0.9827	0.5761	-0.6720	-0.6131	-0.0100
2004	-0.4326	0.56315	-0.0400	0.4745	-1.3573	0.8602	0.5779	-0.4289	0.1400
2005	-0.1105	1.19605	0.3600	0.7676	-0.3532	-0.2430	-0.1393	0.3285	0.2800
2006	0.5254	0.56863	0.4900	1.3650	-0.2854	-0.7462	1.0652	0.1713	0.6000
2007	1.3478	0.13992	0.7900	0.5345	1.4844	-0.1761	1.1807	-0.5138	0.5100
2008	1.8204	0.13017	1.0500	0.3601	1.8355	0.7989	-1.2173	-0.6544	0.3800

3.4.2 耦合动态解析

同样根据耦合度模型，在因子分析的基础上，计算出 1999~2008 年桂林市旅游开发水平与生态环境质量耦合度（表 3.25）。根据表 3.25，绘制 1999~2008 年桂林市旅游开发水平与生态环境质量耦合度坐标图 3.3。由图 3.3 可直观地看出，在 $Y=-X$ 线以下区位分布有 1999 年、2000 年、2001 年、2002 年和 2003 年 5 个年份，其中，2000 年较靠近 $Y=X$，耦合状态最差（根据耦合度模型，在 $Y=-X$ 线以下区位，样本县坐标点越靠近 $Y=X$ 线，耦合程度越低），旅游开发水平与生态环境质量严重不协调；在 $Y=-X$ 线以上区位分布有 2004 年、2005 年、2006 年、2007 年和 2008 年 5 个年份，且整体靠近 $Y=X$，耦合状态良好（根据耦合度模型，在 $Y=-X$ 线以上区位，样本县坐标点越靠近 $Y=X$ 线，耦合程度越高），旅游开发水平与生态环境质量呈现出由基本调和向协调的演变过程，图 3.4 反映了这一过程。

表 3.25 1999~2008 年桂林市旅游与生态耦合动态

年份	旅游因子 F	生态因子 K	耦合度 δ	耦合类型
1999	-0.9700	-0.4600	-1.3321	不协调
2000	-0.6700	-0.8600	-1.4034	不协调
2001	-0.4400	-0.7500	-1.3686	不协调

续表

年份	旅游因子 F	生态因子 K	耦合度 δ	耦合类型
2002	-0.3000	0.1800	-0.3430	不协调
2003	-0.2700	-0.0100	-1.0363	不协调
2004	-0.0400	0.1400	0.6868	基本调和
2005	0.3600	0.2800	1.4032	协调
2006	0.4900	0.6000	1.4070	协调
2007	0.7900	0.5100	1.3825	协调
2008	1.0500	0.3800	1.2807	协调

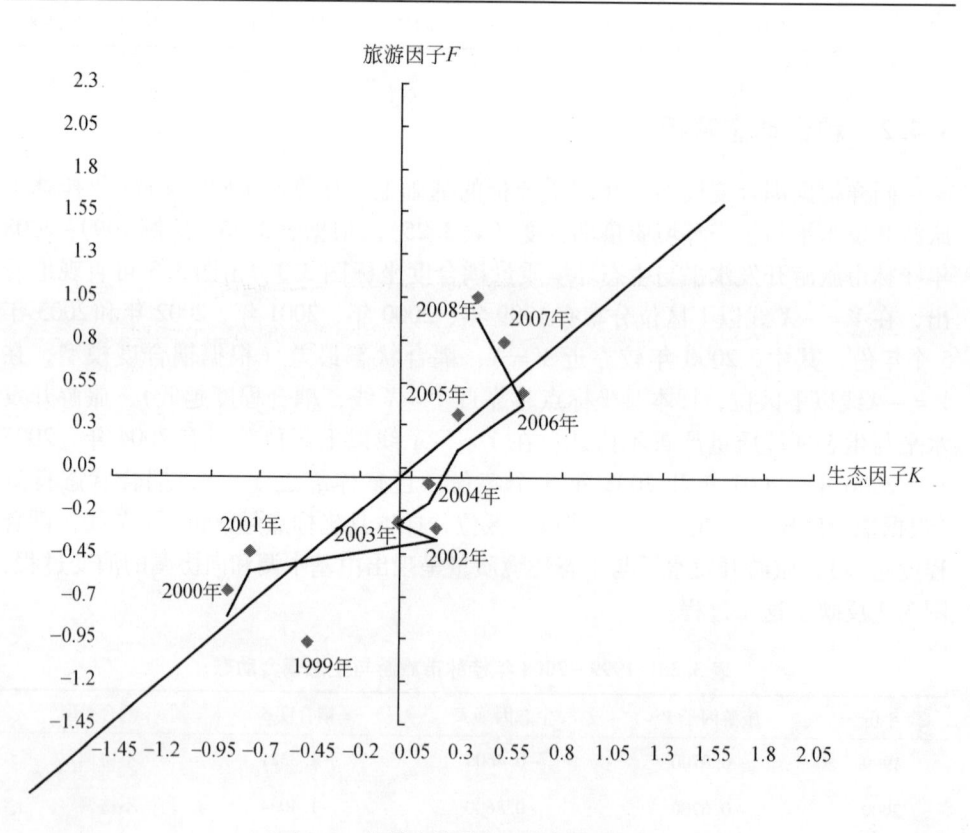

图 3.3 桂林市旅游与生态耦合度坐标

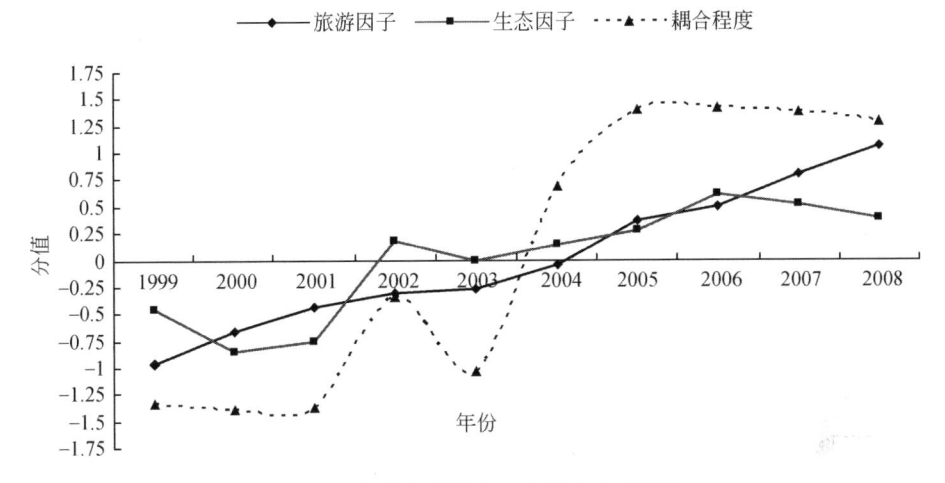

图 3.4 桂林市旅游与生态耦合动态演变

3.5 耦合主导因子分析与耦合度预测

3.5.1 耦合主导因子分析

在因子分析的基础上,通过耦合度计算分析了漓江流域旅游开发水平与生态环境质量的耦合状态及动态变化特征,但对于决定这种耦合关系演变的主导因素尚不甚明确,需进一步深入研究,以便在合理探究演变机理的基础上预测未来发展趋势。根据国内外的相关研究,分析研究系统内部各因子或各子系统之间的变化关系或作用关系,比较好的方法是进行灰色关联分析。根据灰色关联度分析的基本思想和灰色综合关联度模型,设旅游开发水平序列为 $X_i = [x_i(1), x_i(2), \cdots, x_i(10)]$,生态环境质量序列为 $Y_j = [y_j(1), y_j(2), \cdots, y_j(10)]$,其中,$i = 1, 2, \cdots, 13$;$j = 1, 2, \cdots, 15$。以桂林市 1999~2008 年反映旅游开发水平与生态环境质量各指标的统计数据为样本,分别生成旅游开发水平和生态环境质量序列集。即

$X_1 = (36.59, 45.07, 45.87, 49.33, 34.32, 50.14, 57.95, 68.75, 85.52, 100.26)$

$X_2 = (12.29, 18.87, 17.41, 18.52, 8.94, 15.62, 19.19, 20.97, 27.14, 26.47)$

$$\vdots$$

$X_{13} = (37.83, 41.19, 36.36, 35.03, 23.5, 29.43, 29.73, 30.78, 31.75, 32.13)$

$Y_1 = (2018, 1684.31, 1419.1, 2807, 1554.7, 1842.9, 1877.4, 1719, 1522.7, 1648.4)$

$$Y_2 = (19.6, 18.6, 19.3, 19.4, 19.6, 19.7, 19.2, 19.3, 19.2, 19.8)$$

$$\vdots$$

$$Y_{15} = (2344, 1727, 2561.2, 1912.4, 3350, 8789, 4520, 22626, 2576, 1396.5)$$

(3.31)

根据灰色关联分析的基本方法，采用始点零化算子将旅游开发水平序列和生态环境质量序列始点零像化（表3.26）；采用始点初值化算子将旅游开发水平序列和生态环境质量序列始点初值化（表3.27）。在零像化的基础上，根据绝对关联度公式计算绝对关联度矩阵 A；在初值化的基础上，根据相对关联度公式计算相对关联度矩阵 B，并由绝对关联度矩阵 A 和相对关联度矩阵 B 得到综合关联度矩阵 C（表3.28）。

表3.28中，旅游开发水平与生态环境质量各指标的综合关联度均在0.5以上，处于中等关联，这表明旅游开发水平与生态环境质量之间的联系较为紧密；ρ_i、ρ_j 则分别反映了旅游开发水平因子对生态环境质量因子的综合关联程度和生态环境质量因子对旅游开发水平因子的综合关联程度，排序则进一步揭示了各旅游因子对生态系统的作用水平和各生态因子对旅游系统的约束水平。

根据表3.28对生态系统的关联程度 ρ_i 分析，可将桂林旅游开发对生态环境质量的作用水平划分为三个梯度。第一梯度主要是旅游总收入、旅游外汇收入、旅游对GDP的依存度、旅游对三产的依存度等指标，其对生态系统的作用程度高达0.6317，反映了旅游经济扩展与推进对生态系统的胁迫作用，这表明在旅游开发活动中经济发展因素对生态的影响最为明显；第二梯度主要是床位数、星级（涉外）饭店数量、主要旅游景区景点数量、旅游从业人员数量等指标，其对生态系统的作用程度为0.6034，反映了旅游设施跟进和旅游空间拓展对生态环境质量的胁迫作用，这表明在旅游开发活动中产业结构因素对生态环境质量的影响较为明显；第三梯度主要是旅游接待人数、人均旅游消费、人均旅游产值等指标，其对生态环境质量的作用程度为0.5966，这说明当旅游开发活动发展到一定程度时，旅游市场规模、旅游消费能力和旅游经济效率也会成为影响和改变生态环境质量的突出因素。旅游开发因子对生态环境质量的整体作用程度为0.612。

根据表3.28对旅游系统的关联程度 ρ_j 分析，漓江流域生态环境对旅游系统的约束作用主要体现为工业废水排放达标率、氮氧化物年日均值、固废综合利用率、二氧化硫年日均值、年均降尘量、酸雨频率、人均耕地面积、森林覆盖率等指标，这表明能源循环利用、气候气象条件和水土资源状况等因子成为生态环境对旅游系统约束和限制的主导因素。生态因子对旅游系统的整体作用程度为0.6148。

表 3.26　1999～2008 年桂林市旅游开发与生态环境耦合指标原始数据的初始零像化

指标	1999 年	2000 年	2001 年	2002 年	2003 年	2004 年	2005 年	2006 年	2007 年	2008 年
X1′	0	8.4800	9.2800	12.7400	-2.2700	13.5500	21.3600	32.1600	48.9300	63.6700
X2′	0	6.5834	5.1251	6.2371	-3.3483	3.3342	6.8973	8.6792	14.8487	14.1822
X3′	0	64.840	110.670	197.270	-44.230	212.900	306.550	439.390	632.110	728.370
X4′	0	6.0000	9.0000	17.0000	18.0000	22.0000	25.0000	26.0000	26.0000	29.0000
X5′	0	1.0000	2.0000	5.0000	8.0000	13.0000	13.0000	18.0000	28.0000	22.0000
X6′	0	9.0000	31.000	27.0000	30.0000	26.0000	37.0000	42.0000	40.0000	42.0000
X7′	0	3636.0	5353.0	4579.00	5693.00	5124.00	7553.00	8488.00	9552.00	9809.0
X8′	0	869	-250	2620	3299	5498	8164	8442	6440	8989
X9′	0	60.62	47.30	42.95	-5.49	43.91	73.30	106.64	151.50	209.04
X10′	0	3.7900	6.1000	3.6200	-4.8700	0.5800	1.2700	5.3600	15.1400	27.1800
X11′	0	8.2800	4.3700	3.9500	-7.5400	-2.4400	-24.7939	-3.0900	-1.8500	-7.1900
X12′	0	1.7500	0.6400	0.5200	-4.3800	-2.2300	-2.2500	-1.8200	-1.6600	-1.8000
X13′	0	3.3600	-1.4700	-2.8000	-14.3300	-8.4000	-8.1000	-7.0500	-6.0800	-5.7000
Y1′	0	-333.69	-598.90	789.00	-463.30	-175.10	-140.60	-299.00	-495.30	-369.60
Y2′	0	-1.0000	-0.3000	-0.2000	0.0000	0.1000	-0.4000	-0.3000	-0.4000	0.2000
Y3′	0	1.6700	1.6700	-1.7800	0.0500	-0.1600	-2.3800	-4.2200	-4.0100	-2.2100
Y4′	0	5.0000	-7.0000	6.7000	-7.7000	-14.6000	-1.0000	5.6000	17.1000	18.6000
Y5′	0	-0.0060	-0.0070	0.0080	0.0180	0.0180	0.0190	0.0290	0.0220	0.0250
Y6′	0	0.0040	-0.0020	0.0060	0.0070	0.0070	0.0120	0.0100	0.0090	0.0110
Y7′	0	-0.0070	-0.0370	-0.1080	-0.1120	-0.1000	-0.1170	-0.1160	-0.1110	-0.1120
Y8′	0	-0.0400	-0.0500	-0.0600	-0.0900	-0.0900	-0.0900	-0.0900	-0.1000	-0.1000
Y9′	0	-10.3200	-4.0000	-0.5400	-0.5000	-0.3000	0.6000	-0.5000	-0.5000	-0.5000
Y10′	0	-51.000	-122.00	-137.000	-105.000	-12.0000	-90.0000	-84.0000	32.0000	-159.00
Y11′	0	-7.2900	-11.560	-17.2400	-24.8600	-38.6500	-41.4600	-46.1800	-50.0200	-66.261
Y12′	0	0.2200	28.6500	34.8800	33.3800	34.2100	32.8900	34.3100	29.0700	29.0300
Y13′	0	-15.5400	0.2600	-8.5800	-12.5900	-15.3400	-12.3900	-2.9000	24.8600	41.8100
Y14′	0	0.8900	2.6700	35.8500	44.3200	46.2100	53.9300	53.8800	54.2700	57.0300
Y15′	0	-617.00	217.200	-431.600	1006.00	6454.00	2176.00	20282.00	232.0000	-947.2500

表 3.27　1999~2008 年桂林市旅游开发与生态环境耦合指标原始数据的初值化

指标	1999 年	2000 年	2001 年	2002 年	2003 年	2004 年	2005 年	2006 年	2007 年	2008 年
X1'	1.0000	1.2318	1.2536	1.3482	0.9380	1.3703	1.5838	1.8789	2.3373	2.7401
X2'	1.0000	1.5358	1.4171	1.5076	0.7275	1.2713	1.5613	1.7063	2.2084	2.1542
X3'	1.0000	1.0722	1.1232	1.2195	0.9508	1.2369	1.3412	1.4890	1.7035	1.8106
X4'	1.0000	1.0741	1.1111	1.2099	1.2222	1.2716	1.3086	1.3210	1.3210	1.3580
X5'	1.0000	1.0122	1.0244	1.0610	1.0976	1.1585	1.1585	1.2195	1.3415	1.2683
X6'	1.0000	1.3000	2.0333	1.9000	2.0000	1.8667	2.2333	2.4000	2.3333	2.4000
X7'	1.0000	1.2896	1.4263	1.3647	1.4534	1.4081	1.6015	1.6760	1.7608	1.7812
X8'	1.0000	1.0531	0.9847	1.1600	1.2015	1.3358	1.4987	1.5156	1.3934	1.5490
X9'	1.0000	1.1489	1.1162	1.1055	0.9865	1.1078	1.1800	1.2619	1.3720	1.5133
X10'	1.0000	1.1696	1.2729	1.1620	0.7821	1.0260	1.0568	1.2398	1.6774	2.2161
X11'	1.0000	1.2465	1.1301	1.1176	0.7755	0.9274	0.2619	0.9080	0.9449	0.7859
X12'	1.0000	1.1331	1.0487	1.0395	0.6669	0.8304	0.8289	0.8616	0.8738	0.8631
X13'	1.0000	1.0888	0.9611	0.9260	0.6212	0.7780	0.7859	0.8136	0.8393	0.8493
Y1'	1.0000	0.8346	0.7032	1.3910	0.7704	0.9132	0.9303	0.8518	0.7546	0.8168
Y2'	1.0000	0.9490	0.9847	0.9898	1.0000	1.0051	0.9796	0.9847	0.9796	1.0102
Y3'	1.0000	1.1998	1.1998	0.7871	1.0060	0.9809	0.7153	0.4952	0.5203	0.7356
Y4'	1.0000	1.1976	0.7233	1.2648	0.6957	0.4229	0.9605	1.2213	1.6759	1.7352
Y5'	1.0000	0.6471	0.5882	1.4706	2.0588	2.0588	2.1176	2.7059	2.2941	2.4706
Y6'	1.0000	1.2000	0.9000	1.3000	1.3500	1.3500	1.6000	1.5000	1.4500	1.5500
Y7'	1.0000	0.9521	0.7466	0.2603	0.2329	0.3151	0.1986	0.2055	0.2397	0.2329
Y8'	1.0000	0.9355	0.9194	0.9032	0.8548	0.8548	0.8548	0.8548	0.8387	0.8387
Y9'	1.0000	0.8460	0.9403	0.9919	0.9925	0.9955	1.0090	0.9925	0.9925	0.9925
Y10'	1.0000	0.8644	0.6755	0.6356	0.7207	0.9681	0.7606	0.7766	1.0851	0.5771
Y11'	1.0000	0.8923	0.8292	0.7453	0.6327	0.4290	0.3875	0.3178	0.2610	0.0211
Y12'	1.0000	1.0035	1.4561	1.5552	1.5314	1.5446	1.5236	1.5462	1.4628	1.4621
Y13'	1.0000	0.8834	1.0020	0.9356	0.9055	0.8849	0.9070	0.9782	1.1865	1.3137
Y14'	1.0000	1.0227	1.0682	1.9157	2.1321	2.1803	2.3775	2.3762	2.3862	2.4567
Y15'	1.0000	0.7368	1.0927	0.8159	1.4292	3.7534	1.9283	9.6527	1.0990	0.5959

$$A = \begin{bmatrix}
0.5400 & 0.5460 & 0.5382 & 0.5969 & 0.9427 & 0.8530 & 0.5236 & 0.5392 & 0.5450 & 0.5355 & 0.5269 & 0.9099 & 0.5457 & 0.8057 & 0.7075 \\
0.5420 & 0.5487 & 0.5401 & 0.6028 & 0.9175 & 0.8742 & 0.5243 & 0.5411 & 0.5476 & 0.5371 & 0.5278 & 0.9345 & 0.5484 & 0.7884 & 0.6957 \\
0.6456 & 0.5628 & 0.6744 & 0.5456 & 0.5239 & 0.5305 & 0.9294 & 0.6579 & 0.5754 & 0.7246 & 0.9537 & 0.5284 & 0.5666 & 0.5190 & 0.5145 \\
0.5722 & 0.5947 & 0.5667 & 0.7044 & 0.7099 & 0.8358 & 0.5321 & 0.5698 & 0.5904 & 0.5589 & 0.5384 & 0.7892 & 0.5933 & 0.6450 & 0.5984 \\
0.5943 & 0.6366 & 0.5852 & 0.8015 & 0.6423 & 0.7276 & 0.5358 & 0.5902 & 0.6280 & 0.5728 & 0.5438 & 0.6961 & 0.6334 & 0.5983 & 0.5667 \\
0.5245 & 0.5266 & 0.5238 & 0.5556 & 0.8237 & 0.7023 & 0.5172 & 0.5242 & 0.5263 & 0.5227 & 0.5189 & 0.7349 & 0.5265 & 0.9687 & 0.8619 \\
0.5430 & 0.5500 & 0.5410 & 0.6057 & 0.9059 & 0.8849 & 0.5247 & 0.5421 & 0.5489 & 0.5379 & 0.5282 & 0.9470 & 0.5497 & 0.7804 & 0.6902 \\
0.5648 & 0.5822 & 0.5603 & 0.6765 & 0.7431 & 0.8890 & 0.5305 & 0.5628 & 0.5790 & 0.5539 & 0.5362 & 0.8350 & 0.5812 & 0.6679 & 0.6139 \\
0.5840 & 0.6159 & 0.5766 & 0.7529 & 0.6696 & 0.7714 & 0.5342 & 0.5806 & 0.6096 & 0.5665 & 0.5415 & 0.7337 & 0.6139 & 0.6171 & 0.5795 \\
0.5727 & 0.5955 & 0.5672 & 0.7064 & 0.7079 & 0.8326 & 0.5322 & 0.5702 & 0.5912 & 0.5593 & 0.5385 & 0.7865 & 0.5942 & 0.6436 & 0.5974 \\
0.9489 & 0.7403 & 0.8747 & 0.6370 & 0.5368 & 0.5550 & 0.6123 & 0.9139 & 0.7882 & 0.7911 & 0.6441 & 0.5486 & 0.7548 & 0.5264 & 0.5184 \\
0.9456 & 0.7420 & 0.8720 & 0.6377 & 0.5368 & 0.5551 & 0.6115 & 0.9108 & 0.7903 & 0.7889 & 0.6430 & 0.5486 & 0.7567 & 0.5264 & 0.5184 \\
0.9094 & 0.6767 & 0.9905 & 0.6091 & 0.5344 & 0.5499 & 0.6527 & 0.9441 & 0.7119 & 0.8959 & 0.6960 & 0.5445 & 0.6873 & 0.5251 & 0.5178 \\
\end{bmatrix}$$

$$B = \begin{bmatrix}
0.5400 & 0.5460 & 0.5382 & 0.5969 & 0.9427 & 0.8530 & 0.5236 & 0.5392 & 0.5450 & 0.5355 & 0.5269 & 0.9099 & 0.5457 & 0.8057 & 0.7075 \\
0.5420 & 0.5487 & 0.5401 & 0.6028 & 0.9175 & 0.8742 & 0.5243 & 0.5412 & 0.5476 & 0.5371 & 0.5278 & 0.9345 & 0.5484 & 0.7884 & 0.6957 \\
0.6456 & 0.5628 & 0.6744 & 0.5456 & 0.5239 & 0.5305 & 0.9294 & 0.6579 & 0.5754 & 0.7246 & 0.9537 & 0.5284 & 0.5666 & 0.5190 & 0.5145 \\
0.5722 & 0.5947 & 0.5667 & 0.7044 & 0.7099 & 0.8358 & 0.5321 & 0.5698 & 0.5904 & 0.5589 & 0.5384 & 0.7892 & 0.5933 & 0.6450 & 0.5984 \\
0.5944 & 0.6366 & 0.5852 & 0.8015 & 0.6423 & 0.7276 & 0.5358 & 0.5902 & 0.6280 & 0.5728 & 0.5438 & 0.6961 & 0.6339 & 0.5983 & 0.5667 \\
0.5245 & 0.5266 & 0.5238 & 0.5556 & 0.8237 & 0.7023 & 0.5172 & 0.5242 & 0.5263 & 0.5227 & 0.5189 & 0.7349 & 0.5265 & 0.9687 & 0.8619 \\
0.5430 & 0.5500 & 0.5410 & 0.6057 & 0.9059 & 0.8849 & 0.5247 & 0.5421 & 0.5489 & 0.5379 & 0.5282 & 0.9470 & 0.5497 & 0.7804 & 0.6902 \\
0.5648 & 0.5822 & 0.5603 & 0.6765 & 0.7431 & 0.8890 & 0.5305 & 0.5628 & 0.5790 & 0.5539 & 0.5362 & 0.8350 & 0.5812 & 0.6679 & 0.6139 \\
0.5840 & 0.6159 & 0.5766 & 0.7529 & 0.6696 & 0.7714 & 0.5342 & 0.5806 & 0.6096 & 0.5665 & 0.5415 & 0.7337 & 0.6139 & 0.6171 & 0.5795 \\
0.5727 & 0.5955 & 0.5672 & 0.7064 & 0.7079 & 0.8326 & 0.5322 & 0.5702 & 0.5912 & 0.5593 & 0.5385 & 0.7865 & 0.5942 & 0.6436 & 0.5974 \\
0.9489 & 0.7403 & 0.8747 & 0.6370 & 0.5368 & 0.5550 & 0.6123 & 0.9139 & 0.7882 & 0.7911 & 0.6441 & 0.5486 & 0.7548 & 0.5264 & 0.5184 \\
0.9456 & 0.7421 & 0.8720 & 0.6377 & 0.5368 & 0.5551 & 0.6115 & 0.9108 & 0.7903 & 0.7889 & 0.6430 & 0.5486 & 0.7567 & 0.5264 & 0.5184 \\
0.9094 & 0.6767 & 0.9905 & 0.6091 & 0.5344 & 0.5499 & 0.6527 & 0.9441 & 0.7119 & 0.8959 & 0.6960 & 0.5445 & 0.6873 & 0.5251 & 0.5178 \\
\end{bmatrix}$$

表 3.28　漓江流域旅游与生态耦合作用灰色综合关联度矩阵表

	Y1	Y2	Y3	Y4	Y5	Y6	Y7	Y8	Y9	Y10	Y11	Y12	Y13	Y14	Y15	ρ_i	排序
X1	0.52802	0.5326	0.5272	0.5797	0.8104	0.7476	0.5170	0.5279	0.5319	0.5250	0.5190	0.8961	0.5324	0.7965	0.6461	0.6145	3
X2	0.5294	0.5354	0.5292	0.6092	0.7939	0.7635	0.5184	0.5301	0.5343	0.5216	0.5197	0.8388	0.5348	0.7280	0.6373	0.6082	4
X3	0.6732	0.5441	0.6225	0.5319	0.5168	0.5214	0.8006	0.6106	0.5534	0.6815	0.8278	0.5199	0.5475	0.5133	0.5101	0.5983	9
X4	0.5506	0.5667	0.5471	0.6558	0.6475	0.7356	0.5229	0.5493	0.5637	0.5413	0.5270	0.8038	0.5657	0.6781	0.5697	0.6017	7
X5	0.5661	0.5964	0.5603	0.7320	0.6005	0.6602	0.5258	0.5639	0.5902	0.5511	0.5309	0.6988	0.5943	0.6153	0.5472	0.5955	11
X6	0.5172	0.5189	0.5169	0.5468	0.7270	0.6420	0.5123	0.5172	0.5187	0.5160	0.5133	0.8026	0.5188	0.9512	0.7547	0.6049	6
X7	0.5301	0.5350	0.5287	0.5740	0.7841	0.7695	0.5173	0.5295	0.5342	0.5265	0.5197	0.8135	0.5348	0.6971	0.7120	0.6071	5
X8	0.5453	0.5576	0.5422	0.6236	0.6702	0.7723	0.5214	0.5440	0.5553	0.5377	0.5253	0.7354	0.5569	0.6188	0.6891	0.5997	8
X9	0.5588	0.5812	0.5537	0.6804	0.6189	0.6901	0.5241	0.5566	0.5768	0.5466	0.5291	0.7218	0.5798	0.6590	0.5589	0.5957	10
X10	0.5510	0.5684	0.5484	0.6907	0.6475	0.7347	0.5242	0.5508	0.5651	0.5416	0.5272	0.7284	0.5671	0.6216	0.5684	0.5957	10
X11	0.8164	0.6842	0.8217	0.5978	0.5285	0.5413	0.5857	0.7961	0.7955	0.7100	0.6159	0.5343	0.7986	0.5187	0.5129	0.6572	2
X12	0.8128	0.7096	0.9095	0.5995	0.5326	0.5455	0.5959	0.8037	0.7987	0.7047	0.6061	0.5343	0.7541	0.5187	0.5129	0.6626	1
X13	0.7904	0.6327	0.8769	0.5776	0.5257	0.5365	0.6109	0.8145	0.7012	0.7883	0.6639	0.5314	0.6990	0.5178	0.5124	0.6145	3
ρ_j	0.6130	0.5818	0.6219	0.6153	0.6464	0.6662	0.5597	0.6072	0.6015	0.5917	0.5711	0.7045	0.5988	0.6488	0.5947	—	—
排序	7	13	5	6	4	2	15	8	9	12	14	1	10	3	11	—	—

3.5.2 耦合度预测分析

为进一步把握漓江流域旅游与生态的耦合趋势,以桂林 1999~2008 年的统计数据为基础,采用 GM(1,1)模型对旅游开发因子和生态环境质量因子发展变化及其耦合态势进行预测。灰色单因子模型 GM(1,1)是一个 1 阶、1 个变量的微分方程,有利于寻找因素之间及因素本身的动态规律,对因素的变化动态进行预测,进而对因素的动态关系进行协调性分析。

1. 预测模型构建

考虑到 GM(1,1)模型的使用条件及数据序列的冲击扰动,在构建预测模型前需对分析得出的旅游因子、生态因子分值进行归一化和二阶弱化处理(表 3.29)。

表 3.29 漓江流域旅游和生态因子得分的归一化和二阶弱化

年份	旅游因子			生态因子		
	因子得分	归一化	二阶弱化	因子得分	归一化	二阶弱化
1999	-0.9700	0.1660	0.6725	-0.4600	0.3228	0.6158
2000	-0.6700	0.2514	0.6920	-0.8600	0.1949	0.6281
2001	-0.4400	0.3300	0.7117	-0.7500	0.2266	0.6410
2002	-0.3000	0.3821	0.7320	0.1800	0.5714	0.6517
2003	-0.2700	0.3936	0.7534	-0.0100	0.4960	0.6579
2004	-0.0400	0.4840	0.7759	0.1400	0.5557	0.6652
2005	0.3600	0.6406	0.7973	0.2800	0.6103	0.6697
2006	0.4900	0.6879	0.8159	0.6000	0.7257	0.6697
2007	0.7900	0.7852	0.8361	0.5100	0.6950	0.6598
2008	1.0500	0.8531	0.8531	0.3800	0.6480	0.6480

设旅游开发因子数据序列为

$$X^{(1)} = [x^{(0)}(1), x^{(0)}(2), \cdots, x^{(0)}(10)] = (0.6725, 0.6920, 0.7117,$$
$$0.7320, 0.7534, 0.7759, 0.7973, 0.8159, 0.8361, 0.8531) \quad (3.32)$$

设生态环境质量因子数据序列为

$$Y^{(0)} = [y^{(0)}(1), y^{(0)}(2), \cdots, y^{(0)}(10)] = (0.6158, 0.6281, 0.6410,$$
$$0.6517, 0.6579, 0.6652, 0.6697, 0.6697, 0.6598, 0.6480) \quad (3.33)$$

根据 $x^{(1)}(k) = \sum_{i=1}^{k} x^{(0)}(i), k = 1, 2, \cdots, n$,可对 $X^{(0)}$、$Y^{(0)}$ 作 1-AGO,得

$$X^{(1)} = (0.6725, 1.3645, 2.0762, 1.4045, 3.5616, 4.3375,$$
$$5.1348, 5.9507, 6.7868, 7.6399) \tag{3.34}$$

$$Y^{(1)} = (0.6158, 1.2439, 1.8849, 2.5366, 3.1946, 3.8597,$$
$$4.5294, 5.1991, 5.8589, 6.5069) \tag{3.35}$$

根据 $z^{(1)}(k) = \frac{1}{2}[x^{(1)}(k) + x^{(1)}(k-1)], k = 2, 3, \cdots, n$，对 $X^{(1)}$、$Y^{(1)}$ 作紧邻均值生成，得

$$Z_x^{(1)} = (1.0185, 1.7203, 1.7404, 2.4830, 3.9495,$$
$$4.7361, 5.5428, 6.3688, 7.2134) \tag{3.36}$$

$$Z_y^{(1)} = (0.9298, 1.5644, 2.2108, 2.8656, 3.5271,$$
$$4.1946, 4.8643, 5.5290, 6.1829) \tag{3.37}$$

于是

$$B_X = \begin{bmatrix} -Z_X^{(1)}(2) & 1 \\ -Z_X^{(1)}(3) & 1 \\ -Z_X^{(1)}(4) & 1 \\ -Z_X^{(1)}(5) & 1 \\ -Z_X^{(1)}(6) & 1 \\ -Z_X^{(1)}(7) & 1 \\ -Z_X^{(1)}(8) & 1 \\ -Z_X^{(1)}(9) & 1 \\ -Z_X^{(1)}(10) & 1 \end{bmatrix} = \begin{bmatrix} -1.0185 & 1 \\ -1.7203 & 1 \\ -1.7404 & 1 \\ -2.4830 & 1 \\ -3.9495 & 1 \\ -4.7361 & 1 \\ -5.5428 & 1 \\ -6.3688 & 1 \\ -7.2134 & 1 \end{bmatrix}; \quad V_X = \begin{bmatrix} x^{(0)}(2) \\ x^{(0)}(3) \\ x^{(0)}(4) \\ x^{(0)}(5) \\ x^{(0)}(6) \\ x^{(0)}(7) \\ x^{(0)}(8) \\ x^{(0)}(9) \\ x^{(0)}(10) \end{bmatrix} = \begin{bmatrix} 0.6920 \\ 0.7117 \\ 0.7320 \\ 0.7534 \\ 0.7759 \\ 0.7973 \\ 0.8159 \\ 0.8361 \\ 0.8531 \end{bmatrix}$$

$$\tag{3.38}$$

$$B_Y = \begin{bmatrix} -Z_Y^{(1)}(2) & 1 \\ -Z_Y^{(1)}(3) & 1 \\ -Z_Y^{(1)}(4) & 1 \\ -Z_Y^{(1)}(5) & 1 \\ -Z_Y^{(1)}(6) & 1 \\ -Z_Y^{(1)}(7) & 1 \\ -Z_Y^{(1)}(8) & 1 \\ -Z_Y^{(1)}(9) & 1 \\ -Z_Y^{(1)}(10) & 1 \end{bmatrix} = \begin{bmatrix} -0.9298 & 1 \\ -1.5644 & 1 \\ -2.2108 & 1 \\ -2.8656 & 1 \\ -3.5271 & 1 \\ -4.1946 & 1 \\ -4.8643 & 1 \\ -5.5290 & 1 \\ -6.1829 & 1 \end{bmatrix}; \quad V_Y = \begin{bmatrix} y^{(0)}(2) \\ y^{(0)}(3) \\ y^{(0)}(4) \\ y^{(0)}(5) \\ y^{(0)}(6) \\ y^{(0)}(7) \\ y^{(0)}(8) \\ y^{(0)}(9) \\ y^{(0)}(10) \end{bmatrix} = \begin{bmatrix} 0.6281 \\ 0.6410 \\ 0.6517 \\ 0.6579 \\ 0.6652 \\ 0.6697 \\ 0.6697 \\ 0.6598 \\ 0.6480 \end{bmatrix}$$

$$\tag{3.39}$$

对参数 $\hat{a} = [a, b]^T$ 进行最小二乘估计，得

$$\hat{a}_X = (B_X^T B_X)^{-1} B_X^T V_X = B_X^T V_X = \begin{bmatrix} -0.026\ 41 \\ 0.667\ 999 \end{bmatrix} \quad (3.40)$$

$$\hat{a}_Y = (B_Y^T B_Y)^{-1} B_Y^T V_Y = B_Y^T V_Y = \begin{bmatrix} -0.004\ 616 \\ 0.638\ 22 \end{bmatrix} \quad (3.41)$$

由此，可确定旅游开发和生态环境质量的 GM（1，1）模型

$$\frac{dx^{(1)}}{dt} - 0.026\ 41 x^{(1)} = 0.667\ 999 \quad (3.42)$$

$$\frac{dy^{(1)}}{dt} - 0.004\ 616 y^{(1)} = 0.638\ 22 \quad (3.43)$$

时间响应式为

$$\hat{x}^{(1)}(k+1) = 25.966\ 277 e^{0.026\ 41 k} - 25.293\ 777 \quad (3.44)$$

$$\hat{y}^{(1)}(k+1) = 138.864\ 538 e^{0.004\ 616 k} - 138.248\ 738 \quad (3.45)$$

$X^{(0)}$、$Y^{(0)}$ 的模拟值为

$$\hat{X}^{(0)}(k) = \hat{x}^{(1)}(k) - \hat{x}^{(1)}(k-1) = (0.6725, 0.6949, 0.7135, 0.7326,$$
$$0.7522, 0.7723, 0.7930, 0.8142, 0.8360, 0.8584) \quad (3.46)$$

$$\hat{Y}^{(0)}(k) = \hat{y}^{(1)}(k) - \hat{y}^{(1)}(k-1) = (0.6158, 0.6425, 0.6455, 0.6485,$$
$$0.6515, 0.6545, 0.6575, 0.6606, 0.6636, 0.6667) \quad (3.47)$$

据此，可由表 3.30 对构建的模型进行检验

$$s_x = \varepsilon^T \varepsilon = [\varepsilon_X(2) \quad \cdots \quad \varepsilon_X(10)] \begin{bmatrix} \varepsilon_X(2) \\ \vdots \\ \varepsilon_X(10) \end{bmatrix} \approx 0.0001 \quad (3.48)$$

$$s_y = \varepsilon^T \varepsilon = [\varepsilon_y(2) \quad \cdots \quad \varepsilon_y(10)] \begin{bmatrix} \varepsilon_y(2) \\ \vdots \\ \varepsilon_y(10) \end{bmatrix} \approx 0.001 \quad (3.49)$$

平均相对误差为

$$\Delta_x = \frac{1}{10} \sum_{k=2}^{10} \Delta_k = 0.3055\% \quad (3.50)$$

$$\Delta_y = \frac{1}{10} \sum_{k=2}^{10} \Delta_k = 1.4132\% \quad (3.51)$$

根据误差检验结果（表 3.30），构建的预测模型精度较高，相对误差均没有超过 3%，平均误差较低。同时，预测模型的发展系数 a_x、a_y 的绝对值均小于 0.3，可以用于中长期预测。

表 3.30　误差检验表

序号	实际数据 $x^{(0)}(k)$	实际数据 $y^{(0)}(k)$	模拟数据 $\hat{x}^{(0)}(k)$	模拟数据 $\hat{y}^{(0)}(k)$	残差 $\varepsilon_x(k)$	残差 $\varepsilon_y(k)$	相对误差/% $\dfrac{|\varepsilon_x(k)|}{x^{(0)}(k)}$	相对误差/% $\dfrac{|\varepsilon_y(k)|}{y^{(0)}(k)}$
2	0.6920	0.6218	0.6949	0.6425	0.0029	0.0144	0.42	2.30
3	0.7117	0.6410	0.7135	0.6455	0.0018	0.0045	0.25	0.70
4	0.7320	0.6517	0.7326	0.6485	0.0006	-0.0032	0.08	-0.49
5	0.7534	0.6579	0.7522	0.6515	-0.0012	-0.0064	-0.16	-0.97
6	0.7759	0.6652	0.7723	0.6545	-0.0036	-0.0107	-0.46	-1.61
7	0.7973	0.6697	0.7930	0.6575	-0.0043	-0.0121	-0.54	-1.81
8	0.8159	0.6697	0.8142	0.6606	-0.0017	-0.0091	-0.21	-1.36
9	0.8361	0.6598	0.8360	0.6636	-0.0001	0.0038	-0.01	0.58
10	0.8531	0.6480	0.8684	0.6667	0.0053	0.0187	0.62	2.89

2. 耦合态势预测

根据建立的预测模型

$$\hat{x}^{(1)}(k+1) = 25.966\,277\mathrm{e}^{0.026\,41k} - 25.293\,777 \quad (3.52)$$

$$\hat{y}^{(1)}(k+1) = 138.864\,538\mathrm{e}^{0.004\,616k} - 138.248\,738 \quad (3.53)$$

令 $k = 11, 12, \cdots, 15$ 时，可对未来五年漓江流域旅游因子 $\hat{x}^{(0)}(k)$、生态因子 $\hat{y}^{(0)}(k)$ 作出预测，进而对其耦合度 δ_{xy} 发展态势作出前瞻性评估，其结果参见表 3.31、图 3.5 和图 3.6。

表 3.31 桂林旅游与生态耦合评价和预测

项目	年份	旅游因子 归一值	旅游因子 实际值	生态因子 归一值	生态因子 实际值	耦合度	耦合类型
评价	1999	0.1660	-0.9700	0.3228	-0.4600	-1.3321	不协调
	2000	0.2514	-0.6700	0.1949	-0.8600	-1.4034	不协调
	2001	0.3300	-0.4400	0.2266	-0.7500	-1.3686	不协调
	2002	0.3821	-0.3000	0.5714	0.1800	-0.3430	不协调
	2003	0.3936	-0.2700	0.4960	-0.0100	-1.0363	不协调
	2004	0.4840	-0.0400	0.5557	0.1400	0.6868	基本调和
	2005	0.6406	0.3600	0.6103	0.2800	1.4032	协调
	2006	0.6879	0.4900	0.7257	0.6000	1.4070	协调
	2007	0.7852	0.7900	0.6950	0.5100	1.3825	协调
	2008	0.8531	1.0500	0.6480	0.3800	1.2807	协调
预测	2009	0.8813	1.1815	0.6698	0.4394	1.2859	协调
	2010	0.9049	1.3100	0.6729	0.4479	1.2697	协调
	2011	0.9291	1.4691	0.676	0.4565	1.2517	协调
	2012	0.954	1.6849	0.6791	0.4652	1.2301	协调
	2013	0.9795	2.0435	0.6823	0.4741	1.2001	协调

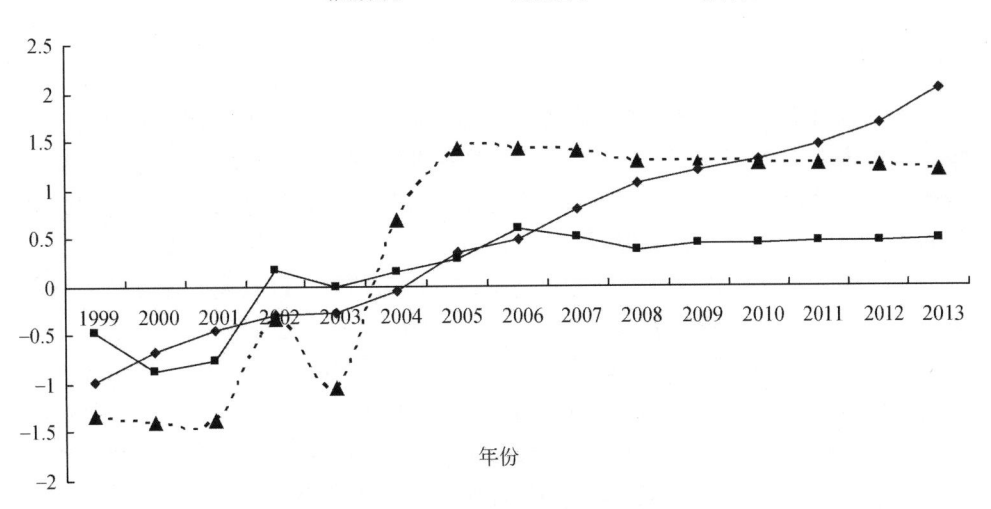

图 3.5 漓江流域旅游与生态耦合态势

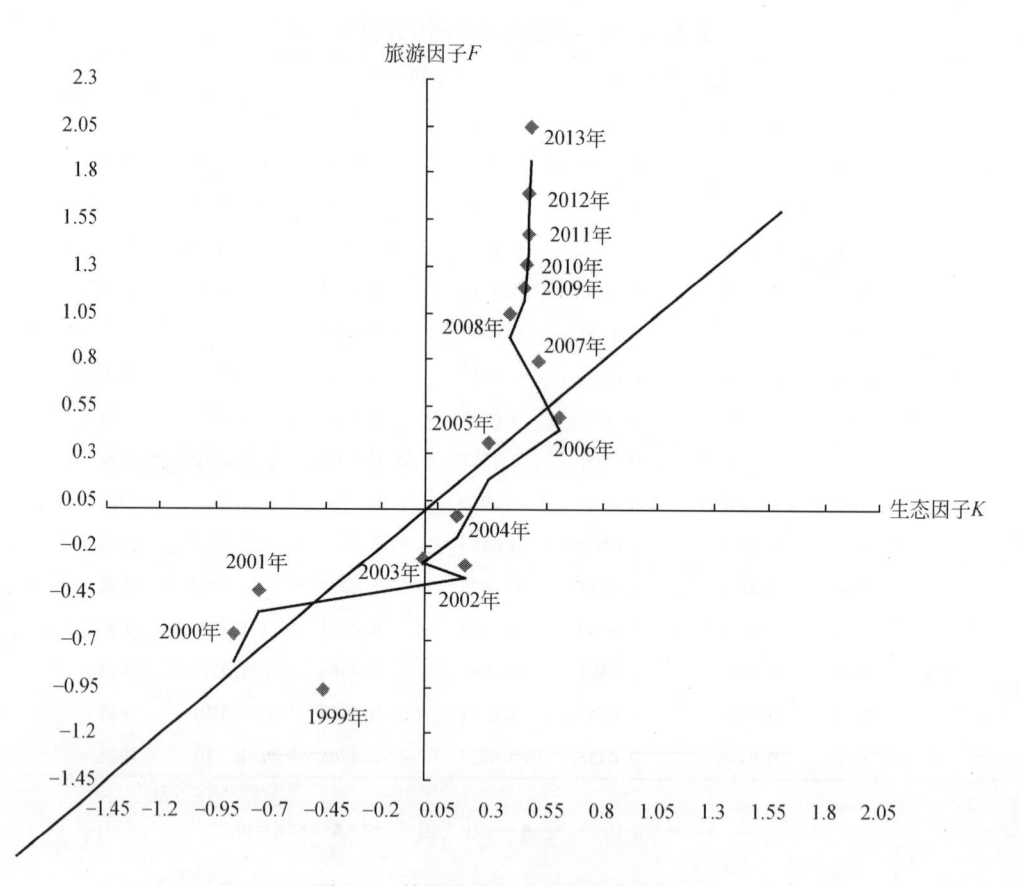

图 3.6 桂林旅游与生态耦合度坐标

根据耦合度模型，当旅游开发因子、生态环境质量因子综合评价分值均大于零，耦合度在 1.2~1.414 时，表示旅游发展水平高，生态环境质量好，区域旅游生态系统呈现出较优状态，旅游开发与生态环境是协调发展类型。根据以桂林1999~2008 年的统计数据为基础，通过灰色单因子模型对旅游开发因子和生态环境质量因子发展变化及其耦合态势进行的分析与预测，以及耦合度变化趋势图分析。1999~2003 年桂林旅游开发水平与生态环境质量处于不协调状态，主要是旅游开发的水平较低，与良好的生态环境质量开发潜力差距较大。随着旅游开发的向前推进，到 2004 年旅游开发水平与生态环境质量基本处于协调状态。2004 年以后呈现总体协调，耦合度在 2006 年达到最高，为 1.4076。2006 年以后，耦合度呈下降趋势，但仍呈一种良性协调发展的态势。

3.6 小结与讨论

对漓江流域旅游开发与生态环境耦合关系进行研究后，得出如下结论。

（1）漓江流域旅游开发与生态环境的耦合关系不容乐观。1999年8个样本县中只有荔浦县处于协调状态，耦合度在1.2以上，旅游因子、生态因子的综合得分均大于零，这表明荔浦县旅游开发水平较高，生态环境质量同步提高，旅游生态系统呈现良性发展的状态，属于同步协调发展型，处于第一梯度。但2008年，伴随旅游开发进程的加快，荔浦县生态环境质量恶化，旅游开发与生态环境的矛盾突出，降至第四梯度。1999年，临桂、灵川两县旅游发展滞后，生态环境勉强维持在承载力范围内，处于一种勉强调和状态，但到2008年却成为旅游与生态极度不协调的县域，耦合度下降趋势明显。总的说来，十年前后，8个样本县旅游与生态耦合关系逆转现象明显，不容乐观。

（2）漓江流域旅游开发与生态环境的耦合状态由开始的不协调走向协调。1999～2003年旅游开发水平与生态环境质量处于不协调状态，主要是旅游开发的水平较低，与良好的生态环境质量开发潜力差距较大；随着旅游开发的向前推进，到2004年旅游开发水平与生态环境质量基本处于协调状态，以后耦合关系保持高水平，并呈现出一种良性协调发展态势，到2006年达到最佳状态。但2006年以后，耦合度呈下降趋势，虽然仍呈一种良性协调发展的态势，但耦合度下降的情况需要引起重视。

（3）漓江流域旅游开发对生态环境的作用水平划分为三个梯度。第一梯度主要是旅游总收入、旅游外汇收入、旅游对GDP的依存度、旅游对三产的依存度等指标，这表明在旅游开发活动中经济发展因素对生态的影响最为明显；第二梯度主要是床位数、星级（涉外）饭店数量、主要旅游景区景点数量、旅游从业人员数量等指标，这表明在旅游开发活动中产业结构因素对生态的影响较为明显；第三梯度主要是旅游接待人数、人均旅游消费、人均旅游产值等指标，这说明当旅游开发活动发展到一定程度时，旅游市场规模、旅游消费能力和旅游经济效率也会成为影响和改变生态系统的突出因素。

（4）漓江流域生态环境对旅游开发起约束作用的主导因子是能源循环利用、气候气象条件和水土资源状况等因子，如工业废水排放达标率、氮氧化物年日均值、固废综合利用率、二氧化硫年日均值、年均降尘量、酸雨频率、人均耕地面积、森林覆盖率等指标，生态因子对旅游开发的整体作用程度为0.6148。

（5）旅游开发与生态环境是旅游生态系统中相互依赖型强、关联度大的两个子系统，研究耦合关系有利于促进两个子系统健康运行。本项研究从生态系统协调发展的视角，以可持续发展理论为基本依据，把可持续发展理论和生态系统理论有机结合在一起，打破了国内目前把二者放在单独的空间内进行研究的局限，实现生态系统理论与可持续发展理论的有机结合。项目研究以具体的试验区为研究对象，通过大量数据分析和理论探讨，研究漓江流域旅游开发与生态环境的耦合关系，丰富了旅游开发与生态环境保护的耦合关系研究内容，促进了旅游生态系统耦合理论的发展，并为实现漓江流域旅游可持续发展提供了指导。

（6）耦合理论在旅游与生态环境协调发展上的研究具有广阔的市场需求和应用前景，在耦合理论指导下研究旅游开发与生态环境的关系可进一步深化可持续发展理论，对指导协调旅游与生态环境的关系具有更强的操作性和实用价值，对可持续发展理论的完善具有促进作用。研究还为政府、公众了解漓江流域旅游开发活动与生态环境的现状和趋势，对环境保护和发展等相关事宜进行科学管理、决策、规划等提供了技术支持。但由于旅游生态系统的复杂性，今后还需要对实现流域旅游开发与生态环境耦合所应用的技术、途径和机制进行深入的研究。

4
漓江流域旅游生态系统可持续发展评价[*]

随着经济发展和人民生活水平提高，旅游正日益成为现代人类社会重要的生活方式和经济活动之一。旅游业的迅速发展在为世界经济作出巨大贡献的同时，也为旅游地带来一系列的经济、社会和环境问题，旅游资源的破坏和环境污染等现象制约着旅游业的健康、协调和持续发展。1992年世界环境发展大会以后，可持续发展的概念得到各国政府、科学家与公众的普遍认可，对旅游可持续发展的研究也随之成为旅游学者关注的焦点。可持续发展评价是诊断区域旅游开发合理程度及其是否健康发展的标准，是为了分析旅游地的可持续发展状况，从而寻求的一种可操作、定量化的监测度量方法，了解旅游发展现状和旅游生态系统内部各要素的变化规律，有利于人们掌握目的地旅游发展的轨迹，以便及时发现问题，及时遏制旅游发展的不良倾向，更好地指导可持续发展战略的实施，为旅游开发的可行性和旅游规划的制定提供科学依据。

目前，由于系统科学的发展以及对旅游影响的认识水平的提高，从旅游生态系统的角度评价区域旅游可持续发展是旅游管理探索的新途径，对旅游可持续发展进行科学评判具有理论和实践意义。在理论上，旅游生态系统层面上的可持续发展评价研究不仅可以辨析旅游要素与生态要素之间相互竞争、互补、制约、共生的复杂关系和作用机制，而且有利于可持续发展理论向深度和广度迈进，丰富其研究内容和研究方法；在实践上，旅游生态系统可持续发展评价是旅游可持续战略实施的前提和依据。漓江是我国旅游发展的典型代表，选择和建立能够体现可持续发展内涵和实质的指标体系是进行可持续发展评价的基础，将直接影响到对漓江旅游可持续发展的认识程度，影响到对漓江流域旅游生态系统管理工作的科学性。

---

[*] 魏薇，王金叶

4.1 可持续发展评价理论依据

旅游可持续发展研究涉及与旅游发展相关的多个领域,主要包括生态系统生态学、景观生态学和可持续发展理论等。

4.1.1 生态学原理

可持续发展理论要求发展必须以保护自然、保护地球生命支持系统的承载能力为基础。可持续发展实质上是一个涉及经济、社会、文化、技术及自然环境的综合概念,包括自然资源与生态环境的可持续发展、经济的可持续发展和社会的可持续发展的三个层次。所谓可持续发展的生态学理论是指根据生态系统的可持续性要求,人类的经济社会发展要遵循生态学的三个定律:一是高效原理,即能源的高效利用和废弃物的循环再生产;二是和谐原理,即系统中各个组成部分之间的和睦共生,协同进化;三是自我调节原理,即协同的演化着眼于其内部各组织的自我调节功能的完善和持续性,而非外部的控制或结构的单纯增长。

20世纪80年代后,旅游可持续发展的概念被提升到重要地位。从区域旅游生态系统的角度出发,旅游可持续发展的生态学本质是旅游资源的开发和管理应当既满足经济、社会和美学的需要,又维持文化的完整性、基本的生态过程、生物多样性和生命支持系统。结合可持续发展理念,区域旅游生态系统的可持续发展可表述为以可持续发展理念为宗旨,以区域环境为依托,在满足游客体验的同时,促进区域经济的良性增长和区域生态环境的正向演替。旅游生态系统可持续发展具有三大原则,即公平性原则、持续性原则和协调原则,其最终目的是实现人与自然的和谐,实现旅游生态系统的稳定和健康发展。这三大原则基本渗透在系统共生、循环再生以及自我调节三个生态学原理中,概括而言,区域旅游生态系统是以旅游环境为基础,以游客需求为导向,以当地居民的生活就业为依托的社会、经济、自然复合系统。

4.1.2 生态系统管理理论

生态系统管理理论是生态学的一个新兴领域。随着工业化的推进和经济的快速发展,各种全球性和区域性的环境问题相应产生,如全球变暖、大气污染、水土流失等,人们开始用生态学的观点去考虑旅游业的发展,用生态系统理论去解决旅游所带来的生态安全问题。生态系统管理就是在这个背景下出现的。该理论通过强调对自然资源的可持续利用和系统管理,为自然资源和环境提出了全新的管理理念。目前，生态系统管理理论在很多领域（海岸生态系统、农业生态系统、流域生态系统、森林生态系统等）进行了应用探讨。

生态系统管理起源于自然资源管理，其目的在于维持自然资源与社会经济系统之间的平衡，确保生态系统服务和生物资源不因人类活动而不可逆转地消耗，从而实现生态系统所在区域的长期可持续性。生态系统管理的核心内涵是以一种社会、经济、环境价值平衡的方式来管理自然资源，包括生态学的相互关系、复杂的社会经济和政策结构、价值方面的知识。其本质是保持生态系统的健康和恢复力，使系统不仅能够调节短期的压力，也能够适应长期的变化。生态系统管理是自然系统与社会系统的一种平衡，强调保护整个生态系统而不是单个物种。同时，基本上都提到了与生态系统相关的概念，如生产力、生物多样性、生态过程、生态系统结构和功能、生态系统健康、生态系统完整性、生态系统可持续性、生态系统多样性以及可持续的经济和社会等。生态系统管理理论包括复合生态系统理论、可持续发展理论、环境经济学理论和政策科学理论等。其中，复合生态系统理论是关于生态系统各部分间本质关系的描述，可持续发展理论是对生态系统管理目标的认识，环境经济学理论和政策科学理论是实现生态系统管理的方法论。

4.1.3 可持续发展理论

1. 可持续发展的概念与特点

1987年，卡米伦·布兰特（Camille Rembrandt）夫人在《我们共同的未来》中提出的可持续发展的定义（既满足当代人的需求，又不对后代人满足其自身需求的能力构成危害的发展）得到国际社会的普遍认可，并在1992年里约热内卢联合国环境与发展大会上达成共识。大会通过的具有历史意义的《21世纪议程》中提到，人类实行工业化以来的现行政策，加大了国家之间的经济差距，增加了贫困、饥荒、疾病和文盲，使我们赖以维持生命的地球生态系统继续恶化。要争取一个更安全、更繁荣、更平等的未来，所有国家就必须提高生产效率，改变消费方式，最高限度地利用资源，最低限度地生产废物，联合起来走可持续发展的道路。议程明确指出：可持续发展是当今人类发展的主题，人类要把环境问题同经济、社会发展结合起来，树立环境与发展相协调的新发展观。至此，可持续发展作为一种思想和理论得到了较具体、较充分的阐释。

可持续发展的概念包括了三个特点：一是人类需要。世界环境发展委员会认为，发展的主要目的是满足人类需求，包括基本需求（充足的食物、水、住房、衣物等）和高层需求（提高生活水平、安全感、更多假期等）。对于发展中国家来说，可持续发展首先要实现长期稳定的经济增长，在满足人民基本需求的基础上再进一步提高生活水平，满足高层次需求。二是资源限制。要考虑环境和资源承受能力，达到天人之间关系的长远协调，因为不可更新资源、可更新资源和自然环境的承载力都是有限的，而人类有限的技术水平和社会组织结构会延续或加剧这种限制。三是公平。世界环境发展委员会认为，要满足人类需求，就必须实现资源的公平，不仅同代之间而且代际要实现公平。当人们发展与消费时，不仅要符合局部人口的利益，而且要符合全球人口的利益，同时，还要努力做到使自己发展的机会与后代人的机会相等，不能允许当代人片面、盲目地为追求今世的发展与消费，而毫不留情地剥夺后代人本应合理享有的、同等的发展与消费机会。

2. 可持续发展的内涵

可持续发展理论具体包含了三层内涵。

一是生态可持续性。指维持健康的自然过程，保护生态系统的生产力和功能，维护自然资源基础和环境，实现人与自然的和谐共处。具体地说，可持续发展要求经济发展与自然承载力相协调。发展的同时必须保护、改善和提高地球的资源和环境成本。因此，可持续发展强调发展是有节制的，没有节制的发展必然导致不可持续的结果。生态可持续同样强调环境保护，但不同于以往将环境保护与人类分割开来的做法，可持续发展强调预防重于治理，要求在发展的整个过程中而不是在发展的末端上解决环境问题。

二是经济可持续性。主张在保护地球自然生态系统的基础上追求经济的持续增长，利用经济手段管好自然资源和生态环境。具体地说，可持续发展鼓励经济增长，而不是以环境保护为名抑制经济增长，因为经济发展是国家实力和社会财富的基础。但可持续发展不仅要重视经济增长的数量，更要关注经济发展的质量。可持续发展要求改变传统的以"高投入、高消耗、高污染"为特征的生产模式和消费模式，实施清洁生产和文明消费，以提高经济活动中的效益。对中国来说，实现经济增长方式从粗放型到集约型的根本性转变是可持续发展在经济方面的必然要求。

三是社会可持续性。主张长期满足社会的基本需要，保证资源与收入在当代人之间、各代人之间公平分配。具体地说，可持续发展强调社会公平是发展的内在要素，是环境保护得以实现的机制。鉴于地球上自然资源分配与环境代价分配的两极分化严重影响着人类的可持续发展，因此，发展的本质应包括普遍改善人类生活质量，提高人类健康水平，创造一个保障人们的平等、自由、教育、人权和保障人们免受暴力的地球社会环境。这就是说，在人类可持续发展系统中，经济可持续是基础，生态可持续是条件，社会可持续才是目的。人类应该追求的是以人为目标的生态—经济—社会复合系统的持续、稳定、健康发展。

4.2 漓江流域旅游生态系统可持续发展的要求

根据可持续发展理论，目的地的旅游发展一方面要满足日益扩大的社会旅游需求，增加地方经济收入，另一方面要避免对自然环境造成无可挽回的破坏，保障旅游生态系统功能的稳定。一旦旅游活动发展过度，旅游地的当地居民和外来旅游者与其周围环境的关系便出现不平衡，这种不平衡最突出的表现就是自然环境质量下降，进而引起旅游体验的质量下降，最终导致旅游地经济、社会状态的改变，影响旅游开发的可持续性。旅游生态系统的发展过程是系统及系统组成要素本身从小到大、从简单到复杂、从低级到高级、从无序到有序的演变过程。旅游可持续发展是指系统发展壮大的过程中，在满足当代人旅游需求的同时，不损害子孙后代为满足其旅游需求而进行旅游开发的可能性。因此，旅游生态系统可持续发展评价的对象，即为旅游发展对各方面需求的满足程度以及各方面供给的内在潜力。满足程度高，才能确定当代人的需求得到实现；供给潜力大，才能保证后代人继续开发成为可能。具体而言，可持续发展要求旅游活动生态、经济、社会三大目标的实现，追求游客、社区居民与旅游地之间的和谐关系。

（1）生态目标：保持漓江流域基本生态过程的完整，保证自然旅游资源和环境不断优化，从而实现流域内旅游资源吸引力的持久性，满足旅游者高质量的旅游体验。漓江流域内空气质量保持 GB3095—1996 规定的一级空气质量标准，森林覆盖率保持在 70% 以上，生活垃圾无害化处理率≥70%，地面水保持在 GB3838—2002 规定的Ⅰ类水体标准，土壤达到 GB15618—1995 规定的Ⅰ类土壤质量标准，交通噪声控制在 60 分贝以下，环境噪声达标区覆盖率＞70%，居民饮用水质达标率≥95%，实现漓江流域旅游生态系统生态环境的良性循环。

（2）社会目标：满足提高漓江流域居民生活水平的要求，生产和生活条件达到中等发达水平，流域内核心旅游区的社区参与率达到 80%，社区对旅游发展充满热情和信心。社区居民以及旅游从业者具备较强的旅游意识、商品意识、环保意识和服务意识，流域内独特的民族特色文化及传统习俗得以保持传承。社会治安稳定、和谐进步。

（3）经济目标：满足漓江流域经济发展的需求，保持旅游经济增长的活力，旅游收入的增长速度大于游客数量和 GDP 的增长速度，旅游收入占 GDP 的 50%以上，将旅游业从三产的支柱产业发展成为漓江流域国民经济的支柱产业，实现旅游效益良性循环，为地方经济注入新的发展资金。漓江旅游经济可持续发展的基本目标是，满足人们多样化的需求，旅游产品和旅游方式不断创新，旅游资源的开发速度加快，流域内外交通顺畅，旅游业与其他行业或部门以及旅游业内部各方利益实现最大一致化。

旅游生态系统的可持续发展具有一定的阶段性，同一系统在不同时期的可持续状态是不同的。随着时间的发展，旅游生态系统会面临旅游发展和生态保护的矛盾，而可持续发展的衡量标准并不是单一地达到最优的旅游、经济目标或是最优的生态目标，而是在特定的自然环境和社会条件下实现的最适的旅游和经济发展目标与最适的生态环境目标的有机统一。这一标准在实践中表现为生态效益、社会效益和经济效益的协调统一，即旅游的发展要保持经济活力、满足社会需要并且保证生态可承受。生态效益是旅游可持续发展的前提条件和物质基础，社会效益是发展的原发动力，而经济效益则是旅游开发和经营的重要拉动力。

4.3 旅游生态系统可持续发展评价指标体系

旅游可持续发展涉及众多领域，本身具有较强的复杂性，加之旅游生态系统的复杂性，使旅游生态系统的可持续发展评价还处在探索阶段，对于评价方法与评价指标体系，学术界尚未达成共识。通过建立评价模型进行评价是最为常见的方法，专家法和层次分析相结合比较普遍，也有少数旅游生态系统可持续发展评价研究是采用生态足迹法和数据包络分析的方法进行的。对旅游可持续发展的评价大多数在指标体系建立的基础上进行数学计算，如王良健（2001）采用多目标线性加权函数模型进行计算，周海林（1999）采用离差法来计算可持续发展评价指标，并建议采用限制型指标、发展型指标和协调型指标来评价系统的可持续性。旅游生态系统可持续发展评价关键在于指标选取与指标体系建立。

4.3.1 指标选取原则

指标体系不是一些指标的简单组合，而是一个完整的有机整体。针对旅游生态系统的特征和功能，可持续发展评价中的指标选取和体系构建应该遵循以下原则：

（1）系统性与全面性原则。指标体系能够全面而系统地反映与漓江流域旅游生态系统可持续发展密切相关的社会、经济、资源和生态环境,使评价目标和评价指标在联系成为一个有机整体的同时,又避免各指标外延的相互重叠。

(2) 科学与可操作性原则。指标体系的建立和选择,要体现旅游可持续发展思想,反映漓江旅游可持续发展状态,同时,指标要具有可操作性,评价值容易取得且能够真实反映漓江流域旅游生态系统情况。

(3) 协调性原则。在指标体系中体现系统发展的协调度,这是旅游可持续发展的重要评价标准,尽可能选取最能反映旅游生态、旅游经济以及旅游社会之间制约关系的指标变量,或者以关联指标间的比率关系来体现发展的协调度。

(4) 可比性原则。评价结果应便于不同区域之间或同一区域的不同时间之间进行比较,因此,指标数据及资料尽可能选用权威性的统计出版物和国家、省区的统计年鉴,保证统计指标的口径具有可比性和可靠性。

4.3.2 指标选择依据

旅游生态系统可持续发展评价指标的选择和体系的建立,应该以旅游可持续发展的要求为根本,以生态、社会、经济三大子系统的协调发展和三大效益的综合最大化为标准。指标类型的分配方面,既要选择能够描述社会、经济、生态环境等各方面现状的指标,又要选择能够体现其变化趋势和变化率以及各子系统要素的协调度指标,从而使指标体系可以客观地衡量各方面需求的满足程度和各方面供给的内在潜力。

4.3.3 指标选取步骤

在旅游生态系统分析的基础上,根据系统可持续发展的要求,同时采用频度统计法、理论分析法和专家咨询法选择可持续发展评价指标,尽量避免指标重叠和指标数量种类的增加。

(1) 采用反复过滤法和频度统计法,对目前有关旅游可持续发展指标体系建立和可持续发展状况评价的研究报告及国内外相关文献进行指标频度统计,采取宁多勿缺的原则,选择那些使用频度较高的指标;

(2) 采用理论分析的方法,根据旅游生态系统的内涵、特征、基本要素以及要素间的相互关系,对海选指标进行比较和分析,选择对系统可持续发展影响性和针对性比较强的指标,得出旅游生态系统可持续发展评价指标集合(表4.1)。

表4.1 旅游生态系统可持续发展状况评价指标集合

子系统	评价指标
自然子系统	空气质量、污水处理率、固体垃圾处理率、噪声水平、旅游资源点的数量、声环境质量、旅游资源的质量等级、旅游资源利用强度、饮用清洁水比例、环境治理投入、自然灾害发生频率、人均水资源、人均土地资源面积、污染物处理能力、旅游区能源供给能力、旅游气候舒适期、环境舒适度
经济子系统	旅行社数量、星级宾馆数量、旅游投资增长趋势、人均消费能力、旅游业各营业部门营业税和所得税、旅游人数增长率、旅游交通、旅游收入占GDP比重、国内旅游促销次数、游船数量、旅游业利润率、地方财政收入、城镇居民可支配收入、旅游投入与产出比、物价指数
社会子系统	区域犯罪率、社区参与度、当地新增就业率、旅游对当地传统文化的冲击、恩格尔系数、旅游从业人员基本素质、社会通信水平、旅游就业人数占第三产业就业人数的比例、便民服务设施网点、拥有科技人员比例、游客满意度、教育经费总支出占区域GDP比例、区域旅游发展机构设置、区域旅游机构人员规模、游客密度指数（游居比）、城镇发展能力、风俗习惯的保留程度
协调度评价	当地居民对旅游者的友好态度、游客满意度、旅游与地方民族文化的协调度、旅游业对社区居民收入的贡献与旅游对GDP的贡献的比例关系、旅游收入增长速度与客源增长速度的比率关系、旅游规模与社会容量比率、环境舒适度、游客密度指数、社区环保态度、社区满意度

（3）在初步选出的指标集合基础上，采用专家问卷打分法（附录1），进一步咨询旅游科研人员及相关从业者的意见，选出平均得分大于7分的指标，并对相关指标进行归并和补充。

（4）根据专家意见和指标体系的构建原则，考虑相关指标数值获取的难易程度和代表意义，对个别指标进行调整，并对指标体系作出结构调整。

经过频度统计、理论确定、专家筛选、原则调整四个步骤后，旅游生态系统评价指标体系如表4.2所示。

表4.2 旅游生态系统可持续发展评价指标体系

目标层	系统层	状态层	指标层
旅游生态系统可持续发展评价指标体系	A1 自然子系统	B1 资源支持	C1 旅游资源点数量
			C2 旅游资源质量等级
			C3 核心景点适游期
			C4 人均土地资源面积

续表

目标层	系统层	状态层	指标层
旅游生态系统可持续发展评价指标体系	A1 自然子系统	B2 环境支持	C5 水体质量
			C6 声环境质量
			C7 二氧化硫浓度
			C8 二氧化氮浓度
			C9 空气总悬浮物浓度
		B3 环保能力	C10 环保达标能力
			C11 社区环保意识
		B4 生态协调	C12 环境舒适度
	A2 社会子系统	B5 社会发展	C13 城镇发展能力
		B6 社区参与	C14 从业人员的专业素质
			C15 社区参与程度
		B7 社会协调	C16 游客密度指数
			C17 社区满意度
			C18 游客满意度
	A3 经济子系统	B8 经济效益	C19 旅游收入占 GDP 的比重
			C20 旅游收入增长速度
		B9 接待能力	C21 星级酒店数量
			C22 景区景点的通达条件
		B10 发展能力	C23 GDP 增长趋势
			C24 地方财政收入
			C25 城镇居民可支配收入
		B11 经济协调	C26 旅游收入增长率与客源增长率的比例关系
			C27 GDP 增长率与旅游收入增长率的比例关系

4.3.4 指标体系构成及量化说明

1. 指标体系的构成

如表 4.2 所示，评价指标体系在横向上由目标层、系统层、状态层和指标层四个层次构成。评价的总体目标是旅游生态系统的可持续发展，按照之前研究中对旅游生态系统的分析和旅游可持续发展的标准，将总体目标划分为三部分，也就是将评价指标体系划分为3个子系统,即自然指标子系统、社会指标子系统和经济指标子系统,分别衡量三大子系统的发展状态和可持续能力。纵向指标方面,根据指标体系的功能,各层指标能够分别表现各子系统的发展现状、变化率及变化趋势,还有各方面的协调程度。

(1) 自然子系统的可持续从资源支持、环境支持、环保能力和生态协调四方面评价。资源是旅游业发展的先决条件,资源价值的高低决定了整个系统的旅游吸引力;环境本身也是旅游吸引力的一部分,环境支持指标反映了旅游生态环境质量水平,是一种生态效益评估;环保能力是指对抗旅游负面生态影响的指标集,反映着生态可持续的潜力;生态协调体现了系统生态承载力的占用现状和生态协调能力的变化趋势。

(2) 社会子系统的可持续从社会发展、社区参与和社会协调三个方面评价。社会发展反映了社会子系统的现状和系统自身的稳定性;社区参与主要表达了旅游发展对社区的贡献程度以及社区参与旅游和旅游受益能力;社会承载力是旅游承载力的重要限制部分,社会协调的目标是体现旅游对社区居民生活的影响以及居民对这种影响的态度和观点。

(3) 经济子系统的可持续从经济效益、旅游接待能力、经济发展能力和经济协调四个方面评价。经济效益体现了旅游对当地经济的贡献力和旅游的产业地位;接待能力是对旅游规模现状及发展潜力的反映;经济发展能力是对旅游发展的经济支持力度的描述;经济协调反映了旅游业在经济可持续性方面的协调程度。

2. 单项指标说明及量化

指标层每个指标都有不同的特点和表示,分析各指标的作用和度量方法,有利于评价科学性的实现,说明指标是正向的还是负向的,便于指标值的标准化,解释数据来源,能够提高数据获得的准确度和效率(表4.3)。其中,正向指标表示指标值越大,对可持续发展越有利,负向指标反之。

表4.3 指标分析列表

指标名称	指标描述	指标类型	数据来源
C1 旅游资源点数量	资源点是旅游发展的基础,统计中的项目包括桂林市以及各县的3A级及3A级以上的旅游景区、自治区级风景名胜区、国家级森林公园、国家级自然保护区、自治区级旅游度假区和国家重点文物保护单位	正	桂林年鉴

续表

指标名称	指标描述	指标类型	数据来源
C2 旅游资源质量等级	描述目的地旅游吸引力大小，根据景区分类表以及知名度定性评价确定指标值。以市区为标准，计为10分	正	社会调查
C3 核心景点适游期	每个地区都有最核心的景区景点，成为游客来访的主要吸引物，核心景区景点的适游期一定程度上决定了旅游地的吸引力时间长度。主要吸引物以各区的最高级旅游景点为考察依据，分别是漓江景区、花坪自然保护区、乐满地景区、古东瀑布景区。适游期按月份计算	正	社会调查
C4 人均土地资源面积	描述基本资源支持和开发潜力，用人口总数/土地面积表示，单位为平方千米/人	正	年鉴数据计算
C5 水体质量	漓江各区段2007年的水质情况是：兴安县段、灵川县段、市区段、阳朔县段等水质良好，污染物浓度处于较低水平，各项监测指标达标率为100%	正	环境质量公报
C6 声环境质量	用噪声污染程度表示，噪声指数全部低于国家标准的计为10分，夜间超标的计为6分，日、夜全部超标的计为2分，统计表明，市区和阳朔噪声指标夜间超标，其余三县各项指标均低于国家标准	正	年鉴统计
C7 二氧化硫浓度 C8 二氧化氮浓度 C9 空气总悬浮物浓度	共同描述空气质量，用各种大气污染物的年均值表示，包括二氧化硫浓度、二氧化氮浓度以及总悬浮颗粒物浓度，单位为毫克/立方米	负	桂林年鉴
C10 环保达标能力	桂林市人民政府以市政〔2008〕13号文通报了2007年度全市环保目标管理任务完成情况，其中，阳朔县获一等奖（10分），灵川和兴安县获二等奖（8分），临桂县获三等奖（6分），市区情况较为复杂，暂计8分	正	政府公文
C11 社区环保意识	社区是公众参与环保和开展环保宣教的重要平台，当地居民的环保行为可以更深入、更细微地影响旅游者，主动的预防作用远比污染后的再治理更有意义	正	问卷调查
C12 环境舒适度	指旅游者对目的地环境各种要素的感受，描述旅游发展与生态环境的整体协调度	正	问卷调查

续表

指标名称	指标描述	指标类型	数据来源
C13 城镇发展能力	用城镇基本建设投资额表示，是由国家和地方政府投资的，一定程度上反映了城镇社会环境的改善能力，单位为亿元	正	桂林年鉴
C14 从业人员的专业素质	用住宿及餐饮业的技术人员数量表示，住宿餐饮为旅游的两大支柱产业，从业人员的专业素质与服务和设施都有直接关系，并直接或间接地影响到游客体验，最终影响到旅游的效果	正	桂林年鉴
C15 社区参与程度	社区居民是旅游利益相关者之一，社区受益的主要途径即为参与旅游服务，因此，社区参与的程度与旅游受益的程度呈正相关	正	社会调查
C16 游客密度指数	指游客人数与当地居民人数的比值（故又称游居比）。旅游的社会影响最突出的表现为旅游者对当地文化的冲击，但文化影响的发生程度和范围是不同的，游客密度越大，这种影响便越大，所以用游客密度指数来定量衡量旅游的文化冲击程度	负	年鉴数据计算
C17 社区满意度	描述当地居民对旅游开发的态度，是旅游发展过程中社会协调的主要衡量标准	正	问卷调查
C18 游客满意度	描述游客对目的地的整体印象，通过口碑宣传等途径，对目的地的对外形象有直接影响	正	问卷调查
C19 旅游收入占GDP的比重	描述旅游业在国民经济中的地位	正	年鉴数据计算
C20 旅游收入增长速度	用旅游收入增长率表示，描述旅游发展能力、盈利能力以及经济支持力度	正	桂林年鉴
C21 星级酒店数量	描述旅游业发展的设施条件和接待能力	正	桂林年鉴
C22 景区景点的通达条件	描述旅游目的地的可进入性以及基础设施的完善程度	正	社会调查
C23 GDP增长趋势	表明经济发展潜力和经济功能的可持续性	正	桂林年鉴
C24 地方财政收入	描述区域经济的发展能力和趋势，经济的发达程度直接影响到人才的档次、投资能力、开发规模和方向，进而影响旅游持续发展的能力，单位为亿元	正	政府工作报告

续表

指标名称	指标描述	指标类型	数据来源
C25 城镇居民可支配收入	描述社会对旅游业的投资能力，此统计以家庭为单位，单位为元	正	政府工作报告
C26 旅游收入增长率与客源增长率的比例关系	旅游收入增长率/游客人数增长率描述旅游开发方式方面的可持续度，如果旅游收入增长率小于旅游客源增长率，那么旅游开发方式是不可持续的，即该指标小于1时为不可持续状态	正	年鉴数据计算
C27 GDP增长率与旅游收入增长率的比例关系	描述旅游经济与区域经济的相关程度。旅游收入增长率高于GDP增长率说明旅游业发展优于整体经济发展，带动作用大，反之表明旅游业发展缓慢	负	年鉴数据计算

4.4 漓江流域评价指标数据收集

漓江流域范围广泛，旅游生态系统构成复杂，不同地区因旅游活动兴起时间的长短以及发展历程不同，导致发展水平存在较大差异。根据旅游发展程度，选取漓江流经的桂林市区、阳朔县、临桂县、兴安县及灵川县作为研究区，通过实地调研和文献查阅等方法获得指标体系所需要的相关数值，对各区旅游生态系统可持续发展水平进行对比分析，指标赋值得分数据详见表4.4。

表4.4 评价指标值汇总

评价指标	市区	阳朔	临桂	兴安	灵川
C1 旅游资源点数量	14	4	2	5	3
C2 旅游资源质量等级	10	10	4	8	6
C3 核心景点适游期	6	6	8	8	6
C4 人均土地资源面积	0.75	4.59	4.66	6.38	6.32
C5 水体质量	10	10	10	10	10
C6 声环境质量	6	6	10	10	10
C7 二氧化硫浓度	0.039	0.030	0.026	0.012	0.018
C8 二氧化氮浓度	0.029	0.012	0.022	0.022	0.014
C9 空气总悬浮物浓度	0.035	0.184	0.145	0.032	0.072
C10 环保达标能力	8	10	6	8	8

续表

评价指标	市区	阳朔	临桂	兴安	灵川
C11 社区环保意识	4.14	2.86	3.71	3.14	3.57
C12 环境舒适度	3.57	4.57	2.71	3.43	3.71
C13 城镇发展能力	186.95	46.19	41.66	26.26	16.93
C14 从业人员的专业素质	1118	25	16	14	1
C15 社区参与程度	3	4	1.5	1	4
C16 游客密度指数	7.08	16.61	0.49	2.77	2.21
C17 社区满意度	3.6	3.4	3.9	3.7	3.9
C18 游客满意度	3.42	4.08	2.67	3.50	3.67
C19 旅游收入占GDP的比重	22.90	38.71	0.63	8.00	1.70
C20 旅游收入增长速度	14.40	32.70	11.60	117.60	13.50
C21 星级酒店数量	48	4	0	4	2
C22 景区景点的通达条件	10	10	10	8	6
C23 GDP增长趋势	18.58	32.30	23.80	32.80	12.60
C24 地方财政收入	14.52	1.75	3.28	3.56	4.3
C25 城镇居民可支配收入	12 908	17 092	15 548	13 199	13 382
C26 旅游收入增长率与客源增长率的比例关系	0.55	1.34	1.93	6.68	0.63
C27 GDP增长率与旅游收入增长率的比例关系	1.29	0.98	2.05	0.27	0.93

4.5 可持续发展模糊物元评价

模糊评价法是应用模糊集合理论对系统进行综合评价的一种方法，主要是解决评价问题中存在的模糊性，特别适合定性信息较多的评价问题。模糊评价法是对受多个因素影响的事物作出全面评价的一种有效的综合评价方法，它突破了精确数学的逻辑和语言,强调了影响事物的因素中的模糊性。模糊评价法首先应建立问题的因素集和评判集,然后分别确定各因素对评判级别的隶属度向量,最后通过模糊综合评判得出评价结果。物元分析方法是我国著名学者蔡文教授于1983年首创的一门介于数学和实验之间的学科。它通过分析大量实例发现,人们在处理不相容问题时,必须将事物、特征及相应的量值综合在一起考虑,才能构思出解决不相容问题的方法,更贴切地描述客观事物的变化规律,把解决矛盾问题的过程形式化。这种方法的主要思想是:把事物用"事物、特征、量值"三个要素来描述,并组成有序的物元。物元分析是研究物元及其变化规律,并用于解决现实世界中的不相容问题的有效方法(刘志峰,2004)。模糊物元评价就是在建立模糊物元模型的基础上,结合熵值理论和模糊物元理论,通过计算各评价样本之间的贴近程度系数,引进熵权从而减少评价的主观性。基于旅游生态系统是一个复杂的大系统,其内在状态变化具有随机性和模糊性,对其评价是一个多指标决策的过程,特别是评价指标体系中存在环保意识、环境舒适度、社区以及游客满意度、景区交通条件等多个定性评价指标,其指标测评具有一定的模糊性。因此,采用模糊物元方法进行旅游生态系统的可持续发展评价,基本上可以克服目前评价研究中取存的指标遗漏、权重确定主观性强等问题。

4.5.1 模糊物元评价原理

模糊评价首先应建立问题的因素集和评判集,然后分别确定各因素对评判级别的隶属度向量,最后通过模糊综合评判得出评价结果。物元分析方法是把事物用"事物、特征、量值"三个要素来描述,将事物、特征及相应的量值综合在一起考虑。

1. 模糊物元建立

任何事物都可以用"事物、特征、量值"这三个要素来加以描述,以便对事物作定性和定量分析与计算。用这些要素组成有序三元组来描述事物的基本元即称为物元(刘娜等,2007a,2007b)。如果其量值具有模糊性,便形成了"事物、特征、模糊量值"的有序三元组,这种物元被称为模糊物元,记为

$$模糊物元 = \begin{bmatrix} 事物 \\ 特征, 模糊量值 \end{bmatrix} \quad (4.1)$$

用 R 表示模糊物元,M 表示事物,C 表示事物 M 的特征,X 表示与事物特征 C 相应的模糊量值,即事物 M 对其特征 C 相应量值 x 的隶属度,于是有

$$R = \begin{bmatrix} & M \\ C & x \end{bmatrix} \quad (4.2)$$

如果事物 M 用 n 个特征 C_1，C_2，…，C_n 及其相应的量值 x_1，x_2，…，x_n 来描述，则称为 n 维模糊物元，即

$$R_n = \begin{bmatrix} & M \\ C_1 & x_1 \\ C_2 & x_2 \\ \vdots & \vdots \\ C_n & x_n \end{bmatrix} \quad (4.3)$$

若 m 个事物用其共同的 n 个特征 C_1，C_2，…，C_n 及其相应的模糊量值 x_{1j}，x_{2j}，…，x_{nj}（$j=1, 2, …, n$）来描述，称其为 m 个事物的 n 维复合模糊物元 R_{mn}，记作

$$R_{mn} = \begin{bmatrix} & M_1 & M_2 & \cdots & M_m \\ c_1 & x_{11} & x_{21} & \cdots & x_{m1} \\ c_2 & x_{12} & x_{22} & \cdots & x_{m2} \\ \vdots & \vdots & \vdots & & \vdots \\ c_n & x_{1n} & x_{2n} & \cdots & x_{mn} \end{bmatrix} \quad (4.4)$$

式中，R_{mn} 为 m 个事物的 n 维复合模糊物元；x_{ij} 为第 i 个事物 M_i 的第 j 个特征。

2. 熵权计算

按照系统理论中的熵思想，人们在决策中获得信息的多少，是决策的精度和可靠性的决定因素之一，无论是项目评价还是多目标决策，都应该考虑各个指标所含信息量的大小。在信息论中，熵是系统有序程度的度量，它还可以度量数据所提供的有效信息量，因此，可以用熵来确定权重。指标的熵较小，熵权就越大，该指标就越重要。当评价对象在某项指标上的值相差较大时，熵值较小，说明该指标提供的有效信息量较大，该指标的权重也应较大；反之，若某项指标的值相差较小，熵值较大，说明该指标提供的信息量较小，该指标的权重也应较小。当各被评价对象在某项指标上的值完全相同时，熵值达到最大，这意味着该指标未向决策提供任何有用的信息，可以考虑从评价指标体系中去除（邹志红等，2005）。作为权数的熵数不是在决策或问题评价中某指标实际意义上的重要性权数，而是在给定评价对象集后各种评价指标值确定的情况下，各个指标在竞争意义上的激烈程度系数，是由各指标数值的变动决定权重的。所以，"熵权"

理论是一种客观赋权方法。在可持续评价里应用信息熵反映数据本身的效用值计算指标的权重系数，可以避免权重分配困难和主观判断的不确定性，使评价结果更符合实际。熵权的计算步骤如下。

1）原始数据矩阵标准化

设 n 个评价指标，m 个评价对象得到的原始数据矩阵为式（4.5），$x = (x_{ij})_{m \times n}$ 记为

$$X = \begin{bmatrix} x_{11} & x_{21} & \cdots & x_{m1} \\ x_{12} & x_{22} & \cdots & x_{m2} \\ \vdots & \vdots & & \vdots \\ x_{1n} & x_{2n} & \cdots & x_{mn} \end{bmatrix} \quad (4.5)$$

对矩阵 $X = (x_{ij})_{m \times n}$ 标准化，得到矩阵 R，记为 $R = (r_{ij})_{m \times n}$

$$R = \begin{bmatrix} r_{11} & r_{21} & \cdots & r_{m1} \\ r_{12} & r_{22} & \cdots & r_{m2} \\ \vdots & \vdots & & \vdots \\ r_{1n} & r_{2n} & \cdots & r_{mn} \end{bmatrix} \quad (4.6)$$

式中，r_{ij} 为第 i 个评价对象在第 j 个评价指标上的标值，$r_{ij} \in [0, 1]$。

正向指标（大者为优的指标）

$$r_{ij} = \frac{x_{ij} - \min_i\{x_{ij}\}}{\max_i\{x_{ij}\} - \min_i\{x_{ij}\}} \quad (4.7)$$

负向指标（小者为优的指标）

$$r_{ij} = \frac{\max_i\{x_{ij}\} - x_{ij}}{\max_i\{x_{ij}\} - \min_i\{x_{ij}\}} \quad (4.8)$$

2）熵计算

在有 n 个指标、m 个被评价对象的评估问题中，第 j 个指标的熵为

$$H_j = -k \sum_{i=1}^{m} f_{ij} \ln f_{ij}; \quad j = 1, 2, \cdots, n \quad (4.9)$$

式中，$f_{ij} = r_{ij} / \sum_{i=1}^{m} r_{ij}$；$k = 1/\ln m$。当 $f_{ij} = 0$ 时，$\ln f_{ij}$ 接近负无穷，此时令 $f_{ij} \ln f_{ij} = 0$。

3）熵权计算

在计算了第 j 个指标的熵之后，可以得到第 j 个指标的熵权 W_j，即

$$W_j = \frac{1 - H_j}{n - \sum_{j=1}^{n} H_j} \quad (4.10)$$

式中,$0 \leqslant W_j \leqslant 1$,$\sum_{j=1}^{n} W_j = 1$。

3. 欧氏贴近度计算

欧氏贴近度是指被评价样本与标准样本间相互接近的程度。贴近度越大,两者越接近,反之则相离越远。因此,可根据欧式贴近度的大小对各方案进行优劣排序,也可根据标准值的贴近度进行类别划分。欧式贴近度的计算步骤如下。

(1) 建立 n 维模糊复合物元,见式 (4.4)。

(2) 计算从优隶属度。各单项评价指标相应的模糊量值,从属于标准样本各对应评价指标相应的模糊量值隶属程度,称为从优隶属度。由此建立的原则称为从优隶属原则,可采用下式计算:

正向指标

$$u_{ij} = \frac{x_{ij}}{\max\{x_{ij}\}} \quad (4.11)$$

负向指标

$$u_{ij} = \frac{\min\{x_{ij}\}}{x_{ij}} \quad (4.12)$$

式中,u_{ij} 为从优隶属度;$\max\{x_{ij}\}$ 和 $\min\{x_{ij}\}$ 分别为各评价事物每一评价指标中的最大值和最小值。由此可构建从优隶属度模糊物元 $\bar{R}_{mn}$,即

$$\bar{R}_{mn} = \begin{bmatrix} & M_1 & M_2 & \cdots & M_m \\ C_1 & u_{11} & u_{21} & \cdots & u_{m1} \\ C_2 & u_{12} & u_{22} & \cdots & u_{m2} \\ \vdots & \vdots & \vdots & & \vdots \\ C_n & u_{1n} & u_{2n} & \cdots & u_{mn} \end{bmatrix} \quad (4.13)$$

(3) 建立标准模糊物元和差平方模糊物元。标准模糊物元 R_{0n} 是由从优隶属度模糊物元 $\bar{R}_{mn}$ 中各评价指标的从优隶属度的最大值或最小值确定的。若以 Δ_{ij} 表示标准模糊物元 R_{0n} 与复合模糊物元 R_{mn} 中对应各项差的平方,则组成差平方复合模糊物元 R_{Δ}。

$$\Delta_{ij} = (u_{0j} - u_{ij})^2; \quad i = 1,2,\cdots,m; \quad j = 1,2,\cdots,n \quad (4.14)$$

$$R_\Delta = \begin{bmatrix} & M_1 & M_2 & \cdots & M_m \\ C_1 & \Delta_{11} & \Delta_{21} & \cdots & \Delta_{m1} \\ C_2 & \Delta_{12} & \Delta_{22} & \cdots & \Delta_{m2} \\ \vdots & \vdots & \vdots & & \vdots \\ C_n & \Delta_{1n} & \Delta_{2n} & \cdots & \Delta_{mn} \end{bmatrix} \quad (4.15)$$

（4）欧氏贴近度综合评价。计算和构建欧氏贴近度的复合模糊物元 R_{PH}，即

$$R_{PH} = \begin{bmatrix} & M_1 & M_2 & \cdots & M_m \\ PH_i & PH_1 & PH_2 & \cdots & PH_m \end{bmatrix} \quad (4.16)$$

式中，

$$PH_i = 1 - \sqrt{\sum_{j=1}^{n} W_j \Delta_{ij}}; \ i = 1, 2, \cdots, m; \ j = 1, 2, \cdots, n$$

4. 可持续发展评价标准确立

为了判断欧式贴近度所反映的旅游生态系统可持续发展的状态，根据王良健（2001）、姜铸和郭伟（2007）对旅游可持续发展阶段的划分和对可持续发展阶段性特征的研究，将可持续发展分为极弱可持续发展、弱可持续发展、中等可持续发展、强可持续发展和极强可持续发展五个渐进阶段（表4.5）。不同地区在不同时间段因可持续发展目标侧重点的差异，呈现出不同的阶段特征。强可持续阶段将目标定位于经济、社会和自然生态的全面可持续；中等可持续阶段定位于在环境保护基础上发展经济；弱可持续阶段定位于在经济发展基础上注意保护环境。

表4.5 可持续发展评价阶段划分

评价结果	<0.35	0.35~0.5	0.5~0.7	0.7~0.85	>0.85
评判标准	极弱可持续发展	弱可持续发展	中等可持续发展	强可持续发展	极强可持续发展

4.5.2 系统可持续发展模糊物元评价

1. 模糊物元模型建立

根据模糊物元的定义和式（4.4），将选择评价的漓江流域5个研究区，将各评价指标的评价赋分代入式（4.4），建立漓江流域旅游生态系统可持续发展模糊物元 R。

$$R = \begin{bmatrix} & M_1 & M_2 & M_3 & M_4 & M_5 \\ C_1 & 14 & 4 & 2 & 5 & 3 \\ C_2 & 10 & 10 & 4 & 8 & 6 \\ C_3 & 6 & 6 & 8 & 8 & 6 \\ C_4 & 0.75 & 4.59 & 4.66 & 6.38 & 6.32 \\ C_5 & 10 & 10 & 10 & 10 & 10 \\ C_6 & 6 & 6 & 10 & 10 & 10 \\ C_7 & 0.039 & 0.030 & 0.026 & 0.012 & 0.018 \\ C_8 & 0.029 & 0.012 & 0.022 & 0.022 & 0.014 \\ C_9 & 0.035 & 0.184 & 0.145 & 0.032 & 0.072 \\ C_{10} & 8 & 10 & 6 & 8 & 8 \\ C_{11} & 4.14 & 2.86 & 3.71 & 3.14 & 3.57 \\ C_{12} & 3.57 & 4.57 & 2.71 & 3.43 & 3.71 \\ C_{13} & 186.95 & 46.19 & 41.66 & 26.26 & 16.93 \\ C_{14} & 1118 & 25 & 16 & 14 & 1 \\ C_{15} & 3 & 4 & 1.5 & 1 & 4 \\ C_{16} & 7.08 & 16.61 & 0.49 & 2.77 & 2.21 \\ C_{17} & 3.6 & 3.4 & 3.9 & 3.7 & 3.9 \\ C_{18} & 3.42 & 4.08 & 2.67 & 3.50 & 3.67 \\ C_{19} & 22.9 & 38.7 & 0.63 & 8 & 1.7 \\ C_{20} & 14.4 & 32.7 & 11.6 & 117.6 & 13.5 \\ C_{21} & 48 & 4 & 0 & 4 & 2 \\ C_{22} & 10 & 10 & 10 & 8 & 6 \\ C_{23} & 18.58 & 32.3 & 23.8 & 32.8 & 12.6 \\ C_{24} & 14.52 & 1.75 & 3.28 & 3.56 & 4.3 \\ C_{25} & 12\,908 & 17\,092 & 15\,548 & 13\,199 & 13\,382 \\ C_{26} & 0.55 & 1.34 & 1.93 & 6.68 & 0.63 \\ C_{27} & 1.29 & 0.98 & 2.05 & 0.27 & 0.93 \end{bmatrix} \quad (4.17)$$

式中，C_j 为第 j 个指标；$M_1 \sim M_5$ 分别为市区、阳朔、临桂、兴安和灵川；x_{ij} 为第 i 个地区 M_i 的第 j 个指标值（$i=1, 2, 3, 4, 5$；$j=1, 2, \cdots, 27$）。

2. 计算熵权

根据式（4.5）和式（4.6），分别得出原始数据矩阵 X 和原始数据的标准化

矩阵 r_{ij}，根据式（4.9）计算得出各个指标的熵 H_j，再由式（4.10）计算得出熵权 W_j。其中，C_5 项指标因其指标值无变化，所以根据熵的性质，该项指标的熵权为0，故将其剔除。

$$X = \begin{bmatrix} 14 & 4 & 2 & 5 & 3 \\ 10 & 10 & 4 & 8 & 6 \\ 6 & 6 & 8 & 8 & 6 \\ 0.75 & 4.59 & 4.66 & 6.38 & 6.32 \\ 10 & 10 & 10 & 10 & 10 \\ 6 & 6 & 10 & 10 & 10 \\ 0.039 & 0.03 & 0.026 & 0.012 & 0.018 \\ 0.029 & 0.012 & 0.022 & 0.022 & 0.014 \\ 0.035 & 0.084 & 0.145 & 0.032 & 0.072 \\ 8 & 10 & 6 & 8 & 8 \\ 4.14 & 2.86 & 3.71 & 3.14 & 3.57 \\ 3.57 & 4.57 & 2.71 & 3.43 & 3.71 \\ 186.95 & 46.19 & 41.66 & 21.26 & 16.93 \\ 1118 & 25 & 16 & 14 & 1 \\ 3 & 4 & 1.5 & 1 & 4 \\ 7.08 & 16.61 & 0.49 & 2.77 & 2.21 \\ 3.6 & 3.4 & 3.9 & 3.7 & 3.9 \\ 3.42 & 4.08 & 2.67 & 3.5 & 3.67 \\ 0.229 & 0.3871 & 0.0063 & 0.08 & 0.017 \\ 0.144 & 0.327 & 0.116 & 1.176 & 0.135 \\ 48 & 4 & 0 & 4 & 2 \\ 10 & 10 & 10 & 8 & 6 \\ 0.1858 & 0.323 & 0.238 & 0.328 & 0.126 \\ 14.52 & 1.75 & 3.28 & 3.56 & 4.3 \\ 12\,908 & 17\,092 & 15\,548 & 13\,199 & 13\,382 \\ 0.55 & 1.34 & 1.93 & 6.68 & 0.63 \\ 1.29 & 0.98 & 2.05 & 0.27 & 0.93 \end{bmatrix} \quad (4.18)$$

$$r_{ij} = \begin{bmatrix} 1 & 0.1667 & 0 & 0.25 & 0.0833 \\ 1 & 1 & 0 & 0.6667 & 0.3333 \\ 0 & 0 & 1 & 1 & 0 \\ 0 & 0.6821 & 0.6945 & 1 & 0.9893 \\ 0 & 0 & 1 & 1 & 1 \\ 0 & 0.3333 & 0.4815 & 1 & 0.7778 \\ 0 & 1 & 0.4118 & 0.4118 & 0.8824 \\ 0.9803 & 0 & 0.2566 & 1 & 0.7368 \\ 0.5 & 1 & 0 & 0.5 & 0.5 \\ 1 & 0 & 0.6641 & 0.2188 & 0.5547 \\ 0.4624 & 1 & 0 & 0.3871 & 0.5376 \\ 1 & 0.1721 & 0.1455 & 0.0549 & 0 \\ 1 & 0.0215 & 0.0134 & 0.0116 & 0 \\ 0.6667 & 1 & 0.1667 & 0 & 1 \\ 0.5912 & 0 & 1 & 0.8586 & 0.8933 \\ 0.4 & 0 & 1 & 0.6 & 1 \\ 0.5319 & 1 & 0 & 0.5887 & 0.7092 \\ 0.5848 & 1 & 0 & 0.1935 & 0.0281 \\ 0.0264 & 0.1991 & 0 & 1 & 0.0179 \\ 1 & 0.0833 & 0 & 0.0833 & 0.0417 \\ 1 & 1 & 1 & 0.5 & 0 \\ 0.2960 & 0.9752 & 0.5545 & 1 & 0 \\ 1 & 0 & 0.1198 & 0.1417 & 0.1997 \\ 0 & 1 & 0.631 & 0.0696 & 0.1133 \\ 0 & 0.1289 & 0.2251 & 1 & 0.0131 \\ 0.4269 & 0.6011 & 0 & 1 & 0.6292 \end{bmatrix} \quad (4.19)$$

$$H_j = (0.6949, 0.8144, 0.4307, 0.8509, 0.6826, 0.8109, 0.8116,$$
$$0.8012, 0.8277, 0.7909, 0.8158, 0.5329, 0.1424, 0.7719, 0.8507,$$
$$0.8219, 0.8420, 0.6192, 0.3799, 0.3986, 0.8399, 0.8019, 0.5983,$$
$$0.6175, 0.4926, 0.8319)^T \quad (j = 1,2,3,4,6,\cdots,27) \quad (4.20)$$

$$W_j = (0.0481, 0.0226, 0.0693, 0.0181, 0.0386, 0.0230, 0.0229,$$
$$0.0242, 0.0210, 0.0254, 0.0224, 0.0569, 0.1044, 0.0278, 0.0182,$$
$$0.0217, 0.0192, 0.0463, 0.0755, 0.0732, 0.0195, 0.0241, 0.0489,$$
$$0.0466, 0.0618, 0.0205)^T \quad (j = 1,2,3,4,6,\cdots,27) \tag{4.21}$$

3. 计算欧氏贴近度

在漓江流域旅游生态系统可持续发展模糊物元 R 的基础上，根据式（4.13）计算得出从优隶属度模糊物元 $\bar{R}$。

$$\bar{R} = \begin{bmatrix}
 & M_1 & M_2 & M_3 & M_4 & M_5 \\
C_1 & 1 & 0.2857 & 0.1429 & 0.3571 & 0.2143 \\
C_2 & 1 & 1 & 0.4 & 0.8 & 0.6 \\
C_3 & 0.75 & 0.75 & 1 & 1 & 0.75 \\
C_4 & 0.1176 & 0.7194 & 0.7304 & 1 & 0.9906 \\
C_6 & 0.6 & 0.6 & 1 & 1 & 1 \\
C_7 & 0.3077 & 0.4 & 0.4615 & 1 & 0.6667 \\
C_8 & 0.4138 & 1 & 0.5455 & 0.5455 & 0.8571 \\
C_9 & 0.9143 & 0.1739 & 0.2207 & 1 & 0.4444 \\
C_{10} & 0.8 & 1 & 0.6 & 0.8 & 0.8 \\
C_{11} & 1 & 0.6908 & 0.8961 & 0.7585 & 0.8623 \\
C_{12} & 0.7812 & 1 & 0.5930 & 0.7505 & 0.8118 \\
C_{13} & 1 & 0.2471 & 0.2228 & 0.1405 & 0.0906 \\
C_{14} & 1 & 0.0224 & 0.0143 & 0.0125 & 0.0009 \\
C_{15} & 0.75 & 1 & 0.375 & 0.25 & 1 \\
C_{16} & 0.0692 & 0.0295 & 1 & 0.1769 & 0.2217 \\
C_{17} & 0.9231 & 0.8718 & 1 & 0.9487 & 1 \\
C_{18} & 0.8382 & 1 & 0.6544 & 0.8578 & 0.8995 \\
C_{19} & 0.5916 & 1 & 0.0163 & 0.2067 & 0.0439 \\
C_{20} & 0.1224 & 0.2781 & 0.0986 & 1 & 0.1148 \\
C_{21} & 1 & 0.0833 & 0 & 0.0833 & 0.0417 \\
C_{22} & 1 & 1 & 1 & 0.8 & 0.6 \\
C_{23} & 0.5665 & 0.9848 & 0.7256 & 1 & 0.3841 \\
C_{24} & 1 & 0.1205 & 0.2259 & 0.2452 & 0.2961 \\
C_{25} & 0.7552 & 1 & 0.9097 & 0.7722 & 0.7829 \\
C_{26} & 0.0823 & 0.2006 & 0.2889 & 1 & 0.0943 \\
C_{27} & 0.2093 & 0.2755 & 0.1317 & 1 & 0.2903
\end{bmatrix} \tag{4.22}$$

从 $\bar{R}$ 中选取各个指标从优隶属度的最大值 u_{0j}（每组均为1）组成标准模糊物元 R_0，再由式（4.15）计算得出差平方复合模糊物元 R_Δ，利用式（4.16）计算得出各评价的欧式贴近度 PH_i，并组成欧式贴近度模糊物元 R_{PH}。

$$R_\Delta = \begin{bmatrix} & M_1 & M_2 & M_3 & M_4 & M_5 \\ C_1 & 0 & 0.5102 & 0.7347 & 0.4133 & 0.6173 \\ C_2 & 0 & 0 & 0.36 & 0.04 & 0.16 \\ C_3 & 0.0625 & 0 & 0 & 0.0625 & 0.0625 \\ C_4 & 0.7787 & 0.0787 & 0.0727 & 0 & 0.0001 \\ C_6 & 0.16 & 0.16 & 0 & 0 & 0 \\ C_7 & 0.4793 & 0.36 & 0.2899 & 0 & 0.1111 \\ C_8 & 0.3436 & 0 & 0.2066 & 0.2066 & 0.0204 \\ C_9 & 0.0073 & 0.6824 & 0.6073 & 0 & 0.3086 \\ C_{10} & 0.04 & 0 & 0.16 & 0.04 & 0.04 \\ C_{11} & 0 & 0.0956 & 0.0108 & 0.0583 & 0.0190 \\ C_{12} & 0.0479 & 0 & 0.1657 & 0.0622 & 0.0354 \\ C_{13} & 0 & 0.5669 & 0.6040 & 0.7388 & 0.8271 \\ C_{14} & 0 & 0.9558 & 0.9716 & 0.9751 & 0.9982 \\ C_{15} & 0.0625 & 0 & 0.3906 & 0.5025 & 0 \\ C_{16} & 0.8664 & 0.9419 & 0 & 0.6775 & 0.6057 \\ C_{17} & 0.0059 & 0.0164 & 0 & 0.0026 & 0 \\ C_{18} & 0.0262 & 0 & 0.1194 & 0.0202 & 0.0101 \\ C_{19} & 0.1668 & 0 & 0.9677 & 0.6294 & 0.9141 \\ C_{20} & 0.7701 & 0.5212 & 0.8125 & 0 & 0.7836 \\ C_{21} & 0 & 0.8403 & 1 & 0.8403 & 0.9184 \\ C_{22} & 0 & 0 & 0 & 0.04 & 0.16 \\ C_{23} & 0.1880 & 0.0002 & 0.0753 & 0 & 0.3793 \\ C_{24} & 0 & 0.7735 & 0.5992 & 0.5696 & 0.4954 \\ C_{25} & 0.0599 & 0 & 0.0082 & 0.0519 & 0.0471 \\ C_{26} & 0.8421 & 0.6390 & 0.5056 & 0 & 0.8203 \\ C_{27} & 0.6252 & 0.5249 & 0.7539 & 0 & 0.5036 \end{bmatrix} \quad (4.23)$$

$$R_{PH} = \begin{bmatrix} & M_1 & M_2 & M_3 & M_4 & M_5 \\ PH_i & 0.5509 & 0.3659 & 0.3039 & 0.4316 & 0.3064 \end{bmatrix} \quad (4.24)$$

4.5.3 子系统模糊物元评价

利用上述步骤，分别构建生态、社会和经济三个子系统的可持续发展模糊物元 R_{A1}、R_{A2} 和 R_{A3} 计算其熵权和贴近度，以便于对比，结果如下：

$$W_{A1} = (0.1432, 0.0673, 0.2064, 0.0540, 0.1151, 0.0686, 0.0683,$$
$$0.0721, 0.0625, 0.0758, 0.0667)^T \quad (j = 1,2,3,4,6,\cdots,12) \quad (4.25)$$

$$W_{A2} = (0.2292, 0.4208, 0.1119, 0.0733, 0.8703, 0.0775)^T$$
$$(j = 13,14,\cdots,18) \quad (4.26)$$

$$W_{A3} = (0.1113, 0.1813, 0.1758, 0.0468, 0.0579, 0.1175, 0.1118,$$
$$0.1484, 0.0492)^T \quad (j = 19,20,\cdots,27) \quad (4.27)$$

$$R_{PH} = \begin{bmatrix} & M_1 & M_2 & M_3 & M_4 & M_5 \\ PH_{A1} & 0.6313 & 0.5644 & 0.5173 & 0.7049 & 0.6131 \\ PH_{A2} & 0.7298 & 0.2238 & 0.2253 & 0.1973 & 0.1928 \\ PH_{A3} & 0.4243 & 0.3264 & 0.2135 & 0.4592 & 0.1971 \end{bmatrix} \quad (4.28)$$

4.5.4 模糊物元评价结果

根据欧式贴近度计算，漓江流域 5 个研究区欧式贴近度从大到小依次为市区＞兴安＞阳朔＞灵川＞临桂，说明市区与可持续发展目标最接近，市区后依次为兴安、阳朔、灵川、临桂，灵川和临桂距可持续发展目标最远。各子系统欧式贴近度差距明显（图 4.1），自然子系统欧式贴近度均值达 0.5 以上，自然子系统最接近可持续发展目标，社会和经济子系统距可持续发展

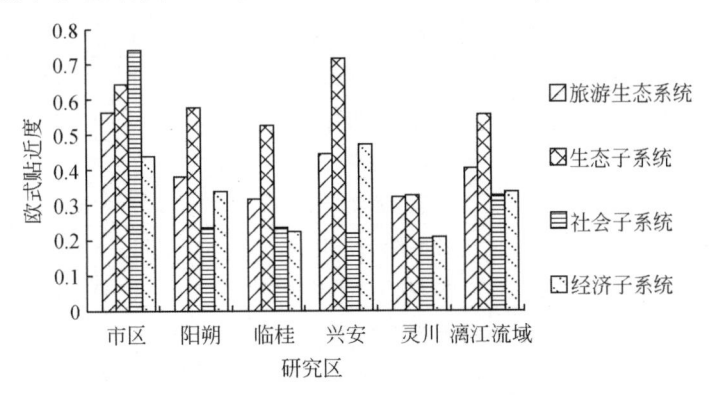

图 4.1 漓江流域旅游生态系统可持续发展水平对比

目标最远。

4.6 可持续发展综合评价

4.6.1 评价指标权重确定

由漓江流域旅游生态系统可持续发展模糊物元以及三大子系统的模糊物元计算得出熵权，经整理可得出评价指标的权重体系，如表 4.6 所示。

表 4.6 旅游生态系统可持续发展评价指标权重体系

	系统层指标	权重	具体指标	权重	总排序权重
旅游生态系统可持续发展评价	自然子系统可持续	0.3357	旅游资源点数量	0.1432	0.0481
			旅游资源质量等级	0.0673	0.0226
			核心景点适游期	0.2064	0.0693
			人均土地资源面积	0.0540	0.0181
			声环境质量	0.1151	0.0386
			二氧化硫浓度	0.0686	0.0230
			二氧化氮浓度	0.0683	0.0229
			空气总悬浮物浓度	0.0721	0.0242
			环保达标能力	0.0625	0.0210
			社区环保意识	0.0758	0.0254
			环境舒适度	0.0667	0.0224
	社会子系统可持续	0.2481	城镇发展能力	0.2292	0.0569
			从业人员的专业素质	0.4208	0.1044
			社区参与程度	0.1119	0.0278
			游客密度指数	0.0733	0.0182
			社区满意度	0.0873	0.0217
			游客满意度	0.0775	0.0192
	经济子系统可持续	0.4162	旅游收入占 GDP 的比重	0.1113	0.0463
			旅游收入增长速度	0.1813	0.0755
			星级酒店数量	0.1758	0.0732
			景区景点的通达条件	0.0468	0.0195

续表

	系统层指标	权重	具体指标	权重	总排序权重
旅游生态系统可持续发展评价	经济子系统可持续	0.4162	GDP增长趋势	0.0579	0.0241
			地方财政收入	0.1175	0.0489
			城镇居民可支配收入	0.1118	0.0466
			旅游收入增长率与客源增长率的比例关系	0.1484	0.0618
			GDP增长率与旅游收入增长率的比例关系	0.0492	0.0205

4.6.2 评价指标标准化

按照对原始数据标准化的要求，区分正向和负向指标，分别利用式（4.7）和式（4.8）计算原始数据的标准化值，建立标准化矩阵 r_{ij}。

$$r_{ij} = \begin{bmatrix} 1 & 0.1667 & 0 & 0.25 & 0.0833 \\ 1 & 1 & 0 & 0.6667 & 0.3333 \\ 0 & 0 & 1 & 1 & 0 \\ 0 & 0.6821 & 0.6945 & 1 & 0.9893 \\ 0 & 0 & 1 & 1 & 1 \\ 0 & 0.3333 & 0.4815 & 1 & 0.7778 \\ 0 & 1 & 0.4118 & 0.4118 & 0.8824 \\ 0.9803 & 0 & 0.2566 & 1 & 0.7368 \\ 0.5 & 1 & 0 & 0.5 & 0.5 \\ 1 & 0 & 0.6641 & 0.2188 & 0.5547 \\ 0.4624 & 1 & 0 & 0.3871 & 0.5376 \\ 1 & 0.1721 & 0.1455 & 0.0549 & 0 \\ 1 & 0.0215 & 0.0134 & 0.0116 & 0 \\ 0.6667 & 1 & 0.1667 & 0 & 1 \\ 0.5912 & 0 & 1 & 0.8586 & 0.8933 \\ 0.4 & 0 & 1 & 0.6 & 1 \\ 0.5319 & 1 & 0 & 0.5887 & 0.7092 \\ 0.5848 & 1 & 0 & 0.1935 & 0.0281 \\ 0.0264 & 0.1991 & 0 & 1 & 0.0179 \\ 1 & 0.0833 & 0 & 0.0833 & 0.0417 \\ 1 & 1 & 1 & 0.5 & 0 \\ 0.2960 & 0.9752 & 0.5545 & 1 & 0 \\ 1 & 0 & 0.1198 & 0.1417 & 0.1997 \\ 0 & 1 & 0.631 & 0.0696 & 0.1133 \\ 0 & 0.1289 & 0.2251 & 1 & 0.0131 \\ 0.4269 & 0.6011 & 0 & 1 & 0.6292 \end{bmatrix} \quad (4.29)$$

4.6.3 综合评价结果

根据标准分值和各评价指标的权重（表 4.6），计算得出漓江流域各研究区的旅游生态系统可持续发展综合评分（表 4.7）。用同样的方法亦可计算每个子系统的评价得分。

表 4.7 漓江流域旅游生态系统综合评价得分

流域分区	市区	阳朔	临桂	兴安	灵川	漓江流域平均得分
评价得分	0.5366	0.3532	0.3003	0.4955	0.2744	0.3920

4.7 可持续发展评价结果

（1）漓江流域总体处于弱可持续发展水平。基于欧式贴近度的数学意义，欧式贴近度越高，旅游可持续发展水平越高，距离完全可持续发展的目标越近。根据模糊物元理论计算，漓江流域 5 个研究区欧式贴近度平均值为 0.3917，流域总体处于弱可持续发展水平（或阶段）。自然、经济、社会子系统发展不均衡，各子系统可持续发展水平差异明显，自然子系统欧式贴近度均值为 0.5462，处于中等可持续发展水平，自然环境和资源仍然是漓江流域旅游发展的优势所在。经济和社会子系统欧式贴近度均值分别为 0.3241、0.3138，处于极弱可持续发展水平，旅游的经济效益和社会效益尚未得到充分实现。流域旅游生态系统中生态与经济、社会的协调发展还没有达到最优的水平，旅游对资源环境的利用和消耗都在自然子系统的承受和调节范围之内，但旅游开发却没能将资源优势充分地转化为经济优势，经济因素是漓江流域旅游可持续发展的短板，经济落后制约了良好环境价值的体现，也制约了漓江流域旅游生态系统的整体可持续水平。

（2）漓江流域可持续发展水平空间差异较大。根据模糊物元理论计算，漓江流域 5 个研究区的欧式贴近度从大到小依次为市区＞兴安＞阳朔＞灵川＞临桂，市区各子系统的发展水平都相对较高，三者的差距也最小，协调度最高，处于中等可持续发展阶段，领先于其他 4 个研究区；旅游基础设施和旅游人才比较集中，区内部交通便利，旅游产品策划能力和创新能力占优势，经济发展程度较高，旅游的经济效益和社会效益得以实现，旅游环境和资源的保护开始得到越来越多的重视。临桂和灵川总体处于极弱可持续发展水平，其中，临桂生态子系统处于中等可持续发展水平，但经济和社会子系统处于极弱可持续发展水平；灵川生态、经济和社会子系统都处于极弱可持续发展水平，虽然三者处于相对协调状态,但旅游发展的生态环境容量有限。阳朔和兴安总体处于弱可持续发展阶段,其中,兴安生态子系统处于强可持续发展水平,经济和社会子系统处于极弱可持续发展水平,兴安旅游发展潜力大,在桂林"十二五"旅游发展规划中,已将兴安规划为桂林旅游发展的两极之一。

(3) 旅游可持续发展模糊物元评价与基于模糊物元熵权基础上的综合评价结果一致。漓江流域旅游生态系统可持续发展综合评价平均得分为0.3920,按照旅游可持续发展的标准,处在弱可持续发展阶段。流域各研究区的自然子系统可持续程度均高于整体平均水平且达到0.5以上,自然环境和资源仍然是桂林旅游发展的优势所在。与此相对,各区的经济和社会可持续水平普遍较低,旅游的经济效益和社会效益尚未得到充分实现。研究结论与旅游可持续发展模糊物元评价结果完全一致(表4.8)。因此,旅游可持续发展模糊物元评价与基于模糊物元熵权基础上的综合评价都能够较准确地反映研究区域可持续发展的水平。

表4.8 评价结果对比

流域分区	欧式贴近度评价		综合得分评价		可持续发展判断结论
	欧式贴近度	排序	得分	排序	
市区	0.5509	1	0.5366	1	中等可持续发展阶段
兴安	0.4316	2	0.4955	2	弱可持续发展阶段
阳朔	0.3659	3	0.3532	3	弱可持续发展阶段
灵川	0.3064	4	0.2744	5	极弱可持续发展阶段
临桂	0.3039	5	0.3003	4	极弱可持续发展阶段

4.8 可持续发展的对策建议

漓江流域旅游生态系统距可持续发展目标有一定距离,制约旅游生态系统可持续发展的因素较多,其中,旅游开发方式不合理、专业人才缺乏以及管理体制混乱等作用较大。因此,提出针对性的对策与建议,对全面提升漓江流域旅游生态系统可持续发展水平具有现实意义。

1. 实施资源保护型开发方式,推动旅游深度消费

漓江流域旅游生态系统中,桂林市区的可持续水平虽然相对较高,但其在旅游收入增长率与客源增长率的比例关系一项指标中分值却小于1,这说明市区旅

游收入的增长速度小于客源的增长速度，游客人数多，对资源的消耗大，而旅游收益却相对较低，旅游发展处于"赔本赚吆喝"的不良状态，其他四县除兴安外该项指标值也都不高，说明漓江流域旅游开发还处在"粗放"阶段，是以资源的高消耗换取经济的低增长。因此，漓江流域旅游发展需要在保护旅游资源的基础上推进资源保护型旅游开发方式，开发差异化旅游产品，培育旅游精品和品牌，留住高消费游客。开拓商务会展高端旅游市场，整合全市会展商务旅游要素资源，加强商务会展服务设施建设，推动旅游深度消费，促使旅游开发实现从"粗放型"向"集约型"的转变，从而提高旅游资源的产出效益和利用率。

2. 完善管理人才选拔机制，增强旅游智力支持

通过模糊物元计算，从业人员的专业素质一项指标的熵权最大，说明各分区对该指标值的差异最大。与桂林市区相比，阳朔、兴安、临桂、灵川的旅游从业技术人员数量极少，远不能满足旅游业发展的需要，缺乏专业的管理指导，这也严重制约了旅游管理决策的科学性和服务水平的提高，导致了许多景区开发及管理的短视行为。因此，桂林旅游局、旅游发展公司以及景区要积极营造吸引旅游人才的宏观环境，加强岗位培训与院校培养相结合，进一步完善公开、平等、竞争、择优的人才选用机制，选派优秀人才到外地挂职学习，鼓励人才参加在职学习，并在学习时间、培训经费等方面提供必要的条件。

3. 建立权威管理体制，规范旅游社区参与

管理体制混乱是漓江旅游生态系统可持续发展的制约因素之一。调研中发现，一方面，漓江百里画廊段以及遇龙河附近村民多以自家竹筏私自载客游览，政府部门检查时就暂时停止。杨堤乡村民介绍，竹筏载客已经得到乡政府的批准，并对每条竹筏的载客人数和救生设备作出规定，但桂林市政府却一直拖延不予批准，当地村民主观性猜测是政府害怕牺牲游船公司的利益而剥夺村民参与旅游的权利。另一方面，各地竹筏经营分散，为了谋取更多的自身利益，村民们普遍采用欺骗游客、削价等不正当竞争手段，造成社区关系恶化，也影响了游客的旅游感知。绝大多数社区居民虽然参与旅游的积极性很高，但却认为当地政府财政开支不太透明，政府领导独断专行，自己对于旅游开发和经营根本没有发言权，由此造成社区居民与当地政府关系紧张。所以，建立能够在法律基础上统一行使行业管理职能的权威的行政体制，对漓江流域旅游发展实行统一领导、统一规划、统一管理和统一协调，将社区居民的意见心声传达上听，代表政府部门答疑解惑并汇报旅游开发进展，负责景点的开发、旅游价格的制定以及市场的规

范，从而建立合理的社区参与机制，提高社区满意度。

4. 构建合理发展布局，促进县域旅游发展

完成城市大改造之后，桂林旅游业进入一个新的发展时期，以城市为中心的漓江旅游已经逐步辐射到周边地区。除阳朔外，兴安、灵川都纷纷开始经营各类旅游景区，但发展水平参差不齐，旅游项目和旅游功能界定不清，接待服务设施也不能满足旅游者特别是旅游散客的要求。各地旅游资源特点不同，区位条件不同，自然不可能同步扩大发展，所以漓江流域旅游未来的发展方向是合理布局，明确各区域的特点和功能，完善相关服务设施，加快县域旅游发展，将各县旅游资源优势转化为经济优势。市区作为漓江流域旅游格局的中心，应进一步完善其作为系统核心的交通服务、信息服务、接待服务以及管理服务的集散功能，辐射周边县域旅游；阳朔、兴安资源丰富，旅游发展基础较好，应进一步强化各自独立旅游目的地的功能和地位，特别是对于公共汽车站点、旅游餐饮设施、区内景区连通和咨询服务点的建设，使其成为一南一北两个新的旅游增长极，带动漓江流域旅游轴线的发展；临桂和灵川位处市区集散中心腹地，更易接受核心辐射，临桂还承担着桂林城市新行政中心和新商贸中心的职能，灵川区位优势明显，更适合开展近郊休闲旅游活动，应大力加强农家餐饮接待和休闲娱乐设施的建设。

5

漓江流域旅游利益相关者博弈研究[*]

漓江流域拥有我国乃至世界上屈指可数的山水景观资源，是我国旅游开发较早的地区之一。近年来旅游开发在促进旅游地经济快速发展的同时，也给当地带来了诸多问题，其中，尤为突出的是旅游开发过程中利益相关者的冲突。旅游开发过程中利益相关者因利益得不到有效保障，对旅游开发产生抵触情绪，既严重影响旅游开发的顺利进行，也不利于该地区旅游业的可持续发展。为了更好地促进漓江流域旅游开发顺利进行，基于利益相关者理论，通过博弈分析构建以地方政府、旅游企业、社区居民和旅游者为核心的旅游开发参与机制，有助于提高漓江流域旅游开发和经营管理的科学性，促进漓江流域旅游业可持续发展和桂林国家旅游综合改革试验区建设，并为我国西南地区旅游发展提供科技支撑，促进整个西南地区和谐旅游社区建设。

5.1 漓江流域旅游利益相关者

5.1.1 漓江流域旅游利益相关者构成

作为"利益相关者"理论研究的分支，"旅游利益相关者"的研究带有明显的应用性质，因此，学者们并没有过多纠缠于"旅游利益相关者"这一概念在理论层面上的探讨，大多套用弗里曼的经典定义"任何能影响组织目标实现或被该目标影响的群体或个人"，将旅游利益相关者定义为"任何能影响旅游业目标实现或受旅游业发展影响的群体或个人"（程励，2006）。由于旅游业是极具综合性的产业，所涉及的利益相关者类别纷繁复杂。从可操作性层面出

---

[*] 邱玮玮，程道品

发，确定旅游开发过程中利益相关者的构成并不容易。世界旅游组织在1999年10月1日的圣地亚哥会议上，将旅游专业人员、社会公众和媒体确定为旅游开发的利益相关者，这显然不够全面；有学者以旅游经营者、旅游规划者、地方政府作为核心因素来研究利益相关者群体，但这种分类明显忽视了旅游者这个旅游活动的最大收益人的存在价值；桑特和雷森（Sautter and Leisen，1999）根据弗里曼的利益相关者图谱，勾勒出一幅以旅游规划者为中心的8个利益相关者组成的图谱（图5.1），但这并不符合我国旅游开发的实际情况。旅游开发大部分是在目的地政府主导下，多个利益相关者共同参与的局面，旅游规划者更多的时候并不处于旅游开发利益相关者的核心和主导地位。此后的旅游开发利益相关者研究一直围绕对桑特和雷森的旅游利益相关者图谱这一基本思路的借用和延伸。但学者们更侧重于在实际开发情况的基础上解读利益相关者，通过对现实利益冲突问题的发现去完善其构成（王德刚和贾衍菊，2008）。郭华（2007）在乡村旅游社区利益相关者管理研究中运用专家调查法，通过对实践和理论两个层面的专家问卷调查的方式，确定婺源乡村旅游社区的利益相关者构成，就是这方面的典例。

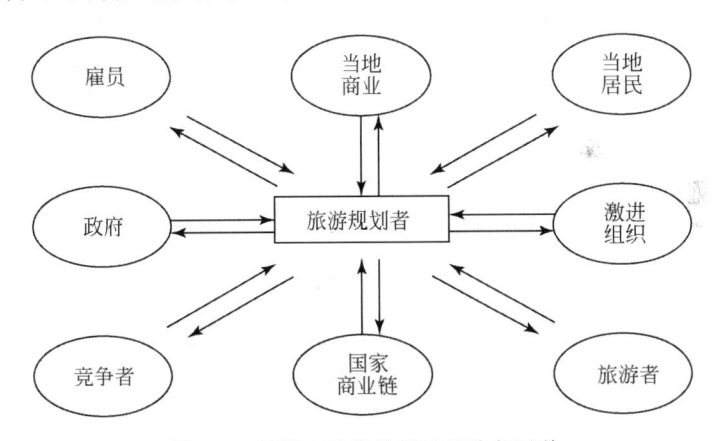

图5.1　桑特和雷森的利益相关者图谱

漓江流域是一个旅游复合生态系统，根据利益相关者"影响与被影响"的定义，结合对漓江流域旅游开发情况的实地调研、访谈，对漓江流域旅游开发利益相关者构成进行界定，并绘制出漓江流域旅游开发利益相关者图谱（图5.2）。图5.2表明，漓江流域旅游开发利益相关者由旅游企业、当地政府、旅游者、社区居民等17类群组成，包括文化与环境，以及对未来发展有影响的一些相关因素。

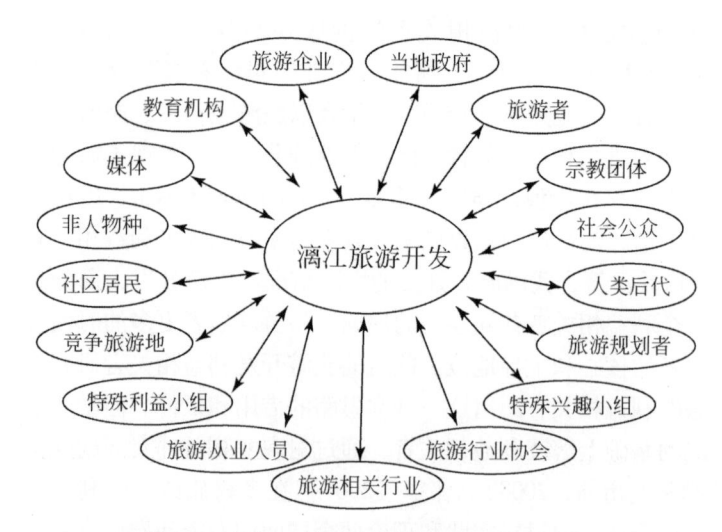

图 5.2 漓江流域旅游开发利益相关者图谱

注：①非人物种特指漓江流域受旅游开发影响的动物群落、植物群落等生态环境构成要素；②特殊兴趣小组是指如登山俱乐部、徒步游组织等为某一特殊兴趣而聚集的群体；③特殊利益小组即环境保护组织、动物保护协会等

5.1.2 漓江流域旅游利益相关者分类

旅游开发离不开所有利益相关者的支持，但不同类型的利益相关者对旅游开发的影响以及受到旅游开发活动影响的程度不一样，故对利益相关者的分类已成为利益相关者理论和实证研究的核心问题。Mitchell 和 Wood（1997）在归纳出 27 种具有代表性的相关者定义的基础上，从合法性、权力性和紧急性三个维度把企业利益相关者划分为确定型利益相关者、预期型利益相关者和潜在的利益相关者。

在 Mitchell 的三维度利益相关者分类的基础上，结合漓江流域旅游开发实际，将合法性、权力性、紧急性界定如下：

合法性。该利益相关者是否被赋有法律上的、道义上的或者特定的对于漓江流域旅游开发的索取权。索取既包含牵涉经营收益的利益索取，也包含知情权、游览权、生存权等非收益索取。

权力性。该利益相关者是否拥有影响漓江流域旅游开发决策的地位、能力和相应的手段，是否具有漓江流域旅游开发的决策权。

紧急性。该利益相关者的要求能否立即引起管理层的关注，能否以行动影响漓江流域旅游开发的决策行为。

经过综合衡量和评价，将漓江流域旅游开发的 17 类利益相关者分为三种。

（1）确定型利益相关者：同时拥有对漓江流域旅游开发的合法性、权力性和紧急性。能够有力地影响漓江流域的旅游开发。这类利益相关者包括旅游企业、旅游者、社区居民和地方政府。

（2）预期型利益相关者：同时拥有合法性、权力性和紧急性中的两项，这一类型又分为以下三种情况：第一，同时拥有合法性和权力性的群体，即旅游规划者；第二，同时拥有合法性和紧急性的群体，但却没有相应的权力来实施他们的要求，这类利益相关者包括媒体、旅游相关行业、非人物种和人类后代；第三，对区域开发拥有紧急性和权力性，但没有合法性的群体，即竞争旅游地。

（3）潜在的利益相关者：只拥有三项属性中的一项，属于这类的群体包括旅游行业协会、旅游从业人员、教育机构、宗教团体、社会公众、特殊兴趣小组、特殊利益小组等（图5.3）。

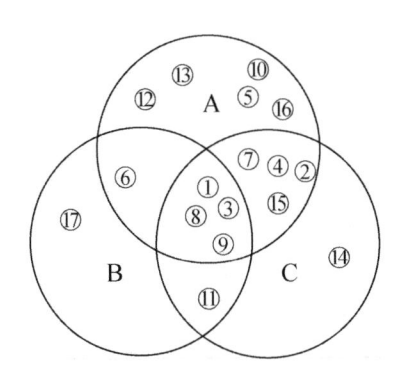

图 5.3 漓江流域旅游开发利益相关者分类示意图
注：A. 合法性；B. 权力性；C. 紧急性
①旅游企业；②媒体；③旅游者；④旅游相关行业；⑤旅游行业协会；⑥旅游规划者；⑦人类后代；⑧社区居民；⑨当地政府；⑩旅游从业人员；⑪竞争旅游地；⑫教育机构；⑬宗教团体；⑭社会公众；⑮非人物种；⑯特殊兴趣小组；⑰特殊利益小组

通过对上述利益相关者的分类，使漓江流域利益相关者的层次更为清晰，但这一划分并不是一成不变的。随着外界环境的变化，这一分类也会在一定程度上产生变更。

5.1.3 漓江流域核心利益相关者

鉴于不同的利益相关者在旅游业可持续发展过程中所体现的重要程度存在差

异，即有的利益相关者非常重要，绝对不可或缺，有的则可能影响不大，游离于旅游利益相关者的边缘地带。为了便于博弈论框架的分析和旅游开发参与体制的构建，将对漓江流域旅游开发的核心利益相关者进行界定，在对核心利益相关者系统分析的基础上完成漓江流域旅游开发参与机制的构建。

基于上述分类分析，所谓核心利益相关者，就是那些能够有力地影响区域发展的利益相关者群体。这些群体或直接参与其中，或对参与者产生深远影响。就漓江流域旅游开发而言，其核心利益相关者就是指在漓江流域旅游开发中对开发决策、开发过程、开发结果产生深远影响的群体（陈英，2008）。作为确定型利益相关者的旅游企业、旅游者、社区居民和地方政府同时拥有对漓江流域旅游开发的合法性、权力性和紧急性。在漓江流域旅游开发过程中，这些利益相关者进行了高专用性投资，直接参与旅游开发活动，并承担了高风险，其活动直接影响漓江流域旅游开发收益。相对于其他 13 个利益相关者，旅游企业、旅游者、社区居民和地方政府处于漓江流域旅游开发的更核心的地位，实质上就是漓江流域旅游开发的核心利益相关者。

值得说明的是，合法性、权力性和紧急性三维度利益相关者分类更侧重于理想状态下的利益相关者分类。在实际的旅游开发过程中，某些利益相关者未必能充分实现其权利和义务。例如，作为确定性利益相关者的社区居民，其实是旅游开发中的弱势群体。虽然理论上来讲，社区居民集合法性、权力性和紧急性为一体，但实际的旅游开发过程中往往会忽视居民的参与，客观上削弱了居民的决策权和参与权，这也是众多旅游开发区无法实现和谐参与的重要原因。但事实上，社区居民的确对漓江流域旅游开发的决策、经营和管理过程产生不可替代的影响，所以实践中的权力欠缺并不影响社区居民在旅游开发中的核心利益相关者地位。

在漓江流域旅游开发核心利益相关者系统中，旅游企业、旅游者、社区居民和地方政府的关系是交错的。地方政府通过政策和法规引导并规范旅游企业及社区居民发展旅游；社区居民和旅游企业通过旅游者的游览活动获得旅游收益；而旅游者在社区居民、地方政府和旅游企业构建的旅游体验中获得旅游品质的满足，同时会将问题和矛盾反馈给地方政府；社区居民和旅游企业之间又存在着雇佣与被雇佣等利益关系，其具体关系如图 5.4 所示。

5.1.4 核心利益相关者利益诉求分析

在利益相关者理论的范畴中，利益就是利益相关者参与某一活动的根本出发点。就漓江流域的旅游开发而言，核心利益相关者的利益诉求就是指在旅游开发

图 5.4 漓江流域核心利益相关者利益关系示意图

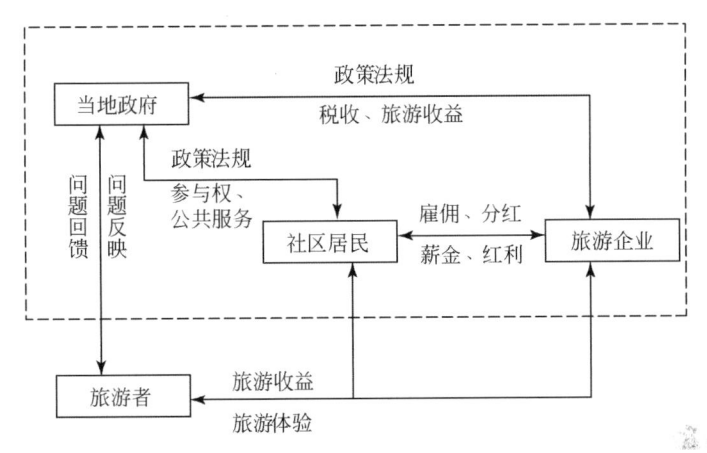

过程中，地方政府、旅游企业、社区居民及旅游者参与旅游开发的根本出发点（邓汉慧，2005）。根据文献研究，漓江流域旅游企业、地方政府、旅游者和社区居民的利益诉求主要表现在以下几个方面。

1. 地方政府利益诉求：地方社会经济的可持续发展

各级政府一直是旅游开发过程中的核心利益相关者。随着我国政府主导型旅游发展战略的推进，政府凭借其社会威望、财政能力和政治权力等在旅游规划、投资和管理中发挥着重要作用。就漓江流域旅游开发而言，地方政府主要有两方面的作用：一是制定开发决策，创造优越的投资环境，吸引外来投资，促进当地经济的快速发展；二是监督旅游开发过程，控制旅游开发对环境、文化等方面的负面影响。因此，漓江流域旅游开发过程中政府的主要利益诉求是实现地方社会经济的快速健康发展。相关研究认为，政府实现这一利益诉求的途径主要包括：改善当地经济状况、拓宽当地居民的就业渠道、增加当地财政收入、丰富社区文化生活、保护自然和文化环境、带动相关产业的发展、提高地区知名度等。

2. 旅游企业利益诉求：最大化的盈利空间

漓江流域的旅游企业包括景区、旅行社、酒店、交通公司以及综合投资性公司等。相对于其他利益相关者，旅游企业的利益诉求具有明显的指向性。在经济学的理论中，企业一直是作为"追求利益最大化"的经济人而被研究的。在现实的旅游开发过程中，有远见的企业家往往会引导自己的企业走一条理性的发展道路，摒弃一味地追求短期利益最大化的做法，更加注重可持续发展环境的营造。不论企业性质和类型如何，最大化的盈利空间可以说是旅游企业的根本利益诉求。基于这样的考虑，企业的主要利益实现途径包括：获得高额利润或回收资本、营造适合长期生存和发展的环境、赢得良好的企业形象、提高企业知名度等。

3. 社区居民利益诉求：提升生活质量

作为社区居民，参与旅游开发的利益诉求是最为简单和质朴的，即生活质量的不断提升。在旅游开发初期，简单的经济利益刺激社区居民参与旅游开发活动，但随着内外部交流的逐渐深入和知识能力的不断扩充，社区居民不仅仅满足于纯粹的经济利益，其利益诉求逐渐扩展到社会、文化、生态环境等多方面，包括居住环境的改善、文化生活的丰富、自我满足感的提升等，这些具体体现为一种生活质量的提升。尽管在漓江旅游实际开发过程中，社区居民的利益空间很大程度上是被挤压的，但是作为旅游开发最直接的参与者和负面影响的承受者，这种利益分配状况正在逐步改善，社区居民一定会冲破阻碍，成为真正的利益主体。综合分析，社区居民根本利益诉求的实现途径包括增加就业机会、提高个人收入、改善公共基础设施建设、丰富当地文化生活、促进与外界交流、了解和参与管理与决策、保护生存环境不被破坏等。

4. 旅游者利益诉求：高质量的旅游体验

旅游者希望通过一种经历区别于其惯常所熟悉的生活。就漓江流域而言，旅游者纵情于山水间的无限惬意、感受于少数民族的别样风情，从而获得各种知识、愉悦和满足感。所以漓江流域旅游者的利益诉求就是获得高质量的旅游体验。这不仅仅包含游览本身，也包含食、住、行、游、购、娱六大旅游要素的方方面面，还包含精神层面的满足。概括来讲应该包括欣赏独特性的旅游资源、接受高质量的旅游服务、实现预设的自我价值、享受便利的旅游配套服务、接触友好的社区居民等。

5.1.5 核心利益相关者利益实现途径分析

核心利益相关者的利益实现途径分析是博弈动态分析与参与机制确定的重要理论依据。需要在文献检索列出每一类利益相关者利益的所有可能的实现途径的基础上，通过专家法对这些利益实现途径的重要程度做出评价，确定用于进行问卷调查与访谈的利益实现途径项目，然后通过问卷调查和访谈对核心利益相关者利益实现途径进行研究。根据研究目标，对漓江流域包括兴坪、遇龙河、杨堤、古东、两江四湖等多个旅游景区、景点所在地通过问卷形式分别对地方政府、旅游企业、社区居民、旅游者进行利益实现途径调研。共发放问卷370份，回收359份，其中有效问卷351份，有效率97.8%。351份问卷中包括地方政府问卷53份、旅游企业问卷68份、社区居民问卷106份、旅游者问卷124份。

在实证调研中，采用结构封闭式勾选题方式以及李克特式量（Likert Scale）五点计分法。量表效度分析方面，以实证调研为依据，参考利益相关者理论进行问卷题项制作，符合内容效度，后请8位相关学者阅读评论进行修改，从而确立问卷的专家效度。具体分析方法是：采用SPSS13.0软件，将问卷信息转化成数据形式，计算出每个利益相关者的各种利益要求的得分均值并排序，然后以配对样本T检验来判断各种利益要求排序的统计意义。数据分析结果如下所述。

1. 政府利益实现途径分析

政府利益诉求题项为正向指标，请受调查者进行程度识别，将53份政府样本数据转为数值信息后录入SPSS13.0软件。初始的项目分析和信度分析结果显示，政府利益诉求题项合乎项目分析要求（$P<0.05$），整体内部一致性Cronbach's α值系数为0.88，显示符合0.70的信度要求。初始分析以频数、均值、方差表达结果，后进行数据进一步处理，根据均值大小产生排序，排序越靠前表明该利益实现途径越被政府看重，如表5.1所示。旅游企业、社区居民和旅游者调研方法类同。

表5.1 政府利益实现途径重要程度排序表

排序	利益诉求	有效样本	最小值	最大值	均值	标准差
1	改善当地经济状况	53	1	4	4.89	0.822
2	拓宽当地居民的就业渠道	53	1	4	4.55	0.870
3	增加当地财政收入	53	1	4	4.45	0.886
4	带动相关产业的发展	53	1	4	4.32	0.851
5	保护自然和文化环境	53	1	4	3.75	0.988
6	丰富社区文化生活	53	1	5	3.68	0.803
7	提高地区知名度	53	1	5	3.66	0.798

基于学术研究的科学性，借助SPSS13.0软件配对样本T检验模块，通过分

析比较各利益诉求的均值是否存在显著差异，实现对各种利益诉求途径排序的统计意义判断，各指标可认为近似符合正态分布。

由表 5.2 配对样本 T 检验可知，政府利益诉求各选项在显著性水平 0.01 下时，存在显著差异的有改善当地经济状况、拓宽当地居民就业渠道、增加当地财政收入、带动相关产业发展、保护自然和文化环境五个指标。当显著性水平 α 为 0.05 时，政府利益诉求中的丰富社区文化生活、提高地区知名度同前五个指标产生显著差异，因此，基本可以确认政府利益实现途径重要程度排序具有统计学意义。最终确定，政府利益实现途径重要程度排序为：①改善当地经济状况；②拓宽当地居民的就业渠道；③增加当地财政收入；④带动相关产业的发展；⑤保护自然和文化环境；⑥丰富社区文化生活；⑦提高地区知名度。

表 5.2 政府利益实现途径重要程度排序 T 检验

项目	改善当地经济状况	拓宽当地居民的就业渠道	增加当地财政收入	带动相关产业的发展	保护自然和文化环境	丰富社区文化生活	提高地区知名度
改善当地经济状况							
拓宽当地居民的就业渠道	0.231 * 0.048						
增加当地财政收入	0.458 ** 0.000	0.397 ** 0.002					
带动相关产业的发展	0.434 ** 0.001	0.511 ** 0.000	0.626 ** 0.000				
保护自然和文化环境	0.382 ** 0.002	0.599 ** 0.000	0.566 ** 0.000	0.592 ** 0.000			
丰富社区文化生活	0.269 * 0.026	0.483 ** 0.000	0.419 ** 0.001	0.526 ** 0.000	0.542 ** 0.000		
提高地区知名度	0.211 0.064	0.381 ** 0.002	0.350 ** 0.005	0.485 ** 0.000	0.519 ** 0.000	0.726 ** 0.000	

* 显著相关性在 0.05 水平，** 显著相关性在 0.01 水平

2. 旅游企业利益实现途径分析

与政府利益诉求分析一样，旅游企业利益诉求题项为正向指标，请受调查者进行程度识别，最终笔者将 68 份企业样本数据转为数值信息录入 SPSS13.0 软件

进行排序，如表5.3所示。

表5.3 企业利益实现途径排序表

排序	选项	有效样本	最小值	最大值	均值	标准差
1	获得高额利润或回收资本	68	1	5	4.77	0.933
2	营造适合长期生存和发展的环境	68	1	5	4.89	0.870
3	赢得良好的企业形象	68	1	5	4.04	0.912
4	提高企业知名度	68	1	5	4.09	0.910

通过分析比较各利益诉求的均值是否存在显著差异，实现对各种利益诉求途径排序的统计意义判断，各指标可认为近似符合正态分布。

由表5.4配对样本T检验可知，旅游企业利益诉求各选项在显著性水平0.01下时，存在显著差异的有获得高额利润或回收资本、营造适合长期生存和发展的环境、赢得良好的企业形象三个指标。当显著性水平α为0.05时，旅游企业利益诉求中的提高企业知名度、营造适合长期生存和发展的环境与前两个指标产生显著差异，因此，基本可以确认企业利益实现途径重要程度排序具有统计学意义。最终确定，企业利益实现途径重要程度排序为：①获得高额利润或回收资本；②营造适合长期生存和发展的环境；③赢得良好的企业形象；④提高企业知名度。

表5.4 旅游企业利益实现途径重要程度排序T检验

项目	获得高额利润或回收资本	营造适合长期生存和发展的环境	赢得良好的企业形象	提高企业知名度
获得高额利润或回收资本				
营造适合长期生存和发展的环境	0.573 ** 0.000			
赢得良好的企业形象	0.669 ** 0.000	0.602 ** 0.000		
提高企业知名度	0.600 ** 0.000	0.322 ** 0.019	0.477 ** 0.000	

** 显著相关性在0.01水平

3. 社区居民利益实现途径分析

与政府利益诉求分析一样,社区居民利益诉求题项为正向指标,请受调查者进行程度识别,并将106份社区居民样本数据转为数值信息录入SPSS13.0软件进行排序,如表5.5所示。

表5.5 社区居民利益实现途径排序表

排序	选项	有效样本	最小值	最大值	均值	标准差
1	增加就业机会	106	2	5	4.08	0.870
2	提高个人收入	106	1	5	4.15	0.851
3	改善公共基础设施建设	106	2	5	4.32	0.886
4	了解和参与管理与决策	106	2	5	3.94	0.822
5	促进与外界交流	106	1	5	3.89	0.988
6	丰富当地文化生活	106	2	5	3.55	0.803
7	保护生存环境不被破坏	106	2	5	3.91	0.925

通过分析比较各利益诉求的均值是否存在显著差异,实现对各种利益诉求途径排序的统计意义判断,各指标可认为近似符合正态分布。由表5.6配对样本T检验可知,社区居民利益诉求各选项在显著性水平0.01下时,存在显著差异的有增加就业机会、提高个人收入、改善公共基础设施建设、丰富当地文化生活四个指标。当显著性水平α为0.05时,社区居民利益诉求中的了解和参与管理与决策、促进与外界交流、保护生存环境不被破坏与其余四个指标产生显著差异,因此,基本可以确认社区居民利益实现途径重要程度排序具有统计学意义。最终确定,社区居民利益实现途径重要程度排序为:①增加就业机会;②提高个人收入;③改善公共基础设施建设;④了解和参与管理与决策;⑤促进与外界交流;⑥丰富当地文化生活;⑦保护生存环境不被破坏。

表5.6 社区居民利益实现途径重要程度排序T检验

项目	增加就业机会	提高个人收入	改善公共基础设施建设	了解和参与管理与决策	促进与外界交流	丰富当地文化生活	保护生存环境不被破坏
增加就业机会							

续表

项目	增加就业机会	提高个人收入	改善公共基础设施建设	了解和参与管理与决策	促进与外界交流	丰富当地文化生活	保护生存环境不被破坏
提高个人收入	0.531 **						
	0.000						
改善公共基础设施建设	0.441 **	0.5161 **					
	0.001	0.000					
了解和参与管理与决策	0.142	0.077	0.413 **				
	0.310	0.582	0.002				
促进与外界交流	0.378 **	0.398 **	0.493 **	0.251			
	0.005	0.003	0.000	0.069			
丰富当地文化生活	0.464 **	0.278 **	0.298 **	0.17	0.373 **		
	0.000	0.044	0.030	0.223	0.006		
保护生存环境不被破坏	0.203	0.161	0.516 **	0.295 **	0.443 **	0.361 **	
	0.145	0.250	0.000	0.032	0.001	0.008	

** 显著相关性在 0.01 水平

4. 旅游者利益实现途径分析

与政府利益诉求分析一样，旅游者利益诉求题项为正向指标，请受调查者进行程度识别，最终笔者将 124 份旅游者样本数据转为数值信息录入 SPSS13.0 软件。通过分析比较各利益诉求的均值是否存在显著差异，实现对各种利益诉求途径排序的统计意义判断（表5.7），各指标可认为近似符合正态分布。

表5.7 旅游者利益实现途径排序表

排序	选项	有效样本	最小值	最大值	均值	标准差
1	欣赏独特性的旅游资源	124	2	5	4.25	0.705
2	接受高质量的旅游服务	124	2	5	4.17	0.869
3	实现预设的自我价值	124	1	5	3.94	0.700
4	享受便利的旅游配套服务	124	1	5	3.91	0.818
5	接触友好的社区居民	124	2	5	3.77	0.925

由表5.8 配对样本 T 检验可知，旅游者利益诉求各选项在显著性水平0.01下时，存在显著差异的有实现预设的自我价值、享受便利的旅游配套服务、接触友好

的社区居民四个指标。当显著性水平 α 为 0.05 时，旅游者利益诉求中的欣赏独特性的旅游资源、接受高质量的旅游服务与后三个指标产生显著差异，因此，基本可以确认社区居民利益实现途径重要程度排序具有统计学意义。最终确定，旅游者利益实现途径重要程度排序为：①欣赏独特性的旅游资源；②接受高质量的旅游服务；③实现预设的自我价值；④享受便利的旅游配套服务；⑤接触友好的社区居民。

表5.8 旅游者利益实现途径重要程度排序 T 检验

项目	欣赏独特性的旅游资源	接受高质量的旅游服务	实现预设的自我价值	享受便利的旅游配套服务	接触友好的社区居民
欣赏独特性的旅游资源					
接受高质量的旅游服务	0.312 ** 0.023				
实现预设的自我价值	0.577 ** 0.000	0.222 0.109			
享受便利的旅游配套服务	0.391 ** 0.004	0.009 0.951	0.454 ** 0.001		
接触友好的社区居民	0.361 ** 0.008	0.284 ** 0.039	0.411 ** 0.002	0.221 0.111	

** 表明显著相关性在 0.01 水平

5. 核心利益相关者利益实现途径排序

在均值比较和配对方差 T 检验后，本书得出漓江旅游开发利益相关者利益诉求实现途径重要度的排序，如表5.9所示。通过排序可以得出利益相关者对相应的利益诉求的优先程度，为博弈分析打下基础。

表5.9 核心利益相关者排序表

排序	政府	企业	居民	旅游者
1	改善当地经济状况	获得高额利润或回收资本	增加就业机会	欣赏独特性的旅游资源
2	拓宽当地居民的就业渠道	营造适合长期生存和发展的环境	提高个人收入	接受高质量的旅游服务
3	增加当地财政收入	赢得良好的企业形象	改善公共基础设施建设	实现预设的自我价值
4	丰富社区文化生活	提高企业知名度	丰富当地文化生活	享受便利的旅游配套服务
5	保护自然和文化环境		促进与外界交流	接触友好的社区居民
6	带动相关产业的发展		了解和参与管理与决策	
7	提高地区知名度		保护生存环境不被破坏	

5.2 核心利益相关者的动态博弈

通过对漓江流域核心利益相关者利益诉求的描述和途径分析，认为漓江流域旅游开发各核心利益相关者拥有不同的资源、参与动机、目标、途径和核心利益。为了更好地构建漓江流域利益相关者参与机制，引入博弈论对漓江流域旅游开发中的利益相关者之间的利益关系进行研究。

5.2.1 博弈论的基本分析框架

从博弈论角度来看，利益相关者总是试图从自身利益出发，选择一种利益最大化的途径——以最小的成本获得最大的利益回报。旅游开发过程实际上是各个利益相关者利益博弈和行为协作的过程。通过研究各个利益相关者之间的博弈及其对利益格局的影响，试图寻找利益均衡点，可以有效地解决旅游开发过程中的矛盾和冲突，构建和谐的利益相关者参与机制，实现漓江地区旅游开发的可持续发展。

博弈有很多种类型。按照支付特性的不同划分，漓江流域旅游开发利益相关者的博弈属于非零和博弈；按照局中人能否达成一个有约束力的协议划分，该博弈属于非合作博弈；按照博弈各方是否同时决策划分，则属于动态博弈；由于信息的不对称性，漓江流域旅游开发利益相关者的博弈，属于不完全信息博弈。

根据博弈论的逻辑基础，对实际生活中博弈模型的分析必须建立在一定假设的基础上，即我们假设各种利益相关者都具有有限性，这包含以下两层含义：

第一，在市场经济条件下，将政府看做是一个独立的人格化的"理性人"。它以公正和公平为前提和目标，利用掌握的资源和权利，"生产"公众所需要的各种"产品"，包括政策、法律、公众利益等，在这个过程中也不排除政府官员借政治权利谋求个人利益的可能。

第二，相对于政府、旅游企业等而言，虽然旅游者、社区居民作为个体的精确计算能力可能有限，但我们不能否认它们像其他理性经济人一样，具有权衡利弊得失以及基本的行为选择的能力。

值得注意的是，由于漓江流域旅游开发利益相关者的博弈是大于两个的个人和组织在追求各自的利益，却没有任何组织能够支配结果的一种竞争态势，为了便于讨论和分析，将对这些利益相关者按照博弈主体、博弈策略、博弈分析等内容进行两两博弈分析（图5.5），试图对它们的博弈关系进行梳理和分析。由于各方决策的独立性，简化的两两博弈分析并不会影响最终的分析结果。

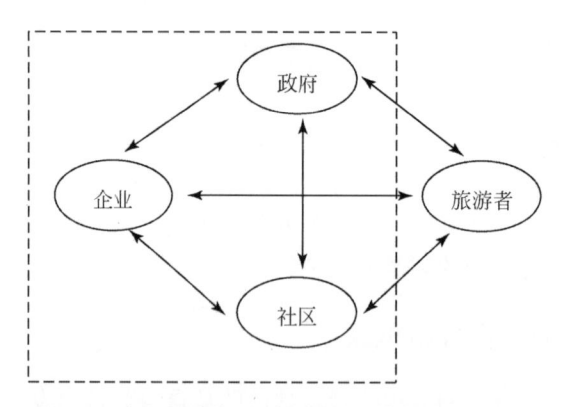

图 5.5 漓江流域核心利益相关者博弈关系示意图

5.2.2 旅游开发利益相关者非合作博弈的具体分析

1. 旅游企业与政府博弈分析

1) 博弈主体

针对漓江流域旅游开发而言，政府应为漓江流域所在区域的县级、乡镇级政府，这些地方政府拥有代表国家行使地方资源分配的权力。旅游企业指在漓江地区进行旅游开发和经营活动的企业等。

2) 博弈策略

政府与旅游企业的博弈存在于旅游开发的整个过程。根据实际情况，我们假设：①在旅游开发初期，地方政府在地方旅游规划的前提下进行旅游开发决策，此时地方政府可以选择两种策略，"不开发"和"开发"。针对政府策略，企业可相应地选择"合作"和"不合作"两种策略。②旅游开发进行中，对于企业的开发行为，政府根据企业与政府的合作意愿，相应地有"鼓励"和"限制"两种策略。③旅游开发经营期，企业在经营过程中有"合法经营"和"违规经营"两种策略，针对企业的经营行为政府相应地可选择"监管"和"不监管"策略。根据利益权衡和分析，政府和企业分别会在不同阶段，针对对方的行动选择自己的行动策略，其博弈过程可表示为博弈树形式（图 5.6）。

3) 博弈分析

在旅游开发中，政府扮演决策者、投资者、管理者等多重角色。政府以地方社会经济的快速健康发展作为根本诉求点，而企业则以最大化的盈利空间为其行为的利益标向。在旅游开发初期，地方政府拥有旅游开发的决策权。如果旅游资

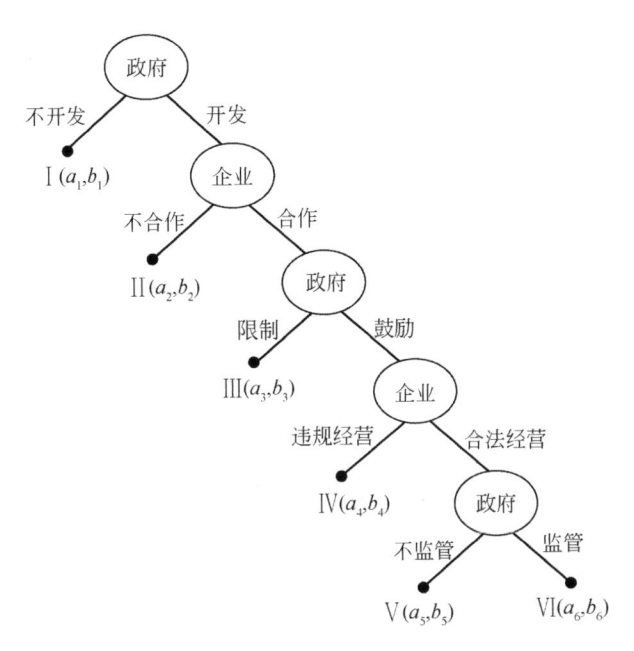

图 5.6　地方政府与旅游企业博弈树

源丰富、品位高、具有较强吸引力，政府在根本利益诉求的驱使下会进行旅游开发，但同时也面临着一定的决策风险，地方政府面临运营经验不丰富、难以做大做强、管理负担重等诸多难题。如地方政府选择不开发，则政府收益为 a_1；企业未能参与旅游开发，其收益 b_1 忽略不计；如在市场化经营对地方经济发展的巨大刺激作用下，政府选择"开发旅游"，即通过出租、委托经营、买断经营、合股经营等方式将经营权部分或全部转让给旅游企业，博弈得以继续。在此基础上，为了能够吸引大型旅游企业投资，政府会制定优惠的招商引资政策，与此同时，为了加强对企业的约束力，政府一般在转让经营权的合同里对企业的经营活动进行严格的规定，限制企业经营权的年限、盈利模式、分配方式等。在招商引资政策和旅游资源巨大潜力的基础上，旅游企业选择参与当地旅游开发。由于旅游开发活动的周期很长，且与地方政府牵涉重大，在没有政府支持的情况下，旅游开发活动举步维艰，因此，企业往往选择与政府合作。对于企业的合作态度，出于对当地经济发展和社会进步层面的考虑，政府多会采取正面回应，即鼓励企业的旅游开发活动，这是双方在权衡利益之后的最佳选择。政府的主要行动包括制定优惠的税收、征地和财政支持政策，协调旅游企业与其他利益相关者矛盾等（饶勇等，2008）。

在进入深层旅游开发层面后,旅游企业负责旅游开发的经营管理,但是政府依然拥有旅游开发的宏观控制权,并始终对旅游企业的开发和经营行为进行监督。由于企业以最大化的盈利空间为其根本利益诉求,而忽略道德和社会层面的义务,往往为了谋求更高的利润而进行违规经营。在信息不对称的情况下,违规经营行为往往使企业获得超额利润,而政府作为公众管理者,往往要承担违规操作带来的社会、经济负面影响(依绍华,2003)。为了杜绝这一现象的产生,政府选择"监管",对企业的违规操作行为进行监督,并给予高额处罚,以规范正常的开发秩序。而企业为了保护自己的经济利益和知名度,往往改变经营策略进行合法的经营。用博弈树反映如下:

由于

  政府收益 $a_6 > a_5 > a_4 > a_3 > a_2 > a_1$

  企业收益 $b_6 > b_5 > b_4 > b_3 > b_2 > b_1$

则

  策略组合   Ⅵ > Ⅴ > Ⅳ > Ⅲ > Ⅱ > Ⅰ

根据博弈主体利益最大化原则,政府和旅游企业之间的博弈在策略组合Ⅵ达到动态均衡。在整个博弈过程中,博弈双方为取得博弈优势而采取的行动如表5.10所示。

表5.10 政府与旅游企业具体博弈行动分析

利益相关者	具体博弈行动
政府	制定招商引资政策
	与旅游企业签订经营权转让协议
	制定税收、征地和财政支持政策,协调旅游企业与其他利益相关者矛盾
	监管旅游企业开发行为
旅游企业	与政府达成合作开发协议
	配合政府的总体规划,积极合作
	向政府缴纳税收,并承担相应的社会责任

2. 政府与社区居民博弈分析

1) 博弈主体

政府与社区居民博弈主体包括:漓江流域县级、乡镇级政府和漓江流域旅游开发相关社区的社区居民。社区居民由于组织的松散性和知识层面较窄的限制,往往通过对旅游开发经济、社会、文化影响的感知而选择对旅游开发所采取的态度。地方政府一方面是社区居民利益的维护者，另一方面在开发过程中又产生一些损害社区居民利益的行为。在漓江流域旅游开发中，政府与社区居民所展开的博弈主要集中在征地、社区居民扶持等方面。

2）博弈策略

由于现行体制和管理模式的限制，社区居民对旅游开发的感知往往是从政府旅游开发征地开始。政府作为公共利益的代表者，为了实现地区经济、社会、文化的跨越发展而进行旅游开发，而开发的首要条件是征用旅游开发用地。根据实际情况，我们假设：①旅游开发初期，政府对征地有两种策略选择，"强制征地"和"合理征地"。面对政府的征地行为，社区居民出于对自身利益考虑而选择"合作"和"抵制"两种策略。②旅游开发过程中，通过征地，社区居民逐渐感知到旅游发展的优势，从而开始主动参与旅游开发活动。对于社区居民的参与意识，政府可选择的策略有"引导"或者"放任发展"。对政府这个社区利益最大的相关者的行动感知后，社区居民会对旅游开发分别选择"积极参与"和"不参与"两种策略。具体的博弈过程如图5.7所示。

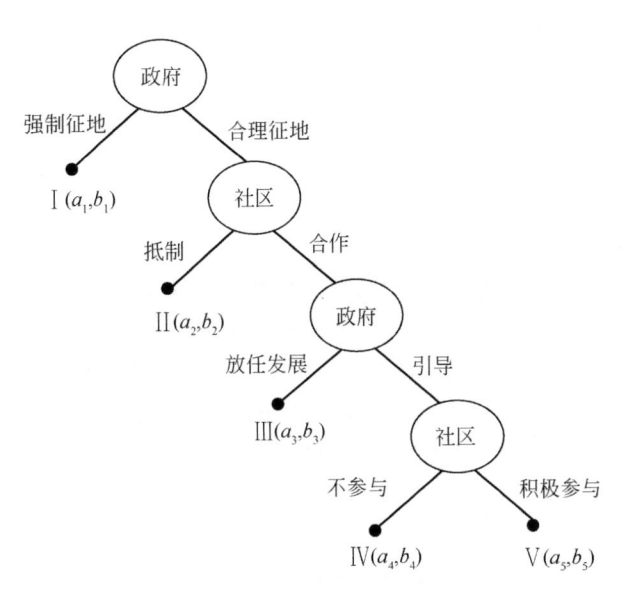

图5.7 政府与社区居民博弈树

3) 博弈分析

由于旅游发展需要，在旅游开发决策制定之后，地方政府往往需要征用大量的土地。由于我国现行的土地使用制度，农村土地属于集体所有。虽然国家现在放宽集体土地入市流转的相关政策，但总的来说还是在地方政府的主持下征用，并出让给土地开发使用者。显然，地方政府和社区居民在征地博弈中的地位是不对等的，政府作为国有土地的使用者和宏观管理者拥有征地的决策权，而居民仅处于从属和被管理地位。尽管国家三令五申农村土地流转必须依法、自愿、有偿进行，但在利益驱使下，许多地方基层组织仍越俎代庖，操控土地流转，少数地方甚至动用了警力，逼农民就范。政府选择"低价征地"维护了旅游开发者利益和地方财政收益，但伤害了社区居民利益，必然会引起社区居民的极力抵触。由于旅游产品的服务性和生产消费的同步性，社区居民的抵触会影响旅游者利益，最终导致地方政府旅游收益的减少。因此，地方政府往往会选择"合理征地"，即以市场价格征地，对失去土地的农民进行补偿。

随着旅游开发的继续推进，社区居民逐渐参与到旅游开发的各个层面。对于政府的指挥和管理，依据对政府角色的信任度和对"生活质量的改善"的利益追求，社区居民有"抵触"和"合作"两种策略选择。如果社区居民认为地方政府是居民利益维护者的角色，就会积极配合政府开发行为；反之，就会以抵触的态度对待政府的开发行为。但抵触必然会导致政府的打压，从而最终影响社区居民自身利益的实现。对于地方政府而言，打压成本较高且不利于旅游开发的顺利进行。为了获得社区居民的支持，政府必然会提供优惠的政策，如提供就业岗位、允许农民以土地入股、积极征求农民对旅游开发提出的意见等，调动农民的积极性。对于社区居民的积极参与，政府可以积极引导，如开展就业培训、技术指导等；也可任其自行发展。从短期利益来看，任其发展的成本是较低的，但由于社区居民的受教育水平和知识层面的限制，未必会达到理想的参与结果，而最为有利的选择是"引导"。政府的积极引导一方面促进旅游社区的整体和谐，提高旅游目的地吸引力，另一方面也使社区居民的利益诉求得到满足，最终提高居民参与的积极性。用博弈树形式表示（图5.7）。

由于

  政府收益 $a_5 > a_4 > a_3 > a_2 > a_1$

  社区居民收益 $b_5 > b_4 > b_3 > b_2 > b_1$

则

  策略组合   Ⅴ > Ⅳ > Ⅲ > Ⅱ > Ⅰ

按照博弈主体利益最大化原则，政府和社区居民之间的博弈在策略组合Ⅴ达到动态均衡。在整个博弈过程中，博弈双方为取得博弈优势而采取的行动如表5.11所示。

表5.11 政府与社区居民具体博弈行动分析

利益相关者	主要博弈行动
政府	出于旅游发展需要，向农民征收土地
	为保证旅游开发顺利进行，采取补偿措施，调动农民积极性
	对社区的旅游开发参与行为进行引导和监督
	协调社区居民与其他利益相关者的冲突
社区居民	在政府征地过程中保护自己的利益不受损
	对社区居民的旅游发展和规划提出自己的意见
	参与旅游开发活动，如出售旅游纪念品、开设农家旅馆等
	对政府的开发活动持支持或反对态度，最终影响整体开发效益

3. 旅游企业与社区居民博弈分析

1）博弈主体

旅游企业和社区居民分别以"最大化的盈利空间"和"生活质量的改善"为利益根本诉求。两者的博弈主要集中在旅游企业对社区居民利益相关者地位的承认与否。

2）博弈策略

虽然"社区居民参与"是国内公认的旅游开发理念之一，但在漓江流域旅游开发中，旅游企业往往忽视社区居民的参与。根据实际情况，我们假设：①旅游企业在旅游开发过程中有两种策略，"合作"与"不合作"；②面对旅游企业对社区居民的态度，社区居民可选择"配合"和"对立"两种策略。

3）博弈分析

社区居民参与主要包括对旅游发展决策、旅游利益分配等方面的参与，社区居民期望从参与中获得尊重和经济状况的改善。而旅游企业的"经济人"身份决定其在旅游开发过程中以自身的最大盈利为根本追求。如果企业放弃成本较高的"合作"而选择"不合作"，企业将因为忽略社区居民参与成本而获得高额利润，但企业的策略会极大地伤害社区居民的积极性，社区居民将对旅游开发活动持消极或者对立态度，即"对立"策略。如杨堤、兴坪等地出现的私自竹筏经营现象就是这方面问题的表现形式。这对旅游开发收益影响甚远,最终会导致整个企业盈利空间的缩减。如果企业选择"合作",在旅游开发过程中允许居民参与,为社区居民提供就业机会、抽取企业利润为社区居民改善基础生活环境等,社区居民参与的积极性将会调动,"配合"企业旅游开发活动,反过来促进旅游经济效益的提升(唐顺铁,1998)。用博弈树图5.8所示。

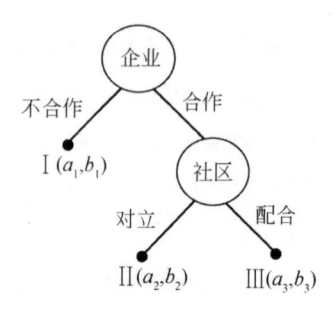

图 5.8 企业与社区博弈树

由于

企业收益　　　　　　　$a_3 > a_2 > a_1$

居民收益　　　　　　　$b_3 > b_2 > b_1$

则

策略组合　　　　　　　Ⅲ > Ⅱ > Ⅰ

策略组合Ⅲ为企业和社区居民共同的利益最大化均衡点。在整个博弈过程中,旅游企业和社区居民所采取的博弈行动如表5.12所示。

表 5.12 旅游企业与社区居民具体博弈行为分析

利益相关者	具体博弈行动
旅游企业	为社区居民提供就业、年终分红等基本福利
	加强社区的基础设施建设,优化其生存环境
	对社区居民进行专业培训,促进旅游开发稳定健康进行
社区居民	配合企业的旅游开发活动,为其提供便利条件
	开展旅游周边盈利活动,如旅游工艺品买卖、餐馆等经营

4. 旅游者与社区居民博弈分析

1）博弈主体

与前面的博弈不同，由于旅游活动的特殊性，旅游者与社区居民的博弈主要体现在"内部"与"外部"相互影响方面，更侧重于文化方面的博弈行为。

2）博弈策略

与普通社区相比，旅游社区具有独特的文明空间，包括独特的风俗、服饰、建筑等，这些正是旅游发展最为核心的要素（孙九霞和保继刚，2006）。而旅游者的进入往往会使社区的文明空间、生态环境、人际关系等遭到一定的破坏。我们假设：①在旅游开发初期，社区居民对旅游者有"抵制"和"欢迎"两种策略。②旅游活动进行中，旅游者在游览活动社区文明空间时的态度包括"尊重"和"不尊重"。③针对旅游者对社区文化和社区地位的态度，社区居民往往会再次选择对旅游者的态度进行重新定位。

3）博弈分析

在旅游开发之前，由于交通闭塞、经济基础薄弱，经济发展很缓慢，直接影响居民生活水平的提高。随着旅游开发的推进，社区居民逐渐认识到旅游的发展能够促进地方经济的发展，进而促使自身利益的实现。在这个认识前提下，社区居民会以"主人翁"的姿态积极配合政府和旅游企业进行旅游开发。对旅游者的旅游活动更是表现更多的欢迎，因为如果没有旅游活动的开展，就没有自身利益的实现。

对于旅游社区居民的态度，旅游者作为旅游活动的主体，往往有相应的策略选择。如果旅游者选择漠视旅游社区居民的核心利益相关者地位，将自己的主观意识强加于旅游社区居民，在旅游活动中对社区环境、社区文化习俗、建筑设施进行破坏，就会引起社区居民的强烈反感，社区居民认为自己的主人翁地位遭到了不公正的对待，就会修正自己的态度，以"抵制"或者"不欢迎"的态度对抗旅游者的"不尊重"。这必然会影响旅游者获得高质量的旅游服务、享受便利的旅游配套服务、接触友好的社区居民，最终影响旅游者"高质量的旅游体验"这一根本利益的实现。为了保证自己的利益得到实现，旅游者就会承认旅游社区居民的主人翁地位，从而规范自己的旅游游览行为，保护和尊重当地的文化风俗等。而社区居民也会对自己的态度进行再次修正，最终达到旅游者和社区居民的利益均衡（图5.9）。

由于

居民收益 $a_4 > a_3 > a_2 > a_1$

则
  旅游者收益 $b_4 > b_3 > b_2 > b_1$
  策略组合   Ⅳ > Ⅲ > Ⅱ > Ⅰ

策略组合Ⅳ是社区居民和旅游者共同的利益最大化均衡点。在博弈活动中，博弈双方为达到均衡所采取的行动如表5.13所示。

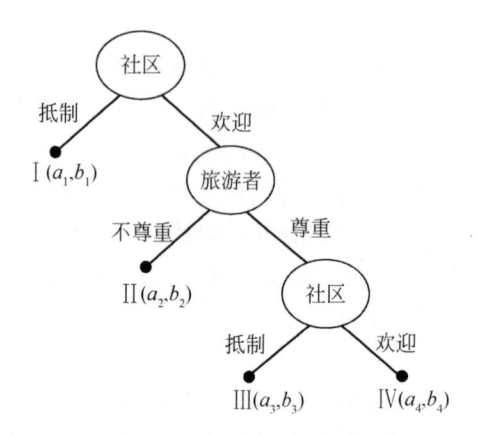

图 5.9 旅游者与社区博弈树

表 5.13 社区居民与旅游者具体博弈行为分析

利益相关者	具体博弈行动
社区居民	配合政府和企业进行旅游开发
	以主人翁态度欢迎旅游者的旅游活动
旅游者	规范自己的旅游行为，尊重地方文化风俗，保护地方环境

5. 政府、企业与旅游者博弈分析

1）博弈主体

旅游的经济收益直接来自旅游者，出于利益最大化考虑，政府和企业形成联盟，共同与旅游者进行博弈。地方政府和旅游企业与旅游者的博弈主要集中在对游客旅游需求的满足方面。

2）博弈策略

在地方政府的宏观调控下，旅游企业进行旅游开发。根据实际情况，我们假设：①在开发过程中，政府和旅游企业有两种策略，"满足需求"，即尽量从旅游者需求考虑进行旅游产品的设计、旅游项目的开发和旅游基础服务设施的建设;"任其发展",即忽略旅游者实际需求,按照当地实际情况、开发者喜好和水平进行旅游开发。②针对地方政府和企业提供的旅游产品,旅游者可以选择"参与"和"不参与"两种策略。

3) 博弈分析

旅游者的游览活动带动旅游整体效益的提升,使地方政府和旅游企业获得经济、社会、文化等各方面的收益。但在实际的旅游开发过程中,众多因素共同影响着旅游者的游览活动,影响旅游者高质量的旅游体验这一根本利益诉求的实现。在旅游开发建设过程中,地方政府和旅游企业可以在旅游开发方向的选择上有两个基本立足点,即地方发展偏好和旅游者偏好(梁修存和丁登山,2002)。如果地方政府和旅游企业在开发过程中忽略旅游者的实际需求,对其采取放任发展的方式,旅游者的旅游需求得不到完全满足,根本利益诉求不能实现,旅游者不但会减少旅游消费,而且会减少旅游或者避免再次旅游;如果政、企两方从旅游者旅游根本诉求出发,合理设计旅游产品、提供体贴的旅游服务、完善旅游服务设施、保护旅游原生态环境,那么,旅游者就会积极参与当地旅游活动,扩大旅游消费,增加游览次数,从而最终满足政、企需求,使地方旅游持续、健康发展。显然,反映为博弈树形式(图5.10)。

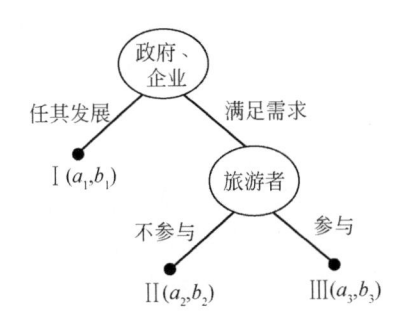

图 5.10 政府和企业与旅游者博弈树

由于

  政企收益 $a_3 > a_2 > a_1$

  旅游者收益 $b_3 > b_2 > b_1$

则

  策略组合   Ⅲ > Ⅱ > Ⅰ

策略Ⅲ为政企和旅游者的双赢组合,在此时博弈双方达到动态均衡。两者的策略行动如表 5.14 所示。

表 5.14 政府、企业与旅游者具体博弈行为分析

利益相关者	具体博弈行动
政府旅游企业	立足旅游者偏好，设计旅游产品和服务 加强旅游基础和服务设施建设，提供旅游便利性 保护原生态的旅游环境，保证旅游活动的品质 对旅游者行为进行监控，保证地方旅游健康发展
旅游者	根据旅游满意度，增加或减少旅游消费量和消费次数，从而最终影响旅游目的地旅游效益

5.2.3 旅游开发利益相关者的无限重复博弈

以上仅仅对漓江流域旅游开发核心利益相关者之间的两两博弈进行了简单分析。通过分析对利益相关者之间的复杂利益关系进行梳理，对其行动策略和先后顺序进行解读，试图寻找其利益均衡点。

实际上，由于现实旅游开发的复杂性和利益相关者利益诉求的巨大差异，博弈行为往往不会在短期内实现均衡，达到和谐开发状态。根据博弈论思想，各方博弈会无限次进行下去，即进行"无限重复博弈"。只有当各利益相关者通过多次的博弈看到合作的远期收益要明显地大于背叛合作所带来的短期利益时，各方才有望达成合作，真正实现资源的合理利用（郭华，2007）。因此，并不能期待利益相关者会通过短期的策略选择和博弈行为达到整个博弈的均衡，实现地区旅游开发的可持续。而应该通过对他们利益诉求、行动策略及先后顺序的综合解读，构建长效的旅游开发参与机制，引导和规范各利益相关者的行为策略，最终实现"纳什均衡"，即地区旅游业的可持续发展。

5.3 利益相关者的参与机制

通过对漓江流域核心利益相关者利益诉求、博弈行动、博弈策略及先后顺序的综合解读，致力于构建长效的漓江流域旅游开发参与机制，以便于引导和规范各利益相关者的行为，使其最终实现"均衡"，即漓江流域旅游业的可持续发展。

5.3.1 引导机制

引导机制主要指地方政府通过开发规划、政策立法、财政补贴等多种形式对

旅游社区居民、旅游企业和旅游者进行旅游开发的路径选择、开发方向指导和开发过程修正的综合性机制。需要强调的是，引导机制的主体是地方政府。这是由于旅游开发外部性、博弈的信息不对称性和地方政府的根本利益诉求决定的。政府引导并不是指地方政府直接参与旅游开发，而是政府应在以市场为基础配置资源的前提下，合理地发挥宏观调控能力，引导其他利益相关者参与漓江流域旅游开发，并给予政策和法律的支持，使资源达到优化配置，促进地方旅游业和谐发展（佟敏，2005）。对待不同的利益相关者，政府主导的引导机制也各不相同，主要包括社区引导机制、招商引资机制和目的地营销机制等内容。

1. 社区引导机制

社区引导机制主要包括咨询机制、激励机制和教育机制。

1）咨询机制

咨询机制的建立主要是为了引导和帮助社区居民解决和摆脱因接触、参与旅游开发过程而面临的问题和困境，以保证其参与过程的顺利。除此之外，还可以深层次地了解居民参与旅游开发的态度、矛盾等，有利于整个旅游开发的顺利进行。

（1）咨询机构。目前，一般旅游社区的咨询机构都是由地方政府兼任的，这有利于旅游开发信息的传递和交流。但由于地方政府担负着管理和统筹旅游开发的职能，而对旅游发展的方向、途径却存在局限性，因此，建议成立独立的旅游开发咨询机构。咨询机构成员应包括旅游开发专家、旅游行业从业人员、社区居民的先进分子（率先参与旅游开发并获得收益的典范）和地方政府代表等。咨询形式应多样化，可以采取入户访谈、定期会议等多种方式。对于居民的咨询应给予系统化、可操作性强的回答。并事后跟踪，根据反馈的效果，对咨询机制进行完善（安艳艳，2007）。

（2）咨询内容。社区居民受知识层面、阅历等影响，不能对旅游开发进行全面、深入的认识，这不仅影响其对旅游开发的整体认知，也阻碍其参与旅游开发的行为。作为咨询机构，咨询内容应包含漓江流域旅游开发的总体发展战略、具体旅游发展思路，以及旅游发展导致的影响。

总体发展战略包括国家对旅游发展的政策导向，国内旅游发展的主要趋势和进程，漓江流域旅游开发的总体规划、目标、任务，地方政府的主要扶持政策等内容；具体发展思路包括参与旅游开发的主要途径、需要的条件、主要困难，具体参与活动中投资、管理、市场等方面困难的解决办法等；旅游发展导致的影响方面的内容包括旅游开发过程中对环境、文化等方面的负面影响的应对措施、正确的心理态度等。

2）激励机制

激励是心理学的一个术语，指激发人的行为的心理过程。所谓激励机制是通过一套理性化的制度的制定来推动社区居民参与旅游开发的行为。众所周知，社区居民参与旅游开发的积极性在很大程度上影响旅游开发的顺利进行。因此，激励机制是社区参与机制不可或缺的组成部分。

（1）激励内容。根据马斯洛需求层次理论，人的需要由低到高分为五个层次，即生理需要、安全需要、社交和归属需要、尊重需要和自我实现需要。从激励的角度看，激励内容可包括物质激励和精神激励。物质激励指通过物质刺激的手段，鼓励社区居民参与旅游开发。它的主要表现形式有提供就业岗位、申请低息旅游贷款等。精神激励主要指通过非物质手段使社区居民获得精神或者心理上的满足感，从而使其产生参与旅游开发的动机，其主要形式包括鼓励居民参与决策管理、评选旅游参与先进个人等（表5.15）。漓江流域旅游开发历史悠久，但居民的参与意识却是在近几年才逐渐凸显和形成的，因此，在激励内容上应尽量采取正面的激励手段，而不使用消极的激励手段，以免挫伤社区居民的参与热情（周娟，2008）。

表5.15 社区激励机制内容分析

激励内容	物质激励	精神激励
1	提供就业机会	鼓励参与旅游决策
2	提供低息经营贷款	评选旅游参与先进个人
3	允许参与入股	提供培训和教育机会
4	共享旅游开发收益	促进与外界的交流
5	设立先进个人奖励基金	鼓励居民监督旅游发展

（2）激励流程。激励的目标是使社区居民充分发挥其参与旅游开发的潜在的能力。激励是"需要→行为→满意"的一个连锁过程。一般情况下，我们可以用五个步骤表示激励的流程，分别为双向交流、各自行动、阶段评价、奖励分配和比较与再交流。

双向交流指地方政府首先了解社区居民需要、能力和素质等，同时向社区居民阐明旅游开发的发展规划、目标、奖酬内容和行为规范等，而社区居民则要把自己的各方面要求和打算表达出来，务必使双方充分了解。在双方交流的基础上，地方政府根据居民的需求和能力引导其参与旅游开发，提出适当的努力目标和考核办法，采取适当的管理方式并付诸行动；而社区则采取适当的方式和行动参与旅游开发。在激励期限结束时，地方政府评估社区居民的参与成果，并给予相应的奖励。

最后，是政府与社区居民的再次交流，从而对已有的激励制度进行修正。

3）教育机制

拓宽漓江流域社区居民的参与视野、提高社区居民的参与技能是教育机制构建的主要目标。相对于激励机制和咨询机制，教育机制影响范围更为广阔、效果更加直面化。

（1）教育对象。教育机制针对的对象是社区居民，但应避免笼统的分类和培训，应进行更加深入的划分。就漓江流域旅游开发的实际情况，将社区居民按照参与旅游开发程度划分为从业居民、潜在参与居民和其他社区居民。根据各类社区居民的基本情况进行针对性的教育培训，以期达到较好的教育效果。对于从业居民侧重于旅游服务技巧和经营常识的培训，对于潜在参与居民则侧重于旅游开发趋势和发展概括的培训，而对于未参与旅游开发的社区居民更侧重环境和资源保护等方面的培训内容（黎平，2005）。

（2）教育形式。社区居民受其知识结构和阅历的影响，对旅游开发和参与的意识和接受能力是比较弱的，对其进行的教育培训应在形式上多样生动，在内容上浅显易懂。在教育形式的选择上可采取专家讲座、在职培训、群组讨论、知识竞赛、考察学习、媒体宣传等多种形式相结合的模式。

（3）教育内容。针对不同的教育对象和培训形式，教育内容也有所不同，总的来说应包含基础知识普及、旅游开发辅导和服务技能培训，如表5.16所示。

表5.16 教育机制的培训内容及形式

分类	内容	主要形式	主要对象
基础知识普及	1. 旅游开发概况 2. 旅游业发展趋势 3. 区域旅游规划内容 4. 旅游行业法律法规 5. 环境与资源保护 6. 民主参与意识	专家讲座 媒体宣传 知识竞赛	全体社区居民
旅游开发辅导	1. 旅游业涉及行业特点 2. 旅游目的地成功开发案例 3. 旅游经营技巧	专家讲座 考察学习	潜在参与居民从业居民
服务技能培训	1. 旅游餐饮规范操作 2. 旅游服务基本技巧 3. 导游知识培训	在职培训 群组讨论 知识竞赛 媒体宣传	从业居民

2. 招商引资机制

招商引资是旅游开发的重要环节，融资成功与否直接影响后期的开发效果，影响整个旅游开发的收益。融资环节最为重要的是招商程序和融资方式（王晓华，2007）。

1）招商程序

招商的程序可以分为前期准备、中期实施和后期保障三阶段。

前期准备阶段：在政府主导下进行区域旅游资源的普查，做好资源的登记和区域、开发环境的调查工作；聘请旅游规划专家在旅游资源普查的基础上，结合社区发展和社会、经济、文化发展基础进行旅游区域规划，划分旅游功能区，确定旅游发展目标、形象等；根据规划，政府制订招商引资计划书，对投资项目定位、投资进度、投资成本、投资效益、风险评估、实施步骤、配套设施等进行详细的规定。

中期实施阶段：组织由政府主导，社区居民参与的旅游开发管理委员会，负责旅游招商引资项目的管理与运作保障；以高品位资源、特色项目为龙头召开招商引资大会，广泛吸引各路客商；与合作旅游企业签订投资合作书，详细规定企业经营权的年限、盈利模式、分配方式等内容；为旅游企业招商引资重大项目建设提供税收、产品开发、信贷、价费、项目审批等各方面优惠措施；加快旅游基础设施和公共基础设施建设，为招商引资提供基础支持。

后期保障阶段：对旅游投资项目进行跟踪管理、财务和投资进度监督，保证项目投资效果（钱益春，2006）。

2）融资方式

目前，旅游开发中常见的融资方式主要有银行信贷、私募资本融资、整体项目融资、政策支持性融资、商业信用融资、海外融资、信托投资、国内上市融资等八种形式，如表5.17所示。根据不同地区的不同情况，因地制宜进行旅游投融资。

表 5.17　主要融资方式

融资方式	主要内容
银行信贷	银行信贷是开发商主要的融资渠道。对旅游资源开发，可以采用项目信贷的方式借款。开发商可以土地使用权、相关建筑物的所有权等资产作为抵押或质押。目前有企业尝试以开发经营权、未来收费权等作为质押

续表

融资方式	主要内容
私募资本融资	开发商对自身的资本结构进行重组改制，设立股份有限公司。开发商以股份有限公司的主发起人身份，向社会定向招募投资人入股，共同作为发起人，形成资本融资。开发商也可以先成立自己绝对控股的有限责任公司或股份有限公司，再向社会定向募股，以增资扩股的方式，引入资本金
整体项目融资	开发商在开发中，设立若干个项目，并制作单个项目的商业计划书，按照投资界的规范要求，准备招商材料。依据招商材料，开发商可以向境内外的社会资金进行招商，其中，可以采用BOT等多种模式，也可合成开发、合资开发、转让项目开发经营权等
政策支持性融资	充分利用国家鼓励政策，进行政策支持性的信贷融资，包括旅游国债项目、扶贫基金支持、生态保护项目、文物保护项目、世界旅游组织规划支持、国家及省市旅游产业结构调整基金等途径
商业信用融资	开发规划有足够吸引力，开发商有一定信用的情况下，可以通过垫资方式进行。一般情况下，工程垫资可以达到30%~40%，商业信用可以表现在很多方面，若开发能与开放游览同步进行，则可对旅游商品、广告宣传、道路建设、景观建设等多方面进行商业信用融资
海外融资	海外融资方式非常多，包括一般债券、股票、高利风险债券、产业投资基金、信托贷款等。海外融资目前受到一些政策限制，但仍有很多办法可以开展。这需要一家海外投资银行作为承销商，全面进行安排和设计
信托投资	以项目和专题方式发行信托投资凭证，即发行旅游信托凭证，把旅游项目打包，通过信托凭证，向社会集资
国内上市融资	将收入转移到索道等交通工具，以宾馆、餐饮、纪念品等项目包装为基础的企业可走上市的道路，也可以吸引上市公司作为配股、增发项目进行投资

3. 目的地营销机制

健全的目的地营销机制将会引导更多的旅游者参与旅游活动，为目的地旅游开发的顺利实施提供保障。目的地营销机制包括营销内容和营销程序（李宏，2007）。

1）营销内容

旅游目的地营销的主要内容包括形象塑造、市场发展和营销策略选择三部分的内容。

旅游产品的不可转移性决定目的地形象塑造的重要意义。形象营销包括对当地进行整体形象设计和推广传播，为旅游目的地选择专一的市场沟通方案，即旅游目的地信息和标志，以明确旅游目的地在旅游者心目中的定位，并将其与其他旅游目的地区别开来。

市场发展包括市场定位和市场拓展两部分的内容。市场定位就是根据当地的旅游资源特点、旅游市场特点、竞争旅游目的地基本情况等内容确定目的地旅游发展定位。市场拓展就是在这个定位的基础上进行营销途径、营销广度的双向扩充。

营销策略选择包括营销观念、营销方式等内容的选择。目前，旅游目的地普遍采用的营销策略组合是4C营销组合策略。简单讲就是以消费者为导向的营销策略，其基本要素是：顾客、成本、便利和沟通。4C营销组合策略要求营销的出发点要以游客为中心，把游客满意度放在第一位（卞显红和树夫，2005）。

2）营销程序

考虑漓江流域旅游发展的基本情况和区域环境，其营销程序如下：

（1）根据旅游目的地的资源特性和品位，确定旅游目的地的主体形象；

（2）在旅游资源和形象定位的基础上，分析区域竞争环境，选择适合的市场定位；

（3）基于市场定位和主体形象设置具有主题特色的旅游产品和项目，以及旅游形象宣传标示、口号等，加强品牌塑造；

（4）设计体验营销组合策略，满足游客的体验需求；

（5）组织和协调各利益相关者的关系，全方位开展营销活动，根据实时情况，灵活变化营销手段和方式；

（6）建立面向旅游者的是否达到营销效果的评估体系，对营销效果进行评估，并根据反馈意见进行调整。

5.3.2 决策机制

决策机制是整个参与机制的核心，是各个利益相关者实现自己根本利益诉求的主要途径，是保证整个参与机制顺利运作的重要内容。

1. 决策机构

决策委员会是决策机制的决策机构，成员由政府、旅游企业、社区和旅游者等多个利益相关者推举产生。决策机构根据决策性质的不同，负责反映地方政府、旅游企业、社区、旅游者等利益相关者的开发意愿，根据其根本利益诉求完成旅游开发决策的制定、传达和监督实施。在机构编制上，可考虑将其设在本地区最高旅游行政管理部门下，但必须保持其相对独立性。

2. 决策分类

根据决策的性质，本书将决策分为日常开发决策和开发发展决策。

日常开发决策就是地方旅游日常开发行为所需要的决策，这类决策具有实时性、专业性的特点，如旅游项目、旅游产品谱系的设置、旅游营销策略、宣传活动的推出等。

开发发展决策是指那些对地方旅游开发产生重要影响的决策行为，如旅游发展方向、旅游投融资金额等。这类决策往往关系到每个利益相关者的切身利益，决策实施需要诸多方面的通力配合。

3. 决策程序

根据决策的内容不同，应制定不同的决策程序。

日常开发决策：由于日常开发决策具有实时性、专业性的特点，决策的制定者应为政府专管部门，在决策制定后交由决策委员会备案。决策委员会负责将决策内容传达给各个利益相关者群体，并形成回馈意见，供政府部门参考修正。

开发发展决策：开发发展决策是关系到旅游开发利益相关者切身利益的决策行为，其决策应该征得广大利益相关者的同意。具体的程序是由政府专管部门提供决策草案，决策委员会召集利益相关者代表会议，对决策进行评估和讨论，在广泛征求意见的基础上进行民主表决，通过3/4票数方能通过实施。这是保证各个利益相关者公平参与的重要措施。

5.3.3 利益分配机制

与利益相关者相比，利益分配机制中"利益"的含义是比较狭义的，仅指经济利益。利益分配机制涉及利益相关者的根本利益，在参与机制中作用尤为重要。对任何一种分配机制的研究都必然要确定利益的源泉，而后才能分配。就漓江流域旅游开发利益分配机制而言，利益分配的源泉是旅游者的旅游活动，而分配主体涉及政府、旅游企业和社区（罗永常，2006）。

1. 分配内容

旅游利益分配的源泉是旅游者的旅游活动，这包括两部分的内容：显性收益和隐性收益。显性收益是指旅游门票收益和旅游项目经营收益；根据增长极理论，旅游隐性收益应包括因为旅游业的发展而带动的食、住、行、游、购、娱收益及其通过产业关联效应和空间扩散效应对区域经济带动产生的收益，但是考虑到隐性收益完全分配较为困难，本书仅考虑这些带动产业所上缴的税收。

2. 分配形式

旅游利益分配应包括直接分配、再次分配和利益回馈三个过程。

直接分配过程：政府旅游收益包括旅游企业上缴的税收、资源使用费，旅游带动相关产业的税收以及国家为支持旅游业发展而提供的财政拨款，如新农村建设资金；企业旅游收益则包括门票收入和相关旅游项目收入；社区旅游收益包括旅游公司雇佣或个体旅游经营获得的劳动所得、土地租金等（张晓鸣，2007）。

再次分配过程：再次分配过程也是利益补偿过程，在直接分配的过程中，并不能充分考虑各个利益相关者的实际劳动量与收益的关系，特别是会忽视社区利益。出于公平考虑，应该进行再次分配。在再次分配过程中，政府通过财政补贴等多种形式向社区提供支持，旅游企业也将收益的一部分作为生态环境补偿和征地补偿返还社区，社区将这部分资金用于基础设施的改善和社区居民的基本保障，如为居民提供养老保险、年终分红等。

利益回馈过程：对于利益分配的收益，利益相关者并不仅仅用作满足自身需求，而是将其中的大部分循环投入到旅游开发建设当中，完善基础设施和服务设施（图5.11）。

5.3.4 监控机制

监控机制是对旅游开发全过程的监督和控制，是利益相关者参与机制实现的保证。

1. 监控内容

漓江流域旅游开发利益相关者监控机制应包括四部分的内容：利益相关者监督、利益相关者关系协调、资源与环境监控和开发效益评估（王琼英，2006）。利益相关者监督包括对各个利益相关者从开发、决策、利益分配的各个环节进行监督，保证旅游开发的顺利进行，避免旅游开发过程中的各种影响整体收益的行为发生。例如，政府的"寻租"行为、强征土地行为、企业的违规经营、旅游者对环境文化的破坏行为等。监控机制除了利益相关者监督，还要对利益相关者之间的关系进行协调，保证利益开发过程的程序顺畅（颜亚玉和张荔榕，2008）。资源与环境的监控主要作用是避免旅游开发过程中环境和资源的破坏，保证旅游

图 5.11　分配过程示意图

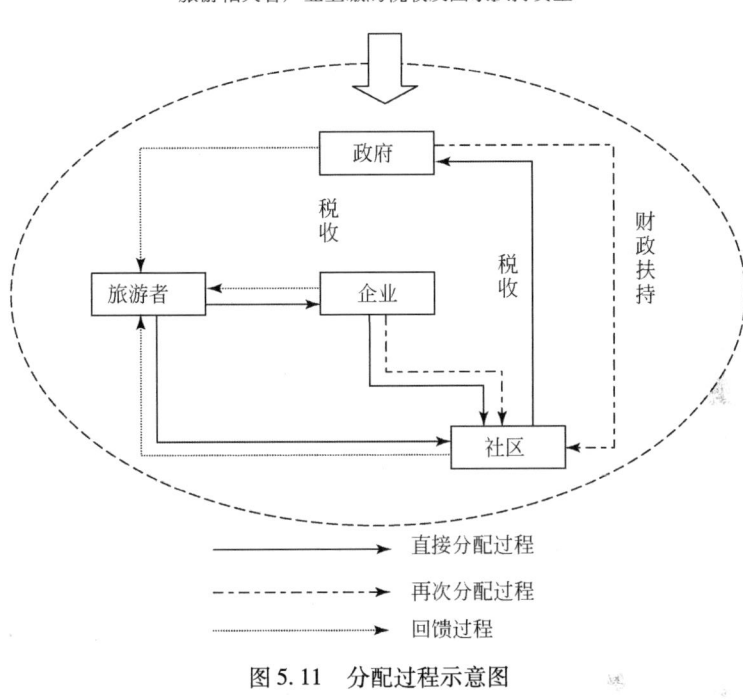

可持续发展。开发效益评估则是对旅游开发所带来的经济效益、社会效益、环境效益进行综合的评价。

2. 监控途径

监控的途径主要包括成立监控机构、制定监控办法、加强宣传教育、进行定期评估整改。监控机构必须包含两个条件：第一，在处理漓江流域旅游开发问题上必须具有足够的权力；第二，必须由政府、旅游企业、社区和旅游者等核心利益相关者成员参与。监控机构在权限范围内，负责全面协调旅游行政管理部门、旅游业投资方、旅游规划单位、乡村社区居民之间关系及有关事宜。在机构编制上，可考虑将其设在本地区最高旅游行政管理部门下，但必须保持其相对独立性（肖绪信和吴攀升，2008）。制定的监控办法应包括：旅游开发监督制度、旅游开发协调制度、旅游资源和环境评估系统和旅游效益评估系统等内容，要求内容合理，符合多方利益，具有可行性。在此基础上，监控机构通过宣传教育提高利益相关者对旅游开发监控的重视度，并定期对旅游开发进行监督评估，对于不合格的行为要及时修正、限期整改，保证旅游开发的可持续发展。

5.3.5 机制运行框架

政府引导机制、决策机制、利益分配机制构成了漓江流域旅游开发利益相关者参与机制的基本框架（图 5.12）。在这个框架中，政府、旅游企业、旅游者和社区是核心，机制的构建都围绕它们的利益展开。可以说，它们既是机制的实施对象，又是各机制顺利实施的推动者和维护者（吴雅玲，2007）。引导机制更强调政府的主导作用，应从乡村旅游开发初期就建立和实施，是旅游开发顺利进行的前提和基础；决策机制和利益分配机制是为利益相关者参与的实现提供制度上的保障，它是旅游开发参与机制的核心内容；监控机制确保利益相关者的行为规范、合法，是漓江流域旅游开发可持续发展的保障。

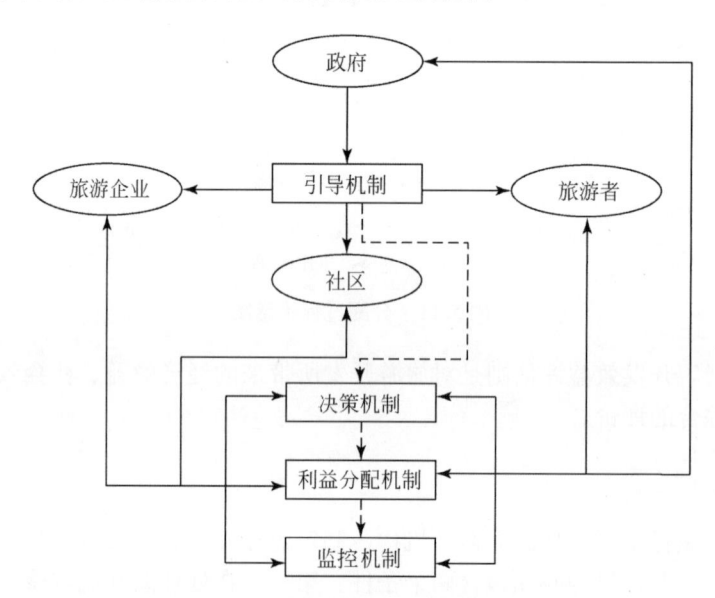

图 5.12 参与机制运行框架示意图

5.4 小结

漓江流域拥有我国乃至世界屈指可数的山水景观资源，是我国旅游开发较早的地区之一。近年来旅游开发在促进旅游地快速发展的同时，也给当地带来了诸多问题，其中，尤为突出的是旅游开发过程中利益相关者的冲突。旅游开发过程中利益相关者因利益得不到有效保障，对旅游开发产生抵触情绪，既严重影响旅游开发的顺利进行，也不利于该地区旅游业的可持续发展。为了更好地促进漓江流域旅游开发顺利进行，基于博弈分析，从政府引导、决策、利益分配、监控等四个方面构建流域旅游开发参与机制，奠定流域旅游可持续发展的机制基础。在漓江流域，地方政府、旅游企业、社区居民和旅游者为核心利益相关者，相互之间交互作用，存在不同的利益诉求与利益实现途径，其博弈行为不会在短期内实现均衡，达到和谐状态。地方政府通过政策和法规引导和规范旅游企业和社区居民发展旅游；社区居民和旅游企业通过旅游者的游览活动获得旅游收益；旅游者在社区居民、地方政府和旅游企业构建的旅游体验中获得旅游品质的满足，同时将问题和矛盾反馈给地方政府；社区居民和旅游企业之间又存在着雇佣与被雇佣等利益关系。因此，要构建长效的旅游开发参与机制，引导和规范各利益相关者的行为策略，最终实现"纳什均衡"，即地区旅游业的可持续发展。

6

漓江流域景区间战略联盟形式的竞合研究[*]

在经济全球化与区域旅游一体化不断增强的背景下，随着旅游企业竞争日趋激烈，企业开始意识到以往的对抗性竞争不能使其获得区域竞争优势，难以实现其更高层次的战略目标，而相互之间通过资源、能力互补的协作型竞争，是形成企业核心竞争力，共同分担进入新技术领域风险，拓展全球市场的捷径所在（维库，2002）。自20世纪80年代以来，旅游企业之间的竞争格局发生了改变，为实现"共赢"、"多赢"，在区域水平或跨区域水平上各旅游企业（景区）之间通过资源、能力、市场营销等互补建立了合作竞争关系，特别是越来越多的西方企业尤其是跨国公司纷纷从对立竞争走向大规模的合作竞争，而合作竞争最主要的形式之一就是建立企业战略联盟（张谨，2003）。传统的战略联盟是以互补性为前提的，相互竞争的企业之间很少存在合作，也很少建立联盟。随着市场条件的变化，企业纷纷与竞争对手建立战略联盟。这一形式的出现给"竞争"一词注入了新的含义，即企业间除了对抗性竞争外，还可能存在以合作和联盟为基础的竞争。为竞争而合作，靠合作来竞争。时至今日，在战略联盟内，企业之间常常在某些职能上合作，在另一些职能上又竞争，联盟内成员之间常见"左手挥拳，右手握手"的情况（孟琦，2004）。景区作为一类特殊的企业，同样也面临竞争与发展的压力与机遇。

随着我国改革深化和加入WTO，国外一些大的旅游企业开始进驻我国，这使我国旅游业的竞争格局发生了大的变化，竞争压力也越来越大。面对激烈的竞争形势，如何增强旅游景区乃至整个旅游业的竞争力，在国内市场国际化和国际竞争国内化的新形势下赢取和保持竞争优势，成为我国旅游景区发展的重要课题。在我国，有关旅游景区的治理问题经历了三次较大的讨论：第一次讨论发生在20世纪90年代中后期，由黄山和峨眉山为代表的景区上市引发的讨论；第二次讨论发生

---

[*] 岳晓娜，王金叶

在 21 世纪初，以四川和湖南等省为代表的诸多地方掀起了旅游景区经营权出让的热潮，引起学术界内外的广泛争论；第三次讨论是 2005 年初以北京为代表的众多自然和文化遗产单位以弥补旅游资源保护费用的不足为由，要求提高门票价格引起的广泛争论。这些争论说明旅游景区的发展是一个迫切而又敏感的问题。景区作为旅游的核心单元，发展中存在很多问题。特别是面对国外旅游企业进驻我国市场的新形势，我国的旅游景区因"竞争"拼个"你死我活"？还是"合作"实现"共赢"？这是两种不同的战略选择。"竞合"思想为我们提供了新的思路，同企业一样，景区间的竞争与合作并不是绝对的、一成不变的，应该说合作是暂时的、相对的、有条件的，而竞争才是长期的、绝对的、无条件的，因为合作是在竞争基础上的合作，归根到底服务于竞争。竞争企业之间的任何合作都是建立在一定的利益基础之上的，它是经济人多次博弈和交易的产物，合作竞争的进程就是能动的合作和进化的合作。那么，旅游景区整合内部要素、同周围景区竞合以及优化旅游产业链，建立景区战略联盟，构建具有国际水平的大型旅游景区战略联盟，将不失为一条有益途径（成红波，2006）。因此，研究漓江流域各景区间的竞合关系对于全面推进流域实现旅游可持续发展具有积极作用。

6.1 旅游景区概述

6.1.1 旅游景区的概念与内涵

旅游景区（tourist attraction）是旅游业发展的重要载体，人们对旅游景区的概念认识由于文化背景的差异呈现出多样化的特点，还没有一个被普遍接受的、界定范围包含各类景区的定义。我国与旅游景区相关联的概念有很多种，包括旅游景点、旅游吸引物、景点、景区、旅游目的地等，它们在文字表述上都存在一些差异，在人们的日常表述或学术文章中时常被混用。旅游吸引物的概念范围比较广，包括了旅游景区、景点，甚至还包括了有特色的旅游服务及其设施、设备；而旅游景区包括旅游景点，是由旅游景点发展而来；景区、旅游景区以及景点、旅游景点的差别在于服务对象是否包含当地的居民，前者的服务对象要广泛一些，包含了当地的居民；旅游目的地是指旅游所指向的地方，包括各种景区、景点和旅游吸引物，范围更广（张凌云，2003；邹统钎，2003；马永立和谈俊忠，2003）。

苏格兰旅游委员会认为景区是"一个长久性的游览目的地，其主要目的是让公众得到消遣的机会，做感兴趣的事情或受到教育，而不应该仅是一个零售点、体育竞赛场地、一场演出或一部电影。游览地点在其开放期间，应不需要预订，公众随时进入。游览地点不仅应该能够吸引旅游者，而且要对当地居民具有吸引力"。梅得尔敦（Middleton，1988）的定义是"一个指定的、长久性的、由专人管理经营的，为出游者提供享受、消遣、娱乐、受教育机会的地方"。史蒂文斯（Steven and Kim，1991）认为，景区应该是有特色活动的地点、场所或集中地，应该具备以下特点：①吸引旅游者和当地居民来访，并为此而经营；②为顾客提供获得轻松愉快经历的机会和消遣的方式，使他们度过闲暇时间；③尽量发挥其潜在能力；④按旅游需求进行管理，使顾客得以满足；⑤按游客的要求、需要和兴趣，提供相应水准的设施和服务。王德刚（2000）认为，旅游景区是以旅游资源或一定的景观、娱乐设施为主体，开展参观游览、娱乐休闲、康体健身、科学考察、文化教育等活动和服务的一切场所和设施。在实践中，它们往往作为一个独立的事业或企业单位，从事经营和管理活动。

根据中华人民共和国国家标准《旅游区（点）质量等级的划分与评定》（GB/T 717775—2003）中旅游区（点）的定义，旅游区（点）是指具有参观游览、休闲度假、康乐健身等功能，具备相应旅游服务设施并提供相应旅游服务的独立管理区。该管理区应有统一的经营管理机构和明确的地域范围，包括风景区、文博院馆、寺庙观堂、旅游度假区、自然保护区、主题公园、森林公园、地质公园、游乐园、动物园、植物园及工业、农业、经贸、科教、军事、体育、文化艺术等各类旅游区（点）。

一个经营性的旅游景区应当具有以下特点：

（1）具有统一的管理机构。即每个旅游景区，有且仅有一个管理主体，对景区内的资源开发、经营服务，进行统一的管理。它是旅游景区经营的主体，服务的供方。它可能是政府机构，或是具有部分政府职能的事业单位，也可能是独立的法人企业。

（2）空间或地域范围确定。即有固定的经营服务场所。旅游景区的空间范围，常表现为它的门票范围。

（3）具有多种旅游功能。旅游功能是旅游景区吸引力的主要体现，是旅游景区作为一种旅游产品的价值基础，不同的景区类型具有差异性的旅游功能，多样化的旅游功能使得景区活动丰富多彩，这些旅游活动可以是观光性的参观、游览，也可以是度假性的休闲、康乐，还可以是专项性的教育、求知等。旅游景区的主体功能取决于景区的旅游资源类别。

（4）具有必要的旅游设施，提供相应的旅游服务。资源、设施与服务构成旅游景区产品，也是景区旅游功能的载体。没有设施与服务，再好的旅游资源也只是旅游资源，不会成为可供旅游者消费的景区产品。

(5) 是一个独立的单位。所谓独立，既包括空间场所的独立，也包括职能的独立，即旅游景区要有专门的人、财、物、场所为景区经营服务。

这五方面的综合，决定着景区是否具有旅游经营条件，能否承担经营风险和责任。

6.1.2 旅游景区的经营特征

从一般意义上来说，旅游景区与普通的企业并无二致，其经营管理也遵循着传统的企业经营管理规律。但由于旅游景区的产品特性，使其在经营上存在着区别于普通企业的差异特征，由此导致了旅游景区的经营模式与普通企业不同。根据曾妍（2006）、吴耀宇（2004）、成红波（2006）、赵非等（2008）研究，结合对桂林旅游景区经营现状分析，旅游景区具有以下经营特征。

1. 经营产品移动性小

大多数旅游景区所依托的自然、人文旅游资源都是不可移动的，导致旅游景区经营产品的移动性小或不可复制。例如，桂林旅游开发依托的桂林山水及其孕育的独具特色的山水文化，是具有区域特色的旅游资源，与桂林独特的气候、地形、地质活动和历史文化等因素有关，离开桂林再谈山水则失去产品的吸引力和价值。桂林乐满地等人工建造的主题公园类旅游景区可以移动，但较高的成本费用也使得其移动的难度较大。因此，绝大多数的旅游景区是不可移动或弱可移动的。旅游景区的弱可移动性使得其无法通过销售流通网络将旅游产品销售到外地而扩大市场规模，无法实现旅游景区市场销售"走出去"拓展经营，只能依靠"引进来"消费需求，致使旅游景区在很大程度上需要依托外围环境保障可进入性，才能实现正常经营。

2. 经营产品的可复制性低

作为一种体验型消费产品，旅游景区所依托的旅游资源往往要求具有独特性，因此，旅游景区可复制性低，很少具有广泛性分布的特点。桂林的漓江、猫儿山都是不可能进行复制的旅游景区。但一些主题公园、高尔夫球场等部分由人工建造的旅游景区具有可复制性，但高昂的成本费用也增添了其复制的难度。另外，区域市场消费差异而形成的复制风险也是影响旅游景区复制成功与否的重要因素之一。产品的可复制性低造成了大多数旅游景区的开发成本难以降低，更为主要的影响是限制了旅游景区通过异地复制打破经营产品弱可移动性的局限，继而开拓新消费市场的可能。

3. 经营产品饱和性大

旅游是一种休闲活动，游客的心理感受对其旅游活动质量会产生直接的影响，因此，旅游活动要求一定的个体游览空间，过度拥挤必然会导致游客游览质量的降低。另外，环境是旅游景区吸引力的重要组成，维护环境需要控制旅游活动对环境的影响强度。因此，旅游景区的生态环境、游览空间、旅游安全都有容量的限制，这些容量指标使得旅游景区具有一定的饱和性，其产品的经营销售不能无限制地上升。由此，不同于一般企业的产品销售多多益善，这种饱和性导致旅游景区的经营规模受到限制。这也是景区在经营过程中要考虑环境和经济效益双重目标的原因。

4. 对外界影响的高敏感性

旅游是一个社会联系非常广泛的产业，因此，旅游活动容易受到诸多因素的影响，这就导致了旅游景区的经营对气候季节、政治局势、灾害病乱等外界因素变化会产生高度敏感性的反应。2003 年由于 SARS 的影响，个别旅游景区基本上处于经营停滞状态，造成巨大损失。这种高敏感性使得旅游景区的经营相对于其他行业来说表现出更明显的脆弱性，外界因素一旦发生变化，旅游景区的经营就会受到直接影响。

6.2 漓江流域旅游景区经营管理存在的主要问题

桂林作为国际旅游城市，知名度相当高。但面对日益激烈的旅游竞争市场，如何增强桂林旅游景区乃至整个旅游业的竞争力，在国内市场国际化和国际竞争国内化的新形势下赢取和保持竞争优势，成为桂林旅游景区发展的重要课题。目前，桂林旅游景区整合度不够，景区的雷同和利益的争斗使得区域内旅游竞争相当激烈，景区间协作发展形势相当薄弱，加上老牌景区产品严重老化，新景区的市场认知度不够，这就阻碍了桂林旅游从观光型向度假型转换的步伐，不能全面充分地展示桂林的整体形象。漓江流域旅游景区经营管理存在的问题主要表现为以下几点。

1. 旅游业高速发展，新景区开发质量良莠不齐

桂林旅游景区目前出现的问题来自于旅游业的高速发展。受"桂林山水甲天下"的吸引，桂林游客逐年上升，2010 年达到 1700 万人以上。旅游业的快速发展对政府部门的整体管理能力提出较高的要求，但是由于旅游管理涉及的部门多，协调所需的时间长，因而政府部门管理能力提高的速度慢，对一些新项目建设的管理

缺乏力度，出现了建设性的破坏，特别是旅游开发商对游客的预期过高，景点开发过快，重复建设问题突出，加剧了景区之间的恶性竞争，导致出现"东边日出西边雨"的局面。桂林部分新开发的景点质量良莠不齐，个别老景点也经营无序，一些低质量的景点为了增加游客，提高收益，通过各种方式争取游客，甚至包括使用不正当的手段，如雇佣非法从业人员或不遵守商业道德等各种方式，培育了桂林的"地下"旅游市场，增加了游客的不安全感，降低了游客的体验质量，从而影响了桂林旅游的总体吸引力。

新景区的开发建设速度与质量，往往与桂林市旅游发展的大环境有关。近几年，桂林市政府不断地改善旅游基础设施，营造了良好的旅游发展环境，刺激了新景点与新景区的建设发展。但如果新景点的建设发展速度过快，就会超越旅游基础设施改善与建设速度，导致旅游发展与旅游基础建设不协调，从而影响到桂林旅游形象，降低游客对桂林旅游的预期值，从而进一步加剧景区之间的恶性竞争（图6.1）。

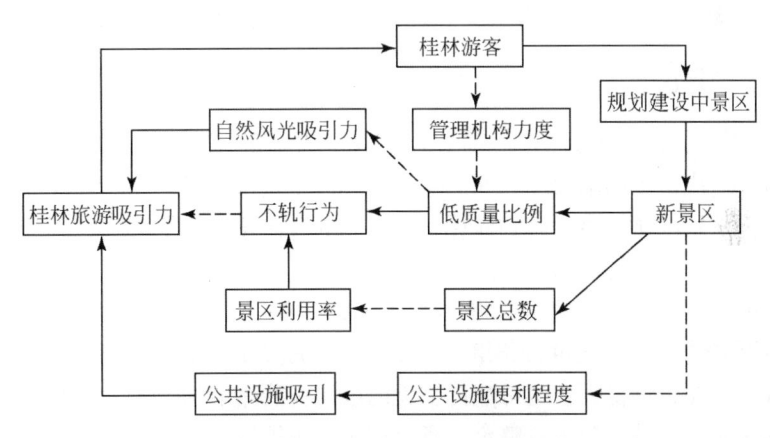

图6.1 桂林旅游发展内部结构
注：实箭头表示增强，虚箭头表示减弱
资料来源：李志刚，2002

2. 市场竞争激烈，传统经典景区压力大

通过景区访谈了解到，随着桂林旅游市场的多元化发展，出现了一批质量较高、各具特色的新景区、景点，使传统景区遭遇到强力挑战，发展难以突破。传统景区在很大程度上意味着桂林的精华景区、经典景区。因其开发早，集中了桂林的重要自然景观，在桂林多年的旅游发展中产生了极大的影响，有很高的知名度和美誉度。据资料介绍，1959年开发、1962年开放的芦笛岩因为接待过100

多名党和国家领导人、外国元首和政要以及各界名人，被誉为"国宾洞"，有很高的知名度和美誉度。但在 2007 年 4 月 28 日对芦笛岩景区副总经理田明的访问中得知，目前，桂林经批准对外正式营业的岩洞就有 19 个，而在芦笛岩最辉煌的时期，能和她比肩的只有七星岩。虽然目前桂林一些传统景区仍然深受游客喜爱，并有不错业绩，但日益激烈的市场竞争还是让他们倍感压力。2008 年 4 月 27 日，桂林旅游发展（集团）公司投资经营部副总经理林平相介绍，20 世纪 80 年代末 90 年代初，七星岩一年接待外宾能达到 20 万人，现在一年不足 1 万人，过去，来桂林的外宾 100%，国内游客 95% 会游芦笛岩。2002 年后，国内外游客游芦笛岩的比例下降到 60%，其落差可想而知。从 20 世纪 90 年代末开始，新景区雨后春笋般出现，旅行社纷纷以"加点"方式介绍游客到新景区，先是国内团，后来逐渐渗透到外宾团（张迪，2007）。为面对激烈的市场竞争，2006 年"五一"期间，以"三山两洞"为代表的桂林传统景区，开始将水上步行球、攀岩挑战赛、热气球飞行观光等兼具参与性和趣味性的项目引入景区，改变以往单纯的观光印象，并通过这些尝试，寻找一条在桂林旅游市场中永保魅力之路。

3. 旅游景区合作层次低，内容单一

桂林旅游市场竞争激烈，个别景区（点）为了争夺客源，常以诋毁、压价的方式竞争，造成市场的动荡和利润下降。为了改变这种状况，一些景区也尝试着开始合作。但从景区访谈中了解到桂林景区之间的合作还属于低层次、小范围、短时间的合作。首先，在合作内容上仅限于销售环节，没有形成设计、生产、营销、服务一体化的合作。典型的例子有同类景区合作，如三山（象鼻山、伏波山、叠彩山）的套票销售，以及通过线路组合的大榕树、月亮山、蝴蝶泉三个景区的联合销售等。其次，在合作范围上通常选择临近的或同一线路上的景区，没有从真正意义上对大桂林旅游区域资源进行整合 - 竞合销售，传统景区仍然占据统治地位，新景区知名度难以提高。最后，合作时间较短，通常是为一次活动或开发某一市场而合作，活动一结束该合作组织就随之解散。例如，2003 年 6 月，广西旅游恢复启动暨"桂林永远是春天"主题宣传活动期间，象鼻山、芦笛岩、七星岩、世外桃源、银子岩、古东瀑布、梦幻漓江等景区（点）变竞争为合作，联合促销，共同树立桂林的形象和品牌，先后自发组织联合起来到柳州、南宁、玉林、梧州等地促销，并取得了很好的效果，于是组织者筹划成立一个松散型的组织——桂林市第一家景区销售沙龙。然而，随着旅游的恢复，该组织并没起到应有的作用，联合促销的做法也没有长期坚持下去。

4. 旅游景区缺乏对游客的信息管理，不注重售后服务

在访谈中得知，桂林绝大部分旅游景区没有一个较好的游客信息管理系统，游客与景区的关系似乎只在收取门票的一刻体现，许多旅游景区只想借助"桂林"这一品牌推销自己，没有意识到景区也可通过维护游客关系改善自身形象，进而增强桂林整体的竞争力。对于一个长期发展的旅游景区来说，建立旅游产品售后服务体系是非常重要的。它应包括：对游客售后服务满意程度的跟踪调查；获取旅游者对旅游产品的要求和意见；针对不同地区、不同年龄、不同层次的旅游者建立一个完备的资料库，以便今后在进行旅游市场营销及开发新的旅游产品时避免主观性和盲目性。另外，旅游产品售后服务体系的建立可以帮助旅游景区树立良好的企业形象，建立口碑效应，为今后旅游服务产品的市场营销工作打下良好的基础，同时也是桂林旅游景区可持续发展的一个重要环节。

5. 新老景区缺乏合作，阻碍桂林旅游产品结构调整

根据旅游生命周期理论对桂林主要旅游景区发展的分析诊断（表6.1），可以看出，桂林传统精华景区都已进入成熟期，许多新开发的旅游景区正处入成长期，发展后劲足。然而，由于景区之间缺乏合作，新景区知名度难以提高，而老景区吸引力却增长缓慢，从而阻碍了桂林观光旅游产品结构向休闲度假产品结构转变。

表6.1　桂林主要旅游景区诊断分析

	旅游景区名称	周期界定	现状分析
桂林城市旅游区	象山景区	成熟期	传统精华景区产品包装老化，活动内容单调，遭遇新景区的挑战，发展压力大
	芦笛景区	成熟期	
	七星景区	成熟期	
	王城景区	成熟期	产品维修工程需巨额资金，旅游形式单一，吸引力弱
	桂海碑林	成熟期	
	靖江王陵景区	成长期	
	虞山公园	成长期	知名度有待提高
	愚自乐园	成长期	知名度有待提高
	两江四湖	成熟期	资源整合度高，精品旅游产品

续表

旅游景区名称		周期界定	现状分析
漓江风景区	漓江景区	成熟期	核心产品，营销形式单一，活动内容单调，建筑物与自然山水不协调，影响竞争力，存在劣质产品搭便车现象
	冠岩景区	成长期	
	杨堤	成熟期	
	兴坪	成熟期	
	渔村	发育期	
阳朔田园风光旅游区	西街	成熟期	宁静、友好、安全、纯朴的绿色家园面临着大规模无序商业性开发挑战，正在降低产品的市场竞争力。缺乏整体规划和营销竞争规范
	世外桃源	成熟期	
	大榕树	成熟期	
	月亮山	成熟期	
	蝴蝶泉	成熟期	
	遇龙河	成长期	
兴安旅游区	灵渠	成熟期	形式单一
	乐满地	成熟期	功能需进一步完善，加大营销力度提高市场知名度和竞争力
	猫耳山	发育期	进入性差，可逗留时间短
龙胜旅游区	龙脊风光	发育期	需健全利益协调机制，加大生态环境保护力度
	花坪自然保护区	发育期	可进入性差，生态环境保护严格
	龙胜温泉	成长期	多元开发，相互不合理竞争，度假方式单一
资源旅游区	资江漂流	发育期	可进入性较差，县域旅游接待设施等级与容量规模需要适度提高或扩张，旅游安全条件需加强。存在同类旅游产品竞争，需要协调发挥各自的核心优势
	八角寨风光	发育期	
	宝鼎瀑布	发育期	
	五排河漂流	发育期	
荔浦	丰鱼岩	成长期	功能单一，产品相似，需有竞合理念，加强营销宣传
	银子岩		
灌阳	黑岩	导入期	景观联动性差，县域旅游服务设施急需改善，尚未形成市场吸引力
	月岭古民居		
	文市石林		
	千家侗瑶族发祥地		
全州	天湖	发育期	可进入性差，功能需要进一步完善
	湘山寺	发育期	景区有一定的损坏，应加强保护

续表

旅游景区名称		周期界定	现状分析
灵川	大圩古镇	导入期	古建筑缺乏维修整治，尚未形成吸引力
	古东瀑布	成熟期	生态景区，发展较快，有一定的知名度，设施和安全功能需进一步提高，加大营销力度
	灵川青狮潭	衰退期	地处城市水源区，容易污染水质，淘汰产品
永福	板峡湖	导入期	旅游服务设施需改善，尚未形成市场吸引力
	麒麟山		
临桂	鳄鱼世界	衰退期	产品质量低劣，无吸引力，淘汰产品
	蛇大王		
	九滩瀑布	发育期	可进入性差，旅游服务设施急需改善
	熊虎山庄	成熟期	活动单一
平乐	榕津古镇	发育期	旅游服务设施需改善，尚未形成市场吸引力
恭城	恭城文武庙	发育期	县域旅游服务设施需改善，市场吸引力弱，需要加大营销宣传
	恭城生态农业区		

资料来源：李志刚，2002

总之，大部分景区普遍存在经营管理专业人才匮乏，有效管理知识和方法欠缺，资金不足，市场营销策略单一，没有充分利用游客信息系统，景区企业竞争力弱，效益不高，品牌知名度低，未形成规模经济等问题。如何把竞争劣势转变成市场优势，是目前旅游景区首先要解决的问题。虽然有个别旅游景区已经逐步认识到实施旅游景区竞合的重要性和必要性，并且已经就周围景区竞合等方面的构建进行了一些有益的尝试，取得了一些可喜的成果。但是，关于旅游景区竞合方面的研究成果很少，远远不能满足实践的需求。

6.3 漓江流域旅游景区的现代竞合关系建立

6.3.1 建立现代竞合关系的背景

1. 区域旅游合作顺应潮流

二战以来，特别是20世纪90年代中期以来，世界经济全球化趋势越来越明显。经济行为在更广范围的地理空间上扩展，区域发展要想获得和继续保持竞争优势，就必须从权衡经济利益出发，利用区域地缘优势，实现区域内经济的相互依存、优势互补与共同繁荣。在国内外区域经济合作发展的强烈态势下，桂林作为世界著名的旅游城市，也在积极推进区域旅游合作，先后提出建设大桂林旅游区和泛漓江旅游圈等概念。目前，桂林已形成了相对稳定的区域旅游合作范围，合作的领域和方式也进一步扩大到跨地区资金市场建设和信息网络建设，以及区域性环境保护工作等方面。旅游景区作为区域旅游合作的核心要素，景区竞合关系的发生是顺势而行、乘势而上的必然选择。

2. 旅游景区竞合关系建立符合可持续发展思想

可持续发展是人类在经过超常规飞速发展后，面对随之产生的一系列环境与发展之间难以调和的矛盾，对自身的发展历程进行反思后，提出的新的发展观。可持续旅游发展强调在开发过程中维持旅游供给地区生态环境的协调性、文化的完整性和旅游业经济目标的可获得性。主张实现可持续旅游的基本前提是实现对旅游资源的合理利用，旅游业发展方式、发展规模的合理规划和管理。可持续发展的核心思想是强调对资源的公平利用，不仅指代与代之间的公平利用，也包括区域内各利益相关者对资源利用的公平性。旅游景区发展在追求经济效益最大化的同时，要兼顾区域社会、环境等多重效益的有序增加。因此，加强区域旅游景区竞合发展是保证区域旅游经济持续、健康、快速发展的必然要求，符合可持续发展思想。

3. 旅游业过度竞争，导致旅游竞争力整体下降

随着社会经济的发展，旅游不再是一种奢侈享受，而是成为人们日常生活的一部分。国内越来越多的地方将旅游业确定为本地区新的经济增长点。桂林作为一个旅游城市，旅游业一直是桂林的支柱产业。在旅游发展政策指引和旅游市场推动下，旅游景区雨后春笋般出现。而且桂林旅游资源同质化现象严重，以溶洞而言，桂林有 3000 多个大大小小的溶洞，这种同类型的旅游资源如果都开发经营，必将出现同质景区的恶性竞争，导致区域整体旅游竞争力下降。一般情况下，旅游景区相互竞争必然会引起市场份额重新分配，即类型相同、价格相近的两个旅游景区，如果其中一个景区质量出现下降，则另外一个景区即使质量不变也会获得更多的市场份额，这种竞争最终会导致区域整体旅游吸引力的削弱。因此，在今后的发展中，以合作赢得竞争将会成为各旅游景区的共识。

4. 旅游市场需求出现了新的趋势

根据邱海蓉（2005）研究，我国旅游正处于快速发展时期，面临着激烈的市

场竞争，旅游市场需求从内容到形式都在不断发生着变化，出现了新的趋势。主要表现在以下几个方面。

一是多样化趋势。随着经济社会发展，旅游需求由观光为主导向度假、商务会议、生态休闲、探险、民俗风情、保健等多样化发展。旅游者更注重旅游与健康、环保的结合，对旅游服务个性化、人性化需求日益加强，更偏好于体验性、参与性强的旅游活动，对旅游活动的独特性要求更高，更追求旅游活动的文化内涵，同时，老年人旅游需求增长迅速。旅游类型的多样性与市场需求数量上的扩张结合，使各类型的需求都有很大的市场规模。

二是普及化趋势。按照国际旅游业发展的经验，人均 GDP 达到 1000 美元时，国内旅游就兴旺起来，到 3000 美元时，就会出现到周边国家旅游的热潮。按照国际货币基金组织（IMF）公布的数据，2010 年中国的人均 GDP 达到 4382 美元，排在全球第 94 名。说明我国民众出游能力相对较高，特别是出境旅游发展增速甚至超过了国内旅游增速。在国内旅游中，旅游者追求的品位在提升，走马观花式的旅游已成为历史，游客更多追求体验。因此，桂林的旅游景区通过建立竞合关系，融合优势资源，实现强强联合，能够为游客提供更加多样化、高质量的旅游产品，不仅丰富桂林山水旅游品牌的内涵，还可以提高桂林旅游的整体竞争力，构造"区域性旅游板块"。

6.3.2　建立现代竞合关系的博弈分析

1. 景区间竞合的博弈分析

企业为了实现自身利益和追求利益最大化，必然展开竞争，争夺市场和发展机会，竞争是市场机制发挥作用的重要体现，是经济活动的灵魂。但是，与竞争相伴的还有合作，多年来许多原来是竞争对手的企业之间纷纷有了合作的举动，这种合作关系已经和竞争一起成为现代产业组织的基本结构（刘静波，2007）。旅游景区是一类特殊的企业，旅游景区的竞合是区域旅游发展的趋势，也是现代企业发展的战略选择。下面根据宋伟（2005）研究，从博弈的角度分析景区竞合的原因。首先作一下假设：①某地有两景区甲、乙实力相当，且均是理性的。②两景区同时面临近郊市场和经济发达的远距离市场。近郊市场较小但不需花大力气去开发，如只有一个景区把近郊市场当成主打市场则收益为 4，若两个景区争夺这个市场，则会进行价格战导致收益为 1；经济发达的远距离市场较大但需要投入多，开发成本高，因此，单独一个景区开发收入只能得 2，联合开发能使成本降低，都可得 5。③每个景区供给初期都只能选择一个市场作为自己的目标市场。

由图6.2可知，如果两个景区既不能相互协调达到任何有约束力的协议，又都希望自己独占近距离市场得到更高利润，就会在近郊市场进行恶性竞争而两败俱伤；如果两个景区分别开发近距离、远距离市场运作，虽然总得益要高，但并不稳定，因为双方都是理性的，都追求理性的最大化，收益少的景区最终也会进入周边市场以期获得更高利润，结局仍然是在周边市场上的恶性竞争；如果景区合作，共同开发远距离市场，由于可分摊成本，并互相推荐旅游者，可各自得到5，获得总收益为10。但双方必须意识到合作的重要性，达成协议才能共生共赢（宋伟，2005；岳晓娜，2008）。

	乙景区	
甲景区	近郊市场	远距离市场
近郊市场	1，1	4，2
远距离市场	2，4	5，5

图6.2 旅游景区市场矩阵选择的博弈

资料来源：宋伟，2005

2. 景区在产业链中竞合的博弈分析

旅游景区是旅游产业链中的重要组成部分。根据宋伟（2005）对景区旅游供给营销渠道中的博弈分析，景区和旅行社是两个独立的利益主体，作为理性的经济人，经营的目的是利益最大化，旅行社不会牺牲自己的利益来迎合景区的经营目标，所以冲突在所难免，同时，旅行社往往会利用其信息优势，使得景区之间拼命压价。问题的关键在于景区如何设计一个管理机制，通过对旅行社的有效激励建立起良好的合作关系，使得旅行社积极地配合自己的营销意图和战略目标。对旅行社激励问题的研究，很重要的一点就是要观察景区与旅行社的行为策略。景区在选择旅行社时，往往会利用契约来规范两者之间的行为。假设旅行社的行为策略与结果是可以测量的，引入自然作"虚拟参与人"组建旅行社博弈的战略式表达，如图6.3所示。

设自然概率为0.5，旅行社每年收益为10。如果旅行社不积极对景区产品促销，景区企业期望收益为$100 \times 0.5 + 150 \times 0.5 - 10 = 115$；如果旅行社积极努力，景区期望收益为$150 \times 0.5 + 200 \times 0.5 - 10 = 165$。由此可见，当旅行社主观努力时，景区会增加期望收益50，但若旅行社在获取固定收入条件下，有偷懒的倾

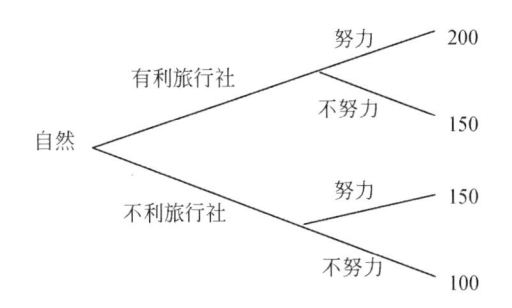

```
                      努力
         有利旅行社  ———————— 200
                    \
                     不努力
                    ———————— 150
自然 ——
                      努力
         不利旅行社  ———————— 150
                    \
                     不努力
                    ———————— 100
```

图 6.3　旅行社博弈的战略式表达

资料来源：宋伟，2005

向，所以景区会在契约中对其进行限制，如引入竞争机制迫使或引导旅行社努力促销（宋伟，2005）。

6.3.3　建立现代竞合关系的动力机制

1. 加强竞争地位，激发企业活力

从降低成本、改进产品、组织创新和跟上技术变化潮流来说，有活力的竞争者扮演着一个重要的激励角色，它能激励和训练自己提高水平，提高生存和发展能力。从旅游景区的生命周期来看，桂林传统景区都已进入成熟期或停滞期，而大批新景区还处在导入期。因此，传统景区如果与合适的新景区结成竞合关系，能够激发企业的活力，提高创新能力，提高企业的竞争地位。从景区类型来看，在游客时间和精力有限的条件下，漓江、资江-八角寨、遇龙河、龙脊梯田等桂林同类型的观光旅游景区相互之间容易形成竞争关系。但是，如果各景区能够发挥自己的优势，塑造自身具有核心价值的旅游产品，形成多样化、互补性的旅游产品集群，在旅游市场上就容易形成合作关系。旅游景区之间的竞争也有利于使促进景区创造具有核心价值的旅游产品，因为景区的旅游产品是测量景区相对价值的标志之一。同样，景区之间的竞争者还可以促使景区为它认为不具有吸引力的细分市场服务，提供差异化、个性化的产品与服务，使景区不必担心游客抱怨自己不能为其提供全面服务，而专心致力于自己的所长，容易形成竞合关系避免恶性竞争。

2. 实现资源共享，获得成本优势

景区与各利益主体进行合作，相互之间通过共享资源设施，实施一体化的开发，形成"规模经济"来减少资源浪费；通过开发技术和方法的交流获得学习效应来提高效率从而降低开发成本；通过共享品牌形象，共享销售队伍、销售渠道来降低广告费用和销售成本。2002年桂林旅游股份公司与桂林荔浦银子岩旅游有限责任公司强强联合之后，从多方面改善了银子岩景区的经营管理状况，处理了历史遗留的权属问题，通过帮助、引导、扶持、合作推动了当地旅游发展，为景区发展打下坚实的基础；同时，强强联合之后采取了独特的宣传方法，借助漓江风景名胜区等桂林优势景区和"印象·刘三姐"等旅游品牌，与其联合促销。银子岩宣传依靠漓江知名品牌，推出了"认识中国美丽山水，从漓江、银子岩开始"等宣传口号，以及"印象·刘三姐"联合推出阳朔一日游。通过共享品牌形象，共享销售队伍、销售渠道，银子岩的营销已收到非常明显的效果，接待量不仅早已超过丰鱼岩，接待增幅几年来也居全市溶洞第一，超过桂林市的平均接待增幅。

3. 协助开发细分市场，提高核心竞争力

旅游市场的开发存在着"搭便车"的现象，单个旅游景区没有实力也没有动力去开发某一个区域的全部旅游市场。但通过竞合关系联系起来的几个景区，各竞合对象在资源条件、市场特征上都存在着一定的联系，对整体市场的开发都有共同的诉求。因此，如果通过政府引导，景区与其他企业或旅游主体进行合作，在开发整个区域市场的同时，就能够协助自己开发某一细分市场。根据桂林或漓江流域旅游开发的特点，建立竞合关系有利于提高桂林或漓江旅游竞争力。一是在漓江流域旅游开发中，将所有漓江景区通过联盟形式整合在一起，推出分时分段双向游，变纯粹船上观光游览模式为可以自由停靠各个景点的更富个性化的休闲游览模式；沿途开发和改造冠岩、日光岛等乡村景点，进一步丰富漓江的休闲游。二是通过整合大桂林旅游圈各旅游景区（点），形成以桂林市核心景区精华游为中心，往南发展银子岩、丰鱼岩、贺州温泉汽车自助休闲游，往北发展龙胜、资源观光度假游，再向西部三江、融水纵深发展少数民族风情游等旅游格局。三是整合桂林或漓江的旅游酒店，形成南部以银子岩景区酒店、丰鱼岩酒店为主，满足普通游客及自助游客需要的一般档次酒店群；中心以漓江大瀑布酒店为主，满足商务会务、度假休闲高端游客需要的豪华档次酒店群；西部以龙胜中心温泉酒店、资源景区酒店为主，满足中端观光休闲游客需要的中等档次酒店群。总之，通过战略整合，市场细分，满足不同层次的吃、住、行、游、购、娱等旅游要素，让桂林旅游拥有了更强的核心竞争力优势。

4. 满足游客多样化需求，增强抗风险能力

单个旅游景区由于自身的实力和资源条件的限制，不可能都能满足旅游市场的需求，如果利用合作伙伴的各自优势共同开发产品，变小的船队为大型"航空母舰"来提高整体的实力，就可以抵抗市场环境变化带来的冲击。景区开发一般投资都比较大，对客源流量的要求都比较高，通过与资源相近或互补的企业进行合作，可以加强整体实力，从而带来稳定可观的客源，增强个体的抗风险能力。广西资源国家地质公园在资源县境内，面积125平方公里。公园以丹霞地貌为主要地质地貌，有八角寨景区、资江漂流景区、宝鼎瀑布景区和地质博物馆等景区和馆藏。各景区通过深度开发，打造精品，使旅游从单一的过境式观光旅游向地质度假型、娱乐休闲型等多层次、多样化的方向发展，满足竞争日益强烈的旅游市场的多层次需求，在增强自身抗风险能力的同时还保持了旅游业的持续发展。同时，在大桂林旅游区域合作层面上，可把作为休闲度假型景区的龙胜景区和作为山水风光游景区的资源景区整合，打造桂北山水风光度假休闲游新线路。

5. 塑造区域整体吸引力，实现互惠多赢

单个旅游景区存在着资源单调薄弱、产品结构单一等缺陷，无法提供市场需要的所有旅游产品，也很难形成对某个市场足够的、持久的号召力；同时，如果利益主体相互孤立，恶性竞争，必然会损坏整体利益，最终恶化自己的生存环境。在竞争的前提下实现合作，就是在立足于企业自身的优势基础上，把企业之间在资源上的互补性或共同性发挥出来，从而打造出富有生机、特色鲜明、产品丰富的区域性旅游大板块，提高区域的整体吸引力，实现互惠共赢。另外，这种互补与结合，使区域内联系更加密切，旅游环境进一步改善，旅游合作更易实现，从而促进了区内旅游发展的良性循环。景区作为一个重要的旅游吸引物，要形成长久的市场号召力，一是要立足于自身的发展，进行产品和市场改革创新，提高竞争实力；二是要依托区域的整体发展实力，而区域旅游整体实力的提高则依赖于各相关的旅游企业，尤其是旅游景区的竞争合作来实现。

桂林"两江四湖"景区是整合资源，增强桂林整体吸引力的标志。夜游两江四湖已经成为桂林市夜游市场新的品牌代表，游客乘船不仅可游览三大各具特色的主景区，即中国古典式园林——榕湖和杉湖景区、天人合一的生态园林——桂湖景区、宋历史文化园——木龙湖景区，欣赏景区内新建成的名桥博览园、名花名树名草博览园、亭台楼阁博览园等，还可观赏水系周边的象山、伏波山、叠彩山等十多座传统名山。目前，两江四湖环城水系游、内湖渔鹰捕鱼生态游等旅

游线路已经取得了很好的经济效益和社会效益。两江四湖如能通过进一步疏浚航道，使游船由漓江直入小东江，进入七星景区，可进一步加强旅游产品的精细化打造，分时段、分特色安排游览行程。白天游强调两江四湖与桂林市内的绝大多数精华景区的结合，打造成为桂林山水旅游的"黄金线路"，夜游则着重将木龙湖打造为集夜景、地方戏曲、民俗文化于一体的实景舞台演出项目，将会取得更好的发展。

6.3.4　桂林旅游景区建立现代竞合关系的实现条件

1. 旅游资源丰富，品位高

1998年9月，通过地市合并的行政区划调整，桂林与周边12个县合并为大桂林市，包括桂林市区和阳朔、临桂、兴安、灵川、全州、荔浦、平乐、恭城、灌阳、资源、龙胜、永福，扩展了以桂林山水为核心的旅游资源的内涵与空间。桂林旅游业不再仅仅是桂林市区的旅游，大桂林旅游圈内包含了很多国家级、自治区级和市级的著名旅游区，大桂林旅游网络系统逐渐形成。

桂林游资源丰富独特。以秀美的喀斯特山水名胜景观为特色，以历史文化名城为底蕴是桂林城市风景区的总体特征。桂林城市旅游区范围包括秀峰区、叠彩区、象山区、七星区和雁山区等5个市辖区和灵川县县城。市区旅游资源基本类型有象形山石、洞穴、风景河段、古树名木、奇花异草、陵寝陵园、摩岩造像、雕塑、纪念地、观景地、公园、科教文化设施、植物园、游乐场所、购物中心、著名店铺等，高品质高级别的资源类型实体多，密度大，形成以公园为主体的城市风景区。重要的景区（点）有靖江王陵、芦笛景区、虞山公园、叠彩山景区、西山公园、靖江王城、伏波山景区、榕湖、七星公园、象山景区、南溪公园、穿山公园、雁山园、灵川美食城等。

这几年，桂林市政府根据桂林地市合并后的区域资源特点，加大传统优势产品的包装和升级，开发适应不同层次游客需要的精品。通过招商引资、旅游股票上市和利用国贷等途径筹集社会资金，加大旅游产品开发建设的资金投入。据统计，1999～2000年全市共投资20多亿元，实施了愚自乐园、阳朔西街、龙脊梯田、兴安灵渠、乐满地、资江景区、市区主要景区等49个重点旅游项目的开发建设和改造升级工作，使桂林旅游档次和品味更高，特色更鲜明。兴安灵渠、阳朔西街经过保护性开发建设，焕发出新的光彩和魅力；已投资10多亿元的乐满地休闲世界，是全区乃至全国新兴的旅游休闲娱乐胜地，带动了兴安县经济发展。目前，一个以市区为中心，辐射到各县，融观光、休闲、度假等于一体的桂林旅游圈新格局初步形成。

2. 交通便利，旅游基础设施完善

桂林区位、交通条件优越。桂林位于广西的东北部，长期为广西经济、政治、文化教育中心，同时也是桂北地区及整个自治区的旅游中心城市，12个旅游资源富集的县域均匀地分布在市区的周围，市区与各旅游地之间流通比较方便容易。近年来，桂林积极发展现代城市旅游，加强了城市基础设施和景观建设，为发展城市休闲旅游奠定了基础。城市休闲旅游是现代旅游的一种重要形式。过去许多中外游客在游览桂林山水风光之余，觉得桂林城市建设相对滞后，并戏言：桂林像是一个穿着破旧衣裳的美丽少女。为使桂林城市与山水同美，地市合并后，桂林大力实施城市建设和环境保护工程，大规模新建、改造道路、桥梁，全面改造、包装沿街建筑。目前，100多项市政工程相继竣工或正加紧施工建设，桂林城已崭露出现代化国际旅游城市的新风采。新建、改建并免费开放800多座厕所，建设了城市广场、旅游步行街，启动了"两江四湖"环城水系工程。如今，随着一批批建设项目的完成，桂林市呈现出了"城在景中、景在城中、城景交融"的城市新风貌，极大提高了桂林旅游的吸引力和竞争力。桂林市还积极加强旅游通道建设，大力实施桂黄公路与桂阳公路改造、桂林至龙胜景区二级旅游公路建设、桂林旅游专道建设，以及市县公路网提级改造、景区景点间公路改造等一批旅游通道新建、扩建和改造，区域旅游交通网络构架初步形成。开通了桂林—福冈、汉城、泰国、菲律宾等国际航线，桂林—澳门—台北等区际航线及部分国内新航线，并以此为契机，大力开拓有关国家和地区客源市场，做到"每开通一条航线，就开辟一片市场"。

3. 政府大力支持，资源整合度高

桂林是全国第一个对区域内旅游资源进行整合的城市，通过旅游资源整合和旅游管理体制与运行机制创新，实现了桂林市旅游产业的快速发展。桂林历史上共有三次资源整合，前两次因结构松散和政府换届等原因而流产。桂林真正意义上的旅游资源整合是从1997年开始的，政府按照旅游产品的形成要素，坚持从实际出发、从市场出发、从产品出发，以"桂林山水"四大精品公园和漓江（"三山两洞一条江"）为核心，打破行业和所有制界限，整合周边所有依附于这个核心的与旅游业有关联的13个企业，组建桂林旅游发展总公司，建立起吃、住、行、游、购、娱"一条龙"旅游服务体系，打造中国山水精华游。组建7年来，桂林旅游发展总公司已累计缴税7亿多元，资产由2.7亿元增加到8亿元,实现了跨行业、跨区域发展。通过资源整合,节约了费用,创造了效益。例如,桂林市的园林旅游资源,划拨前由市园林局管理,每年仅向政府上交500万元收益,同时,市政府要向园林局下拨500多万元的绿化款,桂林旅游发展总公司接管后,不仅没要政府划拨的绿化款,还在当年就上交了400万元财政收入。桂林市荔浦县采取对旅游车辆不收过路费、规定对旅游企业收费须经县委常委会讨论、政府每年拿出30万元对旅行社进行奖励等措施,大力优化旅游发展环境,短短两年时间便由一个旅游弱县发展成为了远近闻名的旅游强县。

4. 景区管理规范化程度高

为保障桂林旅游业健康有序地持续发展,桂林市工商局努力发挥职能作用,对旅游个体私营经济不断改进监管方式,提高管理效能,积极推进旅游景区个体私营经济规范化管理,摸索出一套行之有效的管理方法。桂林从事旅游服务业的个体工商户已逾10 000户。为了使旅游景区个体私营经济的管理有章可循,桂林市工商局先后出台了《桂林市书画市场管理办法》、《关于加强旅游车船企业管理的规定》、《桂林市旅游市场管理办法》等文件和通告,对旅游景区个体私营经济的管理范围、政策、处罚规定等都做了较明确的规定,使桂林市景区个体私营经济管理纳入了制度化、规范化轨道。此外,桂林市工商局对景区景点采取多样化管理措施,如实行昼夜结合,日常监管与节假日监管结合的巡查监管模式,并建立了"经济户口"制度,对各类管理对象开展经常性的巡查监管、跟踪监管和动态监管,并对一些敏感地带、敏感行业实行重点监管,改变了过去"民不举,官不究"的被动方式,有力地"净化"了桂林的旅游市场,为游客提供了一个良好的旅游环境。

5. 旅游带动相关产业发展,是桂林的支柱产业

旅游业的不断发展壮大,有力地促进了全市经济结构调整,充分发挥旅游业关联带动作用,提高旅游产业社会化程度,提供了大量就业岗位。据市统计部门测算,1999年全市旅游业增加值达14亿元,占国内生产总值的比重为5.07%,贡献率为11.26%;占第三产业增加值的比重为14.52%,贡献率为18.59%,成为市区第三产业中的支柱产业;旅游业提供的税收占财政的比重为8.36%;旅游直接从业人员31 914人,间接从业人员10万人左右,目前,桂林市是全国失业率最低的城市之一。

旅游业的发展,为工业、农业和其他第三产业提供了一个巨大的消费市场。

工业系统围绕旅游消费市场，积极研究、开发旅游购物品和销售其他工业品；农业打好"旅游牌"，促进农业产业的结构调整。根据游客的不同要求，利用旅游消费市场生产销售农副产品，积极开发旅游农业观光园，有条件的地方组织群众参与旅游经济，开展各种形式的"农家游"旅游活动，开发农家旅馆。例如，兴安县溶江镇黄毛坝村，将葡萄生产基地开辟成旅游农业观光园，吸引大批游客前来游览和采摘，大大增加了农民收入；龙胜县泗水乡细门村瑶寨，1998年冬开始进行旅游开发，1999年接待国内外游客万余人，实现人均年收入2500元，比发展旅游前的1998年增加了三倍多，旅游收入一跃成为该村最主要的经济收入。此外，旅游还带动和促进了商贸、金融、交通、运输、信息、环境保护等相关产业和社会事业的发展。旅游业已成为桂林最具优势和发展潜力的产业，成为代表桂林形象和地位的最响亮的品牌。

6. 桂林部分旅游景区知名度高

旅游地实施旅游竞合战略的一个重要条件就是区域内旅游资源有较高的知名度或者以知名度较高的旅游资源为依托。如图6.4所示，漓江风景区的感知度为100%，属完全感知景点，即几乎所有游客都知道漓江风景区。此外，游客感知度较高的景区（点）由高到低依次为象山景区、七星景区、芦笛岩景区、阳朔西街、乐满地、两江四湖、龙脊梯田、大榕树、古东瀑布、愚自乐园等。可见，桂林旅游景区以漓江风景区为代表，已经享有很高的整体游客感知度。高度的游客感知度为桂林旅游景区发展提供了空间和余地，为桂林旅游景区发展竞合战略奠定了基础。

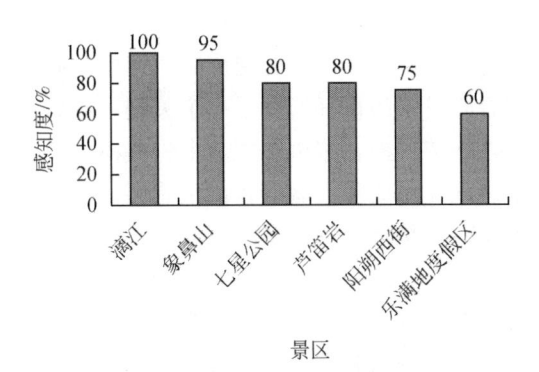

图6.4 桂林主要旅游景区的市场知名度

资料来源：保继刚，2002

6.3.5 桂林旅游景区建立现代竞合关系的具体措施

1. 构建互补的旅游产品群

区域旅游中的各合作景区单元所拥有的旅游资源具有互补性或相似性，且各自都具有自身核心竞争力。可通过桂林旅游合作研讨会、桂林旅游规划协调、专家咨询论证等形式，全面认识桂林的整体特色和各景区自己的优势特点。在进行旅游景区竞合时，结合各景区的优势特点，实施旅游产品差别化战略，最大限度地挖掘各个景区单元的旅游发展潜力，扬长避短，使本地已经为市场所接受的旅游产品格局的潜能通过改造、建设等手段得到进一步强化。同时更要强调桂林的整体特色，协调好桂林整体旅游发展的相关问题，在开发过程中须对旅游路线进行整体设计，对旅游产品组合搭配，从而形成互补性的旅游产品群，以联合和合作的优势来构筑桂林旅游的总体优势和竞争力。各竞合景区之间定期交流旅游信息，经常就桂林旅游资源的共性问题和矛盾进行磋商，及时进行政策协调。运用 SCM 的管理理念，进行资源整合，分工协作，使区域内各成员彼此的资源得以有效利用，共同为最终市场与顾客提供最快速、最优质的服务，提高整个桂林旅游的整体竞争力，实现区域内各成员的共赢。

2. 联合塑造区域旅游形象

旅游景区是旅游业的核心，往往著名旅游目的地都是因其区域内几个著名的旅游景区而形成的，旅游景区发展好坏直接影响区域整体形象。同时，旅游产品的不可移动性，决定了旅游产品要靠形象的传播，来为潜在旅游者所认知，从而产生旅游动机，并最终实现出游计划。要使旅游景区保持旺盛的生命力，树立与维持旅游景区在旅游者心目中的良好形象是一个关键。旅游业发达国家开发旅游的成功经验是塑造整体旅游形象，旅游开发追求将整体而非若干景点作为旅游吸引力因素来推动市场，依靠形象吸引旅游者前来旅游。

塑造整体旅游形象，一是指保持产品的完整性，彻底打破桂林行政区划的局限，因为旅游者到某地旅游，最关心的是旅游吸引物、旅游线路的安排和旅游接待条件，而不是旅游地的行政隶属关系。二是要将有一定关联的单个景区串联起来，形成组合优势，强化桂林的旅游形象。例如，桂林市组建形成的"两江四湖"景区，成为桂林城市旅游中的精品，提升了桂林山水的整体旅游形象。阳朔的大榕树、蝴蝶泉和月亮山景区，通过旅游线路联合营销，套票销售，形成互惠互利的景区竞合发展形式。同时，各竞合景区还可通过参与发行桂林旅游卡，利用桂林旅游一卡通或分时段旅游打折卡等形式引导消费者。三是维持好现有的旅游形象。对于国内旅游者来说，"桂林山水甲天下"这一名句的影响根深蒂固，形成了对桂林旅游形象的固有认知；境外游客对桂林旅游也是以自然景观游览为主要目的。但在调查中发现，相当一部分游客抱怨现实的桂林与名句中的桂林存在差异，当前的桂林没有体现"桂林山水甲天下"的形象。特别是已投入、新开发的景点大部分是孤立的，没有整体的形象，个个独立的景点很难与知名的"桂林山水"相提并论。四是发展旅游形象。在"桂林山水"的环绕下，缺乏特色的新景点知名度很难提高，个别景区（点）长期处于不为人知的状态，到访率很低。桂林作为一个独立的大旅游目的地，其独特的旅游资源种类并不单一，难以用单一的概念来界定桂林旅游地。随着旅游市场细分化的发展，应结合不同客源市场对桂林的本地认知和旅游需求，进行相应的定位和宣传口号设计，突出一个既以山水为核心，又可以满足旅游者多种需求的新桂林形象。

3. 共同建设基础设施

旅游资源的开发依赖于基础设施的建设，要建立桂林景区的"竞合"模式，带动区域旅游产业发展，桂林市应与周边地区加强协作，进行高密度的基础设施建设，建立资源共享机制，发挥资源整合效应。首先要加强交通设施建设。一要保证进入桂林各地区的通道便捷，要构筑高效率的内部交通网络系统。旅游地如果交通闭塞，游客难以进入，即使拥有世界级的旅游资源，旅游业也难以发展。旅游景区联合，共同建设进入通道，共同担负费用，可获得成本优势。二要加强桂林及各县市旅游交通设施的建设。将游客引进区内后，延长游客停留时间，增加旅游消费，除了旅游资源的联合开发、旅游产品合理布局外，区内交通是个关键。将各旅游点连接成线，编排环状封闭式旅游线路，避免往返路线重复，提高旅游效益。目前，正在建设的"贵广"高铁和湘桂铁路扩能改造工程完成，将会极大地改变桂林与长沙、广州、贵阳、南宁等省会城市的交通状况，形成以桂林为中心的3小时旅游经济圈。另外，还要加强景区的接待、服务设施建设。旅游者在旅途中除观光和游览外，还要进行娱乐、购买等活动。要求有相应的接待设施、服务设施，并且与整个旅游区环境相协调，且要形成具有层次性的消费结构，适合不同消费者的需要。特别是要针对游客需求变化，加强对桂林的猫儿山、花坪等自然保护区旅游基础设施建设，猫儿山、花坪等自然保护区有丰富的生态旅游资源，可以满足目前游客回归自然旅游需求，但可进入性差，交通服务设施没有形成，产品单一且参与性不强，导致游客滞留时间短。

4. 联合开拓旅游市场

市场需求是发展旅游业的根本动力，各旅游景区之间的竞争实际上是旅游市场份额的竞争，通过大的市场份额获得最大限度的经济、社会效益。事实上，在区域内的景区（点）通过合作开拓市场也能够达到这一目的。如果区域整体的客流量上来了，每个旅游景区都会受益。旅游市场开发和宣传需要大量的投入，各旅游地景区要单独搞大规模的市场营造是力不从心的。即使有单个的旅游景区进行了大投入的市场营造，也很难获得预想的经济效益，而且受益的也是其所在的整个地区及相邻地区。因此，在开发旅游市场时，各合作景区应顾全整体，景区间应形成联合营销机构，共同开拓旅游市场，而不是各自为政地抢夺市场，增加营销成本（图6.5）。旅游产品兼具了公共产品的一般特征，进行旅游时会出现个别景区（点）搭便车的现象，使主体投入的营销效益发生外溢，挫伤营销者投入的积极性。如果桂林各旅游景区通过政府或旅游景区协会，以组建旅游大篷车或别的形式在整个旅游区域进行联合促销，联合开拓某一市场，不仅能丰富桂林山水传统品牌的内涵，还可多方面展示桂林旅游的新魅力，提高整体的知名度，这样成功的概率就会高很多。

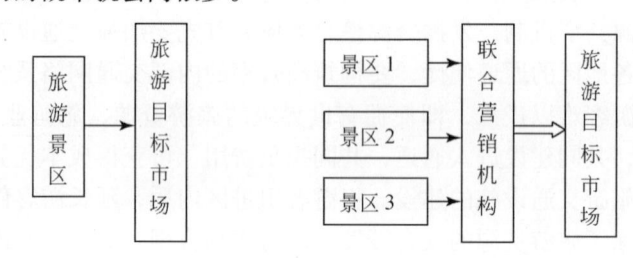

图6.5 单个景区营销与联合营销之比较

5. 深化旅游景区认知

旅游活动的实现过程实质上就是旅游产品的消费过程。随着我国经济社会不断发展，居民收入得到了明显提高，2010年我国人均GDP达到4382美元，民众出游能力相对较高，为桂林旅游发展提供了一个很好的机会。影响居民出游选择除收入因素外，与游客对旅游景区（点）的认知有很大的关系。一方面从旅游消费心理分析，在旅游产品的消费过程中，旅游者常把一定区域内的景点相互关联起来评价，若这些景点彼此互补，相互协调，可大幅提升其市场吸引力（田喜洲，2004）。"桂林山水"是桂林旅游的整体形象，有比较强的市场影响力，在这一形象背景下区域内的各个景区要加强合作，进一步通过特色产品和差异化服务，强化桂林山水的旅游形象。另一方面，从旅游市场发展角度分析，要提高市场需求，最主要的是加强游客对旅游目的地形象和国际知名度的认知。针对桂林旅游发展的特点，首先，要拓展桂林旅游发展空间，打造大桂林区域板块旅游，提升各旅游景区的品位和内涵，形成和增强旅游区对旅游者吸引力的规模效应、带动旅游者外出的沸点效应和满足旅游者需要的刺激效应。其次，桂林旅游协作机构应当建立大桂林旅游形象研究委员会，加大宣传力度，重新设计旅游产品，突出本区域特色，依托知名度较高的旅游景区和旅游产品，通过标语（口号）、特征、象征等方式宣传区域内其他旅游景点和旅游产品，使整个区域以鲜明、生动并富有特色的总体形象被游客认知，提高旅游需求，提升桂林旅游整体竞争力。最后，加强景区品牌建设，旅游资源的魅力很大程度上来自于它的品牌。桂林目前的旅游产品中，只有漓江是具有高知名度和高美誉度的名牌产品。因此，要加强景区品牌建设，要力争使桂林山水列为世界遗产；使桂林市区、漓江风光、阳朔田园风光和灵渠与乐满地等核心旅游资源区都成为国家级风景名胜区和旅游度假区；使猫儿山、矮岭温泉、龙脊梯田、资江等边缘区的旅游资源区做好高质量高起点的开发建设规划。最终使桂林旅游网络体系成为国内一流、世界先进水平的旅游观光度假区。

6.4 漓江流域旅游景区战略联盟竞合模式

随着经济全球化发展，战略联盟已成为新时期竞争模式的主流方式，当今企业日益将经营方式重点转向战略联盟。旅游景区作为特殊的企业，发展要兼顾环境、经济和社会责任等多重效益。从合作形式来看，建立战略联盟是竞争环境下实施企业竞合战略的最主要的组织形式。在桂林旅游实现二次腾飞和建设大桂林旅游圈的背景下，特别是在建设旅游国家旅游综合改革试验区的推动下，通过产品组合和区位组合等，在漓江流域范围内或桂林区域内，寻找合适的旅游景区建立景区战略联盟，对于实现旅游要素一体化经营和旅游产业价值链重构，促进旅游可持续发展具有重要作用。

6.4.1 竞合时代的战略联盟

1. 战略联盟概念

关于战略联盟（strategic alliances）的概念，学术界至今尚无统一的定义，国内外学者对战略联盟的概念有不同的解释。最早提出战略联盟概念的简·霍普兰德（J. Hopland）和罗杰·内格尔（R. Nigel）认为，战略联盟是由两个或两个以上有着对等经济实力的企业（或特定事业和职能部门），为达到共同拥有市场，共同使用资源等战略目标，通过签订协议、契约而结成的优势互补、风险共担、要素水平双向或多向流动的松散型组织，其多为长期性、自发性、独立性的组织形态（李振忠，2006）。迈克尔·波特认为联盟是和其他企业长期结盟，但不是完全的合并，比如合资企业、许可证贸易和供给协定等，联盟无需扩大企业的规模就可以扩展企业市场边界。联盟是介于市场与企业之间的交易方式（图6.6），它是指企业之间进行长期合作，超出了正常的市场交易但又没有达到合并的程度。斯图亚特（Stuart）和托比（Toby）等学者认为，战略联盟是参与企业根据各自资源的异质性，本着互惠互利的原则，结合资源的互补性，追求共同利益的行为。这是一种企业资源视角的战略联盟观点，把战略联盟界定为一种资源整合的组织行为（孟琦，2004）。

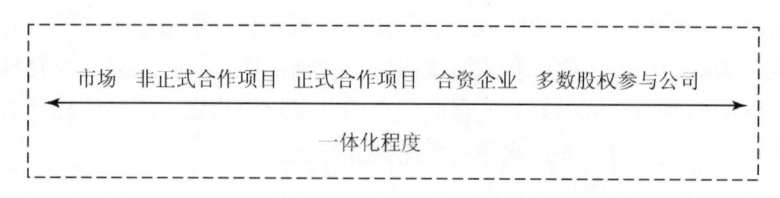

市场　非正式合作项目　正式合作项目　合资企业　多数股权参与公司

一体化程度

图6.6　战略联盟是介于公司与市场之间的交易形式

国内学者李国津（1997）在《战略联盟》一书中认为，战略联盟是两个或多个经济实体为了实现特定的战略目标而采取的任何股权或非股权形式的共担风险、共享利益的联合行动。康荣平和柯银斌（1999，2005）认为，狭义战略联盟是指两个或两个以上的企业组织在某个时期内以相互合作的方式来实现某一特定目标，但并不涉及股权；广义的战略联盟是包括合资等股权参与形式在内的任何形式的企业间正式或非正式的协议。虽然对战略联盟的定义各有不同，但在本质上是有共性的，即战略联盟的本质在于企业间的竞合关系（co-corporation），竞争与合作是贯穿战略联盟的主线。企业建立战略联盟的可能性在于避免竞争、优势互补、利益共享。同时，战略联盟中的企业间也存在利益冲突，企业建立战略联盟的初衷在于避免过度竞争，充分利用战略联盟带来合作优势。如果战略联盟不能满足自身利益，在成本收益比较之后，企业会选择退出战略联盟。由此看来，战略联盟是企业间不断谈判，多次博弈的结果。

2. 战略联盟的特点

根据孟琦（2004）总结，战略联盟作为一种全新的组织合作形式，具有如下特征：

(1) 成员的多赢性。战略联盟可以很好地解决新产品从研发到生产、制订市场营销战略、进行市场试验到商业化各阶段可能出现的难题，在短期内成功地将产品推入市场，使每个盟员取得很好的经济效益。

(2) 合作形式的松散性。联盟本身是一个动态的、开放的体系，是一种松散的公司间一体化的组织形式。因而，它并不要求企业各方必须承担一定的法律义务和违约责任。战略联盟不设立统一的管理体系，对战略实施过程中的每一个环节的控制基本上通过市场力量来进行。

(3) 行为的战略性。战略联盟的方式和结果，不是对瞬间变化所做出的应急反应，而是对优化企业未来竞争环境或提高核心能力而做出的长远谋划。联合行为注重利用外部经济，从战略的高度来改善联盟共有的经营环境和经营条件。联盟的绩效往往不是以短期的利润为标准，而是以创造持续竞争力为目标。

(4) 竞争与合作。战略联盟改变了传统的以消灭竞争对手为目的、对抗性极强的竞争方式，而是为竞争而合作，靠合作来竞争，竞争和合作并不相悖。

(5) 地位的平等性。战略联盟是各方在资源共享、优势相长、相互信任、相互独立的基础上，通过事先达成协议而结成的一种平等关系，这种关系不受合伙人之间经济实力的影响。

(6) 范围的广泛性。联盟的企业以市场机遇和契约为纽带，而非以资本为纽带，并未达到合并的程度。战略联盟通过价值链各环节上的广泛联盟协作，是一种范围（如市场范围、产业范围）的扩大，而不是企业规模的扩大。

3. 战略联盟的动因

孟琦（2004）在其论文《企业战略联盟竞争优势研究》中，总结提出了建立战略联盟竞合关系的动因表现在以下几个方面。

(1) 实现战略目标。战略联盟为企业提高核心竞争力、增加扩展力、实现全球战略目标提供了新途径，同时避免了创建与并购所带来的时间长、缺乏灵活性、耗费资金等缺陷。

(2) 开拓新市场。在经济全球化时代，战略联盟是快速进入目标市场的捷径。很多跨国公司与当地企业建立联盟关系，都是为了更快进入当地市场，尤其是向有严重的商务壁垒或政府管制较多的领域拓展。

(3) 优势互补。企业之所以建立战略联盟，主要是出于彼此间能够取长补短、弥合战略缺口，发挥 $1+1>2$ 的协同效应。由于技术的日益复杂性，企业在很大程度上需要借助其他企业的资源和能力。

(4) 防止竞争过度。如果企业间继续展开恶性竞争，不仅会降低各自的盈利水平，而且容易造成两败俱伤。战略联盟使传统的竞争模式发生改变，其实质是为竞争而合作，靠合作来竞争，它将恶性竞争转向争取双赢或多赢，共同维护竞争秩序。

（5）降低经营风险。在经营风险方面，合作产品是通过合伙人之间相互衔接的附加值生产网络而逐步增值的，销售网络中每个环节上所产生的附加值都立即到市场上去实现，战略产品的销售情况只对终端企业的利益有直接的影响。在现代研发项目需要巨额投资的情况下，联盟通过共同投资、共担风险、共享成果等措施，增强企业竞争力，相对于独资或合资企业，将经营风险减小到尽可能低的程度。

（6）确定技术标准。通过与同一行业、同一产品或技术领域的主要企业及其他相关群体进行技术合作，结成战略联盟，企业就可以借助联盟的力量协调和建立新产品或生产工艺等世界统一技术标准。

（7）挑战"大企业病"。实现规模经济也可以通过兼并的方式进行，但往往使企业规模过大，到一定阶段则会产生规模不经济的现象，导致规模收益递减。而战略联盟可以避免企业组织的过大及僵化，使企业保持灵活的经营机制并与迅速发展的技术和市场保持同步。

（8）增强组织的学习能力，强化长期竞争优势。对企业来说，通过联盟的合作可以及时跟踪世界技术的发展动态，并通过合作增强组织的学习能力，为企业内部的技术创新过程提供新的思想、新的技术技能和新的活力。

6.4.2 旅游景区战略联盟

1. 景区战略联盟的概念

在新的旅游市场环境中，一切都要求快速响应旅游者需求，任何旅游企业都不可能是旅游市场中的一个孤岛，旅游景区作为一类特殊的旅游企业也不例外，它必须有旅游者群体、相邻旅游景区企业以及其他旅游企业的支持与合作才能生存（成红波，2006）。建立景区战略联盟是旅游发展适应市场需求的必然选择。景区战略联盟是指两个或两个以上的景区间或景区与各旅游企业间，为了实现资源共享、风险或成本共担、优势互补、共同拥有市场等战略目标，在保持自身独立性的同时，通过股权参与或各种契约而结成的要素双向或多向流动的网络式的景区经营联合体。它是一个动态的、开放的系统，是一种松散的企业间组织形式，具有边界模糊、关系松散、机动灵活、运作高效等特点（师东平，2002）。

景区战略联盟是景区间以及景区与各旅游企业间达成的超出正常的市场交易，但是又达不到合并程度的长期协议，是准一体化的表现形式之一，其实质是联盟成员之间的一种契约型关系，而并非独立的公司实体。在这种关系之下，战略联盟成员之间关系的维护，是通过协议这一"文明锁链"来维系的，即在价值流转过程中，参与价值再分配的各联盟成员通过不同形式的协议来确定彼此之间的分工与协作、权利与义务关系。作为这种战略联盟关系的发起人——旅游景区在旅游产业链的价值增值系统中处于一种相对高端的地位，或者相对于其他联盟成员拥有一种相对较强的控制资源的能力，或者维系这个价值系统对其有重要的增值意义（成红波，2006）。

2. 景区战略联盟的类型

迈克尔·波特将战略联盟划分为纵向联盟和横向联盟两种基本形式，有学者根据是否有股权参与将战略联盟分为股权式战略联盟和非股权式战略联盟两类（卢润德和张霞，2005）。成红波（2006）对照这两种分类方式，讨论了景区战略联盟的分类。

1）景区纵向战略联盟与景区横向战略联盟

根据景区联盟双方（或多方）所从事的活动性质来划分，可分为景区纵向战略联盟和景区横向战略联盟。如果联盟各方从事的活动是同一景区产业中的互补性活动则为景区纵向战略联盟；如果联盟各方从事的活动是同一景区产业中的类似活动则为景区横向战略联盟。景区纵向战略联盟的核心是联盟双方（或多方）互相承诺从事对方的某些活动，双方可能签约，也可能不签约，联盟各方得到比一般的旅游市场交易更紧密的协调，但各方又继续保持自己的独立性，如旅游景区与旅行社、旅游酒店等的联盟。景区横向战略联盟是竞争对手之间的联盟，即旅游景区间的联盟。与景区纵向战略联盟不同的是，景区横向战略联盟由于合作各方在连续不断的基础上共同从事一项旅游经营活动，从而改变了该项活动的进行方式，它也模糊了景区间竞争与合作的差别，其目的在于改善景区在一项价值创造活动中的联合地位。

2）股权式景区战略联盟和非股权式景区战略联盟

根据景区战略联盟内部是否有股权参与来划分，可以分为股权式景区战略联盟和非股权式景区战略联盟。前者是由各景区联盟成员作为股东共同创立的，拥有独立的资产、人事和管理权限的联盟组织，它一般不包括各景区联盟成员的核心业务。后者也可称为契约式景区战略联盟，它是一种没有股权参与或无资产性投资的战略联盟，各成员企业通过各种功能性的协议或契约结成联盟关系，在各种具体领域进行合作。由于后者更强调相关旅游企业的协调与默契，在经营的灵活性、自主权和经济效益等方面比前者更具有优越性，因而更具有景区战略联盟的本质特征。

3. 景区战略联盟的优势

战略联盟、景区兼并、合并以及景区集团等都是旅游景区合作的实现途径，要实现景区竞合发展，需要选择适当的合作途径。竞合要求景区在竞争中合作，在合作中竞争，保持自己的特色，提升核心竞争力。比较三种合作方式（表6.2），可知构建战略联盟形式的景区合作体现了竞合理论的实质。

表6.2 三种竞合实现形式比较

合作途径	成员企业关系	合作资金	合作风险
战略联盟	联盟企业保持自己管理的独立性和完整的经营权	利用契约或协议组建，不需要大量合作资金投入	自愿结成联盟，容易产生规模经济，避免资源浪费
兼并、合并	完全成为一个企业	需要大量的资金，全盘接受对方的资产	操作复杂，风险较大
景区集团	成员企业以产权关系为纽带	组建费用和组织费用较高	进入和退出的壁垒也很高

战略联盟主要强调合作伙伴之间的相容性，重视企业之间相互资源的共同作用，具有快速、灵活、经济等多种优势。具体体现在：①不涉及产权让渡，从而回避了旅游景区所有权与经营权两权分离的障碍和控制权转移所带来的内部冲突；在战略性的合作中，促使双方实现资源共享和优势互补，从而无需扩大景区一体化规模就可获得规模经济效应。②可从合作伙伴中获取所需要的"战略资产"，以弥补自身在其他经营领域中资源和核心能力的不足，从而成功地扩大景区企业经营范围，有效地实现范围经济。③促使一体化成员之间进行合理分工，提高专业化分工水平，避免重复建设造成资源浪费（成红波，2006）。

4. 建立旅游景区战略联盟的动因

旅游景区建立战略联盟的动因主要表现在两个方面：一方面从纵向来看，随着旅游发展特别是游客需求多样化和高品位化，需要构建一种以旅游景区为核心的新的旅游业供应链。目前，旅游业在区域发展中形成了以旅行社为核心的旅游业供应链模式，旅行社在旅游业与各相关行业的企业之间担负着大量的组织协调工作，将旅游景区、旅游饭店、交通运输、旅游购物等联系在一起，在这种发展模式中，旅行社为了追求更大利润，往往会无限最大化地寻找利润空间大的旅游产品推荐旅游者接受，结果就出现了景区间的价格战，导游收受回扣压缩游览时间，延长购物时间，"甩卖"游客等问题。另一方面从横向来看，相邻旅游景区之间在旅游资源、旅游产品、旅游形象、旅游客源等方面存在着互补或替代的关系，旅游景区要想满足游客的多种需求，开拓更大的市场，仅靠一个旅游景区所拥有的资源是不够的，必须将旅游活动辐射到其他景区，借助其他旅游企业的资源达到满足游客的多种需求的目的。通过景区战略联盟，使旅游景区竞合发展成为现实，既保证旅游景区自身的利益，又兼顾共同的经济利益，真诚合作，共创多赢，为旅游景区发展开辟了一条新的路径。

6.4.3 漓江流域旅游景区战略联盟建立思路

1. 发挥政府的作用

发达国家的经验表明，政府对战略联盟的规范作用，很大程度上取决于法律规范作用的发挥程度。必须用立法形式对景区战略联盟进行控制，使之合法化、规范化。因此，桂林市政府以及旅游管理相关部门应发挥其经济管理职能，引导和服务于景区战略联盟建立，并根据国家旅游产业结构调整、优化及发展目标，确定景区战略联盟的有效范围，制定合理的政策，创造良好的社会环境，协调各职能部门的政策与法规，及时解决景区战略联盟中的问题。

2. 旅游景区应转变观念

战略联盟的宗旨不是与竞争对手"争夺"市场，划分势力范围，而是努力与竞争对手共同创造并分享一个更大的市场。因此，在新的历史条件与发展环境中，桂林旅游景区应该改变相互之间的对立态度和对建立景区战略联盟的消极态度，形成平等、互惠意识，促进景区战略联盟建立。首先，旅游景区要转变竞争观念，从对抗性竞争转向合作性竞争。景区要放弃大而全、小而全的传统发展模式，不断提高社会化水平，通过建立战略联盟加强与其他景区的合作，实现资源共享，降低经营成本。其次，旅游景区要转变企业扩张发展的观念，从重视积累和重组、忽视战略联盟转为重视联盟发展，共生共荣、共进共退。建立战略联盟的景区双方（或多方）均拥有对方所不具备的优势，每一方都能够从对方那里获得相应的核心利益，作为补偿，获得利益的一方也必须真诚为对方提供相应的服务。最后，是战略联盟的范围要由景区之间转向整个产业链，学会更高层次上的合作竞争。景区之间或景区与旅游产业链中的其他企业之间，如旅游景区与旅行社、旅游酒店、旅游餐饮、旅游运输服务公司、广告公司等，根据各自需求携手建立战略联盟，实现合作竞争，使竞争从原来的价格竞争向非价格竞争转变，从恶性竞争向塑造比较优势竞争转变，共同维护有效的竞争秩序，共同促进旅游经济的发展，共创"共赢"。

3. 慎重选择联盟伙伴

战略联盟的竞争优势源于各联盟成员企业的核心能力的互补性和集成性，只有具有联盟所需要的核心能力的企业才能成为联盟的成员。在选择合作伙伴时，应首先考虑与之结成伙伴关系后能否创造真正有价值的、提升竞争优势的、在传统交易关系和简单合作关系中无法实现的利益。只有肯定该伙伴关系有创造更大利益的可能，才有与其建立联盟关系的必要。旅游景区在选择合作伙伴时，不仅要考虑其竞争优势，还要考虑合作伙伴的合作条件和发展愿望，并学会与其他合作伙伴进行合作的策略与技巧，在"合作—竞争"中共创双赢（贾爱顺，2007）。

桂林各景区在建立战略联盟时要结合自身条件，对合作景区在景区类型、旅游线路、景区发展潜力、合作态度等方面进行详细考察。一般情况下，选择合作伙伴应坚持以下准则（图6.7）。第一，是否存在创造贡献的潜能，即伙伴关系是否可为伙伴双方创造传统买卖关系所无法创造的价值。第二，是否拥有共同的价值观，即合作双方在驱动整个企业的基础价值上是否具有共同性。第三，是否存在有利于伙伴关系的环境，这由合作者对伙伴关系所持有的态度、合作者对未来的长远计划与看法和可能发生交易的频率来决定。第四，伙伴关系的机会是否与企业本身的未来相谋合，这可从产业焦点、产品方向以及市场地位等方面考察。总之，联盟伙伴应根据景区自身的发展目标和能力来选择，同时要有利于整合产品，提升整体竞争力的总目标。

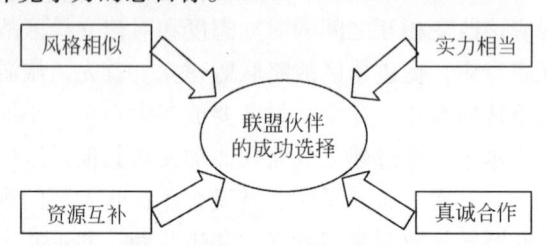

图6.7 战略联盟伙伴选择原则

4. 确定适当的目标

桂林景区建立景区战略联盟，必须要明确联盟的目标，树立发展观念，及时更新优化联盟内容，使联盟真正发挥应有的作用。一方面，对景区管理的每一项重要工作内容进行分析和评估，以决定哪些工作与合作伙伴联手，哪些由自己独立完成。另一方面，要研究如何有效地利用战略伙伴的优势和资源，不断提高战略联盟的层次，同时，考虑在联盟合作时如何使本景区增强核心竞争力，各景区应从实际情况出发，审视发展战略，以确定建立战略联盟的目的。

6.4.4　桂林旅游景区战略联盟竞合模式

1. 桂林景区的理想战略联盟竞合模式

旅游景区竞合既是一种企业联盟行为，又是区域旅游空间的资源整合方式。吴泓等和顾朝林（2004）研究认为，"对称互惠共生"是区域旅游竞合的理想行为模式。对称互惠共生状态可以达到帕累托最优，同时也是最佳激励兼容状态或最佳资源配置状态。具体到旅游景区来说，就是区域内各景区在承认竞争和利益冲突的前提下，主张将局部的对立变成更大空间的共存，着眼于发展和保护共同的优势，强调从竞争中产生新的、创造型的伙伴关系，通过利益的共享和义务的共担，寻求双方或多方的共存共享和互惠共赢，构筑一个统一和谐的整体，从而获得任何单个景区或旅游企业都无法达到的高水平和整体的最大利益。"对称互惠共生"区域旅游竞合模式实际上就是旅游企业间的战略联盟。从桂林或漓江流域旅游资源与产品空间结构特点和发展阶段分析，"对称互惠共生"区域旅游竞合模式适合桂林或漓江流域的旅游景区之间、旅游景区与其他旅游企业之间的竞合关系建立，即旅游景区的战略联盟建立。

旅游景区战略联盟在缔结和运作过程中，要注意以下几个方面：首先，决定旅游景区结成联盟的关键要素是它们各自的竞争优势和领导意愿。旅游景区的竞争优势集中体现在它们的资源优势和核心竞争力上，如果这些竞争优势不般配、企业领导者之间相处不融洽或领导者缺乏长远的战略眼光，则联盟无法顺利地缔结。其次，旅游景区组建战略联盟后要经常开展交流合作，不能使旅游联盟体变成一具空壳，或流于形式，导致竞争力无从发挥。同时，制定联盟的相关协议是关键，它在促成旅游企业积极合作、协调各方利益、减少未来潜在危机等方面发挥着积极的作用，并影响着旅游景区结成战略联盟后交流合作的质量和绩效。最后，旅游景区应建立有效的信任机制、监管机制，以加强联盟的实际运行能力，提高联盟的凝聚力和战斗力，才能获得联盟效益，避免联盟在运行过程中，因遭遇到各种危机和挫折而陷入一种无为状态直至最后不欢而散。

基于以上观点，根据桂林或漓江流域旅游景区之间的竞合关系，构建了"桂林旅游景区理想战略联盟竞合模式"，具体模式如图 6.8 所示。桂林旅游景区战略联盟由五个影响旅游景区竞合的主要变量构成，分别是竞争优势、领导者、协议要素、信任机制和监管机制。旅游企业在这五个主要变量的共同作用下组建战略联盟，产生联盟效应，以促进每个联盟成员实力的增强。其中，竞争优势是基础，领导者意愿和协议要素是主体，信任机制和监管机制是保障。同时，旅游景区战略联盟还要通过区域内相关行业、政府、社区居民、市场以及供应链企业的相互作用，按照一定的条件在基于竞争的前提下与其他相关利益主体开展有机合作，形成寻求互惠共赢、统一和谐的整体，实现区域旅游的可持续发展。

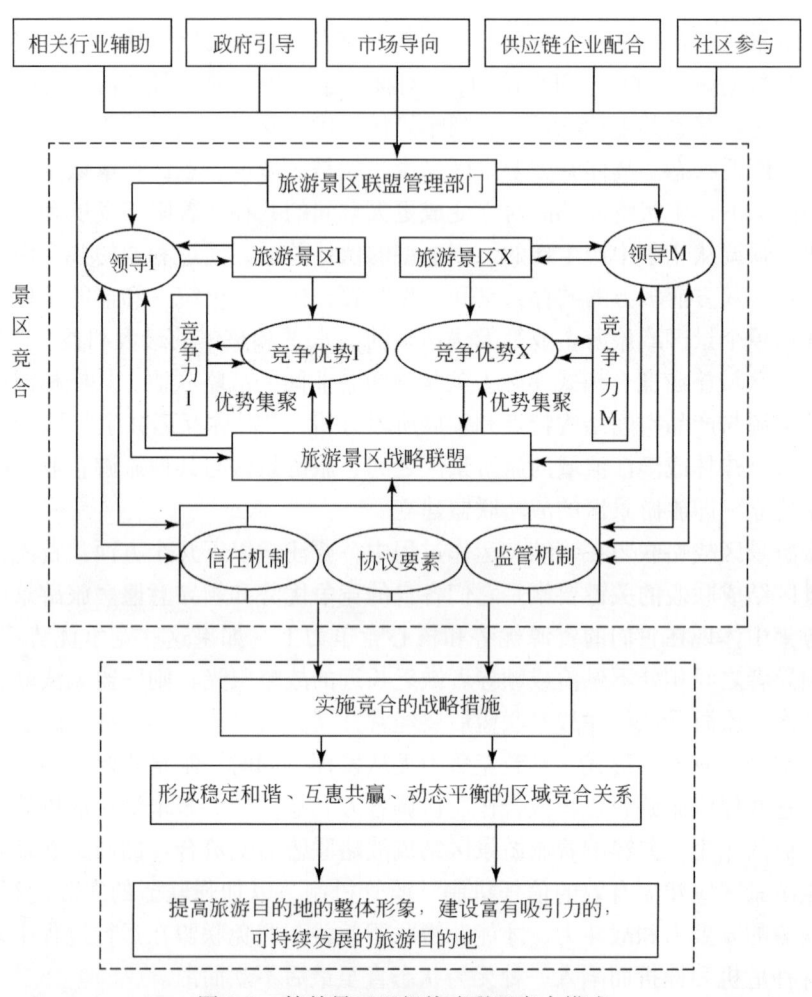

图6.8 桂林景区理想战略联盟竞合模式

2. 景区横向战略联盟——桂林旅游景区之间的竞合模式

1）相似型景区联盟

两个或两个以上同类型旅游景区组建战略联盟，联盟委员会通过契约或定期交流等形式，充分发挥宏观调控作用，协调景区资源，联合开拓市场，避免恶性竞争，以丰富旅游目的地形象，提升各景区竞争优势为目的，合理引导游客流向，避免传统热门景区过热，新兴冷门景区过冷，实现最优配置。结合桂林旅游景区类型，在联盟管理的基础上，提出6种相似型景区联盟。

（1）观光型旅游景区联盟。创新漓江游览方式，充分发挥漓江品牌旗舰作用，提升环城水系游览内涵，加快进行芦笛、七星、象山、龙胜、资江—八角寨、遇龙河、冠岩等景区的联盟建设，确立桂林"世界级"山水观光旅游目的地的地位。

（2）休闲度假型旅游景区联盟。建立以桂林市区、阳朔县城、龙胜温泉、丰渔岩、古东瀑布、乐满地休闲世界和超然派为主体的休闲度假型联盟体系。完善休闲度假服务设施，丰富休闲度假活动内容，把桂林建设成为中国南方最大的休闲度假型旅游目的地。

（3）历史文化旅游景区联盟。加大对历史文化资源的保护力度，深度开发历史文化旅游产品。以"印象·刘三姐"、兴安灵渠、水街、明靖江王府王陵、李宗仁故居等景区为基础组建景区联盟，重点推出史前文化考古、灵渠古水利科技、明靖江王府王陵、太平天国历史、抗战文化城、二战历史事件遗址、历史名人故居等产品。总结推广"印象·刘三姐"歌圩，兴安秦城水街和龙脊实景演出的发展模式，打造历史文化旅游景区经典品牌。

（4）民俗风情旅游景区联盟。以恭城县、龙胜县、灌阳县以及阳朔草坪乡的民俗风情旅游景区为代表组建景区联盟，加强跨区域合作，推出少数民族风情旅游产品，突出少数民族独特的文化内涵，提升民俗风情景区发展水平，联合推出民俗风情精品线路。

（5）红色旅游景区联盟。组建红色旅游景区联盟，打造红色旅游经典品牌。建设桂北红军长征血战湘江红色旅游区，扩建红军突破湘江纪念碑和八路军桂林办事处，建设革命传统教育和爱国教育基地。整合红色旅游资源，开发红色旅游产品，积极推出红色旅游精品线路。

（6）专项与特种旅游景区联盟。将具有专项与特种旅游产品的景区组建联盟，组合延伸桂林强势旅游产品，适应不同游客群体和细分市场的需要，积极引导与现代生活方式相联系的高尔夫旅游、温泉休闲、健康保健旅游、汽车旅游、生态旅游，积极推进体育旅游、修学、科考、新婚蜜月等专项旅游，将新的旅游业态及时转化为旅游产品。

2）互补型景区联盟

景区联盟是为了更好地推销景区，实现区域整体竞争力，所以在大桂林区域旅游层面上建立景区战略联盟，根据桂林资源空间布局以及"山青、水秀、洞奇、石美"的资源特点，重新组合具有互补优势的景区，形成具有吸引力的新路线。在互补性景区联盟建立的基础上，通过两两组合或整体调配，形成五种旅游形式，即休闲观光—风景桂林，历史民俗—文化桂林，自然生态—田园桂林，美食购物—时尚桂林，娱乐休闲—欢乐桂林，丰富桂林旅游内涵，全面展示桂林旅游的新形象。

3）网络型景区联盟

通过替代性和互补性景区联盟的建立，进一步结合大桂林区域旅游，根据相邻、沿（江）线或同一行政区等地域相近的便利性特点，构建旅游网络景区战略联盟，通过联盟管理机制获取联盟优势，丰富该地区的旅游形象，提高整体的竞争优势。形成桂林"一城、两带、三大板块"的区域旅游布局，在联盟管理的基础上，进一步完善大桂林旅游目的地。

一城：重点建设好桂林城市旅游区，力争使桂林入选首批"中国最佳旅游城市"。打造旅游城市品牌、旅游企业品牌，提升特色化、人性化和国际化水平，发展城市旅游精品。两带：加紧建设漓江黄金观光度假旅游带和湘桂走廊文化与生态旅游观光带。加大整合资源力度，集约经营漓江流域旅游产品，创建旅游品牌。三大板块：进一步打造以市区为中心，包括灵川、临桂两县的城市旅游板块；以兴安为中心，包括龙胜县、资源县、全州县、灌阳县的北部生态旅游板块；以阳朔县为中心，包括恭城县、荔浦县、平乐县、永福县的南部休闲旅游板块。实施市县联动，推进县域旅游经济发展，提高县域旅游水平，建设旅游主题城镇，形成完善的旅游目的地体系。

3. 景区纵向战略联盟——桂林旅游景区产业链竞合模式

1）旅游产业链竞合关系

纵向战略联盟是区域旅游景区战略联盟在横向战略联盟基础上的发展，即旅游产业链竞合模式，是旅游企业间更高层次上的合作竞争。旅游产业链竞合模式是由多个旅游要素组成的复合系统（图6.9），模式中的不同旅游企业（旅游景区、旅行社、旅游酒店、旅游餐饮、旅游运输服务公司、广告公司等）承担不同的价值创造职能，紧密相联，互相协作，创造出比单一旅游企业更大的协同效应。

2）以旅行社为核心的产业链竞合模式

传统的旅游产业合作模式是以旅行社为核心的产业链竞合模式，该模式对旅游发展有一定的作用，同时，旅行社作为旅游业供应链的核心给旅游业发展也带

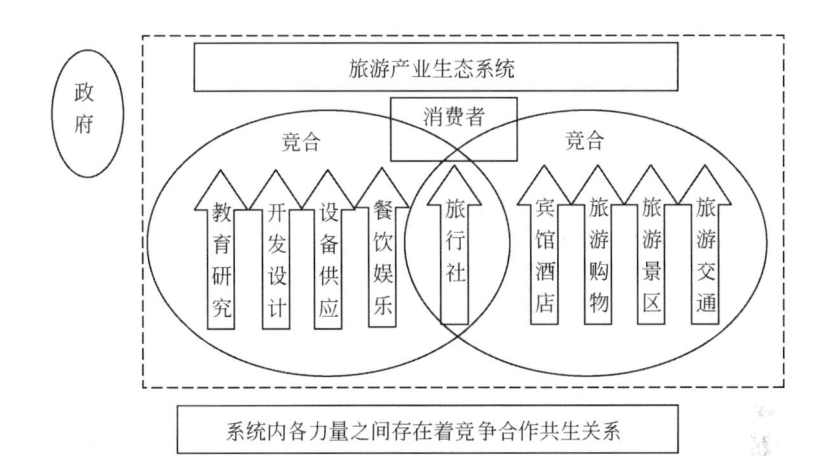

6 | 漓江流域景区间战略联盟形式的竞合研究

图 6.9 旅游业产业链模型
资料来源：黄继元，2006

来了一些不合理性，特别是旅行社为追求利益最大化，往往在游客接待量上与旅游景区旅游容量之间产生矛盾，同时，处在核心的旅行社由于掌握着游客资源，往往不能很好地与旅游产业链中的其他企业平等合作，相关企业为了搞好与旅行社的关系，特别旅游景区往往采用低价策略，最终还是损害了景区的利益；像住宿、餐饮等企业为了争取更多的客源，对旅行社服务给予较大比例的回扣，导致旅游企业间的无序竞争。

3) 以旅游景区为核心的产业链竞合模式

众多种类层次的旅游是以不同形式的景点和景区为核心内容开展的，以旅行社为核心的产业链竞合模式中，旅游景区不能直接与消费市场沟通，处于被动地位。通过对纵向战略联盟模式中各旅游企业的博弈分析，认为在市场激烈的竞争中，建立以景区为核心的产业链模式，使旅游景区与上下游旅游企业建立竞合关系，通过组建战略联盟，在资源共享、信息交流、客源互送、利益共享、风险共担方面的合作关系大大加强，每个旅游企业只生产或提供全套旅游产品的一部分，生产和服务的效率大大提高，不但可减低成本，并可获得正外部性，单个企业的优质服务将促进其他企业的成功。同时突出景区在旅游产业中的重要性。以景区为核心建立景区战略联盟，将会形成生态和谐的旅游产业经济，避免旅游企业因盲目追求经济效益给生态环境带来的负面影响。

桂林旅游业的发展代表了国内旅游发展的水平，并有漓江、象鼻山、芦笛岩等规模比较大的景区企业，景区的管理也处于国内领先水平。因此，构建以旅游景区为核心的供应链竞合模式具有一定的可行性。同时，综观桂林旅游发展现状

| 205 |

和主要景区企业的组织结构，桂林旅游景区产业链竞合模式也容易实现，因为桂林旅游发展总公司及其控股的桂林旅游股份有限公司下属的全资、控股企业包含桂林旅游的精华景区、桂林山水旅行社、桂林漓江大瀑布五星级酒店和漓江游船公司、桂林出租车公司等，几乎涵盖了旅游产业的吃、住、行、游、购、娱六大要素。例如，通过总公司内部的整合竞合，集成管理，共同形成愿景目标和战略合作关系，旅游产业链上的各企业相互配合，实现物流、资金流、市场价值、信息流、客流的动态流程管理链接，共享资源，提高快速反应能力，能够在公司内部实现桂林旅游景区产业链竞合模式。

新模式实现了旅游业中各相关行业上下企业的信息共享，通过构建信息共享平台，设立旅游质量监督部门，可以监督相关链条服务质量。对旅游企业以维护消费者利益为标准进行监督，在确定其合理合法经营的前提下协调旅游者之间的关系；对旅游景区则以环境保护和旅游可持续发展为标准进行监督，控制进入景区的游客量，确保景区能提供优质环境并达到利益最大化。监督工作可以分为采取和接收两条信息流的方式进行，对以产业链上的节点为单位监督对象的以采取信息为主，分别进行评价监督；而对整体产业链则通过建立游客信息系统，以收集旅游者反馈信息为主，进行综合评价，进而提出改进建议（图6.10）。

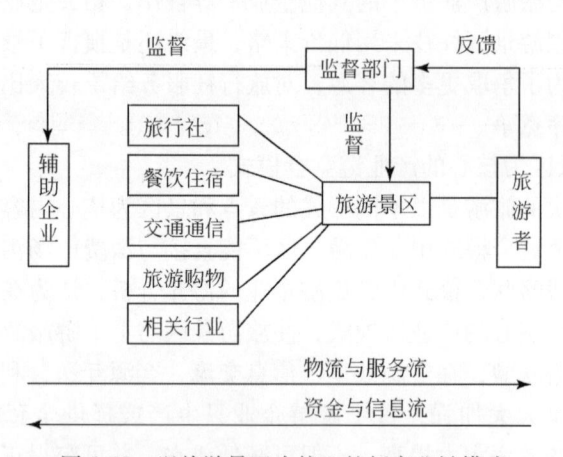

图 6.10　以旅游景区为核心的新产业链模式

6.4.5　桂林旅游景区战略联盟竞合模式建立步骤

在桂林或漓江流域范围内，以市场为导向，在政府引导、社区参与下，按照一定的条件在基于景区竞争的前提下，景区之间、景区与其他利益相关企业开展有机合作，寻求互惠共赢，形成统一和谐的整体，从而在加强整体实力的同时也提升了各自的竞争力，是实现区域旅游可持续发展的必然选择。桂林旅游景区竞合发展有利于桂林旅游品牌的构建，有利于桂林整体竞争力提高。

通过对桂林建立旅游景区战略联盟竞合模式的社会条件与影响因素调查分析，认为目前桂林旅游景区之间还没有形成理想的竞合关系，现有的合作表现为：持续时间短、内容不固定、模式不确定、关系不稳定。同时，分析认为宏观环境因素中旅游业的发展观及发展战略、政府对合作的态度、地方体制及政策、地方行政管理体制、社会主流媒体的导向；行业环境因素中的其他旅游产品的威胁、旅行社的认同与推介、行业组织的影响、景区的可进入性、旅游者的旅游需求、旅游市场的发育程度，以及旅游景区自身因素中的旅游景区间的合作方式、合作机制、合作目的、旅游景区间的沟通和交流等是影响桂林旅游景区竞合关系建立的关键因素。因此，桂林旅游景区竞合模式建立应该采取"先易后难、先内后外"的发展步骤（图6.11），即先通过互相之间的学习与合作共同提高桂林景区内部的管理水平，在这一基础上景区之间达成更全面的合作共识从而进行真正的错位发展，形成桂林旅游的特性，而竞合的最高境界应该是桂林旅游资源的全面整合和区域旅游品牌的构建。

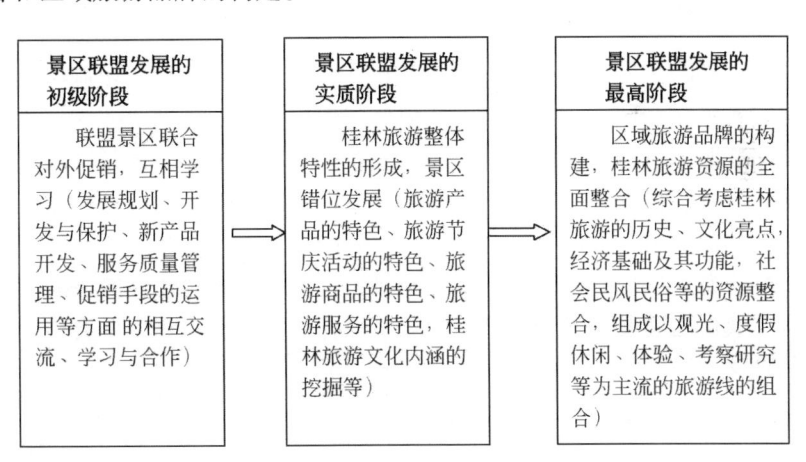

景区联盟发展的初级阶段	景区联盟发展的实质阶段	景区联盟发展的最高阶段
联盟景区联合对外促销，互相学习（发展规划、开发与保护、新产品开发、服务质量管理、促销手段的运用等方面的相互交流、学习与合作）	桂林旅游整体特性的形成，景区错位发展（旅游产品的特色、旅游节庆活动的特色、旅游商品的特色、旅游服务的特色，桂林旅游文化内涵的挖掘等）	区域旅游品牌的构建，桂林旅游资源的全面整合（综合考虑桂林旅游的历史、文化亮点，经济基础及其功能，社会民风民俗等的资源整合，组成以观光、度假休闲、体验、考察研究等为主流的旅游线的组合）

图6.11 桂林旅游景区联盟发展的步骤

6.4.6 桂林旅游景区战略联盟竞合模式的运行保障体系

1. 强化政府在建立旅游景区战略联盟中的引导作用

通过调查与访谈，受访者普遍认为在桂林旅游发展中政府发挥着主导作用。政府不仅对区域内旅游资源开发进行规划，制定和执行区域旅游相关法规；而且投资进行旅游基础设施建设和旅游宣传促销。因此，在跨行政区域的旅游景区战略联盟建立过程中，要充分发挥各级政府的引导作用。一是各级政府部门要按照科学发展观的要求，切实转变观念，彻底摆脱旧的旅游管理体制的束缚，打破条块分割的限制，树立形成大旅游、大产业的发展思想。只有桂林旅游整体发展了，每一个景区和其他旅游企业才能得到发展；只有区域整体发展了，区域内的各个行政区才能发展。各行政部门不能为了自己的利益设置人为障碍，不能搞地方保护主义和"诸侯经济"，应努力打破旅游活动的行政刚性约束，促进旅游活动的正常开展。二是各级政府部门要主动介入旅游景区战略联盟的建立中，通过政策引导、管理措施约束和扶持，推动跨行政区的景区战略联盟建立，共同打造桂林整体旅游形象和旅游品牌。单独一个景区树立起来的旅游形象是单薄无力的，而且同类景区树立的相近形象又会产生"排斥效应"，最终不能在旅游者脑海中留下深刻印象。而且单独一个景区维护一个较好的旅游形象也比较困难。有必要让多个景区共同塑造旅游形象，挖掘共同的地脉形成合力，提高整体旅游形象的影响力。

2. 制定科学合理的旅游景区整体发展战略规划

政府在推动跨区域旅游景区战略联盟建立时，首先要推动区域旅游整体发展规划，确定各景区在区域旅游发展中的角色与作用，在此基础上才能实现建立旅游景区战略联盟的目标。区域旅游发展规划要以市场为主导，进行区域旅游资源要素的优化配置和合理利用，防止各种档次的重复建设、急功近利的短期行为和无序竞争，形成长远与近期相结合的良性发展结构，保障区域旅游业的健康有序发展。区域旅游发展规划要体现高水准和科学合理性，规划建立的旅游景区战略联盟的各个成员之间要加强互惠互补的竞争性合作，体现在竞争中合作、在合作中竞争的理念。

3. 构建完善的景区间信息沟通支撑体系

21世纪是信息经济时代，信息的及时性与准确性直接影响着旅游景区的决策和发展。旅游信息的不及时和不准确很容易造成旅游资源的重复开发和浪费。一些旅游景区既不主动了解外界旅游信息，也不向外发布旅游信息，这样就不能及时了解旅游市场的变化。旅游业的发展需要信息的共享，要求有一个良好的信息平台，加强各个区域的旅游信息交流，实现信息的共享，促进桂林旅游的共同发展。从调查中得知，景区间缺乏沟通和交流是影响桂林旅游景区战略联盟竞合关系形成的重要因素之一。因此，构建完善的景区间信息沟通是建立战略联盟竞合关系的重要实现途径。具体措施如下：一是建立景区联席会议制度，采取"轮期轮区"旅游会议制度，定期召开区间旅游联席会议，采取协议或会议方式，形成景区间相互沟通与双向交流的机制，对桂林旅游景区的分工协作和关键性、全局性的旅游项目进行协调，交流信息。景区间沟通与交流可以使每一个景区彼此了解对方的真实做法和想法，加强对彼此的理解和支持，从而有利于合作成功。二是形成景区间领导层互访机制，通过领导层互访增加感情交流，加深领导层对双方发展战略和定位的理解。三是景区战略联盟相关创办刊物，并定期组织召开研讨会。

4. 制定错位发展提高系统合作与整体竞争力的战略

根据调查分析，在行业竞争环境中，其他旅游景区的威胁和同类旅游景区竞争是对景区竞合影响的关键因素。提升桂林旅游整体竞争力需要竞合中的旅游景区提供不同的旅游产品，错位发展。产品的雷同只能形成更多的直接竞争，浪费资源。相似性旅游景区在共同塑造桂林旅游品牌的同时，应该分析自身的特色，建立差异化发展的产品。错位发展不仅体现在各个景区不同的旅游产品和项目上，也体现在具体的旅游商品上，同时还体现在多样化的发展理念上。目前，桂林很多景区的旅游产品缺乏特色，导致景区之间的恶性竞争，或竞争力下降。特别是大一统的旅游商品缺乏对游客的吸引力，导致旅游商品销售收入很低。在国外，购物占旅游消费总收入的比例高达40%~60%，但在我国只有22%左右，桂林所占比例更低。很多游客并非不愿意买东西，而是买不到真正有特色的东西。

5. 形成兼顾个体与整体利益的合作方式和合作机制

第一，旅游景区战略联盟的建立要突出桂林景区的特色，兼顾桂林整体旅游业发展的态势，注重景区自身利益和整体利益的均衡，使桂林旅游景区的竞合达到预期的效果，在国际国内旅游市场上树立良好的形象和地位。第二，要建立区域旅游发展协作机制。战略联盟是一个相对比较松散的组织，进出相对自由。旅游管理部门要通过联盟管理委员会共同协商建立旅游协作机制，确定统一的协作行动纲领，制定统一的旅游合作实施规则，以及协调、解决问题的办法，通过联盟约束机制和信任机制来加强联盟管理。第三，成立专家管理委员会或者咨询委员会。联盟组织赋予专家决策权、监督权，由专家管理委员会协助地方政府共同推动联盟建立。第四，强化行业管理，整顿、规范旅游市场。建立的景区战略联盟必须制定严格的组织管理制度，共同制订区域未来的旅游发展计划，并在实际操作中精诚合作，把对抗下的恶性竞争转化为共生下的良性竞争。

6.5 小结

旅游景区建立战略竞合是区域旅游发展的必然趋势，是区域内资源整合、提升目的地竞争力的重要手段，而景区战略联盟是实现旅游景区竞合发展的必然选择。战略联盟是漓江流域旅游景区竞合关系的重要实现形式，流域旅游景区从空间格局、经营现状及发展需求等方面具备了建立战略联盟竞合关系的条件和基础，漓江流域旅游景区理想的战略联盟竞合模式包括竞争优势、领导者意愿、协议要素、信任机制和监管机制等五个要素，其中，竞争优势是基础，领导者意愿和协议要素是主体，信任机制和监管机制是保障。建立战略联盟竞合关系对激发企业活力、实现资源共享、获得成本优势、增强抗风险能力、塑造区域整体旅游新形象、提高区域旅游吸引力和竞争力具有重要的现实意义。桂林或漓江流域旅游景区战略联盟竞合关系的建立需要政府通过制定流域水平上旅游景区整体发展的战略规划、确定科学合理的功能定位、构建完善的景区间信息沟通支撑体系、协调相关利益者的收益分配等，充分发挥政府的主导作用。景区企业需要在转变观念、选择联盟伙伴、确定适当战略目标等方面作出积极的努力。

7

漓江流域旅游地农村社区治理评价研究[*]

当前，我国正处于工业化、城镇化快速发展时期，人民群众日益增长的大众化、多样化消费需求为旅游业发展提供了新的条件，也为统筹城乡发展提供了新的契机。在旅游业快速发展的时期，提高乡村旅游、社区旅游的治理水平，对于实现农村社区的可持续健康发展具有重要意义。纵观我国农村的发展历程，从1978年安徽凤阳小岗村农民的"大包干"——中国改革的起点，到1998年通过的《中华人民共和国村民组织法》；从2005年通过的《中共中央国务院关于推进社会主义新农村建设的若干意见》勾画出"生产发展、生活富裕、乡风文明、村容整洁、管理民主"的和谐乡村新蓝图，到农村社区建设试验试点；从免除农业税，到国家的惠农补贴；从农民新型合作医疗保险，到2009年起国家逐步推行的新型农村社区养老保险等，这些政策措施都是党和政府在统筹城乡发展、提高农村社区建设和治理水平的重大举措。但由于我国农村人口所占比例大，东西部差距明显，各地因地制宜开展了乡村旅游，农村社区治理呈现多样化增加态势。特别是进入2009年，国家有关部门开始着手推动国民旅游休闲计划，旅游休闲正成为社会的主流意识和全民活动，成为推动经济社会较快发展的新的引擎，为广大农村地区带来新的发展机遇与挑战，同时，也对农村社区建设提出了更高的要求。

我国的农村社区建设由政府主导，早在2006年党的十六届六中全会上就明确提出："积极推进农村社区建设，健全新型社区管理和服务机制，把社区建设成为管理有序、服务完善、文明祥和的农村生活共同体。"党的十七届三中全会强调："坚持服务农民、依靠农民，完善农村社会管理体制机制，加强农村社区建设，保持农村社会和谐稳定。"进入21世纪，围绕实现全面建设小康社会奋斗

---

[*] 程增建，王金叶

目标的新要求，深入贯彻和实践科学发展观，加快形成城乡经济社会发展一体化新格局，缩小城乡差距，推动实现我国广大农村地区科学发展、和谐发展成为党和国家工作的重心。和谐社区是构建和谐社会的基础，构建和谐农村社区是构建和谐社会的重要基石。农村社会的有效治理是构建社会主义和谐社会的重要内容（朱天奎，2006）。农村社区治理的状况不仅直接关系到农民利益的实现和扩展，更事关农村社会发展的全局，意义重大。

改革开放30年以来，旅游开发在广西地方经济和社会发展，特别是农村社区发展中发挥了越来越重要的作用。实现"富裕、文明、和谐新广西"的目标，离不开广大农村社区的科学发展、和谐发展、跨越发展。农村社区建设和农村社区治理水平影响和制约着全面小康社会目标的实现。基于广西乡村旅游全面发展和旅游发展带来的多层面、多方向的影响与作用，采用层次分析法综合专家意见，通过建立农村社区治理绩效评价的多级模糊综合评价模型，对旅游地农村社区治理的绩效进行科学评价，在此基础上探讨农村社区治理水平的绩效评价和监测方法，为促进农村旅游社区的健康发展提供技术支撑。

7.1 农村社区治理的基本概念

7.1.1 社区与治理

1. 社区

"社区"由西方语境下的"community"翻译而来，其本意指共同的东西和亲密伙伴。1887年德国社会学家腾尼斯（Ferdinand Tonnies）在《社区与社会》一书中，最早提出和使用了"社区"概念，把"社区"作为与"社会"相对的学术词汇使用。到20世纪30年代，社区的概念被引入中国，我国学者费孝通（1936）从community的日语译文中将其转译为中文"社区"，并认为一个村庄、小镇、城市或其部分都构成社区。社区指的是"一定地域范围内的人们所组成的社会生活共同体"。在我国，它被理解为居民在私人空间之外的一个彼此沟通的公共领域，是居民培育和锻炼"自我管理、自我服务、自我教育"能力，培养公共意识、进行民主自治的重要领地。

2. 治理

"治理"最早源于古典拉丁文和古希腊语中的"掌舵"一词，原意是控制、引导和操纵的行动或方式，主要用于与国家公共事务相关的宪法或法律的执行问题，或指管理利害关系不同的多种特定机构或行业。20世纪90年代以来，西方学者赋予治理以新的含义，新含义被广泛运用于政治学和社会经济管理等众多领域，学术界分别从不同的学科视角来研究治理，但是缺乏不同学科之间的交叉跨越研究（吴志成，2004）。全球治理委员会在1995年发表的题为《我们的全球伙伴关系》的研究报告中提出了治理的概念：治理是各种公共的和私人的个人和机构管理其共同事务的诸多方式的总和。它是使相互冲突的或不同的利益得以调和并采取联合行动的持续过程。这既包括有权迫使人们服从的正式制度和规则，也包括各种人们同意或认为符合其利益的非正式的制度安排。经济合作与发展组织的治理定义是："治理是在对一个社会的社会和经济发展资源管理过程中使用政治权威并对社会实施控制。"詹姆斯·罗西瑙（James N. Rosenau）的治理定义是："将其定义为一系列活动领域里的管理机制，它们虽未得到正式授权，却能有效发挥作用。"与统治不同，治理指的是一种由共同目标支持的活动，这些管理活动的主体未必是政府，也无须依靠国家的强制力量来实现。治理由共同的目标所支持，这个目标未必出自合法和正式规定的职责，也不一定需要依靠强制力量克服挑战而使别人服从。治理是一种内涵更为丰富的现象，既包括政府机制，也包含非正式、非政府的机制（吴志成，2004）。俞可平和徐秀丽（2004）认为治理它有四个特征：治理不是一整套规则，而是一个过程；治理过程的基础不是控制而是协调；治理既涉及公共部门，也包括私人部门；治理不是一种正式的制度，而是持续的互动。可以看出，不同学者关于治理的概念并没有达成一致认识，但各种治理概念的内涵至少包括以下几个方面。

（1）治理主体的多元性和协同性：治理必定是政府、公民社会和私人部门三方的合作互动。

（2）治理方式的多样化和网络化：既包括正式的强制管理，也包括民主协商谈判妥协；既采取正统的法规制度，也采取非正式的措施、约束。

（3）治理目标和价值理念的清晰性：善治所涉及的主体价值必定包括民主、人权、法治、平等、透明、负责任等基本内容，各行为体在互信、互利、相互依存的基础上进行持续不断的协调谈判，参与合作，求同存异，化解冲突与矛盾，维持社会秩序，在满足各参与行为体利益的同时，最终实现社会发展和公共利益的最大化（吴志成，2004；曹剑光，2008）。

7.1.2 乡村治理与农村社区

1. 乡村治理

社区治理源于治理理论，它包括"城市社区治理"和"乡村社区治理"（一般简称为"乡村治理")组成,是"地方治理"最核心的研究分支(曹剑光,2008)。乡村治理作为一个概念,在 20 世纪 90 年代末开始被国内学界使用,不久便流行开来,乡村治理研究的兴起,与人民公社解体和村民自治的推行有关(贺雪峰等,2007)。社区治理理论强调政府和社会双向动员,多元利益主体互动合作,推动社区制度创新。通过国内有关的乡村治理,即农村社区治理定义的分析,乡村治理的内涵可以概括如下。

(1) 乡村治理的公共事务目标说。党国英(2008)认为,乡村治理是指以乡村政府为基础的国家机构和乡村其他权威机构给乡村社会提供公共产品的活动。俞可平和徐秀丽(2004)认为,农村治理就是农村公共权威管理农村社区,增进农村社区公共利益的过程。农村治理中的公共权威既可以是官方的,也可以是民间的,或官方与民间机构的合作。郭正林(2004)认为所谓乡村治理,就是性质不同的各种组织,包括乡镇的党委政府、"七站八所"、扶贫队、工青妇等政府及其附属机构,村里的党支部、村委会、团支部、妇女会、各种协会等村级组织,民间的红白喜事会、慈善救济会、宗亲会等民间群体及组织,通过一定的制度机制共同把乡下的公共事务管理好。

(2) 乡村治理的互动过程调控说。吴毅和贺雪峰(2000)认为,乡村治理的含义包含着国家权力和农村社区公共权力在乡村地域中的配置、运作、互动及变化。王晶晶等(2005)认为,乡村治理是一个由国家和社会共同作用而形成的公共权威实现对乡村社会调控和治理的动态过程。赵树凯(2003)认为,在乡村治理体系中,多种主体相互依存,通过"参与"、"谈判"和"协调"等合作的方式来解决冲突,实现一种良好和谐的秩序。

无论是乡村治理的公共事务目标说,还是乡村治理的互动过程调控说,乡村治理内涵方面可以达成以下共识:农村社区权威多元组成性,它要求改变传统的政府单向管理理念,实现国家与民间社会的良好持续互动;治理过程中多方参与、方式灵活,共同治理农村社区的模式;实现乡村公共事务的善治和增进公共利益最大化。

2. 农村社区发展

我国在 20 世纪 30 年代初就引入了社区的概念,并展开了一定的研究和实践。城市社区研究兴起于 20 世纪 80 年代。而我国政府正式提出在城市进行社区建设是在 20 世纪 90 年代初,它开启了推动社区自治的历史,在城市社会治理结构上开始进行具有深远意义的改革。近几年,学者又把目光转向农村社区建设,特别是中共十六届六中全会明确提出:"积极推进农村社区建设,健全新型社区管理和服务机制，把社区建设成为管理有序、服务完善、文明祥和的农村生活共同体。"社区建设与治理的研究实践更加呈现百花齐放、百家争鸣的氛围。目前，我国的有关部门正在各地进行农村社区建设试验。我国的社区建设和治理是在政府主导下启动的，从有限的便民利民和民政福利服务开始到提供较为全面的社区公共服务；自明文规定社区建设和治理为各级基层政府重要管理职能的一元化模式到协商共建之多元模式的出现（李勋华和江杰，2008）。我国实践中的社区建设和治理呈现出随着政府工作重心变动而优先次序改变的多功能目标定位。

7.2 农村旅游社区治理评价指标体系构建

农村旅游社区治理目标可以确立为和谐社区、文明社区、可持续发展社区；同时也是民主社区、善治社区；更是城乡等值化社区（即在城市和乡村实现相同的公共服务与生活质量水平的社区）。建立农村社区治理评价体系的核心，是把公共治理的理念和公共服务的精神融入到农村社区管理和建设中，发挥评价的监督功能和导向功能，纠正偏差的同时引导社区治理的发展方向，以持续提高社会的治理水平及和谐程度。

7.2.1 依据和指导思想

社区治理评价研究以十六大五中、六中和十七大三中全会精神为指导，理解全面建设小康社会、社会主义新农村等内涵，借鉴吸收国际国内研究成果，汲取国内学者最新评价理念，形成良好的农村社区治理框架，构建农村社区治理监测指标体系。农村社区治理监测指标体系既要能反映村级治理水平，也要反映社区居民共治的效果绩效，既重视制度绩效，也重视非制度绩效，多方位、全面衡量农村社区治理的水平，推动城乡社区统筹一体化发展，实现城乡等值化，从而科学有效地反映农村社区治理的进程、问题和难点，以期为政府部门制定政策提供一些依据。

（1）以现行的村民自治法为法律依据。我国的村民自治组织法规定："村民委员会是村民自我管理、自我教育、自我服务的基层群众性自治组织，实行民主选举、民主决策、民主管理、民主监督。"这是在政治上对村民委员会的法律规定。

（2）以"科学发展观"和社会主义新农村建设目标"生产发展、生活宽裕、乡风文明、村容整洁、管理民主"为指导思想，以全面建设小康社会为目标。

（3）充分借鉴国内外关于治理、善治的前沿理念，把社区建设的方法理论运用到农村社区中。

7.2.2 原则

在构建农村社区治理评估指标体系时，对研究对象评价的指标体系的构建，要根据研究目标来确定。作为衡量农村社区治理的指标体系，既要遵循一般评价体系客观性、科学性、完整性和有效性的原则，还应考虑研究对象的特殊性所决定的一些因素。除一般指标体系应具备的科学有效性、代表性、灵敏性等原则之外，还应特别考虑如下一些原则。

（1）系统性原则。构建农村社区治理评价指标体系是一项复杂的系统工程，必须全面真实地反映社区治理各个方面的基本特征。每一方面由一组指标构成，各指标之间相互独立，又相互联系，共同构成一个有机评价系统，使指标体系合理、清晰。乡村治理的制度绩效，不仅需要衡量民主制度的进步，也要衡量和评估这种民主进步所推动的乡村社会全面发展的程度（王颜齐和刘宏曼，2009）。

（2）可比、可量、可行原则。可比性要求评价结果在时间上现状与过去可比，通过时间上的可比，反映社区治理的变化，以便提出相应的对策措施，这就要求指标的统计口径、含义、适用范围一定要相同。可量化：一是要求定性指标可以间接赋值量化；二是定量指标直接量化。可行性原则要求构建农村社区治理评价指标体系时，应在尽可能简单的前提下，挑选一些计算简便、数据易得、易于理解、便于操作，并且能够很好地反映农村社区治理实际情况的指标。

（3）体现城乡统筹发展的原则。农村发展问题是由于我国长期存在的城乡政策的差异性造成的，新农村建设只靠农业自身的积累已不足以解决问题，要加大政府投资力度，让公共财政覆盖农村，实行"工业反哺农业、城市支持农村"和"多予少取放活"的建设政策。评价指标体系中必须对这些情况加以反映。

（4）宏观与微观层面相结合原则。评价指标既要从国民经济角度对新农村现状进行描述，又要从农村社区的微观角度对农村治理状况进行测度。

7.2.3 评价指标体系确定

任何一套治理评估标准，都体现着一定的政治理念和政治现实，确立国家治理评估体系的过程，实际上也是一种将政治学理念与现实政治分析相结合的过程，是一个检验并提升政治理念的过程（俞可平，2008）。由于治理的多重取向和治理行为的综合性，这一制度绩效评估的内容体系也必然是一个复杂的、综合的指标体系（郭正林，2004）。建立农村社区治理评价体系将以中共十六大、十七大以来关于全面建设小康社会和农村发展的论述为依据，按照系统学原理，充分借鉴已有的国际治理指标，如世界银行的"世界治理指标"（WGI），联合国奥斯陆治理研究中心的"民主治理测评体系"，采纳国内中央层面、学术机构层面的"社会主义新农村"、全面建设小康社会进程统计监测评价体系、和谐社会评价指标体系，部分已有微观指标体系的有益部分。吸收国际国内最新的关于农村社区建设和治理目标的最新成果，围绕实现"生产发展、生活宽裕、乡风文明、村容整洁、管理民主"社会主义新农村的构想，围绕国家把农村社区建设成为"管理有序、服务完善、文明祥和"的农村生活共同体的目标，同时将俞可平（2008）、郭正林（2005）学者最新研究成果和思想融汇其中，经过专家讨论和论证，试图建立一个具有一定适用性的农村社区治理评价指标体系。同时，考虑到影响社区治理评价的因子复杂多样，评价指标体系构建在文献阅读和调查的基础上，在治理理论的视角下，经过理论分析，并采用半结构式访谈反复征求专家意见，选取一些具有共性的、有代表性的因子，构建包括经济发展与分配、社会发展与服务、民主政治与公共参与、社区和谐与精神文化、资源利用与环境保护、社区发展潜力六个层面共65个指标要素的农村社区治理评价指标体系（表7.1），从而形成了农村社区治理绩效评估的六个维度。

（1）经济发展与分配：主要测评农村社区的整体经济发展状况。
（2）社会发展与服务：主要测评农村社区的公共服务与生活质量水平。
（3）民主政治与公共参与：主要测评农村社区的民主政治制度和组织建设。
（4）社区和谐与精神文化：主要测评农村社区的社会治安和文化设施建设等。
（5）资源利用与环境保护：主要测评农村社区的资源利用和环境变化。
（6）社区发展潜力：主要测评农村社区主体与村干部素质的状况。

表7.1 旅游地农村社区治理指标评价体系（初选）

目标层	制约层	要素层	指标层
旅游地农村社区治理评价指标体系A	B1 经济发展与分配	C1 经济发展	D1. 农村居民人均纯收入
			D2. 村集体收入
			D3. 人均住房价值和住房面积
		C2 产业结构	D4. 农民人均非农产业产值比重
			D5. 科技进步贡献率
		C3 公平分配	D6. 基尼系数
			D7. 福利分配
			D8. 土地分配

续表

目标层	制约层	要素层	指标层
旅游地农村社区治理评价指标体系A	B2 社会发展与服务	C4 社会进步	D9. 性别平等
			D10. 信息化程度
			D11. 受高中以上教育率
			D12. 农村合法生育率
		C5 公共服务	D13. 社区保障
			D14. 道路建设
			D15. 水利建设
			D16. 义务教育
			D18. 公共卫生
			D19. 农民技能培训状况
		C6 生活质量	D20. 恩格尔系数
			D21. 平均预期寿命
			D22. 农民看病费用的承受能力
			D23. 农村自然屯超市普及率
	B3 民主政治与公共参与	C7 民主政治	D24. 直接选举的投票率
			D25. 乡村治理权威机构产生方式
			D26. 村级事务公开化程度
			D27. 村民对民主权利的满意度
			D28. 农村合作化组织化程度
		C8 公共参与	D29. 重大决策公众听证和协商
			D30. 村民获取政治信息的渠道
			D31. 村民公共事务投入度
		C9 政策法规	D32. 政策法规普及与执行率
			D33. 村规民约反映农民要求的程度
		C10 组织建设	D34. 村民自治制度的完善度
			D35. 村规民约的健全度
			D36. 村民对村干部的信任程度
			D37. 对村组织权威的认可程度
			D38. 村民对村务公开的满意度
			D39. 村民对村干部管理的满意度

续表

目标层	制约层	要素层	指标层
旅游地农村社区治理评价指标体系A	B3 民主政治与公共参与	C10 组织建设	D40. 村民对"两委"发展集体经济和公益事业的满意率
			D41. 廉政程度
			D42. 村级债务控制率
	B4 社区和谐与精神文化	C11 社区安全	D43. 社区安全
			D44. 社区信任
		C12 社区文化	D45. 社区居民文化自豪感
			D46. 文化娱乐设施普及率
			D47. 传统文化传承度和活跃度
		C13 社区和谐	D48. 社区友好
			D49. 社区规范
			D50. 集体上访数量及比例
	B5 资源利用与环境保护	C14 环保力度	D51. 社区居民和干部环保意识
			D52. 生活垃圾和污水集中处理率
			D53. 清洁能源普及率
		C15 资源利用	D54. 社区资源可持续性
			D55. 土地的保护与利用
			D56. 游客容量指数
		C16 环境质量	D57. 森林覆盖率
			D58. 地表水质量
		C17 生态安全	D59. 旱涝盐碱治理率
			D60. 地质灾害和水土流失
	B6 社区发展潜力	C18 新型农民	D61. 社区居民的综合素质
		C19 干部素质	D62. 选举村干部致富能手比例
			D63. 村干部高中以上文化比例
		C20 社区幸福	D64. 社区居民幸福感
		C21 社区金融	D65. 小额贷款发放群众满意率

7.2.4 评价指标筛选

1. 指标筛选问卷设计

1）第一轮专家意见征询表（附录5）

第一轮专家意见征询表分为两部分：第一部分是65个指标，将指标的重要程度分为"重要"、"较重要"、"一般重要"、"较不重要"、"不重要"五个等级，分别赋予9、7、5、3、1的分值，请专家根据指标的重要程度打分；第二部分是两个开放性问题，第一个问题是请专家对不合理指标做出修改和调整，第二个问题是请专家对指标体系进行补充，增加他们认为重要的其他指标。

2）第二轮专家意见征询表（附录6）

第二轮专家意见征询表分三部分：第一部分是根据第一轮专家问卷统计结果调整后的指标体系，共51个指标，请专家再次对指标的重要程度进行判断；第二部分是两个开放性问题，第一个问题是请专家对不合理指标做出修改和调整，第二个问题是请专家对指标体系进行补充，增加他们认为重要的其他指标；第三部分附第一轮专家问卷的统计结果，为专家填写第二轮问卷时提供参考。

3）第三轮专家意见征询表（附录7）

第三轮专家意见征询表分三部分：第一部分是根据第二轮专家问卷统计结果调整后的指标体系，共49个指标，专家第三次对指标的重要程度进行判断；第二部分是一个开放性问题，请专家对指标体系的不合理之处作出修改和调整；第三部分是第二轮专家问卷的统计结果，为专家在填写第三轮问卷时提供参考。

2. 专家意见调查

邀请了21位生态旅游、旅游规划、旅游经济、旅游市场、社会学、农村经济学、社会保障、行政管理等方面的专家，包括中国社会科学院、中山大学、华中师范大学、桂林理工大学、济南大学、广西乡村社区治理中心等学校和研究部门的专家，首先请他们填写问卷，对建立的评价指标体系提出意见和建议，并对指标的重要程度作出判断。专家问卷一共进行三轮，第一轮结束后根据专家意见对指标体系进行调整，将统计结果反馈给专家，请专家再次对指标体系进行评判，得出第二轮统计结果，将统计结果再次反馈给专家，请专家评判，最终得到旅游地农村社区治理评价指标体系，每轮问卷共发出21份，收回21份。

3. 专家意见分析

各指标按照"重要"、"较重要"、"一般重要"、"较不重要"、"不重要"五个等级，分别赋予9、7、5、3、1的分值，用各指标所得分值的算术平均值来表示专家的"意见集中度"，用各指标所得分值的变异系数来表示专家的"意见协调度"，变异系数越小，指标的专家意见协调程度就越高。

假设X_{ij}表示第i个专家给第j个指标的评分，现在共有n个专家，m个指标，则按照下面3个公式进行计算：

$$S_j = \sqrt{\frac{1}{n-1}\sum_{i=1}^{n}(X_{ij}-M_j)^2} \quad (7.1)$$

$$M_j = \frac{1}{n}\sum_{i=1}^{n}X_{ij} \quad (7.2)$$

$$V_j = \frac{S_j}{M_j} \quad (7.3)$$

式中，S_j为j指标的标准差；M_j为j指标的算术平均值，M_j越大，j指标的专家意见集中度越高；V_j为j指标的变异系数，V_j越小，j指标的专家意见协调度越高。

为了保证指标选取的相对客观性和准确性，取$M_j \geq 6$且$V_j \leq 0.5$作为筛选指标的标准。

1) 第一轮统计结果分析

对问卷进行整理分析和计算，根据计算的M_j（意见集中度）和V_j（意见协调度）值及专家的意见对（表7.1）的指标集合作如下修改：

（1）将"人均住房价值和住房面积"修正为"人均住房面积"并调整到"生活质量"要素层下面；将"传统文化传承度和活跃度"修改为"传统文化传承度和丰富度"。

（2）"村民对'两委'发展集体经济和公益事业的满意率"和"村民对村干部管理水平的满意率"合并为"村民对'两委'发展经济和管理水平的满意率"；将"村民对村务公开的满意度"合并到"村级事务公开化程度"。

（3）删除"福利分配"、"义务教育"、"平均预期寿命"、"农民看病费用的承受能力"、"农村自然屯超市普及率"、"乡村治理权威机构产生方式"、"村民获取政治信息的渠道"、"村规民约反映农民要求程度"、"对村组织的权威认可程度"、"村级债务控制率"、"社区居民文化自豪感"、"森林覆盖率"、"旱涝盐碱治理率"。

根据修改后的指标体系设计第二轮调查问卷（见附录2）。

2）第二轮统计结果分析

根据第二轮专家调查问卷，计算M_j（意见集中度）和V_j（意见协调度）的值，对评价指标集合作如下修改：

（1）将要素层指标"生态安全"修改为"生态环境"，增加要素层"社区保障"指标。

（2）将指标层的指标"社区保障"由要素层"公共服务"下面调整到新增加的要素层指标"社区保障"下面；将"村民公共事务投入度"改为"村民公共基础设施投入度"，"地质灾害和水土流失"修改为"地质灾害和水土流失发生面积"。

（3）将"社区居民幸福感"调整到要素层"社区和谐"下面，将"村规民约健全度"调整到要素层"政策法规"下面，将"社区幸福感"调整到要素层"社区和谐"下面，将"社区规范"调整到要素层"社区安全"下面，将"清洁能源普及率"调整到要素层"资源利用"下面，将"社区居民的综合素质"调整为"农村居民的学习创新能力、农村居民的市场服务意识、农村居民的文明素质"三个指标。

（4）把"社区金融"调整到要素层"社区保障"下面，增加"大气质量"到要素层"生态环境"下面。

（5）删除"廉政程度"、"游客容量指数"、"社区资源可持续性"三个指标。

根据第二轮修改后的指标体系设计第三轮调查问卷（见附录3）。

3）第三轮统计结果分析

第三轮专家调查问卷，专家对开放性问题没再提出建议，计算49个指标的M_j（意见集中度）和V_j（意见协调度）（表7.2）。

表7.2 旅游地农村社区治理指标评价体系（第三轮）

目标层	制约层	要素层	指标层	意见集中度	意见协调度
旅游地农村社区治理指标评价体系A	经济发展与分配B1	C1 经济发展	1. 农村居民人均纯收入	7.1	0.22
			2. 村集体收入	7.5	0.25
		C2 产业结构	3. 农民人均非农产业产值比重	7.5	0.21
			4. 科技进步贡献率	6.9	0.19
		C3 公平分配	5. 基尼系数	6.8	0.19
			6. 土地分配	7.4	0.21

续表

目标层	制约层	要素层	指标层	意见集中度	意见协调度
旅游地农村社区治理指标评价体系A	社会发展与服务B2	C4 社会进步	7. 性别平等	7.7	0.27
			8. 信息化程度	7.5	0.17
			9. 受高中以上教育率	7.6	0.19
			10. 农村合法生育率	7.0	0.23
		C5 公共服务	11. 道路建设	7.7	0.21
			12. 水利建设	7.4	0.21
			13. 公共卫生	6.6	0.26
			14. 农民技能培训状况	7.6	0.21
		C6 生活质量	15. 恩格尔系数	7.3	0.15
			16. 人均住房面积	6.5	0.17
		C7 社区保障	17. 社区保障	6.5	0.28
			18. 社区金融	6.4	0.22
	民主政治与公共参与B3	C8 民主政治	19. 直接选举的投票率	6.5	0.19
			20. 村级事务公开化程度	7.2	0.21
			21. 村民对民主权利的满意度	6.3	0.19
			22. 农村合作化组织化程度	7.3	0.28
		C9 公共参与	23. 重大决策公众听证和协商	7.1	0.26
			24. 村民公共基础设施投入度	8.1	0.28
		C10 政策法规	25. 政策法规普及与执行率	7.9	0.19
			26. 村规民约健全度	8	0.18
		C11 组织建设	27. 村民自治制度完善度	8.4	0.26
			28. 村民对村干部的信任程度	6.8	0.25
			29. 村民对"两委"发展经济与管理水平的满意度	7.9	0.30

续表

目标层	制约层	要素层	指标层	意见集中度	意见协调度
旅游地农村社区治理指标评价体系 A	社区和谐与精神文化 B4	C12 社区安全	30. 社区安全	7.4	0.17
			31. 社区信任	7.6	0.19
			32. 社区规范	7.5	0.22
		C13 社区文化	33. 文化娱乐设施普及率	7.1	0.26
			34. 传统文化传承度和丰富度	6.5	0.22
		C14 社区和谐	35. 社区友好	7.7	0.25
			36. 社区居民幸福感	6.9	0.21
			37. 集体上访数量及比例	6.8	0.17
	资源利用与环境保护 B5	C15 环保力度	38. 社区居民和干部环保意识	7.4	0.19
			39. 生活垃圾和污水集中处理率	7.3	0.21
		C16 资源利用	40. 清洁能源普及率	7.5	0.16
			41. 土地的保护与利用	7.5	0.19
		C17 生态环境	42. 地表水质量	7.0	0.21
			43. 大气质量	7.7	0.33
			44. 地质灾害和水土流失发生面积	6.4	0.25
	社区发展潜力 B6	C18 新型农民	45. 农村居民的学习创新能力	6.2	0.21
			46. 农村居民的市场服务意识	7.4	0.26
			47. 农村居民的文明素质	6.3	0.21
		C19 干部素质	48. 选举村干部致富能手比例	6.8	0.15
			49. 村干部高中以上文化比例	6.9	0.18

从表7.2可以看出，各指标分值均满足 $M_j \geq 6$ 且 $V_j \leq 0.5$，说明各指标的专家 M_j（意见集中度）和 V_j（意见协调度）较高，故得到最终的农村社区治理评价指标体系（表7.3）。

表7.3 最终构建的旅游地农村社区治理评价指标体系

目标层	制约层	要素层	指标层
旅游地农村社区治理指标评价体系 A	经济发展与分配 B1	C1 经济发展	1. 农村居民人均纯收入
			2. 村集体收入
		C2 产业结构	3. 农民人均非农产业产值比重
			4. 科技进步贡献率
		C3 公平分配	5. 基尼系数
			6. 土地分配

续表

目标层	制约层	要素层	指标层
旅游地农村社区治理指标评价体系A	社会发展与服务B2	C4 社会进步	7. 性别平等
			8. 信息化程度
			9. 受高中以上教育率
			10. 农村合法生育率
		C5 公共服务	11. 道路建设
			12. 水利建设
			13. 公共卫生
			14. 农民技能培训状况
		C6 生活质量	15. 恩格尔系数
			16. 人均住房面积
		C7 社区保障	17. 社区保障
			18. 社区金融
	民主政治与公共参与B3	C8 民主政治	19. 直接选举的投票率
			20. 村级事务公开化程度
			21. 村民对民主权利的满意度
			22. 农村合作化组织化程度
		C9 公共参与	23. 重大决策公众听证和协商
			24. 村民公共基础设施投入度
		C10 政策法规	25. 政策法规普及与执行率
			26. 村规民约健全度
		C11 组织建设	27. 村民自治制度完善度
			28. 村民对村干部的信任程度
			29. 村民对"两委"发展经济与管理水平的满意度
	社区和谐与精神文化B4	C12 社区安全	30. 社区安全
			31. 社区信任
			32. 社区规范
		C13 社区文化	33. 文化娱乐设施普及率
			34. 传统文化传承度和丰富度
		C14 社区和谐	35. 社区友好
			36. 社区居民幸福感
			37. 集体上访数量及比例

续表

目标层	制约层	要素层	指标层
旅游地农村社区治理指标评价体系A	资源利用与环境保护B5	C15 环保力度	38. 社区居民和干部环保意识
			39. 生活垃圾和污水集中处理率
		C16 资源利用	40. 清洁能源普及率
			41. 土地的保护与利用
		C17 生态环境	42. 地表水质量
			43. 大气质量
			44. 地质灾害和水土流失发生面积
	社区发展潜力B6	C18 新型农民	45. 农村居民的学习创新能力
			46. 农村居民的市场服务意识
			47. 农村居民的文明素质
		C19 干部素质	48. 选举村干部致富能手比例
			49. 村干部高中以上文化比例

7.3 评价指标权重确定及评价模型构建

7.3.1 指标权重的判断

通过专家问卷调查和征询专家意见，确定了农村社区治理评价指标体系。该指标体系共有6个制约层指标，19个要素层指标，49个指标层。但指标体系中的各个指标在评价过程中的重要性是不完全相同的，需要科学确定各评价指标的权重，以表示它们的相对重要性。评价指标权重确定是评价指标体系构建过程中十分重要的内容。根据相关研究的经验，运用层次分析法（AHP）确定各指标的权重，以取得科学严谨的评价效果。

1. 指标重要性专家判断

请相关专家分层次对指标进行两两比较打分，对各指标的重要程度作出判断，确定各指标的权重。指标重要性专家评判表见附录8。

2. 数据分析

1) 根据层次分析法的要求，汇总各专家的判断结果后构造出判断矩阵

判断矩阵指标的相对重要性程度，一般采用 Saaty 提出的 1~9 比率标度法（表7.4）。

表7.4　各指标间重要程度量化取值表

标度	含义
1	表示两个元素相比，具有同样重要性
3	表示两个元素相比，前者比后者稍重要
5	表示两个元素相比，前者比后者明显重要
7	表示两个元素相比，前者比后者强烈重要
9	表示两个元素相比，前者比后者极端重要
2, 4, 6, 8	上述相邻判断的中间值
倒数	若元素 i 与元素 j 重要性之比为 α_{ij}，那么元素 j 与元素 i 重要性之比为 $\frac{1}{\alpha_{ij}}$

2) 对判断矩阵求解最大特征根和对应的特征向量

运用计算机软件，求解各矩阵的最大特征根和对应的特征向量，进行归一化处理，并进行一致性检验。由于层次分析法用的是两两比较法，所以可能会出现判断不一致的情况，比如三个对象 A、B、C 经过两两比较，很可能会得出如下结果：A 比 B 好，B 比 C 好，C 比 A 好。这就是判断的不一致，根据判断不一致的判断矩阵及特征向量会得出错误的结论。因此，为了保证判断矩阵及特征向量的可靠性和一致性，需要通过一致性指标 Ci 和随机一致性比率 Cr 的计算，对其进行一致性检验，公式如下：

$$Ci = \frac{\lambda_{\max} - n}{n - 1} \tag{7.4}$$

$$Cr = \frac{Ci}{Ri} \tag{7.5}$$

式中，Ri 是随机一致性指标（表7.5）；n 为判断矩阵的阶数，即指标的个数；$\lambda_{\max}$ 为矩阵的最大特征值。这里要求 $n > 2$，因为根据人们的经验可知，当判断矩阵为一阶或二阶矩阵时，判断矩阵具有绝对一致性。

表 7.5　随机一致性指标 Ri 表

阶数 n	1	2	3	4	5	6	7	8	9	10	11	12	13	14
Ri	0.00	0.00	0.58	0.90	1.12	1.24	1.34	1.41	1.45	1.49	1.52	1.54	1.56	1.58

当 $Cr<0.10$ 时，认为判断矩阵具有一致性，否则应重新进行比较来调整判断矩阵的元素，直到达到满意的一致性为止。这时从判断矩阵中计算出最大特征根所对应的特征向量经过标准化后即为各评价因素重要性排序，就是权重分配。

7.3.2　权重计算结果

旅游地农村社区治理评价体系分为目标层 A、制约层 B、要素层 C 和指标层 D 四层，按照层次分析法的方法，构造咨询专家的判断矩阵，经过软件处理，得到了旅游地农村社区治理评价体系的各级指标的权重，权重值详细见表 7.6。

表 7.6　指标层 D 指标间权重计算一览表

目标层 A	制约层 B	权重	要素层 C	权重	指标层 D	权重
旅游地农村社区治理指标评价体系 A	经济发展与分配 B1	0.2018	C1 经济发展	0.45	1. 农村居民人均纯收入	0.60
					2. 村集体收入	0.40
			C2 产业结构	0.23	3. 农民人均非农产业产值比重	0.50
					4. 科技进步贡献率	0.50
			C3 公平分配	0.32	5. 基尼系数	0.60
					6. 土地分配	0.40
	社会发展与服务 B2	0.1708	C4 社会进步	0.21	7. 性别平等	0.25
					8. 信息化程度	0.30
					9. 受高中以上教育率	0.25
					10. 农村合法生育率	0.20
			C5 公共服务	0.27	11. 道路建设	0.25
					12. 水利建设	0.25
					13. 公共卫生	0.25
					14. 农民技能培训状况	0.25
			C6 生活质量	0.33	15. 恩格尔系数	0.50
					16. 人均住房面积	0.50
			C7 社区保障	0.19	17. 社区保障	0.60
					18. 社区金融	0.40

续表

目标层 A	制约层 B	权重	要素层 C	权重	指标层 D	权重
旅游地农村社区治理指标评价体系 A	民主政治与公共参与 B3	0.1766	C8 民主政治	0.26	19. 直接选举的投票率	0.25
					20. 村级事务公开化程度	0.25
					21. 村民对民主权利的满意度	0.25
					22. 农村合作化组织化程度	0.25
			C9 公共参与	0.15	23. 重大决策公众听证和协商	0.50
					24. 村民公共基础设施投入度	0.50
			C10 政策法规	0.31	25. 政策法规普及与执行率	0.70
					26. 村规民约健全度	0.30
			C11 组织建设	0.28	27. 村民自治制度完善度	0.30
					28. 村民对村干部的信任程度	0.40
					29. 村民对"两委"发展经济与管理水平的满意度	0.40
	社区和谐与精神文化 B4	0.1353	C12 社区安全	0.35	30. 社区安全	0.40
					31. 社区信任	0.30
					32. 社区规范	0.30
			C13 社区文化	0.29	33. 文化娱乐设施普及率	0.50
					34. 传统文化传承度和丰富度	0.50
			C14 社区和谐	0.36	35. 社区友好	0.30
					36. 社区居民幸福感	0.40
					37. 集体上访数量及比例	0.30
	资源利用与环境保护 B5	0.1708	C15 环保力度	0.33	38. 社区居民和干部环保意识	0.55
					39. 生活垃圾和污水集中处理率	0.45
			C16 资源利用	0.42	40. 清洁能源普及率	0.40
					41. 土地的保护与利用	0.60
			C17 生态环境	0.25	42. 地表水质量	0.35
					43. 大气质量	0.35
					44. 地质灾害水土流失发生面积	0.30
	社区发展潜力 B6	0.1446	C18 新型农民	0.50	45. 农村居民的学习创新能力	0.30
					46. 农村居民的市场服务意识	0.40
					47. 农村居民的文明素质	0.30
			C19 干部素质	0.50	48. 选举村干部致富能手比例	0.40
					49. 村干部高中以上文化比例	0.60

7.3.3 指标排序一致性检验

$$Cr = \frac{\sum_{j=1}^{m} a_j Ci_j}{\sum_{j=1}^{m} a_j Ri_j} \tag{7.6}$$

式中，Cr 为随机一致性比率；Ci_j 为第 j 个指标的一致性参数；Ri_j 为第 j 个指标的随机一致性参数；m 为判断矩阵的阶数，即指标的个数，a_j 为第 j 个指标的权重值。

利用式（7.6）进行指标权重的一致性检验，当 $Cr<0.10$ 时，认为层次总排序结果具有满意一致性。根据式（7.6）旅游地农村社区治理评价体系制约层评价指标随机一致性比率计算如下：

$$\begin{aligned}Cr &= \frac{0.2018 \times 0 + 0.1708 \times 0 + 0.1766 \times 0.0145 + 0.1353 \times 0.054}{0.2018 \times 0 + 0.1708 \times 0.0 + 0.1766 \times 0.58 + 0.1353 \times 0.9} \\ &\quad \frac{+\ 0.1708 \times 0.0312 + 0.1466 \times 0.0225}{+\ 0.1708 \times 1.12 + 0.1466 \times 1.24} \\ &= 0.018\,473/0.450\,678 = 0.040\,98 < 0.1\end{aligned}$$

7.3.4 指标测度方法选择

具体指标的测度方法详细见指标测度与方法选择总表（表 7.7）与旅游地农村社区治理指标的赋分标准汇总表（表 7.8）。

表 7.7 指标测度与方法选择总表

目标层	制约层	要素层	指标层	指标测度及方法
旅游地农村社区治理指标评价体系	经济发展与分配	经济发展	1. 农村居民人均纯收入	参考全面小康标准以及广西实际；当地有关部门提供结合居民问卷
			2. 村集体收入	实地调研，访谈获得
		产业结构	3. 农民人均非农产业产值比重	实地调研，当地部门提供
			4. 科技进步贡献率	实地调研，专家判断
		公平分配	5. 基尼系数	实地调研，专家判断
			6. 土地分配	居民问卷

续表

目标层	制约层	要素层	指标层	指标测度及方法
旅游地农村社区治理指标评价体系	社会发展与服务	社会进步	7. 性别平等	居民问卷和实地调研
			8. 信息化程度	参考全面小康标准；实地调研
			9. 受高中以上教育率	参考全面小康标准；居民问卷和调研
			10. 农村合法生育率	实地访谈，当地部门提供
		公共服务	11. 道路建设	道路硬化率，实地调研
			12. 水利建设	实地调研，专家判断
			13. 公共卫生	实地调研，有关部门提供
			14. 农民技能培训状况	调研和居民问卷获得
		生活质量	15. 恩格尔系数	参考国际粮农组织标准
			16. 人均住房面积	实地调研计算所得
		社区保障	17. 社区保障	实地调研，结合居民问卷
			18. 社区金融	实地调研，结合居民问卷
	民主政治与公共参与	民主政治	19. 直接选举的投票率	实地访谈与居民问卷测度结合
			20. 村级事务公开化程度	实地访谈结合居民问卷（村民对村务公开的满意度），参考全面小康等标准
			21. 村民对民主权利的满意度	居民问卷
			22. 农村合作化组织化程度	实地调研，专家判断
		公共参与	23. 重大决策公众听证和协商	实地调研，专家判断
			24. 村民公共基础设施投入度	实地调研，专家判断
		政策法规	25. 政策法规普及与执行率	居民问卷访谈，专家判断
			26. 村规民约健全度	实地调研，由专家判断
		组织建设	27. 村民自治制度完善度	实地调研，由专家判断
			28. 村民对村干部的信任程度	实地调研，由专家判断
			29. 村民对"两委"发展经济与管理水平的满意度	居民问卷
	社区和谐与精神文化	社区安全	30. 社区安全	居民问卷与实地调研
			31. 社区信任	居民问卷结合访谈
			32. 社区规范	实地调研由专家判断

续表

目标层	制约层	要素层	指标层	指标测度及方法
旅游地农村社区治理指标评价体系	社区和谐与精神文化	社区文化	33. 文化娱乐设施普及率	实地调研由专家判断
			34. 传统文化传承度和丰富度	实地调研由专家判断
		社区和谐	35. 社区友好	游客和居民问卷
			36. 社区居民幸福感	居民问卷
			37. 集体上访数量及比例	实地调研，专家判断
	资源利用与环境保护	环保力度	38. 社区居民和干部环保意识	居民问卷
			39. 生活垃圾和污水集中处理率	GB/T18005—1999；实地调研
		资源利用	40. 清洁能源普及率	实地调研
			41. 土地的保护与利用	基本农田稳定率，实地调研
		生态环境	42. 地表水质量	GB/T3838—2002；实地调研
			43. 大气质量	GB/T3095—1996；部门提供
			44. 地质灾害和水土流失发生面积	部门提供
	社区发展潜力	新型农民	45. 农村居民的学习创新能力	游客问卷
			46. 农村居民的市场服务意识	游客问卷
			47. 农村居民的文明素质	游客问卷
		干部素质	48. 选举村干部致富能手比例	实地调研
			49. 村干部高中以上文化比例	实地调研

表7.8 农村社区治理评价赋分标准汇总表

指标层	指标评价标准				
	0~2	2~4	4~6	6~8	8~10
1. 农村居民人均纯收入	3000元以下	3000~4000元	4000~5000元	5000~8000元	8000元以上
2. 村集体收入	2万以下	5万~10万	10万~50万	50万~100万	100万以上
3. 人均非农产业产值比重	30%以下	30%~40%	40%~50%	50%~60%	60%以上
4. 科技进步贡献率	30%以下	30%~40%	40%~50%	50%~60%	60%以上
5. 基尼系数	很不合理	比较不合理	一般	比较合理	十分合理
6. 土地分配	很不合理	比较不合理	一般	比较合理	十分合理

续表

指标层	指标评价标准				
	0~2	2~4	4~6	6~8	8~10
7. 性别平等	非常不平等	比较不平等	没变化	比较平等	非常平等
8. 信息化程度	20%以下	20%~30%	30%~40%	40%~60%	60%以上
9. 受高中以上教育率	15%以下	15%~20%	20%~25%	25%~30%	30%以上
10. 农村合法生育率	95%以下	95%~98%	98%~99%	99%~100%	100%
11. 道路建设	很差	比较差	一般	比较好	非常好
12. 水利建设	很差	比较差	一般	比较好	非常好
13. 公共卫生（自来水普及率等）	30%以下	30%~45%	45%~55%	55%~70%	70%以上
14. 农民技能培训状况	很差	较差	一般	比较好	非常好
15. 恩格尔系数	60%	50%~60%	40%~50%	30%~40%	30%以下
16. 人均住房面积	20平方米以下	20~30平方米	30~40平方米	40~50平方米	50平方米以上
17. 社区保障（农村医疗保险覆盖率）	很差	比较差	一般	比较好	非常好
18. 社区金融（小额贷款群众满意率）	很差	比较差	一般	比较好	非常好
19. 直接选举的投票率	50%以下	60%~70%	70%~80%	80%~90%	90%以上
20. 村级事务公开化程度（对村务政务公开的满意度）	35%以下	35%~60%	60%~75%	75%~85%	85%以上
21. 村民对民主权利的满意度（村民对民主权利的满意率）	很不满意	比较不满意	一般	比较满意	非常满意

续表

指标层	指标评价标准				
	0~2	2~4	4~6	6~8	8~10
22. 农村合作化组织化程度	非常低	较低	一般	比较高	非常高
23. 重大决策公众听证和协商	10%以下	10%~50%	50%~70%	70%~80%	80%以上
24. 村民公共事务投入度	很差	比较差	一般	比较高	非常高
25. 政策法规普及与执行率	很差	比较差	一般	比较高	非常高
26. 村规民约健全度	很差	比较差	一般	比较完善	非常完善
27. 村民自治制度完善度	很差	比较差	一般	比较完善	非常完善
28. 村民对村干部的信任程度	不信任	比较不信任	一般	比较信任	非常信任
29. 村民对"两委"发展经济与管理水平的满意度	很不满意	比较不满意	一般	较满意	非常满意
30. 社区安全	40%以下满意	40%~60%满意	60%~70%满意	70%~85%满意	85%以上满意
31. 社区信任	不信任	比较不信任	一般	比较信任	非常信任
32. 社区规范	很差	比较差	一般	比较规范	非常规范
33. 文化娱乐设施普及率	很差	较差	一般	比较完善	非常完善
34. 传统文化传承度和丰富度	传承度一般,内容少	传承度一般,内容一般	传承度较强,内容一般	传承度比较强,内容丰富	传承度非常强,内容丰富
35. 社区友好	很不友好	不太友好	友好	比较友好	非常友好
36. 社区居民幸福感	很不幸福	不太幸福	幸福	比较幸福	非常幸福
37. 集体上访数量及比例	上访严重	有些上访	一般	零星上访	没有上访

续表

指标层	指标评价标准					
	0~2	2~4	4~6	6~8	8~10
38. 社区居民和干部环保意识	很差	比较差	一般	比较高	非常高
39. 生活垃圾和污水集中处理率	85%以下	85%~90%	90%~95%	95%~99%	99%以上
40. 清洁能源普及率	10%以下	10%~40%	50%~70%	70%~90%	90%以上
41. 土地的保护与利用	更差	比较差	没变化	比较好	非常好
42. 地表水质量	更差	比较差	没变化	改善	明显改善
43. 大气质量	更差	比较差	没变化	改善	明显改善
44. 地质灾害和水土流失发生面积	严重	比较严重	没变化	改善	显著改善
45. 农村居民的学习创新能力	非常差	比较差	一般	比较好	非常好
46. 农村居民的市场服务意识	非常差	比较差	一般	比较好	非常好
47. 农村居民的文明素质	非常差	比较差	一般	比较好	非常好
48. 选举村干部是致富能手比例	10%以下	10%~30%	30%~50%	50%~70%	70%以上
49. 村干部高中以上文化比例	10%以下	10%~30%	30%~50%	50%~70%	70%以上

表7.8将指标标准分为5级，按照10分制，等级从最低到最高，每级2分，很低分值在0~2，较低分值在2~4，一般分值在4~6，较高分值在6~8，很高分值在8~10。

7.3.5 旅游地农村社区治理模糊综合评价模型

1. 评价指标的量化

旅游农村社区治理的综合评价是一个量化分析的过程，即用数字来反映农村社区治理的状况。在进入到因子分析计算前，首先需要量化指标。根据指标的作用性质及表现形式，采取以下方法对各评价指标进行量化及标准化处理。

（1）采用态度测量技术与客观数据相结合对测评指标进行量化。由于李克特态度量表比较容易设计和处理，受访者也容易理解。研究使用5级顺序量表——李克特量表，相应赋值为1、3、5、7、9。

（2）根据表7.3农村社区治理评价指标体系中指标的内容，将其转化为问卷上的问题与村官访谈内容，进行调查问卷设计和实地调查访谈，获得相关数据。

2. 农村社区治理评估数学模型

在考虑多种因素的基础上，采用多目标线性加权函数法，建立农村社区治理绩效评价的多级模糊综合评价模型。根据模型对农村社区治理的程度进行综合定量评价分析，评价结果为数值，便于对不同旅游区农村社区治理的程度进行横向比较，及对同一旅游区在不同时期农村社区治理的程度进行纵向比较。

指标层治理评价数学模型如下：

$$S_m = \sum_{i=1}^{t} A_i W_i \tag{7.7}$$

式中，S_m 为第 m 层指标的得分；A_i 为第 i 个单项指标的分值；W_i 为第 i 个单项指标的权重；t 为第 m 层的指标个数。

农村社区治理综合评判数学模型如下：

$$S = \sum_{h=1}^{p} \left[\sum_{j=1}^{m} \left(\sum_{i=1}^{n} A_i B_i \right) C_j \right] D_h \tag{7.8}$$

式中，S 为总得分；A_i 为第 i 个第三层次单项指标的分值；B_i 为第 i 个第三层次单项指标的权重；C_j 为第 j 个第二层内指标的权重；D_h 为第 h 个第一层次内指标的权重；n 为第三层内的指标个数，本模型取49个；m 为第二层内的指标个数，本模型取19个；p 为第一层内的指标个数，本模型取6个。

3. 旅游地农村社区治理评价标准

显然，若是各个指标的实际值与理想值完全吻合，则 $S = 10$。通过查阅相关文献、咨询专家意见,对农村社区治理水平的评价标准进行界定,划分出评判不同农村社区治理绩效的标准,具体如表7.9所示。

表7.9 农村社区治理水平的评价标准

综合评价值 S(分)	≤2	2.1~3.9	4~5.9	6~8.9	≥9
评价标准	乏治理	弱治理	元治理	良治理	善治

7.4 社区治理综合评价实证研究——以阳朔县A村和B村为例

7.4.1 A村和B村概况

1. 地理区位与自然概况

阳朔县是中国的旅游名县,位于广西壮族自治区东北部,隶属于著名的旅游目的地桂林市。距桂林市区65公里,距自治区首府南宁445公里。阳朔县总面积1428.38平方公里,辖6镇3乡,114个行政村,总人口30万,居住着汉、壮、瑶、回等13个民族。A村和B村处在桂林到阳朔的漓江精华线上,A村对面是著名的月亮山,"赏月路"从村中穿过,该村位于321国道附近,交通便利,与阳朔县城、柳州相连,距桂林市区74公里,距阳朔县城7公里,全村116户,466人。

B村位于风景秀丽的漓江河畔,阳朔县城的东南部,距阳朔县约4公里,辖区内有"印象·刘三姐"演出场地。B村委有10个村民小组,476户,人口1808人,耕地面积1420亩,其中,水田893亩,旱地527亩。B村建于1368年,原名玉屏村,因村西南有一山,石壁如屏,名玉屏山。该地山多树多,因而后来改名为B村。据传,村民的祖先于洪武元年(1368年)由山东移居定居此地。B村依山傍水,漓江、玉屏山、青狮岭将整个村落环绕。全村布局为八卦图式,呈圆形,有七口小塘一口大塘,村民称为"七星伴月"。B村现有数十幢保存完好的百年古民居。村前曾有行宫庙和戏台,已在"文化大革命"时被毁,现存碑刻十余件。目前B村有159户,600多人。

2. 社会经济与旅游开发

A村1988年开始发展乡村旅游,在此之前,A村是一个以农业为主,乡风纯朴，风光优美，经济比较落后的村庄，人均年收入 1000 多元。该村位于著名的月亮山景区，周边还有大榕树、聚龙潭等景点，靠近阳朔县旅游市场，该村有丰富的岩洞资源，依托当地良好的自然环境与资源，优越的交通区位优势，A 村的村民开始自发地开展乡村旅游活动。在"月亮妈妈"为代表的农村社区精英的示范作用和地方政府倡导下，许多村民积极从事民居旅馆、农家饭店、外语导游、旅游工艺品销售、旅游景点开发等多种旅游服务，满足了市场的消费需求。与此同时，地方政府开始积极引导管理，通过村庄整体规划和旅游发展规划，村容整治、改善基础设施等，有力地提升了 A 村的"硬件设施"的市场竞争力；而各种培训教育，提升了 A 村的"软环境"的市场竞争力。包括 A 村开展了对旅游环境的整治活动，按规划新建或改造房屋 42 家；对村里的公共场所及村中主干道路面进行硬化；建公共垃圾池，生活垃圾做到集中填埋；制定了村规民约和环境卫生定期清扫管理制度，聘请卫生保洁员；村民 100% 用上了自来水；90% 以上的农户使用了卫生厕所。80% 以上的农户从事旅游业，全村共有 60 多名农民导游员，22 家民居旅馆，339 张床位，40 多家农家饭馆，每天可同时接待 2500 人用餐。全村 100 多户建有楼房。家用电器入户率达 80%，村民积极参加了新型农村合作医疗，参合率达 100%。截止到 2007 年，村民旅游人均收入达到了 7500 元，旅游业从业人数达 400 多人，占村总人口的 90% 以上，民居旅馆发展到 25 家，床位 369 张，农家饭馆 44 家，村集体收入每年达 30 万元左右。

B 村在"印象·刘三姐"项目运作前，村民以种植业、养殖业、外出打工为主要收入来源。2004 年，"印象·刘三姐"项目运作以后，旅游收入成为新的主要收入来源。"印象·刘三姐"项目景区就在该村，"印象·刘三姐"自 2004 年 3 月正式演出以来，中外观众已超过 110 万人次，门票总收入约 8000 万元，年均利润约 3000 万元，由于该项目的带动，B 村约有 90 名左右村民在"印象·刘三姐"项目组里工作，旺季月收入约 1000~1200 元，淡季月收入约 800~1000 元。旅游开发每年给村民总共带来 100 多万直接收入，而间接收入能达到几百万元，主要包括"印象·刘三姐"表演项目带来的工资收入、土地出让收入、地方导游服务、旅游纪念品的销售、农产品的买卖等。受旅游项目的带动，全村有 30 多人做导游，开了 3 家农家旅馆。2003 年全村人均收入 2500 元，2005 年达到了 3600 元，2009 年到达了 6000 元左右。在上级政府资助下，全村 100% 安装了自来水，80% 建了沼气池。

3. 样本选取理由

选取 A 村和 B 村作为调研对象主要基于以下原因：

（1）A 村的旅游开发是桂林市、广西区乃至国内外有较高知名度的乡村旅游品牌，是社区旅游的典范之一。A 村是阳朔乡村旅游的品牌之一，它在社区旅游方面起步早，发展快，经济社会效益明显。旅游项目的开发让 A 村发展成效明显，2004 年以来，A 村先后被全区、全市评为"桂林市文明卫生村"、"桂林市小康文明新村示范村"等称号。A 村的民居旅游荣获了"全国农业旅游示范点"称号，被世界旅游组织认为是"中国社区旅游的典范"。A 村民居旅游成功的经营管理模式相继被中央电视台、广西电视台、《人民日报》、《广西日报》等多家新闻媒体报道。

（2）农村妇女"月亮妈妈"已成为了高田镇、阳朔县，乃至中国农民参与旅游产业的一个品牌。村里 60 多岁、仅念过 3 年书的"月亮妈妈"是一位掌握 8 个国家的语言的农民导游，破格取得国际导游证书，并被邀请到中央电视台接受采访。

（3）A 村发展的成功经验，引起了当地政府的高度重视，开始大力支持有条件的村，特别是 A 村附近的村，推广 A 村的经验，并将旅游开发与农村党建、扶贫等工作相结合。在 A 村旅游示范点的带动和影响下，该县的乡村旅游蓬勃发展，扩展到兴坪、杨堤、白沙、普益、福利及阳朔镇等乡镇，建立了十几个民居旅游示范村，并逐步实施"民居旅游示范带"建设。

（4）"印象·刘三姐"项目是旅游文化商业运作的成功典范，给阳朔县带来了前所未有的商机和发展机遇。它辖区内的 B 村被外界称为"演员村"，该村有 90 多名村民在"印象·刘三姐"项目组里工作，受到该项目影响，当地社区实现了较快发展。

7.4.2 指标数据的说明与赋值

1. 指标数据的获取

主要通过两种途径获得评价指标的数值。

1）通过公开的文献资料

通过查阅《2005~2008 年广西社会经济统计年鉴》、《2007 年桂林市社会经济统计年鉴》、广西统计网、广西旅游网、《人民日报》、《广西日报》、《桂林日报》等，获得部分数据，同时通过桂林市旅游局、阳朔县旅游局，收集部分数据资料。

2）实地问卷调查与村官访谈

2009年10月16~19日，四个调查员分成两组，共同对A村和B村进行实地调研。调研一是问卷调查，二是村干部访谈和村民访谈，并采取拍照和查阅文献等方式获取部分资料。

（1）问卷调查主要是结合农村社区治理的指标体系进行。包括居民问卷和游客问卷，详见附录9和附录10。分别发放居民问卷120份，游客问卷120份。A村取得有效居民问卷111份，有效游客问卷100份；B村取得有效居民问卷116份，有效游客问卷90份。居民问卷采取以户为单位，每户抽查一个居民的形式，问卷采取问答方式，当场由调查员解释完成，同时做访谈重点笔录；游客问卷，以国内游客为主，重点是多次来访的游客。具体如表7.10所示。

表7.10 A村和B村问卷调查情况

农村名称	户数/户	人数/人	问卷数量和有效问卷比重		男女比例/%	
			数量/份	比重/%	男	女
A村	117	470	120，有效111	92.5	55.8	45.2
B村	159	600多	120，有效116	96.8	51.3	48.7

（2）村干部结构访谈和村民访谈。通过电话预约的方式，对A村和B村的村官及地方相关官员，围绕访谈提纲进行结构式访谈（调查提纲具体见附录11），同时对部分旅游经营户、前任村干部等进行随机访谈。

2. 指标说明及赋值

两村的部分指标是通过问卷获得，各个指标得分按照10分制，把调查因子分为5级，从最高级到最低级，指标取每个区间的中值数（即9、7、5、3、1），中值数分别乘以每个等级的人数再除以总人数，即为该因子加权平均分值，对于部分调查问卷中回答问题的缺失或失误，其数据按一般中间值处理。

3. A村和B村指标评判汇总

A村与B村指标评判汇总情况详见表7.11。

表 7.11　A 村与 B 村指标评判及赋分一览表

指标序号	A 村 2000 年评判	赋分	A 村 2009 年评判	赋分	B 村 2000 年评判	赋分	B 村 2009 年评判	赋分
D1	3000 元	3 分	8000 元左右	9 分	约 2500 元左右	2 分	6000 元左右	7 分
D2	约 1 万	2 分	约 23 万	6 分	1 万以内	2 分	4~10 万	4 分
D3	约 30% 以下	2 分	70% 以上	10 分	约 30% 以下	2 分	60%~70%	8 分
D4	30%~40%	4 分	40%~50%	6 分	30%~40%	4 分	40%~50%	6 分
D5	一般	5 分	比较不合理	3 分	一般	5 分	比较合理	7 分
D6	一般	5 分	合理	5 分	一般	5 分	合理	6 分
D7	一般	5 分	比较平等	6 分	一般	5 分	比较平等	6 分
D8	20%~30%	4 分	60% 以上	10 分	20%~30%	4 分	60% 以上	9 分
D9	15%~20%	3 分	25%	6 分	15%~20%	3 分	17%	4 分
D10	99% 以上	9 分	100%	10 分	98% 以上	8 分	100%	9 分
D11	比较差	4 分	非常好	10 分	比较差	4 分	比较好	8 分
D12	比较差	3 分	比较好	8 分	比较差	3 分	比较好	8 分
D13	30% 以下	2 分	100%	10 分	30% 以下	6 分	70% 以上	8 分
D14	较差	3 分	一般	6 分	较差	2 分	比较好	8 分
D15	40%~50%	5 分	30%~40%	8 分	40%~50%	5 分	30%~40%	8 分
D16	比较差	4 分	比较好	7 分	比较差	4 分	一般	6 分
D17	比较差	4 分	非常好	10 分	比较差	4 分	非常好	9 分
D18	比较差	4 分	一般	5 分	比较差	4 分	比较差	4 分
D19	80% 左右	5 分	85%	6 分	80% 左右	6 分	90%	9 分
D20	50% 左右	4 分	35%	3 分	60% 左右	5 分	78%	8 分
D21	一般	5 分	一般	5 分	一般	5 分	比较满意	6 分
D22	一般	5 分	比较高	8 分	一般	5 分	非常高	8 分
D23	50%~70%	5 分	70%~80%	7 分	50%~70%	6 分	80% 以上	9 分
D24	非常高	10 分	比较高	8 分	一般	6 分	比较高	8 分
D25	一般	6 分	比较高	8 分	一般	5 分	比较高	8 分
D26	一般	5 分	非常完善	9 分	比较完善	7 分	非常完善	10 分
D27	一般	6 分	非常完善	9 分	一般	6 分	非常完善	10 分
D28	一般	6 分	一般	6 分	一般	6 分	比较信任	8 分
D29	一般	5 分	一般	5 分	一般	5 分	一般	6 分

续表

指标序号	A村 2000年评判	赋分	A村 2009年评判	赋分	B村 2000年评判	赋分	B村 2009年评判	赋分
D30	90%左右	10分	75.1%	7分	90%左右	9分	81.5%	8分
D31	一般	5分	比较信任	5分	一般	5分	比较信任	6分
D32	一般	5分	比较规范	8分	一般	6分	比较规范	8分
D33	一般	6分	比较完善	8分	一般	7分	比较完善	7分
D34	传承度一般，内容一般	4分	传承度一般，内容一般	4分	传承度较强，内容丰富	6分	传承度一般，内容一般	5分
D35	非常友好	8分	比较友好	6分	非常友好	8分	比较友好	8分
D36	一般	6分	比较幸福	6分	一般	6分	比较幸福	7分
D37	没有上访	10分	没有上访	10分	没有上访	10分	没有上访	10分
D38	一般	5分	非常高	10分	一般	5分	比较高	7分
D39	85%以下	4分	100%	10分	85%以下	4分	85%以下	5分
D40	10%~40%	4分	70%~90%	8分	10%~40%	3分	50%~70%	6分
D41	比较好	8分	一般	6分	比较好	8分	比较差	3分
D42	比较好	8分	一般	6分	比较好	8分	比较差	6分
D43	非常好	10分	非常好	10分	非常好	10分	非常好	10分
D44	没变化	6分	没变化	6分	没变化	6分	没变化	6分
D45	一般	5分	比较好	6分	一般	5分	比较好	6分
D46	一般	5分	比较好	7分	一般	5分	比较好	6分
D47	一般	5分	比较好	7分	一般	5分	比较好	6分
D48	25%	4分	75%	9分	25%	4分	25%	4分
D49	50%	6分	50%	6分	50%	7分	75%	10分

7.4.3 综合评价结果及分析

1. A村和B村的评价结果

将表7.11数据代入下列综合评价模型，得到计算结果如表7.12和表7.13所示。

$$S = \sum_{h=1}^{p} \left[\sum_{j=1}^{m} \left(\sum_{i=1}^{n} A_i B_i \right) C_j \right] D_h \tag{7.9}$$

表 7.12　A 村与 B 村指标层各评判指标单项得分一览表

指标序号	A 村 2000 年	A 村 2009 年	B 村 2000 年	B 村 2009 年	指标序号	A 村 2000 年	A 村 2009 年	B 村 2000 年	B 村 2009 年
D1	1.80	5.40	1.20	4.80	D25	4.20	5.60	3.50	5.60
D2	0.80	2.40	0.80	1.60	D26	1.50	2.70	2.10	3.00
D3	1.00	5.00	1.00	4.00	D27	1.80	2.70	1.80	3.00
D4	2.00	3.00	2.00	3.00	D28	2.40	2.40	2.40	3.20
D5	3.00	1.80	3.00	4.20	D29	2.00	2.09	2.00	2.34
D6	2.00	2.20	2.00	2.29	D30	4.00	2.80	3.60	3.04
D7	1.25	1.48	1.25	1.47	D31	1.50	1.60	1.50	1.66
D8	1.20	3.00	1.20	2.70	D32	1.50	2.40	1.80	2.40
D9	0.75	1.50	0.75	1.00	D33	3.00	4.00	3.50	3.50
D10	1.80	2.00	1.60	1.80	D34	2.00	2.00	3.00	2.50
D11	1.00	2.50	1.00	2.00	D35	2.40	1.86	2.40	2.40
D12	0.75	2.00	0.75	1.75	D36	2.40	2.53	2.40	2.62
D13	0.50	2.50	1.50	2.00	D37	3.00	3.00	3.00	3.00
D14	0.75	1.45	0.50	1.95	D38	2.75	5.50	2.75	3.85
D15	2.50	4.00	2.50	4.00	D39	1.80	4.50	1.80	2.25
D16	2.00	3.50	2.00	3.00	D40	1.60	3.20	1.20	2.40
D17	2.40	6.00	2.40	5.40	D41	4.80	3.60	4.80	1.80
D18	1.60	2.00	1.60	1.60	D42	2.80	2.10	2.80	2.10
D19	1.25	1.50	1.50	2.25	D43	3.50	3.50	3.50	3.50
D20	1.00	0.75	1.25	2.00	D44	1.80	1.80	1.80	1.80
D21	1.25	1.30	1.25	1.48	D45	1.50	1.83	1.50	1.72
D22	1.25	2.00	1.50	2.00	D46	2.00	2.74	2.00	2.45
D23	2.50	3.50	3.00	4.50	D47	1.50	2.00	1.50	1.93
D24	5.00	4.00	3.00	4.00	D48	1.60	3.60	1.60	1.60

表 7.13　A 村与 B 村目标层、制约层和要素层各评判指标单项得分表

指标序号	农村社区治理评价单项得分			
	A 村		B 村	
	2000 年	2009 年	2000 年	2009 年
C1	1.17	3.51	0.90	2.88
C2	0.69	1.84	0.69	1.61
C3	1.60	1.28	1.60	2.08
C4	1.05	1.68	1.01	1.46
C5	0.81	2.28	1.01	2.08
C6	1.49	2.48	1.49	2.31
C7	0.76	1.52	0.76	1.52
C8	1.24	1.44	1.43	2.01
C9	1.13	1.13	0.90	1.28
C10	1.78	2.57	1.74	2.67
C11	1.74	2.01	1.74	2.39
C12	2.45	2.38	2.42	2.48
C13	1.45	1.74	1.89	1.74
C14	2.81	2.66	2.81	2.95
C15	1.50	3.30	1.50	2.20
C16	3.11	2.86	2.52	1.76
C17	2.03	1.85	2.03	1.85
C18	2.50	3.29	2.50	3.05
C19	2.60	3.60	2.90	3.80
B1	0.70	1.34	0.64	1.33
B2	0.70	1.36	0.73	1.26
B3	1.04	1.26	1.03	1.47
B4	0.91	0.92	0.96	0.97
B5	1.13	1.37	1.03	0.99
B6	0.74	1.00	0.78	0.99
A 村	5.22	7.24	5.17	7.01

2. 社区治理水平的对比分析

表 7.14 是 A 村和 B 村 2000 年和 2009 年的农村社区治理评价六个层面及综合得分，可从两个方面进行分析。

表 7.14　A 村和 B 村农村社区治理评价综合得分一览表（2000 年和 2009 年）

各评价指标	A 村 2000 年	A 村 2009 年	B 村 2000 年	B 村 2009 年
经济发展与公平分配	3.46	6.63	3.19	6.57
社会发展与公共服务	4.11	7.96	4.27	7.37
民主政治与公共参与	5.89	7.15	5.81	8.35
社区和谐与精神文化	6.71	6.78	7.11	7.18
资源利用与环境保护	6.64	8.01	6.05	5.81
社区发展潜力	5.10	6.89	5.40	6.85
两村社区治理的综合评价	5.22	7.24	5.17	7.01

1) 纵向比较两村 2000 年和 2009 年的农村社区治理状况

（1）A 村农村社区治理评价指标中，在经济发展与公平分配、社会发展与公共服务、资源利用与环境保护三个指标上取得了明显的进步，分别从 3.46 提高到 6.63、从 4.11 提高到 7.96、从 6.64 提高到 8.01；民主政治与公共参与进步也比较明显。该村 2000～2009 年各个评价指标的变化，可以折射和反映出旅游开发给当地农村社区治理水平带来的改善和提高。民主政治与公共参与指标从 5.89 提高到 7.15，可以看出 A 村民主政治与公共参与有了较大提高，但是相比于 B 村从 5.81 提高到 8.35，A 村在此层面与 B 村差距明显。可以看出，经济与社会的发展并没有必然导致社区政治和公共参与能力的极大提高。但是随着 A 村社区治理水平的提高，特别是经济社会发展的快速进步，社区居民对民主政治与公共参与的要求越来越强烈。这可以从调查访谈中得到验证，社区居民对村务公开透明的期待、对村集体收入的不透明产生的不满显著增加。但从社区和谐与精神文化来看，该村的变化不大。因此，该社区文化的整合和重塑方面，尚有很大潜力。2000 年，A 村社区处于元治理水平，2009 年达到良治水平。

（2）从 B 村来看，经济发展与公平分配、社会发展与公共服务、民主政治与公共参与三个层面改进显著，分别从 3.19 提高到 6.57、从 4.27 提高到 7.37、从 5.81 提高到 8.35。可以发现，旅游项目的进入给当地社区发展带来了经济、社会、政治层面上的显著进步和发展，取得了良好的经济社会效益，社区治理水平改善明显。相比于 A 村民主政治与公共参与的变化，B 村在该项指标上进步明显；社区和谐与精神文化和资源利用与环境保护指标变化不大，社区和谐与精神文化仅从 7.11 增加到 7.18。同时，随着旅游项目运行和外出务工人员增多，社区传统的村落文化受到忽视；而且外来旅游经济的嵌入对传统的村落文化又产生了较大的冲击。资源利用与环境保护反而从 6.05 下降到 5.81，说明 B 村在面对外来旅游项目进入的过程中，对本社区的资源与环境的可持续性开发与保护做得不好。总体上，B 村 2000 年处于元治理水平，2009 年达到了良治理水平。

2）横向比较 A 村和 B 村农村社区治理状况

（1）2009 年，在社会发展与公共服务方面，A 村、B 村在 2000 年起点几乎相同的情况下，都取得了很大的进步，这可以归功于社区旅游开发在促进基础设施完善、社会进步、生活质量提高、社区保障方面取得的成绩，显著改善了社区治理的水平。而资源利用与环境保护方面，A 村比 B 村取得的进步更大，主要原因是上级政府对 A 村生态环境保护的重视和宣传引导；B 村由于缺乏长远的生态环境保护规划和发展规划，加上旅游项目开发对环境的压力增大，导致资源利用与环境保护出现了退步。因此，B 村在资源利用和环境保护方面今后需要有较大的改进。

（2）2009 年，B 村在民主政治与公共参与方面做得更好一些。调查发现 B 村在村务重大事项包括收支公开方面做得比较好，赢得了社区居民的信任；该村村委主要干部文化程度普遍较高，在代表本村与外来企业谈判中更多关注民主政治与公共参与的问题。

综上所述，A 村和 B 村的农村社区治理水平，随着 A 村民居旅游的开发以及 B 村"印象·刘三姐"旅游项目成功开发，分别从 2000 年的 5.2198 和 5.1749 提高到 2009 年的 7.2410 和 7.0119。A 村和 B 村社区治理水平处于总体比较良好的治理状态，当然，两村社区治理水平离善治水平还有很长的距离。两村在民主政治、社区资源的有效运用方面还有很大的改进空间，如 A 村出现的贫富差距问题、B 村土地资源的无序开发以及地方政府在土地出让方面与当地村民存在的一些矛盾，等等，仍然是两村实现和谐有序发展无法回避的障碍。

7.5　旅游地农村社区治理的路径选择

旅游开发在广西广大农村社区的经济社会发展中发挥了重要作用。目前，广西旅游开发与农村社区建设呈现良性互动的局面。阳朔 A 村的民居旅游开发和 B 村的旅游项目开发的成功,充分体现了农村社区建设与旅游开发良性结合所具有的优势,体现了农村社区建设和旅游市场化开发能够实现双赢,有力地促进了旅游地农村社区治理,使阳朔 A 村和 B 村随着旅游开发,农村社区治理由元治理水平提升到了目前的良治理水平。但是,两村的社区治理仍然存着一些影响发展的制约因素,需要进行更加深入的研究与建设,推动农村社区治理达到善治理水平,实现建设和谐农村社区的目标。

7.5.1 A 村和 B 村农村社区治理的启示

1. A 村旅游开发所采取的措施

A 村社区旅游开发过程中,针对存在的市场秩序不规范、村容村貌脏乱差、基础设施不健全、部分村民的文化素质不高等现实问题,采取了以下行之有效的措施。

(1) 以旅游经营者中党员示范户为核心,建立村民旅游协会,签订村民文明公约。2003 年,成立了村民旅游协会。高田镇党委还将村内党员开办的旅游店设定为党员示范户,并以示范户为骨干,与村民签订了文明公约,发挥党员示范户的带头作用,发挥村民旅游协会的自律作用,维护了社区内外旅游行业的秩序。

(2) 对 A 村进行整体规划和旅游发展规划。当地政府筹资 5 万余元,给 A 村民居旅游发展作了详细规划,为 A 村发展民居旅游明确了目标和方向;并请相关部门对全村进行整体建设规划,组织村民进行大规模的村容整治,拆除了村内乱搭乱盖的摊点,把重点地域的旧房屋改造成具有桂北民居特色的农家饭店和旅馆,并启动房屋立面改造、污水处理和路灯安装等工程,使 A 村的社区面貌提高到新的发展水平。

(3) 采取地方政府出资与村民自筹资金相结合的办法,改善村内外的交通和卫生基础设施状况。市、县、镇三级政府共同筹集资金 30 万元,将 A 村赏月路改造成沥青路面;A 村村民自筹资金 7 万元,把村内部的道路进行了硬化,极大地改善了路况条件和交通环境。编制村庄整体规划和旅游发展规划,进行村容整治和基础设施建设等,有力地提升了 A 村"硬件设施"的市场竞争力。

(4) 加强对村民的教育和培训,实现了村民文化素质的同步提升。2002 年以来,地方政府有关部门经常组织专家和教师到 A 村举办乡村旅游服务、礼节礼仪、英语口语及餐饮卫生等培训,村组织也主动邀请有关专家进行指导,提高了村民综合素质，提高了村民的服务质量和接待水平。进行各种培训教育，提高了该村的接待水平和服务质量，提高了游客满意度，提升了A村"软件设施"的市场竞争力。

（5）积极开展"平安示范户"、"A村形象大使"等评选活动，给当地社区带来了活力。在各级政府和党组织的带领下，A村村民积极参与各种评选活动，推动了社区文明协调发展，为A村旅游发展提供了良好的社区环境。

2. 旅游地农村社区治理取得的经验

阳朔A村和B村的旅游开发经历了由村民自发，到地方政府积极引导和管理或企业主导的过程。通过政府、企业和农村社区居民等多方的协调和努力，阳朔A村和B村的社区建设和旅游开发呈现出了有序、规范的发展局面，成为了农村社区旅游开发与社区建设协调发展的成功范例。A村的发展主要原因在于其编制了村庄整体规划和旅游发展规划，进行了村容整治和基础设施建设等，有力地提升了其"硬件设施"的市场竞争力；进行了各种培训教育，提高了该村的接待水平、服务质量，提高了游客满意度，提升了其"软件设施"的市场竞争力。通过对A村、B村旅游开发历程的追溯分析，对旅游地农村社区治理取得以下几点启示。

（1）充分发挥农村社区居民的主体作用，重视社区精英的示范作用，它是社区建设与治理的内部动力。A村从初步开发到成功的市场开拓，都离不开当地社区居民的主动参与。无论是以"月亮妈妈"为代表的村民自发为国内外游客提供零星的旅游服务，还是以"陈水保"为代表的部分村民率先改造自己原有住房，创建了高田镇第一批民居旅馆等，社区精英都发挥了良好的社区动员和示范带动作用。同时，要加强新型农民的培养，它是社区建设、可持续发展与治理的必备要素。新型农民的培养，既需要外部引导，也需要当地居民的主动自我学习。A村村民实现了自觉学习和政府有效引导相结合。村民管远兴自学英语，1998年5月在村里开办"水岩咖啡店"，并将所学的各种基本语言技能义务传授给村民，办起了"外语培训班"。村内已有60多名妇女拿到了外语导游证，成立了山村"农民女子外语导游队"。

（2）地方政府明确职能，积极引导，是农村社区建设与治理的核心推动力。第一，实现农村社区的科学发展，离不开地方政府的有效引导，更离不开地方政府在基础设施和公共服务设施建设方面的支持。农村社区建设与治理往往受制于当地经济和社会发展条件的制约，致使农村社区基础设施和公共服务设施建设和维护困难。地方政府通过在道路、卫生、社区文明建设等方面进行投资，有效推动了当地农村社区的进一步发展。第二，政府通过引导社区居民成立民居旅游协会，开展农民旅游示范户评选等活动，由旅游协会通过制定一系列规章制度，规范旅游开发的市场秩序；由旅游协会通过举办各类培训班，提高从业人员的综合素质。第三，地方政府通过编制农村社区发展总体规划，协助编制旅游开发规划等，进一步明确农村社区发展方向，特别是旅游开发的指导思想与目标要求。第四，地方政府在打造"民居旅游品牌"的同时，采取"由点到线，由线到带"的逐步推广措施，使社区旅游开发与建设取得良好的经济社会效益。

（3）积极培育和开发与当地经济社会发展水平和资源条件相一致的旅游项目或产品，是农村社区进行建设、发展与有效治理的主题。旅游项目开发是农村社区发展的主要支撑力量，也是社区建设与有效治理的基础。通过社区旅游开发，一方面可以增加社区集体和社区居民的收入，改善发展条件与环境；另一方面，旅游开发可以引入外界更多先进理念与发展思想，促进社区文化建设，包括传统优秀文化的传承与新文化的创新，奠定社区治理的文化基础。同时，社区旅游项目开发与培育，必须按照可持续发展的要求，充分考虑旅游市场需求的变化，需要不断进行产品创新，不断提高旅游服务质量，来满足游客日益变化和不断提高的旅游需求。也只有持续不断的客流才能确保社区旅游开发获得稳定的收益，奠定社区建设与治理的经济基础。

（4）农村社区要进行自我宣传和品牌塑造。同时，地方政府也要充分利用各类媒体对农村社区的旅游开发，社区建设与社区治理成果进行宣传和推介，帮助农村社区进行形象塑造。2006年第四届中国国际农产品交易会上，阳朔A村的民居旅游作为品牌，代表广西参加"一村一品"的展示并获奖，极大地提高了社区的知名度和社会影响力。地方政府还借助电视台、报纸等进行宣传，通过网络营销发布A村旅游相关信息；制作成精美的《高田民居旅游》赠送给各旅行社、导游、游客，对A村旅游开发进行整体推介和宣传；充分发挥"月亮妈妈"的品牌效应，树立A村乃至整个阳朔的旅游形象。

（5）依托村党支部和民居旅游协会实现自我管理和自我约束。A村的民居旅游作为阳朔县乡村旅游的品牌之一，连续20年保有良好声誉和强劲的发展势头，离不开村党支部的带领，以及社区居民的自我管理。阳朔A村围绕以民居旅游为主体的社区旅游发展，成立了村民自治组织和旅游协会，并在乡党委、政府和村党支部领导下开展工作。依托村民自治组织和旅游协会等，共同制定和建立了行之有效的乡规民约，确定了社区旅游开发以广大村民为主体，充分发挥社区精英示范户的带头作用的旅游发展思路，使A村的社区旅游发展取得了良好的经济效益和社会效益。但目前的自我管理仍然处在初级阶段，随着经济收入增加，特别是收入差距加大，必然会产生新的矛盾和问题，影响农村社区治理水平的进一步提高。而且社区治理是一个动态的过程，需要不断通过制度创新和机制创新，特别是社区居民素质的不断提高来确保社区治理最终目标的实现和维持。

3. 旅游开发中社区发展存在的问题

根据调查研究，阳朔 A 村社区旅游从 20 世纪 90 年代发展至今，总体上基本进入了可持续发展的轨道，但同时也存在一些影响社区和谐发展、科学发展的问题。突出表现为以下几点。

(1) 社区旅游开发与环境保护之间存在矛盾冲突。突出表现为社区旅游饭馆的污水排放导致部分耕地无法耕作。A 村旅游发展前期，上级政府准备出资 50 万建立化粪池集中处理污水，同时需要社区居民也集资一部分，但因为部分群众意见不一致导致该工程没有上马，这也成为了后来社区旅游饭馆经营者与非旅游饭馆经营者之间矛盾冲突的根源。目前，经过协商提出了新的解决方案，由政府出一半资金，村委和旅游饭馆经营者出一半资金进行污水处理工程建设，初步缓解了这一矛盾冲突。污水处理问题引发的矛盾冲突，表面上是社区旅游饭馆经营户与普通村民、村委围绕旅游开发与环境保护出资问题的博弈，内在原因是旅游发展的不均衡导致社区居民贫富分化，使部分没有在旅游开发中得到具体实惠的居民感到公众资源的公平权没有得到保障，甚至有被剥夺的感觉；像社区旅游饭馆经营者这样在旅游开发中得到较多收益的居民又感觉自己是通过劳动致富，不愿意承担更多的社会责任。这一矛盾的核心问题是资源使用的公平性与利益分配。这一问题如果不能得到很好的解决，将来仍然是影响社区旅游进一步发展的主要问题。

(2) 忽视农业发展。调查显示，目前 A 村中从事农业生产的多是 50 多岁的男性，主要种植水稻、花生、水果（出售）等。妇女和年轻人多数从事与旅游相关的生产或者经营，部分耕地由于农业生产收入低或者劳动力缺乏等原因出现撂荒现象。农业发展没有得到足够的重视，作为村中从事旅游活动的传统农民，甚至不能实现粮食和蔬菜的自给自足，部分经营户像市民一样向外村的农民购买粮食和蔬菜。这也许是一种社会进步的标志，农村居民过上了像城市市民一样的生活，但忽视农业发展的做法却存在风险，耕地撂荒不是一件好事，也不是一种进步，说明农业生产与其他产业发展的政策和产出存在差距，特别是产出差距更大。国家虽然对农业生产实行了补贴，但仍然不能吸引更多的农民投身到农业生产上，对这一问题有必要进行深入研究。

(3) 村务公开内容不透明。根据调查访问，阳朔 A 村村集体资源出让获得的收益较多，但对收益的分配和使用村民的意见较多，潜在矛盾突出。访问调查社区居民，部分居民认为，村集体收入分配公开化程度较低，不清楚村集体资源出让获得的收益是如何使用的。实际在调查中也了解到，村集体收入主要用于村基础设施建设和形象塑造、品牌打造等，如改善了村对外连接的道路、修建了标志性的入村大门等。但从发展的角度出发，村委需要进一步公开村集体收入使用方式，并需要建立村集体收入重大使用要经过村民大会讨论等制度，通过制度建设引导社区管理走向完全的村民自治，化解村委和居民之间的矛盾，促进和谐社区建设。

根据调查研究，阳朔B村的社区建设与发展依托由企业主导的旅游项目开发取得了较大进步，村集体收入和社区居民收入都有了大幅度的提升，居民的生活、生产方式都发生了较大的变化，居民的文化素质有了很大提高。但在土地资源合理利用、环境保护等方面存在着部分问题。突出表现为以下几点。

（1）土地资源的合理利用缺乏有效管制。自改革开放将土地使用权下放在社区居民手中以来，村集体所控制的土地资源相对较少。特别是近几年随着土地流转政策的实施，社区居民通过多种形式转让自己所拥有的土地使用权。部分居民在外部压力和经济利益诱惑下，没有经过村委独自与企业签订了土地出让协议，把土地出让给企业进行旅游开发，使社区总体发展的框架被打破，社区集体利益受到了影响。导致了社区居民与旅游开发企业之间的矛盾冲突。

（2）社区旅游开发与传统文化保护存在矛盾冲突。随着由企业主导的旅游项目在B村深入发展，以及B村经济实力壮大，进行了较大规模的基础设施和房屋建设。新修建的建筑风格、体量等与该村原有建筑不协调，特别是对该村的古建筑造成了一些破坏和冲击，导致B村的整体古村景观受到影响和破坏。一方面是村委和政府有关部门对古民居景观缺乏重视和宣传，另一方面是企业和村民没有意识到这些古民居的价值。目前，这种破坏仍然在持续。同时，社区许多居民参与了企业主导的旅游开发，并从中获得了较大收益，企业文化已经渗透到了社区中间，使社区传统文化的传承受到挑战。古朴的田园生活正在消失，取而代之的是以旅游业及相关产业为主体的产业经济，这应该说是一件好事，标志着社会在进步、在发展。但是由于缺乏正确引导和有效管理，以及居民的文化素质与飞速发展的产业经济不协调，出现了为了经济利益而采取的不规范经营，如在"印象·刘三姐"演出场地外出现了个别自建的观看台，低价销售观看门票，甚至欺诈游客，既损害了企业的利益，又造成了不良的社会影响。

4. 两村社区治理的不足

阳朔 A 村和 B 村，在旅游开发的推动下，社区建设得到了长足发展，同时社区治理也由元治理水平提升到了良治理水平。但是两村的社区治理仍然存在一些问题，影响到了社区治理水平的进一步提高。突出表现为以下几点：

（1）目前，两村的社区治理实践中明显存在社区居民政治参与不足、参与程度低的现象。其主要原因如下：一是普通社区居民由于文化程度和从事工作性质等限制，对国家方针、政策和法规等信息获取数量少，质量差，特别是对自己所拥有的参与权力的认识不足，导致居民政治参与意识不强。二是旅游经营的组织化程度仍较低，社区居民作为独立的个体，与掌握着社会政治资源和经济资源的村干部在信息和影响等方面不对等，相比较而言，社区居民处在弱势地位，从而在心理上降低了居民政治参与的效能感。三是普通居民关心的是减轻负担、增加收入和改善生活环境等与自身利益息息相关的事情，而村委作为一级行政机构，要执行各种国家政策，同时要组织社区居民完成各种指标和任务，这种利益错位决定了村民的政治冷漠。四是形式化的村务公开并没有为村民参政、议政提供有效的保证，村民对村干部并无实际的监督权，从而造成村民对村务管理的冷淡。同时，由于缺乏社区管理理论指导，社区居民的参与渠道不畅。

（2）农村社区居民的自我发展、自我解决问题的能力仍有待提高。近年来，两村在旅游开发和社区经济发展方面发生了很大变化，整体的社区治理水平进步也很大。但是，在对待旅游开发或社会经济发展中出现的如水污染、土地纠纷等类似问题时，仍然寄希望于上级政府和村干部，居民在遇到自身解决不了的问题的时候，大多数会去找村干部和上级政府部门。一是没有建立农村社区内部的协商机制，内部协调不够，社区居民不善于通过沟通和协商表达自己的想法和意愿，没有形成有问题坐下来进行沟通和协商的意识；二是部分社区精英的示范带头作用没有得到充分发挥，特别是在承担社会公共责任方面，示范户没有主动承担更多社会义务，缺乏共同富裕的意识；三是村自治组织和村民旅游协会仅流于形式，协调和引导作用没有发挥出来。村自治组织和村民旅游协会不重视制度建设和文化建设，缺乏吸引力、凝聚力和号召力。

（3）公共治理的社区基础尚待加强。农村社区治理需要研究其社区公共治理的基础，只有基于对农村社区的内生基础和外部条件的整体把握，才能更好地进行社区治理的改善。内生基础是乡村社会性质及农民生活状况为乡村治理提供的可能性；外在条件是宏观的结构性条件，它决定了乡村治理的空间及其资源限度（贺雪峰等，2007）。旅游地农村社区随着旅游外部经济的嵌入，传统建立在血缘和地缘关系之上的社会资本将会发生改变，即在外部条件的作用下，农村社区的经济基础将会发生改变，正确认识和把握这种改变的走向，对于在重构经济基础的过程中给予正确引导和促进非常重要。同时，也要认识到在农村社区的内生基础重构过程中，外部条件作用的两面性，特别是对于社区治理外部条件作用的两面性更加明显。而作为农村社区的主体——社区居民，作为独立的市场主体缺少一致行动的能力，在农村社区的内生基础重构过程中的作用有限。因此，为了改善农村社区治理基础，需要引入和强化外部条件，在旅游地的农村社区中要鼓励旅游开发，并要加以科学管制；同时，要引导构建建立在村民权利、义务基础上具有现代意义的社会资本。

（4）社区治理缺乏长远战略对策。虽然两个村的社区治理处在良治理水平，但是调查发现两村的社区治理缺乏长远战略。一是除A村编制了总体发展规划和旅游开发规划外，B村没有一个较为切实的规划，从而在发展过程中出现了与总体发展趋势不一致的现象和行为，个别居民私自将自己的土地使用权转让，引入与发展目标不一致的企业，出现了恶性竞争。二是缺乏长远的环境保护规划与目标，在发展中过于强调经济收益，而忽视环境保护与治理，特别是缺乏对耕地环境保护的具体措施与行动。A村出现了耕地撂荒，出现了因污水处理不善导致的矛盾。三是缺乏科学合理的利益调节与分配机制，导致社区居民贫富差距不断扩大。由于认识的不一致性，发展比较好的居民普遍认为自己靠双手劳动致富；而收入差的居民却认为自己的权益没有得到有效保障，发展好的居民是充分利用了整个社区的资源与品牌，包括自己的一部分，但收入中却没有得到体现，导致出现贫富居民之间的矛盾，影响社区治理水平的进一步提高。

7.5.2 旅游地农村社区提高治理水平的对策

根据前文对阳朔A村和B村社区建设与社区治理的成功经验、做法与存在的问题和不足的研究，以及对相关乡村治理研究成果的分析，提高社区治理水平一方面需要理解社区治理的机制及其内在逻辑；另一方面需要了解和把握社区治理的外在条件和内生基础。A村依托丰富的旅游资源和地理区位优势，通过发展旅游经济使该村整体治理水平明显提升，尤其是在社会发展与公共服务、经济发展等方面进步很快，提高了该村整体的社区治理绩效。但是，该村的内生基础仍处在重构的过程中，有较大的提升空间。B村依托企业主导的旅游项目开发，使该村整体治理水平也得到了明显提升，旅游开发企业与社区形成了紧密的合作关系。但该村在社区建设与社区治理中过度依赖外部企业，对古民居开发与保护重视不够，自身特色旅游资源未实现有效的开发利用。同时，由于该村部分村民私自转让土地使用权的短视行为，不但牺牲了所有村民的未来发展利益，也损害了社区的未来发展空间。因此，旅游地农村社区提高治理水平，由良治状态逐步向更高层次的善治水平发展，还面临很多急需解决和规范的问题。其中，建立多中心治理，改革与完善乡村治理结构是旅游地农村社区治理的必然选择。具体包括以下几个方面。

1. 转变社区治理模式，实现农村社区共治

建立政府、社区组织、非营利组织、社区企业组织及社区居民之间的多元互动的网络型运作模式，使社区治理组织体系由垂直单一结构转变为横向网络结构，建立以社区共识和认同为基础的、充分发挥社区能动性和自主性的治理模式，是未来社区发展的必然选择。农村社区治理由目前单一的政府主导模式转变为政府、社区组织、非营利组织、社区企业组织和社区居民共同推动模式，可以促进社区制度创新、文化创新，促进建立比较健全的社区组织体系和社区管理制度体系，形成社区发展集体决策机制，为社区居民和各相关利益者共同参与社区治理提供制度保障，增强在社区经济社会发展过程中各利益相关者之间的信任和合作。同时，要建立村务监督管理机制，具体包括建立村级自治事务质询制度、村民议事会和村民委员会成员述职评议制度、村民议事会成员罢免制度，发挥社区居民民主监督权利的作用，实现社区内部的制衡，防止和避免出现类似 B 村居民私自转让土地使用权，克服 A 村水污染治理难度大、居民对村务公开不满意等问题。A 村要充分利用村委、村旅游协会、村民自治组织等平台，实现村民、村委及政府组织协商常态化，重视发挥社区居民的主体作用，解决社区旅游发展中的问题。

2. 建立完善的公共财政体制，改善社区治理的经济基础

陈剩勇和孟军（2006）研究提出，完善的公共财政体制是乡镇运转和乡村治理的物质基础。目前，以精简机构人员、撤乡并镇为标志的乡镇行政机构改革取得了很多成绩，但乡镇自身财力不足和乡镇及农村社区缺乏完善的公共财政体系，使地方政府行政机构和社区自治组织为社区居民提供公共产品的能力不足的问题凸显。只有做到财权与事权对应，使各个政府部门的职权、责任和财政预算相匹配，基层组织才能公正地履行自己的职责。阳朔 A 村和 B 村由于旅游经济发展较好，社区组织特别是村委拥有较多的财政权力和资源，但由于缺乏完善的公共财政体制和监督机制，公共财政的支出和使用存在不透明的现象，导致社区居民意见较大。特别是 A 村问题比较突出。对于经济发展不好的农村社区，由于

没有公共积累村级组织的公共服务能力十分薄弱，必须要建设更高一层的农村公共财政转移体系，并通过上级政府机构和国家的扶持，提高社区的公共服务能力，改善社区治理的经济基础。

3. 鼓励发展村集体经济组织，开展灵活多样的经营合作

规范农村集体经济组织，完善法人治理结构，健全产权明晰、权责统一、管理科学的集体经济组织经营管理制度，鼓励和支持发展专业合作社、股份合作社等多种形式的新型集体经济组织，是提高农村社区治理水平的重要途径。村集体经济组织以农村社区集体资源为基础，通过土地等集体资源入股，参与社区旅游开发等经济发展的活动，获得较高收益，增强农村社区发展的经济实力，承担更多的社区公共服务职能。同时，村集体经济组织要广泛举办各种形式的培训班，提高社区居民的民主意识、权力意识和发展意识，以及社会服务意识。阳朔 A 村要通过村集体经济组织鼓励发展特色生态农业，特别是要借助本村品牌优势发展特色水果和蔬菜。

4. 重视开发农村的人力资本，建立农村学习型社区

农村社区居民由于教育资源使用和拥有份额相对较少，导致其文化水平和技能水平处在尚未充分开发水平，这是一个巨大的人力资源库。近几年，阳朔县各乡为了加快农村社区经济社会发展与社区建设进程，地方政府主要是乡镇政府定期组织村干部参加培训，学习各种实用技术与知识、农村可持续发展的知识以及社区居民选举知识等，增强农村社区居民的政治效能感。但是从可持续发展和社区建设与社区治理的角度看，还远远不够。农村社区的人力资源没有得到充分开发利用，主要是农村社区居民的知识水平和综合素质不能支撑经济社会快速发展的人才需求，建立农村学习型社区，不断提高社区居民的综合素质和技能水平，培养新型农民是提高农村社区治理水平的保障，新型农民是农村社区实现良好治理的主体。A 村要加强对居民的教育培训，特别是要对低收入者进行技能培训，引导其参与旅游开发，从事力所能及的工作，不断提高经济收入水平。

5. 增加农村社会资本存量，创新金融服务

社会资本是指社会组织的特征，诸如信任、规范以及网络，它们能够通过促进合作行为来提高社会的效率。中国的农村社区是村民聚居的一个基本单元，农村社区中的居民们在长期的生产与生活过程中形成了密切的互动关系网络、互惠规范以及彼此的信任，农村社区的社会结构中蕴涵着丰富的社会资本。社会资本

能够降低多中心制度安排的交易成本；通过向治理主体提供支撑源，分散风险；减少信息不对称，抑制机会主义行为，更容易解决集体行动问题。社会资本是治理单位内部与治理单位之间关系的润滑剂，同时，充裕的社会资本储备为紧密的公民社会的产生提供可能性。增强农村社会资本存量，除了通过教育开发人力资本外，还要增强社区的金融资本。农村社区建设在现有部分条件的约束下，普遍存在着融资难、还贷难的问题，可以探索建立多元化的农村社区金融服务机构，创新金融服务。

6. 合理利用农村社区的土地资源，实现可持续性开发

三农问题的核心是土地问题。农村社区居民对村集体土地和分配到户的土地拥有优先使用权，土地是社区居民最主要的生产资料。在社区经济发展、社区建设与社区治理中，围绕土地的使用和土地使用收益的分配一直存在矛盾冲突。A村对村集体土地出让收益使用不透明的意见，B村居民私自转让土地使用权，损害其他居民利益和未来发展的利益等问题是其中的表现。实际上，农村社区土地资源使用的矛盾冲突具体表现在对居民合法土地权益的侵犯，无论是农用土地搞规模经营、连片开发，还是农地转为非农用地，侵犯农民经济利益和政治权利的行为都时有发生。农村最激烈的矛盾冲突往往是由于征地引发的。当然农村社区居民不按照社区的总体发展规划经营和使用土地，损害了其他居民的利益，也造成了居民间的矛盾冲突。因此，探索社区居民对所拥有土地的合理使用途径是社区治理至关重要的经济问题和政治问题（张晓山，2005）。对于B村，首要的问题是在上级政府的支持下，经过集体协商将村集体土地以入股的形式参与到旅游项目开发中，同时规范社区居民土地使用权转让行为，加大对社区古民居保护，将古民居作为集体资源进行保护和使用。

7. 发展促进型公共产品，同时也要发展资源节约型公共产品

促进型公共产品主要是指那些为提高社区居民素质、促进农业和农村人力资源可持续性开发及提供支撑的基础性公共物品与服务，发展促进型公共产品侧重于农村社区居民个体有机体的保障、开发和发展。具体包括为促进农村社区居民科学文化素质提升的义务教育，为促进农村社区居民生产技能技术开发与发展的职业教育、培训以及农村社会基本保障等（玛格丽特，1990）。构建多元化农村公共产品供给体系对于构建农村公共产品多元化的供给主体和筹资渠道，调动广大农村社区居民及非政府组织广泛参与的积极性，保证农村公共产品的有效供给，具有重要意义（伍军，2009）。对于B村，现阶段发展促进型公共产品的主

要任务是利用农村的学校设施，通过招募志愿者建立暑期学校等解决留守儿童的教育问题，通过建立社会化的养老机构解决留守老人的问题。

8. 发展社区文化，培育社区民参与意识

培育社区民的主人翁意识和政治参与意识，形成一种相互依存、团结协作、健康良好的社区文化，是所有农村社区建设和社区治理中一项最为重要的内容和任务。除主人翁意识和政治参与意识外，还要培育社区居民的民主意识、公共意识、和谐发展意识等。意识培养是一个缓慢渐进的过程，需要通过有效的转变来实现。一是将培养工作融入社区日常的服务和活动中；二是着力发展培训项目，通过思想观念的转变来改变习俗。逐步形成包括理念、现代价值体系、良好行为习俗和完善制度设施在内的社区文化，增强社区可持续发展的软实力；三是充分发挥农村社区精英示范户的作用。如在 A 村，可以充分利用民居旅游带头人和"月亮妈妈"的品牌示范效应。

7.6 小结

以公共治理理论、利益相关者理论、可持续发展理论等为基础，围绕旅游开发和实现旅游地农村社区治理的善治目标，在前人相关研究基础上，借鉴经济合作与发展组织（OECD）公共服务效率指标、联合国开发计划署（UNDP）治理指标和俞可平的中国治理评估框架、小康社会、社会主义新农村等指标，通过专家调查，并运用 AHP、FCE 等数学方法对相关指标进行分析，构建了旅游地农村社区治理评价指标体系。该指标体系共有 6 个制约层指标，即经济发展与分配、社会发展与服务、民主政治与公共参与、社区和谐与精神文化、资源利用与环境保护、社区发展潜力；19 个要素层指标，即经济发展、产业结构、公平分配、社会进步、公共服务、生活质量、社区保障、民主政治、公共参与、政策法规等，共有 49 个指标层指标，初步建立了农村社区治理评估数学模型。

为了验证指标体系与模型的科学性和可靠性，以阳朔县 A 村和 B 村为对象，通过调查分析和模型计算，对农村社区治理水平进行了评价研究，结果表明 A 村通过民居旅游开发，B 村通过"印象·刘三姐"旅游项目开发，并在当地村民积极的参与下和地方政府及村级干部的重视和带领下，A 村和 B 村的农村社区治理水平从 2000 年的元治理水平提高到 2009 年的良治理水平。两村社区治理处于总体比较良好的治理状态，但在社区发展中仍然存在很多急待完善的地方，离善治理水平还有很大的距离。两村在民主政治、环境资源的有效运用方面还有很大的发展空间，两村在旅游开发中存在着经济文明、社会文明与政治文明、生态文明不均衡发展的情况。例如，村内贫富差距、土地资源的无序开发以及地方政府在土地出让方面与当地村民存在一些矛盾等，仍然是两村实现和谐有序发展的障碍。

研究认为，建立多中心治理，改革与完善乡村治理结构是旅游地农村社区治理的必然选择，而增强农村基层的社区治理能力和科学发展的新路径，可以应用转变社区治理模式，实现农村社区共治；建立完善的公共财政体制，改善社区治理的经济基础；鼓励乡村集体经济组织发展，实现多种经营合作方式；重视开发农村的人力资本，建立农村学习型社区；增加农村社会资本存量，创新金融服务等措施进行解决。旅游地农村社区治理遵循多中心治理模式的理念，需要有效地把社区治理和建设的内涵融入社区旅游开发中，要实现农村社区治理的善治目标，既要重视农村经济的发展，也应重视农村社区社会生活、政治生活、文化生活和生态文明的建设和发展。

农村社区治理评价研究基于评价指标体系建立，但由于农村发展问题的复杂性、旅游社区治理研究的参考文献相对最少以及研究经验不足等原因，本研究构建的旅游地农村社区治理评价指标体系是很初步的，一些基本的指标，如农村社区村干部的廉政程度等指标，由于难以测度没有涉及。另外，评价农村社区治理水平的一些指标不能很好地进行量化，需要更好地借鉴社会学、人类学的一些研究方法，如扎根理论、符号学等进行综合研究，才能更好地阐释和评价农村社区治理问题。农村社区治理与社区建设发展的研究浩瀚如海，特别是目前中国处在经济快速转型和经济快速发展的时期，农村的发展用简单的指标体系来全面测量有些困难，农村社区治理出现的新情况、新趋势值得关注。因此，如何使农村社区朝着更加科学、和谐、规范、有序的治理方向不断前进仍是需要不断探讨的课题。

参 考 文 献

埃米·朱克曼. 2004. 供应链管理. 陈颖奇译. 北京：华夏出版社.
艾云航. 2004. 农村全面小康社会评价指标刍议. 山东省农业管理干部学院学报, 20（5）：23-25.
安德鲁·坎贝尔, 凯瑟琳·萨姆斯·卢克斯. 2000. 战略协同. 任通海, 龙大伟译. 北京：机械工业出版社.
安艳艳. 2007. 基于社区方法的乡村旅游发展机制研究. 北京第二外国语学院硕士学位论文.
白纲. 1998. 中国村民自治法制建设评议. 中国社会科学, （3）：21-23.
保继刚. 1987. 颐和园旅游环境容量研究. 中国环境科学, 7（2）：32-38.
保继刚. 1991. 滨海沙滩旅游资源开发的空间竞争分析. 经济地理, 11（2）：89-93.
保继刚. 1994. 大型主题公园布局初步研究. 地理研究, 13（3）：83-89.
保继刚. 1994. 喀斯特石林旅游开发的空间竞争研究. 经济地理, 14（3）：93-96.
保继刚, 彭华. 1994. 名山旅游地的空间竞争研究. 人文地理, 9（2）：4-9.
保继刚, 钟新民. 2002. 桂林市旅游发展总体规划（2001—2020）. 北京：中国旅游出版社.
北京大学现代科学与科学研究中心. 2001. 钱学森与现代科学技术. 北京：人民出版社.
卞显红, 树夫. 2005. 旅游目的地市场营销战略及其竞争力提升研究. 江苏商论, （3）：68-70.
蔡德贵, 马祖陆. 2008. 漓江流域的主要生态问题研究. 广西师范大学学报（自然科学版）, 26（01）：110-112.
曹剑光. 2008. 国内地方治理研究述评. 东南学术, （2）：65-72.
曹立. 2007. 小康经济论. 广州：广东教育出版社.
陈安泽, 卢云亭. 1991. 旅游地学概论. 北京：北京大学出版社.
陈国生, 李玲. 2004. 论可持续发展与旅游产品市场竞争力. 临沂师范学院学报, 26（3）：82-86.
陈绍友. 2004. 旅游经济系统发展与发展系统. 重庆师范大学学报, 5：72-78.
陈剩勇, 孟军. 2006. 20世纪以来中国乡镇体制的变革与启示. 浙江社会科学, 4：16-23.
陈宪忠. 1998. 漓江流域可持续发展规律探索. 桂林旅游高等专科学校学报, 2：47-48.
陈英. 2008. 基于博弈论的旅游产业利益相关者分析. 兰州大学硕士学位论文.
陈志永, 李乐京. 2006. 国内社区参与旅游发展研究述评. 产业观察, 17（2）：98-102.
谌莉, 杨兆萍, 董国涛. 2009. 旅游对喀纳斯村图瓦社区影响的多层次灰色评价. 中国软科学, （2）：91-97.
成红波. 2006. 我国旅游景区的一体化经营研究. 湘潭大学硕士学位论文.
程励. 2006. 生态旅游脆弱区利益相关者和谐发展研究. 电子科技大学博士学位论文.
程真, 赵红. 2006. 公共治理视野下公共图书馆的经费问题. 图书馆学研究, 11：39-44.
楚义芳. 1987. 旅游的空间组织研究. 南开大学博士学位论文.

崔凤军.1995.论旅游环境承载力—持续发展旅游的判断之一.经济地理,1：105-109.
崔凤军.1999.区域旅游可持续发展评价指标体系的初步研究.旅游学刊,4：42-45.
崔榕.2008.新型农民评价指标体系及实证研究——以湖北省CW村为例.农村经济,1：118-122.
党国英.2008.我国乡村治理改革回顾与展望.社会科学战线,12：1-17.
党秀云.2007.公共治理的新策略：政府与第三部门的合作伙伴关系.中国行政管理,10：33-34.
邓汉慧.2005.企业核心利益相关者利益要求与利益取向研究.华中科技大学博士学位论文.
邓汉慧.2007.资源型企业核心利益相关者的界定.统计与决策,3：149-152.
邓小艳.2004.利益主体理论在旅游意外保险领域中的应用与思考.社会科学家,6：106-110.
窦文章.2000.区域旅游竞争研究进展.人文地理,15（3）：22-27.
杜琳毓.2007.博弈论在国内旅游研究上的应用.新疆师范大学学报（自然科学版），26（3）：323-325.
杜炜.1994.关于旅游对环境影响问题的思考.旅游学刊,3：49-52.
杜勇敏.2009.生态文明视域下城市社区居民参与机制的建设.贵州民族学院学报（哲学社会科学版），115（3）：90-93.
费广玉,陈志永.2009.民族村寨社区政府主导旅游开发模式研究——以西江千户苗寨为例.贵州教育学院学报（自然科学），20（6）：28-35.
费孝通.1999.费孝通文集（第13卷）.北京：群言出版社.
封志明.2004.资源科学导论.北京：科学出版社.
冯淑华.2003.三百山旅游发展中流域利益主体关系的探讨.宜春学院学报,25（5）：47-50.
冯卫红.2001.生态旅游地域系统与旅游地可持续发展探讨.经济地理,21（1）：114-117.
傅文伟.1994.旅游资源评估与开发.杭州：杭州大学出版社.
高峻.2005.生态旅游：区域可持续发展战略与实践.旅游科学,19（6）：67-71.
高群.2003.生态—经济系统耦合机理及其恢复与重建研究——以三峡库区为例.中国社会科学院研究生院博士学位论文.
耿庆汇.2005.论旅游生态系统及其平衡与调控.中南林业调查规划,24（3）：28-34.
龚立新.2005.全面小康社会的两种指标体系解析.江西财经大学学报,39（3）：18-20.
桂林市地方志编撰委员会.1997.桂林市志.北京：中华书局.
桂林市旅游局,中山大学旅游发展与规划研究中心.2009.桂林市旅游发展总体规划（2008—2020）.
郭朝阳.2008.历史文化名城旅游可持续发展评价及其发展策略研究.中国海洋大学硕士学位论文.
郭华.2007.制度变迁视角的乡村旅游社区利益相关者管理研究.暨南大学博士学位论文.
郭来喜,吴必虎,刘锋,等.2000.中国旅游资源分类系统与类型评价.地理学报,55（3）：294-301.

郭凌. 2008. 重构与互动：乡村旅游发展背景下的乡村治理. 四川师范大学学报，35（3）：16-22.
郭翔宇，余志刚，李丹. 2008. 社会主义新农村的评价标准、指标体系与方法. 农业经济问题，3：73-76.
郭泽保. 2008. 地方治理视域下的农村公共产品供给. 学习论坛，24（1）：64-67.
郭正林. 2004. 乡村治理及其制度绩效评估：学理性案例分析. 华中师范大学学报，4：23-26.
郭正林. 2005. 如何评估农村治理的制度绩效. 中国行政管理，4：22-26.
韩俊，张要杰. 2008. 集体经济、公共服务与村庄治理———太仓市村级集体经济及其治理调查报告. 中州学刊，5：10-14.
韩志明. 2006. 公共治理行动体系的责任结构分析. 重庆社会科学，134（2）：107-113.
何谋军. 2003. 贵州区域生态环境与经济发展的协调度和协调发展类型研究——以遵义市为例. 贵州师范大学硕士学位论文.
何畔. 2000. 战略联盟：现代企业的竞争模式. 广州：广东经济出版社.
何绍福. 2005. 农业耦合系统的理论与实践研究. 福建师范大学博士学位论文.
何效祖. 2007. 基于地域系统结构研究的旅游资源评价与旅游地实证分析. 兰州大学博士学位论文.
何增科. 2002. 治理、善治与中国政治发展. 中共福建省委党校学报，3：16-19.
何增科. 2008. 治理评价体系的国内文献述评. 经济社会体制比较，6：10-22.
贺雪峰. 2002. 派性、选举与村集体经济宁波市委党校学报，2：16-19.
贺雪峰，董磊明，陈柏峰. 2007. 乡村治理研究的现状与前瞻. 学习与实践，8：116-126.
胡炳清. 1995. 旅游环境容量计算方法. 环境科学研究，3：20-24.
黄国勤. 2008. 江西省信江流域生态系统可持续发展研究. 中国农业生态学报，16（4）：981-986.
黄河. 2004. 关于民营企业介入风景区旅游开发的思考. 宜宾学院学报，2：58-60.
黄继元. 2006. 旅游企业在旅游产业价值链中的竞争与合作. 经济问题探索，9：97-101.
黄家诚，欧阳林，陈雄章. 2003. 漓江流域人文资源综合开发与可持续发展. 北京：中国科学技术出版社.
黄金川，方创琳. 2003. 城市化与生态环境交互耦合机制与规律性分析. 地理研究，22（02）：211-220.
黄艳蓉，叶宏伟. 2006. 竞合营销——21世纪营销新理念. 当代经理人，9：225-226.
黄宗亮. 2006. 新疆艾比湖流域社会经济与生态环境耦合关系研究. 新疆师范大学硕士学位论文.
贾爱顺. 2007. 我国旅游景区的战略联盟研究. 四川大学硕士学位论文.
贾生华，陈宏辉. 2002. 利益相关者的界定方法述评. 外国经济与管理，5：13-14.
姜铸，郭伟. 2007. 论可持续发展的阶段性特征. 商场现代化，7：201-202.
蒋耀. 2008. 基于综合评价理论的区域可持续发展研究. 上海交通大学博士学位论文.
解三明. 2005. 绿色GDP的内涵和统计方法. 北京：中国计划出版社.

康荣平，柯银斌 . 1999. 中国企业评论——战略与实践 . 北京：企业管理出版社 .
康荣平，柯银斌 . 2005-09-29. 中国企业跨国战略优于日本企业 . 中国贸易报，第 4 版 .
柯惠新，沈浩 . 2007. 调查研究中的统计分析方法 . 北京：中国传媒大学出版社 .
蓝志勇，陈国权 . 2007. 当代西方公共管理前沿理论述评 . 公共管理学报，4（3）：1-13.
雷金息 . 2005. 桂林 3000 溶洞 . 旅游，4（9）：25.
黎平 . 2005. 试论山区旅游的社区参与 . 林业经济问题（双月刊），25（3）：185-188.
李光久 . 2005. 博弈论基础教程 . 北京：化学工业出版社 .
李广海，陈通，赵言涛，等 . 2007. 和谐社会理念的新农村评价指标体系构建 . 西北农林科技大学学报（社会科学版），1：10-13.
李国津 . 1997. 战略联盟 . 天津：天津人民出版社 .
李宏 . 2007. 论旅游目的地营销框架的构建 . 生产力研究，4：69-71.
李虹，田亚平，石义霞 . 2007. 村级新农村建设评价实证研究——以湖南省衡南县工联村为例 . 农业经济问题，4：77-80.
李继刚 . 2008. 农村发展促进型公共产品的多中心治理机制研究——以浙江省为例 . 农村经济，7：24-26.
李君轶 . 2001. 旅游地理学研究重点及发展趋势分析 . 陕西师范大学继续教育学报，18（4）：116-118.
李君轶 . 2007. 基于 Internet 的陕西国内旅游市场虚拟研究 . 陕西师范大学博士学位论文 .
李立清，李明贤 . 2007. 社会主义新农村建设评价指标体系研究 . 经济学家，1：45-50.
李娜 . 2007. 中国西部生态旅游系统可持续发展研究 . 绵阳师范学院学报，26（8）：107-110.
李树德，李瑾 . 2006. 天津市社会主义新农村建设考核评价研究 . 农业技术经济，6：60-64.
李万立，燕浩鹏，马庆斌 . 2007. 以旅行社为主体的供应链模式分析 . 桂林旅游高等专科学校学报，18（2）：235-238.
李伟 . 2006. 主题公园竞合研究 . 暨南大学硕士学位论文 .
李向宇 . 2008. 基于系统论的可持续发展研究 . 贵州大学硕士学位论文 .
李星群 . 2003. 自然保护区生态旅游可持续发展评价指标体系研究 . 广西大学硕士学位论文 .
李星群，廖荣华 . 2004. 生态旅游地可持续旅游评价指标体系探讨——以自然保护区为例 . 邵阳学院学报（自然科学版），1（1）：100-104.
李秀霞，刘雁 . 2006. 社会主义新农村评价体系研究 . 农村经济，11：44-48.
李秀义，鹿晓明，邢晓燕 . 2005. 对建立绩效型乡村治理模式的思考——绩效管理在乡村治理中的应用 . 兰州学刊，1：30-32.
李勋华，高琴 . 2008. 村级治理能力实证分析及对乡镇改革的启示——以四川宜宾市 4 个乡镇 20 个行政村为例 . 湖北社会科学，6：41-43.
李勋华，江杰 . 2008. 村级治理能力体系指标权重研究 . 管理学研究，6（3）：94-98.
李阳，王辉 . 2004. 利益相关者理论的动态发展与启示 . 现代财经，24（7）：32-34.
李友梅 . 2007. 社区治理：公民社会的微观基础 . 社会，27（2）：159-169.

| 参 考 文 献 |

李振忠. 2006. 战略联盟理论分析. 特区经济, 4: 313-315.
李正欢, 郑向敏. 2006. 国外旅游研究领域利益相关者研究综述. 旅游学刊, 21 (10): 85-91.
李志刚. 2002. 桂林旅游业规划与发展. 北京: 中国旅游出版社.
梁修存, 丁登山. 2002. 区域旅游开发的政府行为问题研究. 生产力研究, 1: 99-101.
梁艺桦, 杨新军. 2005. 区域旅游竞争合作博弈分析. 地理与地理信息科学, 2: 94-97.
廖业桂. 2004. 关于漓江流域生态环境综合整治若干问题的思考. 中国环境管理, 4: 16-17.
林明太, 黄火金. 2007. 旅游可持续发展评价研究进展及存在问题. 资源开发与市场, 23 (4): 319-322.
林强. 2008. 区域旅游业发展水平评价研究. 山东大学硕士学位论文.
刘婧, 傅金鹏. 2008. 新农村建设绩效评估指标体系的构建. 中南财经政法大学学报, 2: 46-49.
刘静波. 2007. 产业竞合: 合作博弈、网络平台与制度条件. 上海社会科学院博士学位论文.
刘静艳. 2006. 从系统学角度透视生态旅游利益相关者结构关系. 旅游学刊, 5: 17-21.
刘娜, 艾南山. 2007a. 基于熵权的模糊物元模型在城市生态系统健康评价中的应用. 成都理工大学学报 (自然科学版), 34 (5): 589-594.
刘娜, 艾南山, 周波. 2007b. 基于熵权的模糊物元模型在城市人居环境质量综合评价中的应用. 安徽农业科学, 35 (30): 9643-9645.
刘圣中. 2010. 公共治理中的无影灯效应. 经济社会体制比较, 3: 130-136.
刘书安. 2006. 从利益相关者角度看旅游地的发展机制——以桂林为例. 桂林工学院硕士学位论文.
刘思峰, 党耀国, 方志耕, 等. 2008. 灰色系统理论及其应用. 北京: 科学出版社.
刘涛. 1999. 桂林旅游资源. 桂林: 漓江出版社.
刘亭立. 2008. 基于微观视角的旅游产业价值链分析. 社会科学家, 3: 84-87.
刘亭立, 赵小丽. 2002. 可持续旅游发展的经济学分析工具——外部性理论. 北京第二外国语学院学报, 4: 45-47.
刘文波, 丁力. 2001. 专业化分工——旅游产业发展的必然选择. 北京第二外国语学院学报, 1: 32-35.
刘晓辉, 陈忠暖, 刘妙容. 2008. 区域可持续发展指标体系研究述评. 资源环境与发展, 3: 17-20.
刘雪丽. 2009. 民族地区旅游开发中社区居民受益状况分析——以湖北省 WF 景区为个案. 中央民族大学硕士学位论文.
刘雪梅. 2005. 从利益相关者角度剖析国内外生态旅游实践的变形. 生态学杂志, 3: 348-353.
刘一君, 许世淳, 程成. 2006. SCM 视角下的旅游空间"竞争—合作"模式实证研究以大桂林旅游区为例. 中国管理信息化, 9 (7): 10-13.
刘懿. 2008. 环境友好型城市复合生态系统耦合关系评价研究——以上海宝山区为例. 复旦大学.

刘禹新．1996．环境监测．中国环境年鉴．
刘志峰．2004．绿色产品综合评价及模糊物元分析方法研究．合肥工业大学博士学位论文．
卢润德，张霞．2005．战略联盟运行机制探究．生产力研究，8：188-190．
鲁明勇，彭延炼．2006．我国旅游研究应用博弈论的现状与问题．科技和产业，6（8）：66-69．
陆铭，任声策，尤建新．2010．基于公共治理的科技创新治理．科学与科学技术管理，6：72-79．
路科．2006．旅游业供应链新模式初探．旅游学刊，3：30-33．
吕军，刘承良．2005．近域旅游区空间整合—竞合模式发展研究——以大洪山风景名胜区为例．湖北大学学报（自然科学版），1：88-91．
吕君．2007．草原旅游发展的生态安全研究．北京：中国财政经济出版社．
吕君．2008．旅游生态系统的结构与功能分析．干旱区资源与环境，22（8）：82-86．
吕君，刘丽梅．2007．旅游生态学的产生及其研究对象结构分析．内蒙古师范大学学报（哲学社会科学版），36（3）：140-144．
吕拉昌．1997．人地关系与我国西部民族地区的可持续发展．经济地理，17（3）：100-104．
罗伯特·吉本斯．1999．博弈论基础．高峰译．北京：中国社会科学出版社．
罗伯特·D．普特南，王列．2001．使民主运转起来．赖海榕译．南昌：江西人民出版社．
罗永常．2006．民族村寨社区参与旅游开发的利益保障机制．旅游学刊，21（10）：45-48．
马成文，包研平．2006．农村全面小康社会建设进程监测指标与方法完善探讨．时代经贸，4（3）：31-33．
马永立，谈俊忠．2003．风景名胜区管理学．北京：中国旅游出版社．
马勇，董观志．1997．区域旅游持续发展潜力模型研究．旅游学刊，12（4）：37-40．
马勇，李玺．2004．旅游规划与开发．北京：科学出版社．
玛格丽特·M．布莱尔．1990．所有权与控制——面向21世纪的公司治理探索．张荣刚译．北京：中国社会科学出版社．
迈克尔·波特．1997．竞争战略．陈小悦译．北京：华夏出版社．
孟琦．2004．企业战略联盟的竞争优势．哈尔滨工程大学硕士学位论文．
苗东升．2006．系统科学精要．北京：中国人民大学出版社．
苗东升．2007．系统科学大学讲稿．北京：中国人民大学出版社．
明庆忠，吴映梅．2008．论旅游循环经济生态系统．旅游论坛，1（1）：81-84．
莫小芳．2007．旅游上市公司的产权改革与公司治理研究——基于桂林旅游股份有限公司的案例研究．广西师范大学硕士学位论文．
牛亚菲．2002．旅游业可持续发展的指标体系研究．中国人口·资源与环境，12（6）：42-45．
牛亚菲，王文彤．2000．可持续旅游概念与理论研究．国外城市规划，3：17-21．
裴青．1991．承德市旅游环境质量现状及其调控．地理学与国土研究，7（1）：35-39．
皮骏．2007．生态学视角下的区域旅游企业竞合研究．华东师范大学硕士学位论文．
齐子鹏，黄昆．2003．从价格竞争到价格联盟：旅行社业存在的一个博弈均衡解．数量经济技术经济研究，6：112-114.

钱益春.2006.旅游基础设施融资模式初探.特区经济，9：241-242.

乔尔布·利克，戴维·厄恩斯特.1998.协作型竞争.林燕等译.北京：中国大百科全书出版社.

秦艳.2008.天山北坡经济带经济与生态环境耦合关系研究.新疆大学硕士学位论文.

邱海蓉.2005.浅析国内旅游市场需求新趋势.武汉科技学院学报，8（4）：75-77.

邱晓华.2006.关于社会主义新农村建设的几个问题.宏观经济管理，3：6-13.

全华，杨竹莘.2002.生态旅游区环境变化与旅游可持续发展——以张家界为例.中国人口·资源与环境，12（3）：95-95.

饶坤普.2006.模糊物元分析法在墙体材料优选中的应用.重庆大学硕士学位论文.

饶勇，黄福才，魏敏.2008.旅游扶贫、社区参与和习俗惯例的变迁——博弈论视角下的可持续旅游扶贫模式研究.社会科学家，3：88-96.

任继周，万长贵.1994.系统耦合与荒漠－绿洲草地农业系统——以祁连山－临泽剖面为例.草业学报，3（03）：1-8.

任声策，陆铭，尤建新.2009.公共治理理论述评.华东经济管理，23（11）：134-137.

任志宏.2006.公共治理新模式与环境治理方式的创新.学术研究，9：92-98.

师东平.2002.企业战略联盟研究.东北财经大学硕士学位论文.

时正新.1990.灰色因果关联分析法在农业生态经济系统结构辨识中的应用——以陇东黄土高原农村为例.生态经济，4：1-5.

史春云，张捷，沈山，等.2006.基于竞合模式的江苏沿江旅游空间组织研究.经济问题探索，5：114-118.

史春云，张捷，沈正平，等.2005.区域旅游竞合研究进展，21（5）：85-90.

史蒂文·J.布拉姆斯，艾伦·D.泰勒，等.2002.双赢之道.王雪佳译.北京：中国人民大学出版社.

史占中.2001.企业战略联盟.上海：上海财经大学出版社.

宋瑞.2000.我国生态旅游利益相关者分析.中国人口·资源与环境，15（5）：36-42.

宋伟.2005.旅游景区供给中的博弈分析.山东师范大学硕士学位论文.

苏振.2006.旅游风景区生态风险分析与评价研究——以桂林漓江风景名胜区为例.广西大学硕士学位论文.

孙柏瑛.2008.政策网络治理：公共治理的新途径.中国行政管理，5：106-109.

孙九霞，保继刚.2006.社区参与的旅游人类学研究.广西民族学院学报（哲学社会科学版），28（1）：83-90.

唐克敏，袁本华.2008.乡村旅游与新农村建设协同发展指标体系初探.安徽农业科学，36（6）：2399-2400.

唐善茂.2006.区域旅游可持续发展评价指标体系构建思路探讨.桂林工学院学报，26（1）：143-147.

唐顺铁.1998.旅游目的地的社区化及社区旅游研究.地理研究,17(2):145-149.
唐新文,李义敢.1997.区域可持续发展评价指标体系初探.云南大学学报(自然科学版),8:147-150.
陶伟,戴光全.2002.区域旅游发展的"合作模式"探索:以苏南三镇为例.人文地理,17(4):29-33.
滕世华.2003.公共治理理论及其引发的变革.国家行政学院学报,1:44-45.
田喜洲.2004.成-渝-筑-邕旅游板块的构建.改革与战略,(6):54-55.
田喜洲,王渤.2003.旅游市场效率及其博弈分析—以旅行社产品为例.旅游学刊,18(6):57-60.
佟敏.2005.基于社区参与的我国生态旅游研究.东北林业大学博士学位论文.
佟玉权.2000.生态系统的特点与研究方法.辽宁师范大学学报(自然科学版),23(4):417-420.
佟玉权,宿春丽.2008.旅游生态系统及其要素配置结构.生态经济,12:119-121,125.
万绪才,等.2002.山岳型旅游地旅游环境质量综合评价研究——安徽省黄山与天柱山实例分析.南京农业大学学报,1:48-52.
万幼清.2006.旅游可持续发展评价指标与方法.统计与决策,2:10-12.
汪嘉熙.1986.苏州园林风景旅游价值及其环境保护对策研究.环境科学,7(4):83-88.
王德刚.2000.现代旅游区开发与经营管理.青岛:青岛出版社.
王德刚,贾衍菊.2008.成本共担与利益共享——旅游开发的利益相关者及其价值取向研究.旅游科学,22(1):9-14.
王迪云.2006.旅游耗散结构系统开发理论与实践.北京:中国市场出版社.
王佃利.2008.城市治理体系及其分析维度.中国行政管理,12:73-77.
王富玉.1999.可持续旅游的理论与实践.管理世界,4:82-87.
王虹云.2006.旅游开发中社区利益问题研究.山东师范大学硕士学位论文.
王继军,姜志德,连坡,等.2009.70年来陕西省纸坊沟流域农业生态经济系统耦合态势.生态学报,29(9):5130-5137.
王晶晶,郑小霞,王景军.2005."乡政村治".甘肃农业,9:21.
王良健.2001.可持续发展评价指标体系及评价方法研究.旅游学刊,16(1):67-70.
王敏娴.2004.乡村旅游社区参与机制研究.浙江大学硕士学位论文.
王乃举.2007.基于旅游竞合关系的跨区域旅游品牌共建研究——以湖北三国文化旅游为例.华中师范大学硕士学位论文.
王琼英.2006.乡村旅游的社区参与模型及保障机制.农村经济,(11):85-88.
王绍光.2006.中国公共政策议程设置的模式.中国社会科学,86-100.
王滔,甘颖进,杨开忠.2000.从竞争与合作看洛阳旅游业发展.人文地理,6(15):34-37.
王锡锌.2003.规则、合意与治理——行政过程中ADR适用的可能性与妥当性研究.法商研究,5:67-76.

王锡锌.2007.我国公共角色专家咨询制度的悖论及其克服——以美国《联邦咨询委员会法》为借鉴.法商研究,(2):113-121.

王小林,李玉珍.2006.农村公共服务的理论基础及其提供机制.经济研究考,(68):42-45.

王晓华.2007.设立信托基金机构 政府主导成片开发——墨西哥旅游开发模式对海南的启示.今日海南,10:31-32.

王昕.2008.区域旅游可持续发展力评价指标体系构建与评价实证研究.经济问题探索,(1):137-140.

王昕,高彦淳.2008.区域旅游可持续发展力评价指标体系构建与评价实证研究.经济问题探索,(1):137-140.

王雄.2007.赤峰市森林资源-环境-经济复合系统可持续发展动态评价及预警.内蒙古农业大学博士学位论文.

王颜齐,刘宏曼.2009.社会主义新农村建设评价指标的筛选.华南农业大学学报,8(3):44-48.

王衍用.1999.域旅游开发战略研究的理论与实践.经济地理,(1):116-119.

王翼,许武成,马兵.2008.基于模糊物元分析模型的可持续房地产业发展评价的研究.经济纵横,(10):93-94.

王云龙.2004.旅游地形象联合促销行为的博弈分析.上海师范大学学报(哲学社会科学版),(1):24-29.

王振耀.1998.中国村民委员会选举的基本进展与理论依据.见:陈明通,郑永年.1998.两岸基层选举与政治社会变迁.台湾:月旦出版社.

王震.2006.山东省海洋旅游业可持续发展系统分析与评价.中国海洋大学硕士学位论文.

维库.2002.企业竞争力提升战略.北京:清华大学出版社.

文彤.2006.旅游景区规模化经营初探.暨南学报(哲学社会科学版),(6):73-76.

吴必虎.1998.旅游系统:对旅游活动与旅游科学的一种解释.旅游学刊,14(1):21-25.

吴长文.1997.营销观念的发展与博弈均衡——兼谈旅游企业的市场决策.商业经济与管理,3:56-58.

吴泓,顾朝林.2004.基于共生理论的区域旅游竞合研究.经济地理,24(1):104-109.

吴净,李好好.2003.对旅游可持续发展的探讨.北方经贸,1:116-117.

吴兰桂.2007.国内外可持续旅游发展评价研究进展.无锡商业职业技术学院学报,7:46-49.

吴晓锋.2006.公共治理指标的测量——关于治理指标的一项文献回顾.苏州大学学报(哲学社会科学版),1:108-110.

吴雪芬.2007.村级治理评价指标体系研究.上海交通大学硕士学位论文.

吴雅玲.2007.社区参与旅游发展运行框架的初步研究.资源开发与市场,23(11):1049-1050.

吴耀宇.2004.我国旅游景区管理体制改革的方向与对策.南京师范大学硕士学位论文.

吴毅,贺雪峰.2000.村治研究论纲——对村治作为一种研究范式的尝试性揭示.华中师范大学学报,39(3):39-45.

吴志成. 2004. 西方治理理论述评. 教学与研究, (6): 60-65.
伍军. 2009. 乡村治理过程中农民组织化的必要性. 合作经济与科技, (6): 104-105.
夏赞才. 2003. 利益相关者理论及旅行社利益相关者基本图谱. 湖南师范大学社会科学学报, (3): 72-77.
项继权. 2002. 集体经济背景下的乡村治理. 武汉: 华中师范大学出版社.
肖绪信, 吴攀升. 2008. 文化旅游发展中的社区参与——以五台山佛教文化旅游发展为例. 经济研究导刊, 21 (2): 187-188.
谢飞. 2008. 南阳龙潭沟乡村旅游的社区参与研究. 华中师范大学硕士学位论文.
徐发煌. 2001. 自然生态系统和城市生态系统的比较. 玉溪师范学院学报, (17): 379-380.
徐学荣, 林雪娇. 2007. 社会主义新农村评价指标体系和评价方法研究. 福建农林大学学报, 10 (5): 1-4.
徐洋, 甘巧林, 秦艳培. 2004. 中国旅游企业集团战略联盟的博弈分析. 云南地理环境研究, 16 (3): 73-76.
徐勇. 1997. 中国农村村民自治. 武汉: 华中师范大学出版社.
薛莹. 2002. 区域旅游合作的现状调查与对策研究. 浙江大学硕士学位论文.
闫守刚. 2006. 生态旅游可持续发展评价指标体系及评估模型研究. 天津师范大学博士学位论文.
严双伍, 喻锋. 2008. 略论区域公共治理的缘起——以欧盟为个案. 上海行政学院学报, (2): 36-42.
阎友兵. 1999. 关于旅游圈的理论探讨. 湘潭大学社会科学学报, (6): 136-137.
颜亚玉, 张荔榕. 2008. 不同经营模式下的"社区参与"机制比较研究——以古村落旅游为例. 人文地理, (4): 89-94.
阳国亮. 2005. 桂林旅游发展新方向: 漓江流域旅游圈. 广西民族学院学报, (4): 35-36.
阳国亮. 2006. 走向区域旅游合作大战略——再论泛漓江流域旅游圈. 改革与战略, 12 (160): 65-67.
阳宁东, 黄昆. 2005. 博弈论在规范旅行社市场中的应用——以"零团费"为例. 西南民族大学学报 (人文社科版), (2): 289-293.
杨爱民. 2005. 基于社会经济自然复合生态系统的泛生态链理论. 中国水土保持科学, 3 (1): 93-96.
杨晓霞. 2003. 论西部旅游开发中的政府主导作用. 生产力研究, (5): 178-180.
杨英宝, 钱乐祥, 苗世虹. 2002. 旅游竞争研究的回顾与展望. 世界地理研究, 11 (2): 88-95.
姚国荣, 陆林. 2007. 旅游风景区核心利益相关者界定——以安徽九华山旅游集团有限公司为例. 安徽师范大学学报 (人文社会科学版), 35 (1): 102-105.
依绍华. 2003. 民营企业进行旅游景区开发的现状分析及对策. 旅游学刊, 18 (4): 47-50.
尹贻梅. 2002. 旅游空间竞-合理论研究的发展及其应用. 东北财经大学硕士学位论文.

尹贻梅．2003a．对旅游空间竞争与合作的思考．桂林旅游高等专科学校学报，1（14）：56-60．
尹贻梅．2003b．旅游空间竞争合作模型的构建．江西财经大学学报，（2）：66-71．
于建嵘．2001．岳村政治．北京：商务印书馆．
于玲．2006．自然保护区生态旅游可持续性评价指标体系研究．北京林业大学博士学位论文．
余丹林．1998．区域可持续发展评价指标体系的构建思路．地理科学进展，17（2）：84-89．
余凤龙，陆林，汪德根，等．2005．旅游可持续发展的管理框架．资源开发与市场，21（4）：351-353．
俞可平．2008．中国治理评估框架．经济社会体制比较，（6）：1-9．
俞可平，徐秀丽．2004．新农村建设评价指标体系研究．经济社会体制比较，（2）：13-26．
郁序忠，高德毅．2009．欧盟多层次治理的基本构架．广州日报，2：2-16．
喻建良，戴塔根．2006．国有矿业权转让利益相关者分类研究．财经理论与实践，27（141）：101-105．
袁纯清．1998．共生理论——兼论小型经济．北京：经济科学出版社．
袁国宏．2008．旅游系统管理及其与旅游可持续发展的关系研究．暨南大学博士学位论文．
岳晓娜，毕静．2008．基于战略联盟形式的旅游景区竞合发展．安徽农业科学，36（1）：255-256．
曾国平，石磊．2006．西部地区新农村建设的评估指标体系．统计与决策，（2）：44-47．
曾嵘，魏一鸣．2000．人口、资源、环境与经济协调发展系统分析．系统工程理论与实践，（12）：1-6．
曾妍．2006．我国旅游景区股份制改造研究．湘潭大学硕士学位论文．
詹姆斯·弗·穆尔．1999．竞争的衰亡——商业生态系统时代的领导与战略．梁骏译．北京：北京出版社．
张成福，王耀武．2008．反贫困与公共治理．中国行政管理，（5）：44-47．
张春光．2006．论农村全面建设小康社会指标体系的构建．理论学刊，（1）：32-38．
张迪．2007-05-01．桂林传统景区遭遇挑战，老景区靠什么永保青春．www.guilinlife.com．
张谨．2003．竞合时代的企业战略联盟．南京理工大学硕士学位论文．
张磊．2009．新农村建设评价指标体系研究．经济纵横，（7）：67-70．
张凌云．1989．旅游地空间竞争的交叉弹性分析．地理学与国土研究，（5）：40-43．
张凌云．2003．旅游景区景点管理．北京：旅游教育出版社．
张美英．2006．区域旅游可持续发展及其评价研究——以泛珠江三角洲内地九省区为例．中国科学院研究生院博士学位论文．
张首芳，李月强．2007．旅游可持续发展综合评价指标体系的构建．太原城市职业技术学院学报，（1）：124-125．
张维迎．1996．博弈论与信息经济学．上海：上海人民出版社．
张文彬．2005．基于自组织理论的供应链成员竞合关系研究．西南交通大学硕士学位论文．
张晓鸣．2007．社区居民参与乡村旅游开发的利益分配机制研究——以成都三圣乡为例．四川师范大学硕士学位论文．

张晓山.2005.简析中国乡村治理结构的改革.管理世界,(5):70-75.
张燕,徐建华,曾刚,等.2008.旅游－经济－生态系统可持续协调发展评价模型构建与实证研究——以广西桂林为例.旅游科学,22(3):31-35.
张屹立,徐建军.2008.缺失与重构:非政府组织在农村社区治理中的角色探析.农业经济,(12):49-50.
张云奇.2005.山区小流域自然资源与经济发展的空间耦合关系分析——以浙江省安吉县小流域为例.上海师范大学硕士学位论文.
章晴.2009.乡村旅游开发的利益冲突与和谐社区建设.湖北经济学院学报(人文社会科学版),6(3):15-16.
赵非,王志勇,张辉,等.2008.旅游景点规模化经营与品牌打造——品牌城市打造研究.河北旅游职业学院学报,3:51-54.
赵康,蒋国良,陈豪,等.2009.农村城市化进程中转型社区建设和治理——以苏州浒墅关经验为考察个案.甘肃行政学院学报,(1):32-40.
赵树凯.2003.乡村治理:组织和冲突.战略与管理,(6):1-7.
赵星.2006.贵阳市乌当区生态—经济系统耦合关系研究.贵州师范大学学报(自然科学版),24(03):111-115.
赵煜.2006.云南农村社区治理个案研究.云南行政学院学报,(4):128-129.
郑光磊.1982.环境质量评价方法指南.中国环境科学学会:187-201.
郑辉.2004.旅游企业并购模式研究.西北大学硕士学位论文.
郑仕华.2008.云南石林风景区利益相关方存在的问题及对策.金华职业技术学院学报,8(3):13-17.
郑耀星.1999.区域旅游合作是旅游业持续发展的新路.福建师范大学学报,(2):29-32.
钟凤.2007.区域旅游可持续发展评价研究.中国地质大学硕士学位论文.
周海林.1999.可持续发展评价指标体系及其确定方法的探讨.中国环境科学,19(4):360-364.
周红云.2008.国际治理评估指标体系研究述评.经济社会体制比较,(6):23-36.
周建.2002.战略联盟与企业竞争力.上海:复旦大学出版社.
周娟.2008.乡村旅游开发特征解析与新时期政府主导策略研究.时代经贸,6(6):4-6.
周娟.2009.新时期乡村旅游开发中政府主导的动力机制分析.特区经济,(1):173-175.
周立华,樊胜岳,王涛.2005.黑河流域生态经济系统分析与耦合发展模式.干旱区资源与环境,19(5):67-72.
周梅华.2003.可持续消费测度中的熵权法及其实证研究.系统工程理论与实践,(12):25-31.
周文丽.2007.生态旅游、生态化旅游及可持续旅游辨析.内蒙古科技与经济,(11):159-160.
周亚莉.2006.社会主义新农村综合评价模型探讨.云南社会科学,(4):68-71.
周云飞,周云章,潘鑫.2009.公共治理评价指标:国际组织的实践及对我国的启示.理论导刊，（1）：19-21.

朱鹤健，何绍福. 2003. 农业资源开发中的耦合效应. 自然资源学报，15（5）：583-588.

朱孔来. 2007. 对社会主义新农村有关理论及测度指标体系的思考. 江西财经大学学报，（4）：44-48.

朱青晓. 2008. 我国自然保护区生态旅游可持续发展的伦理学思考. 地域研究与开发，27（1）：73-76.

朱松节. 2008. 旅游社区的伦理冲突与解决. 浙江旅游职业学院学报，4（1）：60-62.

朱天奎. 2006. 中国农村治理模式的演变与重建. 宁夏党校学报，8（6）：79-82.

诸葛仁，陈挺舫，特里·德拉西. 2000. 武夷山自然保护区资源管理中社区参与机制的探讨. 农村生态环境，16（1）：47-52.

邹统钎. 2003. 旅游景区开发与经营景点案例. 北京：旅游教育出版社.

邹志红，孙靖南，任广平. 2005. 模糊评价因子的熵权法赋权及其在水质评价中的应用. 环境科学学报，25（4）：552-556.

Ali M M, Murphy K J. 1999. Interrelations of river ship traffic with aquatic plants in the River Nile, Upper Egypt. Hydrobiologia, 415（1）：93-100.

Archie B, Carroll. 1996. Business and Society: Ethical and Stake-holder Management. Cincinnati: Southwestern College Publishing.

Cole D N. 1981. Vegetational changes associated with recreational use and fire suppression in the Eagle Cap Wildness, Oregon: some management implications. Biological Conservation, 20: 247-270.

David Z. 1997. Freeing China's Farmers: Rural Restructuring in the Reform Era. New York: M. E. Sharpe.

Donaldson T, Dunfee T. 1999. Ties That Bind: A Social Contracts Approach to Business Ethics. Boston: Harvard Business School Press.

Douglas P. 1983. Tourist development. Longman Publishing Group.

Edward I. 1989. 旅游环境计划. 地理译报，3：26-29.

Evan W, Freeman E. 1993. A stakeholder theory of the modern corporation: Kantian capitalism// Beauchamp T, Bowie N. Ethical Theory and Business. Englewood Cliffs: Prentice Hall.

Freeman R E. 1994. The politics of stakeholder theory: some future directions. Business Ethics Quarterly, 4: 409-422.

Goodpaster K E. 1991. Business Ethics and Stakeholder Analysis. Business Ethics Quarterly, 1: 53-57.

Helfat C E, Paubitsehek R S. 2000. Product sequencing: co-evolution of knowledge, capablities and products. Strategic Management Journal, 21: 961-979.

Hite J M, Hesterly W S. 2001. The evolution of firm net works: from emergence to early growth of the firm. Strategic Management Journal, (22): 275-286.

Ink Pen A C. 2000. A note on the dynamics of learning alliances: competition, cooperation, and relative scope. Strategic Management Journal, (21): 775-779.

Leiper N. 1995. Tourism Management. Collingwood: TAFE Publications.

Lovas B, Ghoshal S. 2000. Strategies guided evolution. Strategic Management Journal, (21): 875-896.

Lubatkln M, Sehulze W S, Mainkar A, et al. 2001. Ecological investigation of firm effects in horizontal mergers. Strategic Management Journal, (22): 335-357.

March J G, Olsem J P. 1984. The new institutionalism: organizational factors in political life. American Political Science Review, 78 (3): 734-749.

McKercher B. 1999. A chaos approach to tourism. Tourism Management, 20: 425-434.

Middleton V T C. 1988. Marketing in Travel and Tourism. London: Butterworth-Heinemann.

Mitchell A L, Wood D J. 1997. Toward a theory of stakeholder identification and salience: defining the principle of who and what really counts. The Academy of Management Review, 22 (4): 853-886.

Nellore R, Soderquist K. 2000. Strategic outsourcing through specifications. Omega, (28): 525-540.

Oi, Jean C. 1989. State and Peasant in Contemporary China: The Political Economy of Village Government. Berkeley: University of California Press.

Phillips R. 1997. Stakeholder theory and a principle of fairness. Business Ethics Quarterly, 7: 51-66.

Sehroeder R G, Bates K A, Junttila M A. 2002. A resource-based view of manufacturing strategy and the relationship to manufacturing performance. Strategic Management Journal, (23): 105-117.

Shi T J, Tianjian. 1999. Village committee elections in China: institutional tactics for democracy. In World Politics, 51 (3): 385-412.

Steven S, Kim B. 1991. Interorganizational relations in tourism. Annals of Tourism Research: 639-652.

Stevens T. 2000. The future of visitor attractions. Travel and Tourism Analyst, 1: 61-85.

Sui, Helen F. 1989. Agents and Victims in South China: Accomplices in Rural Revolution. New Haven: Yale University Press.

Wall G, Wright C. 1977. The environmental impact of outdoor recreation. Ontario: University of Waterloo.

Walters D, Laneaster G. 2000. Implementing value strategy through the value chain. Management Deeision, (38): 160-178.

Williamson O. 1984. The Economic Institutions of Capitalism. New York: Free Press.

Zabinski C A, Gannon J E. 1997. Effects of recreational impacts on soil microbial communities. Environmental Management, 21 (2): 233-238.

Zabinski C W, Ojtowicz T, Cole D. 2000. The effects of recreation disturbance on subalpine seed banks in the rocky mountains of Montana. Canadian Journal of Botany, 78 (5): 577-582.

附　　录

附录1　评价指标意见征询表

您好！感谢您抽出宝贵的时间填写此表！本研究从可持续发展评价的角度出发，旨在建立评估漓江流域旅游生态系统可持续发展的指标体系，请您按指标的重要程度打分，非常感谢！（非常重要——9分，比较重要——7分，一般重要——5分，有点重要——3分，较不重要——1分）

		待选指标	重要性得分	待选指标	重要性得分
旅游生态系统可持续发展状况评价指标集合	自然子系统	空气质量		噪声水平	
		污水处理率		旅游资源点数量	
		固体垃圾处理率		资源点质量等级	
		资源利用强度		饮用清洁水比例	
		环境治理投入		人均土地资源	
		能源供给能力		旅游气候适游期	
		水体质量		声环境质量	
		环境舒适度		自然灾害发生率	
	经济子系统	旅行社数量		酒店数量	
		旅游业利润率		旅游投资	
		人均消费能力		GDP增长趋势	
		客源增长趋势		旅游交通	
		旅游促销次数		游船数量	
		物价指数		旅游投入产出比	
		地方财政收入		居民可支配收入	
		旅游收入占GDP的比重		旅游营业部门所得税和营业税	
	社会子系统	区域犯罪率		城镇发展能力	
		社区参与度		社会通信水平	
		恩格尔系数		游客满意度	
		科技人员比例		当地新增就业率	

续表

		待选指标	重要性得分	待选指标	重要性得分
旅游生态系统可持续发展状况评价指标集合	社会子系统	风俗保留程度		旅游机构设置	
		区域旅游机构人员规模		教育经费总支出占区域GDP比例	
		旅游对当地传统文化的冲击		旅游从业人员基本素质	
		便民服务设施网点		旅游就业人数占第三产业就业人数的比例	
	协调度评价	环境舒适度		社区满意度	
		游客密度指数		游客满意度	
		居民友好度		民族文化协调度	
		社区环保态度		旅游规模与社会容量比率	
		旅游业的社区收入贡献与对GDP的贡献的比例关系			
		旅游收入增长速度与客源增长速度的比率关系			

附录2 漓江流域景区分类统计表

景区	市区	阳朔	临桂	兴安	灵川
5A级旅游景区	漓江景区	漓江景区		乐满地景区	
4A级旅游景区	芦笛景区、七星景区、象山景区、冠岩景区、愚自乐园、两江四湖、王城景区	世外桃源		灵渠景区	古东瀑布景区
3A级旅游景区	漓江民俗风情园、尧山景区、刘三姐景观园	阳朔文化古迹山水园、聚龙潭度假公园			
自治区级风景名胜区					青狮潭景区
国家级森林公园					
国家级自然保护区			花坪自然保护区	猫儿山自然保护区	
自治区级旅游度假区	桃花江				青狮潭景区
国家重点文物保护单位	靖江王府和王陵、李宗仁官邸、八路军办事处旧址、甑皮岩遗址、唐代至清代石刻		李宗仁故居	灵渠、秦城遗址、湘江战役旧址	江头村古建筑群
其他		遇龙河、西街、月亮山、大榕树、蝴蝶泉、阳朔码头、兴坪古镇	熊虎山庄、九滩瀑布	水街	九屋黄梅山庄，大圩古镇、毛洲岛、海洋银杏之乡

附录3 漓江流域旅游生态系统居民调查问卷

您好！非常感谢您能接受这份问卷。我们正在对漓江流域社区居民进行旅游相关问题的调查，请在符合您想法的地方打"√"，问卷仅用于研究分析，请您放心填写。感谢您的合作，祝您生活愉快！

调研地点：市区、阳朔、临桂、兴安、灵川。

1. 社区满意度调查（旅游活动不可避免地引起社会生活各方面的变化，你对此有何看法？）

调查项目	很满意(5分)	满意(4分)	一般(3分)	不满意(2分)	很不满意(1分)
当地旅游的发展现状					
景区的环境卫生					
从事旅游业的机会分配					
旅游旺季时的物价水平					
交通状况					
邻里关系					
传统风俗习惯的保留情况					
旅游开发的决策权和知情权					
生活方式的改变					
基础设施的完善					

2. 社区环保意识调查（对于旅游活动导致的环境问题，你有何看法？）

调查项目	非常赞同(5分)	赞同(4分)	没意见(3分)	不赞同(2分)	反对(1分)
旅游开发会加剧环境污染					
政府应将更多的钱投入环境保护					
愿将家庭收入的一部分用于环境保护					
周边环境被破坏时应向有关部门举报					
环境保护比经济效益更重要					
提醒外来游客注意环境卫生					
游客过多时应该控制规模					

3. 社区参与程度调查

（1）您从事的职业是否与旅游业有关？
    A. 直接有关（5分）   B. 间接有关（3分）   C. 无关（1分）

（2）您的家庭收入中，来自旅游方面的收入占总收入的比例是多少？
    A. 80%以上   B. 51%~80%   C. 31%~50%
    D. 10%~30%   E. 10%以下

（3）您的家庭成员共 _____ 人，从事旅游相关工作的有 _____ 位。

附录4　漓江流域旅游生态系统游客调查问卷

您好！非常感谢您能接受这份问卷。我们正在针对漓江流域游客满意度、环境舒适度以及旅游交通条件等相关问题进行调查，请在符合您想法的地方打"√"，问卷仅用于研究分析，请您放心填写。感谢您的合作，祝您生活愉快！

调研地点：市区、阳朔、临桂、兴安、灵川。

1. 游客满意度调查（您对本次旅游经历的满意程度？）

调查项目	很满意 (5分)	满意 (4分)	一般 (3分)	不满意 (2分)	很不满意 (1分)
总体旅游体验					
自然生态与环境					
餐饮条件					
住宿条件					
旅游服务					
景观质量					
当地居民的友好程度					
旅游特色商品					
旅游娱乐设施					
传统文化的独特性					
景区性价比					
游览方式					

2. 环境舒适度调查（您对旅游目的地相关环境因素的感受怎样？）

调查项目	很好（5分）	较好（4分）	一般（3分）	差（2分）	恶化（1分）
水体质量					
空气质量					
景区清洁度					
气候条件					
城镇绿化					
景观美感度					
景观丰富度					

3. 其他

（1）请问您的文化程度：
  A. 小学及以下 B. 初中   C. 中专或高中 D. 大专
  E. 大学本科及以上

（2）请问您每年外出旅游的次数：
  A. 一次   B. 二到三次 C. 四到五次   D. 五次以上

（3）是否愿意向亲朋好友推荐该旅游地？
  A. 愿意推荐   B. 不会推荐

附录5 评价指标专家意见征询表（第一轮）

评估农村社区治理水平的指标其重要程度分为五级，分别对应不同的分值，重要——9，较重要——7，一般重要——5，较不重要——3，不重要——1。

目标层	制约层	要素层	指标层	重要性
旅游地农村社区治理指标评价体系A	经济发展与分配	经济发展	1. 农村居民人均纯收入	□9 □7 □5 □3 □1
			2. 村集体收入	□9 □7 □5 □3 □1
			3. 人均住房价值和住房面积	□9 □7 □5 □3 □1
		产业结构	4. 农民人均非农产业产值比重	□9 □7 □5 □3 □1
			5. 科技进步贡献率	□9 □7 □5 □3 □1
		公平分配	6. 基尼系数	□9 □7 □5 □3 □1
			7. 福利分配	□9 □7 □5 □3 □1
			8. 土地分配	□9 □7 □5 □3 □1
	社会发展与服务	社会进步	9. 性别平等	□9 □7 □5 □3 □1
			10. 信息化程度	□9 □7 □5 □3 □1
			11. 受高中以上教育率	□9 □7 □5 □3 □1
			12. 农村合法生育率	□9 □7 □5 □3 □1
		公共服务	13. 社区保障	□9 □7 □5 □3 □1
			14. 道路建设	□9 □7 □5 □3 □1
			15. 水利建设	□9 □7 □5 □3 □1
			16. 义务教育	□9 □7 □5 □3 □1
			18. 公共卫生	□9 □7 □5 □3 □1
			19. 农民技能培训状况	□9 □7 □5 □3 □1
		生活质量	20. 恩格尔系数	□9 □7 □5 □3 □1
			21. 平均预期寿命	□9 □7 □5 □3 □1
			22. 农民看病费用的承受能力/元	□9 □7 □5 □3 □1
			23. 农村自然屯超市普及率	□9 □7 □5 □3 □1

续表

目标层	制约层	要素层	指标层	重要性
旅游地农村社区治理指标评价体系 A	民主政治与公共参与	民主政治	24. 直接选举的投票率	□9 □7 □5 □3 □1
			25. 乡村治理权威机构产生方式	□9 □7 □5 □3 □1
			26. 村级事务公开化程度	□9 □7 □5 □3 □1
			27. 村民对民主权利的满意度	□9 □7 □5 □3 □1
			28. 农村合作化组织化程度	□9 □7 □5 □3 □1
		公共参与	29. 重大决策公众听证和协商	□9 □7 □5 □3 □1
			30. 村民获取政治信息的渠道	□9 □7 □5 □3 □1
			31. 村民公共事务投入度	□9 □7 □5 □3 □1
		政策法规	32. 政策法规普及与执行率	□9 □7 □5 □3 □1
			33. 村规民约反映农民要求程度	□9 □7 □5 □3 □1
		组织建设	34. 村民自治制度完善度	□9 □7 □5 □3 □1
			35. 村规民约健全度	□9 □7 □5 □3 □1
			36. 村民对村干部的信任程度	□9 □7 □5 □3 □1
			37. 对村组织的权威认可程度	□9 □7 □5 □3 □1
			38. 村民对村务公开的满意度	□9 □7 □5 □3 □1
			39. 村民对村干部管理满意度	□9 □7 □5 □3 □1
			40. 村民对"两委"发展集体经济和公益事业的满意率	□9 □7 □5 □3 □1
			41. 廉政程度	□9 □7 □5 □3 □1
			42. 村级债务控制率	□9 □7 □5 □3 □1
	社区和谐与精神文化	社区安全	43. 社区安全	□9 □7 □5 □3 □1
			44. 社区信任	□9 □7 □5 □3 □1
		社区文化	45. 社区居民文化自豪感	□9 □7 □5 □3 □1
			46. 文化娱乐设施普及率	□9 □7 □5 □3 □1
			47. 传统文化传承度和活跃度	□9 □7 □5 □3 □1
		社区和谐	48. 社区友好	□9 □7 □5 □3 □1
			49. 社区规范	□9 □7 □5 □3 □1
			50. 集体上访数量及比例	□9 □7 □5 □3 □1

续表

目标层	制约层	要素层	指标层	重要性
旅游地农村社区治理指标评价体系A	资源利用与环境保护	环保力度	51. 社区居民和干部环保意识	□9 □7 □5 □3 □1
			52. 生活垃圾和污水集中处理率	□9 □7 □5 □3 □1
			53. 清洁能源普及率	□9 □7 □5 □3 □1
		资源利用	54. 社区资源可持续性	□9 □7 □5 □3 □1
			55. 土地的保护与利用	□9 □7 □5 □3 □1
			56. 游客容量指数	□9 □7 □5 □3 □1
		环境质量	57. 森林覆盖率	□9 □7 □5 □3 □1
			58. 地表水质量	□9 □7 □5 □3 □1
		生态安全	59. 旱涝盐碱治理率	□9 □7 □5 □3 □1
			60. 地质灾害和水土流失	□9 □7 □5 □3 □1
	社区发展潜力	新型农民	61. 社区居民的综合素质	□9 □7 □5 □3 □1
		干部素质	62. 选举村干部是致富能手比例	□9 □7 □5 □3 □1
			63. 村干部高中以上文化比例	□9 □7 □5 □3 □1
		社区幸福	64. 社区居民幸福感	□9 □7 □5 □3 □1
		社区金融	65. 小额贷款发放群众满意率	□9 □7 □5 □3 □1

1. 您认为上表是否有指标需要进行修改和调整？　　□有　　□没有
   如果有，您认为应该如何调整？

   _____

   _____

2. 您认为上表是否有需要补充的指标？　　□有　　□没有
   如果需要补充，您认为应该增加哪些指标？

   _____

   _____

附录6 评价指标专家意见征询表（第二轮）

评估农村社区治理水平的指标其重要程度分为五级，分别对应不同的分值，重要——9，较重要——7，一般重要——5，较不重要——3，不重要——1。

目标层	制约层	要素层	指标层	重要性
旅游地农村社区治理指标评价体系A	经济发展与分配	经济发展	1. 农村居民人均纯收入	□9 □7 □5 □3 □1
			2. 村集体收入	□9 □7 □5 □3 □1
		产业结构	3. 农民人均非农产业产值比重	□9 □7 □5 □3 □1
			4. 科技进步贡献率	□9 □7 □5 □3 □1
		公平分配	5. 基尼系数	□9 □7 □5 □3 □1
			6. 土地分配	□9 □7 □5 □3 □1
	社会发展与服务	社会进步	7. 性别平等	□9 □7 □5 □3 □1
			8. 信息化程度	□9 □7 □5 □3 □1
			9. 受高中以上教育率	□9 □7 □5 □3 □1
			10. 农村合法生育率	□9 □7 □5 □3 □1
		公共服务	11. 社区保障	□9 □7 □5 □3 □1
			12. 道路建设	□9 □7 □5 □3 □1
			13. 水利建设	□9 □7 □5 □3 □1
			14. 公共卫生	□9 □7 □5 □3 □1
			15. 农民技能培训状况	□9 □7 □5 □3 □1
		生活质量	16. 恩格尔系数	□9 □7 □5 □3 □1
			17. 人均住房面积	□9 □7 □5 □3 □1
	民主政治与公共参与	民主政治	18. 直接选举的投票率	□9 □7 □5 □3 □1
			19. 村级事务公开化程度	□9 □7 □5 □3 □1
			20. 村民对民主权利的满意度	□9 □7 □5 □3 □1
			21. 农村合作化组织化程度	□9 □7 □5 □3 □1
		公共参与	22. 重大决策公众听证和协商	□9 □7 □5 □3 □1
			23. 村民公共事务投入度	□9 □7 □5 □3 □1
		政策法规	24. 政策法规普及与执行率	□9 □7 □5 □3 □1

续表

目标层	制约层	要素层	指标层	重要性
旅游地农村社区治理指标评价体系A	民主政治与公共参与	组织建设	25. 村民自治制度完善度	□9 □7 □5 □3 □1
			26. 村规民约健全度	□9 □7 □5 □3 □1
			27. 村民对村干部的信任程度	□9 □7 □5 □3 □1
			28. 村级事务公开化程度	□9 □7 □5 □3 □1
			29. 村民对"两委"发展经济和管理水平的满意率	□9 □7 □5 □3 □1
			30. 廉政程度	□9 □7 □5 □3 □1
			31. 村级债务控制率	□9 □7 □5 □3 □1
	社区和谐与精神文化	社区安全	32. 社区安全	□9 □7 □5 □3 □1
			33. 社区信任	□9 □7 □5 □3 □1
		社区文化	34. 娱乐设施普及率	□9 □7 □5 □3 □1
			35. 传统文化传承度和丰富度	□9 □7 □5 □3 □1
		社区和谐	36. 社区友好	□9 □7 □5 □3 □1
			37. 社区规范	□9 □7 □5 □3 □1
			38. 群体上访数量及比例	□9 □7 □5 □3 □1
	资源利用与环境保护	环保力度	39. 社区居民和干部环保意识	□9 □7 □5 □3 □1
			40. 生活垃圾和污水集中处理率	□9 □7 □5 □3 □1
			41. 清洁能源普及率	□9 □7 □5 □3 □1
		资源利用	42. 社区资源可持续性	□9 □7 □5 □3 □1
			43. 土地的保护与利用	□9 □7 □5 □3 □1
			44. 游客容量指数	□9 □7 □5 □3 □1
		环境质量	45. 地表水质量	□9 □7 □5 □3 □1
		生态安全	46. 地质灾害和水土流失	□9 □7 □5 □3 □1
	社区发展潜力	新型农民	47. 社区居民的综合素质	□9 □7 □5 □3 □1
		干部素质	48. 选举村干部是致富能手比例	□9 □7 □5 □3 □1
			49. 村干部高中以上文化比例	□9 □7 □5 □3 □1
		社区幸福	50. 社区居民幸福感	□9 □7 □5 □3 □1
		社区金融	51. 小额贷款发放群众满意率	□9 □7 □5 □3 □1

| 附录 6 | 评价指标专家意见征询表（第二轮）

1. 您认为上表是否有指标需要进行修改和调整？　　☐有　　☐没有
   如果有，您认为应该如何调整？
   _____
   _____

2. 您认为上表是否有需要补充的指标？　　　　　　☐有　　☐没有
   如果需要补充，您认为应该增加哪些指标？
   _____
   _____

附录7 评价指标专家意见征询表（第三轮）

评估农村社区治理水平的指标其重要程度分为五级，分别对应不同的分值，重要——9，较重要——7，一般重要——5，较不重要——3，不重要——1。

目标层	制约层	要素层	指标层	重要性
旅游地农村社区治理指标评价体系 A	经济发展与分配 B1	经济发展	1. 农村居民人均纯收入	□9 □7 □5 □3 □1
			2. 村集体收入	□9 □7 □5 □3 □1
		产业结构	3. 农民人均非农产业产值比重	□9 □7 □5 □3 □1
			4. 科技进步贡献率	□9 □7 □5 □3 □1
		公平分配	5. 基尼系数	□9 □7 □5 □3 □1
			6. 土地分配	□9 □7 □5 □3 □1
	社会发展与服务 B2	社会进步	7. 性别平等	□9 □7 □5 □3 □1
			8. 信息化程度	□9 □7 □5 □3 □1
			9. 受高中以上教育率	□9 □7 □5 □3 □1
			10. 农村合法生育率	□9 □7 □5 □3 □1
		公共服务	11. 道路建设	□9 □7 □5 □3 □1
			12. 水利建设	□9 □7 □5 □3 □1
			13. 公共卫生	□9 □7 □5 □3 □1
			14. 农民技能培训状况	□9 □7 □5 □3 □1
		生活质量	15. 恩格尔系数	□9 □7 □5 □3 □1
			16. 人均住房面积	□9 □7 □5 □3 □1
		社区保障	17. 社区保障	□9 □7 □5 □3 □1
			18. 社区金融	□9 □7 □5 □3 □1
	民主政治与公共参与 B3	民主政治	19. 直接选举的投票率	□9 □7 □5 □3 □1
			20. 村级事务公开化程度	□9 □7 □5 □3 □1
			21. 村民对民主权利的满意度	□9 □7 □5 □3 □1
			22. 农村合作化组织化程度	□9 □7 □5 □3 □1
		公共参与	23. 重大决策公众听证和协商	□9 □7 □5 □3 □1
			24. 村民公共基础设施投入度	□9 □7 □5 □3 □1
		政策法规	25. 政策法规普及与执行率	□9 □7 □5 □3 □1
			26. 村规民约健全度	□9 □7 □5 □3 □1

续表

目标层	制约层	要素层	指标层	重要性
旅游地农村社区治理指标评价体系A	民主政治与公共参与B3	组织建设	27. 村民自治制度完善度	□9 □7 □5 □3 □1
			28. 村民对村干部的信任程度	□9 □7 □5 □3 □1
			29. 村民对"两委"发展经济与管理水平的满意度	□9 □7 □5 □3 □1
	社区和谐与精神文化B4	社区安全	30. 社区安全	□9 □7 □5 □3 □1
			31. 社区信任	□9 □7 □5 □3 □1
			32. 社区规范	□9 □7 □5 □3 □1
		社区文化	33. 文化娱乐设施普及率	□9 □7 □5 □3 □1
			34. 传统文化传承度和丰富度	□9 □7 □5 □3 □1
		社区和谐	35. 社区友好	□9 □7 □5 □3 □1
			36. 社区居民幸福感	□9 □7 □5 □3 □1
			37. 集体上访数量及比例	□9 □7 □5 □3 □1
	资源利用与环境保护B5	环保力度	38. 社区居民和干部环保意识	□9 □7 □5 □3 □1
			39. 生活垃圾和污水集中处理率	□9 □7 □5 □3 □1
		资源利用	40. 清洁能源普及率	□9 □7 □5 □3 □1
			41. 土地的保护与利用	□9 □7 □5 □3 □1
		生态环境	42. 地表水质量	□9 □7 □5 □3 □1
			43. 大气质量	□9 □7 □5 □3 □1
			44. 地质灾害和水土流失发生面积	□9 □7 □5 □3 □1
	社区发展潜力B6	新型农民	45. 农村居民的学习创新能力	□9 □7 □5 □3 □1
			46. 农村居民的市场服务意识	□9 □7 □5 □3 □1
			47. 农村居民的文明素质	□9 □7 □5 □3 □1
		干部素质	48. 选举村干部致富能手比例	□9 □7 □5 □3 □1
			49. 村干部高中以上文化比例	□9 □7 □5 □3 □1

1. 您认为上表是否有指标需要进行修改和调整？　　□有　　□没有
   如果有，您认为应该如何调整？

   _____

2. 您认为上表是否有需要补充的指标？　　□有　　□没有
   如果需要补充，您认为应该增加哪些指标？

   _____

附录8 旅游地农村社区治理评价指标间的重要性专家评判

1. 旅游地农村社区治理评价指标体系

目标层	制约层	要素层	指标层
旅游地农村社区治理指标评价体系 A	经济发展与分配 B1	C1 经济发展	D1. 农村居民人均纯收入
			D2. 村集体收入
		C2 产业结构	D3. 农民人均非农产业产值比重
			D4. 科技进步贡献率
		C3 公平分配	D5. 基尼系数
			D6. 土地分配
	社会发展与服务 B2	C4 社会进步	D7. 性别平等
			D8. 信息化程度
			D9. 受高中以上教育率
			D10. 农村合法生育率
		C5 公共服务	D11. 道路建设
			D12. 水利建设
			D13. 公共卫生
			D14. 农民技能培训状况
		C6 生活质量	D15. 恩格尔系数
			D16. 人均住房面积
		C7 社区保障	D17. 社区保障
			D18. 社区金融
	民主政治与公共参与 B3	C8 民主政治	D19. 直接选举的投票率
			D20. 村级事务公开化程度
			D21. 村民对民主权利的满意度
			D22. 农村合作化组织化程度
		C9 公共参与	D23. 重大决策公众听证和协商
			D24. 村民公共基础设施投入度
			D25. 政策法规普及与执行率
		C10 政策法规	D26. 村规民约健全度
			D27. 村民自治制度完善度
		C11 组织建设	D28. 村民对村干部的信任程度
			D29. 村民对"两委"发展经济与管理水平的满意度

续表

目标层	制约层	要素层	指标层
旅游地农村社区治理指标评价体系 A	社区和谐与精神文化 B4	C12 社区安全	D30. 社区安全
			D31. 社区信任
			D32. 社区规范
		C13 社区文化	D33. 文化娱乐设施普及率
			D34. 传统文化传承度和丰富度
		C14 社区和谐	D35. 社区友好
			D36. 社区居民幸福感
			D37. 集体上访数量及比例
	资源利用与环境保护 B5	C15 环保力度	D38. 社区居民和干部环保意识
			D39. 生活垃圾和污水集中处理率
		C16 资源利用	D40. 清洁能源普及率
			D41. 土地的保护与利用
		C17 生态环境	D42. 地表水质量
			D43. 大气质量
			D44. 地质灾害和水土流失发生面积
	社区发展潜力 B6	C18 新型农民	D45. 农村居民的学习创新能力
			D46. 农村居民的市场服务意识
			D47. 农村居民的文明素质
		C19 干部素质	D48. 选举村干部致富能手比例
			D49. 村干部高中以上文化比例

2. 评价指标重要性量化取值范围

标度	含义
1	表示两个元素相比，具有同样重要性
3	表示两个元素相比，前者比后者稍重要
5	表示两个元素相比，前者比后者明显重要
7	表示两个元素相比，前者比后者强烈重要
9	表示两个元素相比，前者比后者极端重要
2, 4, 6, 8	上述相邻判断的中间值
倒数	若元素 i 与元素 j 重要性之比为 α_{ij}，那么元素 j 与元素 i 重要性之比为 $\frac{1}{\alpha_{ij}}$

3. 指标间重要性判断矩阵表，竖排为前者，横排为后者

旅游地农村社区治理综合评价制约层指标间的重要性评判矩阵表

指标	B1	B2	B3	B4	B5	B6
经济发展与分配 B1	1					
社会发展与服务 B2	—	1				
民主政治与公共参与 B3	—	—	1			
社区和谐与精神文化 B4	—	—	—	1		
资源利用与环境保护 B5	—	—	—	—	1	
社区发展潜力 B6	—	—	—	—	—	1

旅游地农村社区治理综合评价要素层指标间的重要性评判矩阵表

经济发展与分配 B1					资源利用与环境保护 B5			
指标	C1	C2	C3		指标	C15	C16	C17
C1 经济发展	1				C15 环保力度	1		
C2 产业结构	—	1			C15 资源利用	—	1	
C3 公平分配	—	—	1		C17 生态环境	—	—	1

社区和谐与精神文化 B4					社区发展潜力 B6		
指标	C12	C13	C14		指标	C18	C19
C12 社区安全	1				C18 新型农民	1	
C13 社区文化	—	1			C19 干部素质	—	1
C14 社区和谐	—	—	1				

社会发展与服务 B2						民主政治与公共参与 B3				
指标	C4	C5	C6	C7	指标	C8	C9	C10	C11
C4 社会进步	1					C8 民主政治	1			
C5 公共服务	—	1				C9 公共参与	—	1		
C6 生活质量	—	—	1			C10 政策法规	—	—	1	
C7 社区保障	—	—	—	1		C11 组织建设	—	—	—	1

附录 8 | 旅游地农村社区治理评价指标间的重要性专家评判

旅游地农村社区治理综合评价指标层指标间的重要性评判矩阵表（一）

经济发展 C1			产业结构 C2			公平分配 C3		
指标	D1	C2	指标	D3	D4	指标	D5	D6
D1	1		D3	1		D5	1	
D2	—	1	D4	—	1	D6	—	1

生活质量 C6			社区保障 C7			公共参与 C9		
指标	D16	D17	指标	D18	D19	指标	D24	D25
D16	1		D18	1		D24	1	
D17	—	1	D19	—	1	D25	—	1

政策法规 C10			组织建设 C11			社区文化 C13		
指标	D26	D27	指标	D28	D29	指标	D33	D34
D26	1		D28	1		D33	1	
D27	—	1	D29	—	1	D34	—	1

旅游地农村社区治理综合评价指标层指标间的重要性评判矩阵表（二）

环保力度 C15			资源利用 C16			干部素质 C19		
指标	D38	D39	指标	D40	D41	指标	D48	D49
D38	1		D40	1		D48	1	
D39	—	1	D41	—	1	D49	—	1

社区安全 C12				社区和谐 C14				生态环境 C17			
指标	D30	D31	D32	指标	D35	D36	D37	指标	D42	D43	D44
D30	1			D35	1			D42	1		
D31	—	1		D36	—	1		D43	—	1	
D32	—	—	1	D37	—	—	1	D44	—	—	1

新型农民 C18				社会进步 C4					民主政治 C8				
指标	D45	D46	D47	指标	D7	D8	D9	D10	指标	D20	D21	D22	D23
D45	1			D7	1				D20	1			
D46	—	1		D8	—	1			D21	—	1		
D47	—	—	1	D9	—	—	1		D22	—	—	1	
				D10	—	—	—	1	D23	—	—	—	1

续表

| 指标 | 公共服务 C5 ||||| | | | | | |
	D11	D12	D13	D14	D15					
D11	1									
D12	—	1								
D13	—	—	1							
D14	—	—	—	1						
D15					1					

附录9　社区居民调查问卷

尊敬的朋友：

您好！我们想就旅游开发与农村发展做些调查，希望您能抽一点时间，回答一些问题。答案不分对错，也不需要填写您的名字，目的是了解实际情况，请您根据您自己的实际情况或真实想法填写，谢谢合作！

桂林理工大学旅游学院
2009 年 10 月

一、调查对象基本资料

1. 您的性别：　　　　A. 男　　　　B. 女
2. 您的年龄：　　　　A. 14 岁以下　　B. 15～24 岁　　C. 25～44 岁
   　　　　　　　　　D. 45～64 岁　　E. 65 岁以上
3. 您的文化程度：　　A. 小学以下　　B. 小学　　　　C. 初中
   　　　　　　　　　D. 高中或中专　E. 大专以上
4. 家中最高文化程度：A. 小学以下　　B. 小学　　　　C. 初中
   　　　　　　　　　D. 高中或中专　E. 大专以上
5. 您的家庭人口：　　A. 5 人以上　　B. 2～4 人　　　C. 单身
6. 您的家庭年收入：　A. 3000 元以下　B. 3000～1 万元　C. 1 万～2 万元
   　　　　　　　　　D. 2 万～3 万元　E. 3 万～5 万元　F. 5 万～10 万元
   　　　　　　　　　G. 10 万元以上

二、旅游开发中的农村社区居民感知调查

1. 请问旅游开发后，您是否觉得感到幸福？　　　　　　　　【指标36】
   A. 很不幸福　　B. 比较不幸福　　C. 幸福　　D. 比较幸福　　E. 非常幸福
2. 为改善旅游投资环境和生活条件，组织农民义务兴修基础设施，您会？
   　　　　　　　　　　　　　　　　　　　　　　　　　　　【指标24】
   A. 不想参加　　B. 乐意参加　　C. 给一定补贴才参加　　D. 随大流
3. 旅游开发后，请问您认为最近几年村里地表水质量有什么变化？【指标42】
   A. 更差　　B. 比较差　　C. 没变化　　D. 改善　　E. 明显改善
4. (1) 旅游开发后，请问您是否赞同女性的社会经济地位提高？　【指标7】
   (2) 请问您是否赞同现在妇女可顶半边天？
   　　　A. 非常不赞同　　　　B. 比较不赞同　　　　C. 没变化

　　　　　　D. 比较赞同　　　　　　　E. 非常赞同
5.（1）请问您是否赞同旅游开发应该保护环境？
　　　　　A. 非常不赞同　　　　B. 比较不赞同　　　　　C. 赞同
　　　　　D. 比较赞同　　　　　E. 非常赞同
　　（2）如果有人乱扔垃圾或进行其他破坏环境的行为，您会？
　　　　　A. 无所谓　　　　　　　B. 心中不满，但不说
　　　　　C. 唠叨几句　　　　　　D. 劝说阻止
6. 旅游开发后，请问您觉得村民及邻里之间的信任程度如何？　　【指标31】
　　A. 很不信任　　B. 较不信任　　C. 一般　　D. 比较信任　　E. 非常信任
7. 旅游开发后，请问您觉得村民及邻里之间的友好互助如何？　　【指标35】
　　A. 很不友好　　B. 不太友好　　C. 一般　　D. 比较友好　　E. 非常友好
8. 您觉得本村进行的土地分配（包括宅基地和耕地的分配）合理吗？【指标6】
　　A. 不合理　　　B. 较不合理　　C. 一般　　D. 比较合理　　E. 十分合理
9.（1）旅游开发后，请问您是否参加了关于服务、技术、技能等培训？
　　　　　　　　　　　　　　　　　　　　　　　　　　　　　　【指标14】
　　（2）平均每年培训_____次？
　　（3）请问您觉得参加培训效果如何？
　　　　　A. 很差　　　B. 较差　　　C. 一般　　　D. 比较好　　　E. 非常好
10.（1）您家现有住房_____间总共面积_____平方米？　　【指标16】
　　（2）新旧程度：A. 三年内新盖　　B. 已盖成4～9年　　C. 盖成10年以上
　　（3）结构：　　A. 砖瓦平房　　　B. 楼房
11.（1）请问您是否了解《中国村民委员会组织法》？　　　　　【指标24】
　　　　　A. 非常了解　　　　　　　　　　B. 知道一些
　　　　　C. 听说过，但不知道咋回事　　　D. 没听说过
　　（2）您是否熟悉当地关于旅游开发的政府政策法规？
　　　　　A. 是　有哪些_____？　　　　　B. 否
12.（1）旅游开发后，请问您是否贷过款？　　　　　　　　　　【指标48】
　　（2）若是，请问您对小额贷款发放满意吗？
　　　　　A. 非常不满意　B. 不满意　C. 一般　D. 比较满意　E. 非常满意
13.（1）请问您参加农村新型合作医疗了吗？　　　　　　　　　【指标11】
　　　　　A. 是　　　　　　B. 否
　　（2）若"是"，您觉得满意吗？
　　　　　A. 非常不满意　B. 不满意　C. 一般　D. 比较满意　E. 非常满意

（3）若没有参加，原因是：
  A. 没听说　　　B. 没钱购买　　　C. 好处不大　　　D. 其他

14.（1）请问您是否参加养老保险？　　　　　　　　　　　　【指标17】
  A. 是　　　　　B. 否
（2）若是，您觉得满意吗？
  A. 非常不满意　B. 不满意　C. 一般　D. 比较满意　E. 非常满意
（3）若没有参加，原因是：
  A. 没听说　　　B. 没钱购买　　　C. 好处不大　　　D. 其他

15.（1）您参加合作社或旅游协会等民间组织吗？　　　　　　【指标21】
  A. 是　　　　　B. 否
（2）若是，您觉得满意吗？
  A. 非常不满意　B. 不满意　C. 一般　D. 比较满意　E. 非常满意
（3）若没有参加，原因是：
  A. 没听说　　　B. 好处不大　　　C. 其他

16. 请问您对本村内近年来的社区安全满意吗？　　　　　　　【指标30】
 A. 非常不满意　　B. 不满意　C. 一般　D. 比较满意　E. 非常满意

17.（1）请问您是否参与村两委（村干部）的投票？　　　　　【指标18】
  A. 是　　　　　B. 否
（2）您对选举过程满意吗？
  A. 非常不满意　B. 不满意　C. 一般　D. 比较满意　E. 非常满意

18. 请问您对村级事务（选举、财务、重大决策等）公开化程度满意吗？
                 【指标20】
 A. 非常不满意　　B. 不满意　C. 一般　D. 比较满意　E. 非常满意

19. 请问您对自己在村里民主政治权利满意吗？　　　　　　　【指标21】
 A. 非常不满意　　B. 不满意　C. 一般　D. 比较满意　E. 非常满意

20. 请问您对"两委"发展经济与管理水平的满意吗？　　　　【指标29】
 A. 非常不满意　　B. 不满意　C. 一般　D. 比较满意　E. 非常满意

21. 若您生活中或旅游经营中发生自己处理不了的问题，通常您会向谁求助？
（可多选）
 A. 家人或亲戚　　B. 邻居或村人　　C. 村干部或村委　　D. 朋友熟人
 E. 新闻媒体　　　F. 上级政府及其有关部门　　G. 其他

本调查仅用于学术探讨，并严格遵守问卷调查基本准则，秉持客观立场。最后，再次谢谢您的合作与支持！

附录10　游客调查问卷

尊敬的女士/先生：

您好！为了能更好地提高本地区旅游产品质量，增强旅游服务水平，促进农村社区科学发展，需要了解您对农村旅游开发的评价情况，请您协助我们填写这张问卷调查表。请在符合您真实想法的栏目上打"√"，我们为您的回答严格保密，同时希望您提出宝贵的建议，对您的支持与合作，我们表示衷心的感谢！

桂林理工大学旅游学院
2009年10月

一、旅游者基本概况

1. 请问你是第_____次来本村游玩？
2. 您对此地的了解，来自（可多选，不要超过三个）：
    A. 电视　　　B. 报刊杂志广告　　C. 广播　　D. 书籍　　E. 旅行社广告
    F. 亲友与朋友介绍　　　G. 互联网　　H. 其他，如_____。

二、旅游者对社区旅游地认知情况

请您对此地的旅游现状进行评价，1~9表示您对所提问题感知：9表示非常好（或完全赞同），1表示非常差（或完全反对）。

1. 您认为当地（即本村）居民对游客的态度？　　　　　　　【指标34】

非常不友好	不太友好	一般	比较友好	非常友好
1	3	5	7	9

2. 您在与当地农村社区居民沟通接触中以下方面感受如何？　【指标44】

	非常差	比较差	一般	比较好	非常好
（1）您认为当地农村社区居民的学习能力？	1	3	5	7	9
（2）您认为当地农村社区居民的创新能力？	1	3	5	7	9
（3）您认为当地农村社区居民的市场能力？	1	3	5	7	9
（4）您认为当地农村社区居民的服务意识？	1	3	5	7	9
（5）您认为当地农村社区居民的文明素质？	1	3	5	7	9

3. 您认为当地农村社区居民的综合素质？

很差	比较差	一般	比较高	非常高
1	3	5	7	9

4. 您的来本村社区旅游总体感受？

很差	比较差	一般	比较高	非常高
1	3	5	7	9

三、调查对象基本资料

1. 您的居住地：_____省_____市（县）
2. 性别： A. 男　　　　B. 女
3. 您的年龄：A. 14 岁以下　B. 15～24 岁　C. 25～44 岁　D. 45～64 岁
   E. 65 岁以上
4. 您的学历：A. 初中及以下　B. 高中或中专　C. 大专　　　D. 本科
   E. 研究生及以上
5. 您的职业：A. 农民　　　B. 工人　　　C. 专业技术人员 D. 公务员
   E. 教育工作者　F. 私营业主　　G. 企事业管理人员
   H. 学生　　　I. 服务人员　　J. 退休人员　　K. 军人
   L. 其他
6. 个人月收入是：A. 499 元以下　　B. 500～999 元　　C. 1000～1999 元
   D. 2000～3999 元　E. 4000～4999 元　F. 5000～9999 元
   G. 1 万元以上

附录11 A村和B村的村官及地方官员访谈提纲

一、访谈目的

主要了解调查对象A村和B村在旅游开发中对于本村社区治理的看法以及在农村社区治理和新农村建设实践中的一些具体做法和经验。要求真实地记录村干部的真实想法和他们在领导本村村民进行社区治理时的一些做法和经验。

二、访谈对象

两个村的村委会主任（村长）或党支部书记，部分主要的村领导，高田镇、阳朔县的相关行政领导，以及旅游部门的意见和看法。

三、访谈提纲

1. ×××村长（书记）：您好，我们想就新农村建设问题对您进行访谈。因为您是最基层的农村干部，最了解农民，也最能反映农民的意愿。

2. 请你先介绍一下本村的基本情况（面积、人口构成、经济状况等）主要包括：

（1）村的地理位置、自然、人文等概况；

（2）村的人口数、户数、村的耕地面积、村集体经济情况（村里面有集体企业吗？或由土地、或各种资源的出租承包收入所得吗？一年大约有多少收入？）

【指标2】

（3）旅游开发后，目前，村里农民人均收入情况、纯收入是多少？【指标1】
咱村收入的主要来源？有外出打工的吗，大约有多少人（县以外）？去往什么城市？

（4）旅游开发给村里带来的旅游总收入一年大约有多少？一般农业收入在总收入中占多大比重？ 【指标3】

（5）咱们村的人均住房面积大约多少？ 【指标17】

3. 您当了几年村长（书记）？您当村长（书记）的原因是什么？

4. 您当村长（书记）以前的经历如何？（文化程度、从事过的工作等）

5. 旅游开发后，现在主要用什么能源？以前呢？清洁能源普及率？

【指标39】

6. 目前咱们村自来水普及率是多少，农户有卫生厕所的有多少户？占多大比例？ 【指标14】

7. 旅游开发前和目前村里的电视机、电话普及率和上网率具体分别是多少？

【指标8】

8. 咱们村有哪些文化娱乐设施？体育场所设施？科普宣传栏？村文化活动站？ 【指标32】

9. 您觉得科学技术在农业生产（如机械化生产、购买农机有多少？）起的作用？ 【指标4】

10. 咱们村民60岁以上有养老保险的大约有多少，参加农村合作医疗保险大约有多少户？占多大比例？ 【指标11】

11. 旅游开发前，咱们村的村两委干部一共有多少人？其中高中以上文化程度有几人？致富能手有几人？旅游开发后呢？ 【指标45】【指标46】

12. 咱们村当地高中以上文化程度有多少？ 【指标9】

13. 请问村里面有没有协会组织、有自己的章程分工吗？作用如何？有多少人参与？ 【指标21】

14. 旅游开发前后，您觉得村里的收入贫富差距大吗？你如何看待这个问题？ 【指标5】

15. 咱们村的计划生育执行得如何？有没有超生户？您怎么看待这个现象？ 【指标10】

16. 从您村来说，您觉得目前旅游开发中遇到问题是什么？为什么？

17. 从您村来说，目前村里发展过程中存在的最大问题是什么？为什么？

18. 您们班子近年来有否想做而没有做成的事情？如有的话，是哪些事情？为何做不成？

19. 你们班子近年来有否为村里做过一些公益性事情（如修路、建自来水、建老年活动中心、发展村经济等）？如果有的话，请讲一个您认为最成功的事情的故事，说说整个事情办成的过程——如何想到要办？是如何发动村民办的？在办的过程中有否遇到困难？最后如何解决的？办成后村民评价如何？办成这件事给您带来了哪些经验和教训？ 【指标23】

20. 你们村参与村委民主选举的比例大约是多少？这几年人均土地有减少吗？为什么？ 【指标18】【指标40】

21. 从您村来说，目前以从事农业为主的主要是些什么人（年龄特征、文化特征、性别特征、兼业化程度）？主要从事的是什么农业？他们生产的产品主要是自己吃的还是卖给别人的？您觉得目前农民从事农业生产面临的主要问题有哪些？

22. 近年来，各级政府是否出钱帮助您村进行新农村建设？如果有的话，是采取何种方式把钱用在您村的？主要用在哪些方面的建设？效果如何？您认为政府今后应该把钱用在农村哪些方面建设？应该如何使用效果更好？

23. 您觉得政府在新农村建设中应该扮演怎样的角色？上级政府在引导咱们村进行新农村建设的过程中做了哪些工作？

24. 您所在村委会有足够的办公经费吗？您有报酬吗？您对自己的报酬满意吗？如果不满意，您认为应如何提高报酬？

四、确定访谈对象的方法

当面访谈需要做好以下工作：

（1）事先预约或别人引荐；（2）说明来意；（3）访谈开始；（4）取得访谈对象的联系方式，同时留下自己的联系方式；（5）感谢访谈对象。

五、回访